GERMANISTISCHE BIBLIOTHEK

Herausgegeben von

ROLF BERGMANN

und

CLAUDINE MOULIN

Band 41

Die Sprache in Aktion

Pragmatik
Sprechakte
Diskurs

Language in Action

Pragmatics
Speech Acts
Discourse

Herausgegeben von / Edited by
MICHAIL L. KOTIN
ELIZAVETA G. KOTOROVA

Universitätsverlag
WINTER
Heidelberg

Bibliografische Information der Deutschen Nationalbibliothek
Die Deutsche Nationalbibliothek verzeichnet diese Publikation in der Deutschen Nationalbibliografie; detaillierte bibliografische Daten sind im Internet über *http://dnb.d-nb.de* abrufbar.

ISBN 978-3-8253-6002-3

Imprimé en Allemagne · Printed in Germany
Druck: Memminger MedienCentrum, 87700 Memmingen

Gedruckt auf umweltfreundlichem, chlorfrei gebleichtem und alterungsbeständigem Papier

Den Verlag erreichen Sie im Internet unter:
www.winter-verlag.de

Inhaltsverzeichnis/Table of contents

Vorwort

In der zweiten Hälfte des 20. Jahrhunderts haben das anthropologische und das kognitive Herangehen bei der Sprachanalyse der Entwicklung der Sprachwissenschaft einen mächtigen Impuls gegeben. Dabei hat das Interesse vieler Wissenschaftler vom Studium des Sprachsystems zur Analyse der Kommunikation gewechselt. Im Rahmen dieser Betrachtungsweise stehen im Brennpunkt der Aufmerksamkeit der Forscher die Konversationsformen der Sprache, und zum Objekt der linguistischen Studien werden Phänomene, die in den präskriptiven Grammatiken und normativen Wörterbüchern nicht fixiert sind. Es werden Diskursstrategien und Regeln einer erfolgreichen Kommunikation analysiert, d.h., es wird die Antwort auf die Frage gesucht, wie die Sprachmittel von den Interaktanten in verschiedenen Sprechsituationen eingesetzt werden müssen. Die Spracheinheiten werden nun nicht nur und nicht primär als Bestandteile des Sprachsystems betrachtet, sondern als Komponenten der Sprechhandlungen, die eine Basis für die menschliche Kommunikation bilden.

Die erwähnten Problemstellungen bildeten den Themenkreis der internationalen Fachtagung *Die Sprache in Aktion: Pragmatik – Sprechakte – Diskurs/Language in Action: Pragmatics – Speech Acts – Discourse*, die im Rahmen eines von der Europäischen Union mitfinanzierten Forschungsprojekts an der Universität in Zielona Góra/Grünberg (Polen) im Mai 2011 stattgefunden hat. Der vorliegende Sammelband beinhaltet vorwiegend die Beiträge, welche aus den Referaten, die während der Konferenz vorgetragen wurden, resultieren.

Im ersten Teil des Sammelbandes finden sich Beiträge, in denen Beziehungen zwischen solchen Aspekten der sprachwissenschaftlichen Theorie wie Grammatik, Semantik und Pragmatik untersucht werden. Im Artikel von Norbert Fries (Deutschland) wird das Verfahren zur Realisierung emotionaler Prädikationen expliziert und das Konzept der so genannten emotionalen Implikatur (*E-Implikatur*) vorgestellt. Die nächsten zwei Beiträge untersuchen anhand der literarischen Texte die Pragmatik des Funktionierens der Epistemizitätsmarker (Anna Averina, Russland) und der Steigerungsstufen von Adjektiven und Adverbien (Irina Schipowa, Russland). Peter Kosta (Deutschland) setzt sich zum Ziel, die in der Pragmatik traditionellen Begriffe wie Konversationsimplikatur und indirekter Sprechakt vom Standpunkt der gegenwärtigen konversationsanalytischen Forschung zu erläutern und in der Tradition der Sprechhandlungsmusteranalyse und der Konversations- bzw. Gesprächsanalyse zu interpretieren. Die Grundlagen der kognitiven Grammatik von Ronald W. Langacker werden für die vergleichende Analyse der Komposita einerseits und der Nomina mit einem adjektivischen Attribut andererseits im Beitrag von Beata Kasperowicz-Stążka (Polen) verwendet. Elizaveta Kotorova (Polen) schlägt vor, den üblichen Begriff der zwischensprachlichen Äquivalenz unter dem Aspekt der Kommunikation neu zu definieren und ihn um den Begriff der Adäquatheit zu ergänzen. Yoko Nishina (Deutschland) analysiert in ihrem Beitrag, inwiefern pragmatische Faktoren bei der Verwendung von Konstruktionen relevant sind und wie dabei die Einstellung des Sprechers ausgedrückt werden kann. Im letzten Beitrag des ersten Teils zeigt Tadeusz Zuchewicz (Polen) die Bedeutung der Sprachlernstrategien für eigenverantwortliches Lernen auf; der Autor vertritt die Auffassung, dass die Möglichkeiten hier viel größer sind, als manche Lerner glauben.

Der zweite Teil des Sammelbandes ist der Analyse der Texte und Diskurse unter dem pragmatischen Aspekt gewidmet. Dieser Teil beginnt mit dem Aufsatz von Josef Klein (Deutschland), der ein Korpus von 50 deutschen salienten Sätzen aus dem Zeitraum zwischen Reformation und unmittelbarer Gegenwart einer eingehenden Analyse unterzieht und dadurch die wichtigsten Charakteristika der salienten Sätze eruiert. Im Beitrag von Frank Liedtke (Deutschland) wird „das Gesagte" und „das nicht Gesagte" im Sprechakt untersucht. Laut Grice gehört das Gesagte zum Aufgabengebiet der Semantik, das Implikatierte dagegen zum Gegenstand der Pragmatik, in den späteren Theorien erweist sich aber diese Teilung als problematisch. Der Autor erörtert die alternativen Entwürfe zu Grices Implikaturentheorie und schlägt eigene Lösungen dieses Problems vor.

Im Aufsatz von Olga Kostrova (Russland) werden die für diesen Teil des Sammelbandes zentralen Fragestellungen, die mit Diskurswesen und Diskurstypologie verbunden sind, behandelt. Die Autorin ist bestrebt, für den Begriff *Diskurs* seine sprachliche Relevanz zu bestätigen und die Beziehung *Diskurs – Text* zu verdeutlichen. Eine Reihe von Beiträgen ist den interkulturellen Unterschieden in der Gestaltung von diversen Textsorten gewidmet. Im Beitrag von Ulla Fix (Deutschland) wird die Notwendigkeit einer interkulturell orientierten Textsortenlinguistik allgemein postuliert und begründet, in den weiteren Artikeln werden bestimmte Textsorten in unterschiedlichen Sprachen und Kulturen verglichen. So wird im Beitrag von Beata Mikołajczyk (Polen) die Kulturbedingtheit des wissenschaftlichen Diskurses am Beispiel der Textsorte *autographes Vorwort einer wissenschaftlichen Abhandlung* im Deutschen und im Polnischen festgestellt. Tatiana Dubrovskaya (Russland) zeigt die kulturspezifischen Besonderheiten des juristischen Diskurses am Beispiel der russischen und englischen gerichtlichen Kommunikation. Der politische Diskurs ist der Gegenstand der Untersuchung in einer Reihe von Beiträgen, in denen unterschiedliche Phänomene im Bestand des Diskurses erörtert und diverse Problemstellungen behandelt werden: Metaphernkonzepte und ihre Argumentationsmuster (Jarochna Dąbrowska-Burkhardt (Polen)), der Zusammenhang zwischen der Luhmannschen Theorie der sozialen Systeme und der Textlinguistik (Piotr Krycki (Polen)). Die verbale Konstituente des Auf-der-Grenze-Diskurses und ihr pragmatischer Wert stehen im Zentrum der Aufmerksamkeit im Aufsatz von Pavel Donec (Ukraine). Neben den Begriffen der Textsorte und des Diskurses spielt auch der Begriff der Kommunikation in den pragmatischen Studien eine wichtige Rolle. Im Beitrag von Nikolai Vakhtin (Russland) werden die russisch-finnischen Konversationsbücher unter dem pragmatischen Aspekt untersucht. Der Autor zeigt, was unter der „normalen Kommunikation" in unterschiedlichen Perioden der russisch-finnischen Kontakte verstanden wurde. Hitoshi Yamashita (Japan) ist bestrebt, die Höflichkeit in der Kommunikation möglichst detailliert zu beschreiben. Er zeigt am Beispiel der Verkaufsgespräche, dass bei der Bewertung der Verhaltensweisen neben dem Faktor der Höflichkeit auch solche Faktoren wie Freundlichkeit und Distanz berücksichtigt werden müssen. Den zweiten Teil des Sammelbandes schließt der Beitrag von Michail Kotin (Polen), in dem versucht wird, die ästhetische Sprachfunktion von der kognitiven Funktion der Sprache im Prozess der historischen Entwicklung herzuleiten.

Die Herausgeber des vorliegenden Bandes bedanken sich bei den Autoren und insbesondere bei den Gutachtern und Korrektoren der einzelnen Beiträge: Prof. Norbert Fries, Prof. Josef Klein, Prof. Ulla Fix, Prof. Frank Liedtke, Prof. Martin Durrell und Christiane Fries. Unser Dank gilt der Stiftung *Kapitał Ludzki. Narodowa Strategia Spójności* und dem *Europäischen Sozialfonds* sowie der Administration der Universität Zielona Góra für die Finanzierung der Internationalen Fachtagung *Die Sprache in Aktion: Pragmatik – Sprechakte –*

Diskurs/Language in Action: Pragmatics – Speech Acts – Discourse und die Gewährung eines Zuschusses zu der Publikation des vorliegenden Sammelbandes.

Die in dem Sammelband abgedruckten Beiträge bestätigen unseres Erachtens die Meinung, dass die Sprache nicht nur ein Zusammenhang von System und Struktur ist. Strukturiertheit ist im Allgemeinen ein sekundäres Merkmal, eine Folge des erfolgreichen Funktionierens der Sprache und ein Mittel des adäquaten kommunikativen Informationsaustausches. Die Sprache ist nicht nur einwärts, auf die Strukturen ihrer sprachlichen Einheiten gerichtet, sondern auch auswärts, auf die Prozesse ihrer Beteiligung an der realen Kommunikation. Zu diesem Standpunkt hoffen wir mit unserem Sammelband einen Beitrag geleistet zu haben.

Die Herausgeber

Zielona Góra, im August 2011

Preface

In the second half of the 20th century anthropological and cognitive approaches to linguistic analysis provided a powerful impetus for the development of linguistics. It has shifted the focus of interest of many scholars from studying language systems to analyzing the communicative aspects of language. This means that attention is focussed on spoken language, with phenomena which are often not reflected in prescriptive grammars and standard dictionaries becoming the primary object of linguistic analysis. Within these approaches, researchers have been analyzing discourse strategies and rules of successful communication and trying to understand what linguistic means are used by speakers in various speech situations. In this way, linguistic units are being considered not primarily as components of the language system, but rather as components of speech acts that build the basis for human communication.

These issues formed the central theme of the international conference *Language in Action: Pragmatics – Speech Acts – Discourse* which was held at the University of Zielona Góra/Grünberg (Poland) in May 2011 within the framework of a research project co-funded by the European Union. The present volume consists in the main of articles derived from the seminar papers given during the conference.

The first section of the volume consists of contributions which investigate relations between such aspects of linguistic theory as grammar, semantics and pragmatics. The article by Norbert Fries (Germany) explains the process of realizing emotional predications, introducing the notion of emotional implicature (*E-Implikatur*). The next two contributions base their analysis on literary texts. Anna Averina (Russia) discusses the pragmatics of how the marker of epistemicity functions and Irina Schipowa (Russia) provides an account of degrees of comparison in adjectives and adverbs. Peter Kosta (Germany) aims to explain some traditional terms in pragmatics terms such as conversational implicature and indirect speech act from the viewpoint of contemporary research into conversation analysis and to interpret them in the tradition of the speech act models and discourse analysis. Ronald W. Langacker's principals of cognitive grammar are applied in the contribution of Beata Kasperowicz-Stążka (Poland) for the comparative analysis of compounds on the one hand and nouns modified by an adjectival attribute on the other. Elizaveta Kotorova (Poland) suggests a new definition for the traditional term 'interlingual equivalence' by taking the aspect of communication into account and complementing it with the notion of adequacy. The contribution by Yoko Nishina (Germany) analyses the extent to which pragmatic factors are relevant when constructions are used and they can also express the speaker's attitude. In the last contribution in the first section Tadeusz Zuchewicz (Poland) explains the meaning of language learning strategies for independent learning, taking the view that there are more extensive possibilities than some learners realize.

The second section of the book is devoted to the analysis of texts and discourses in the light of pragmatics. The first article, by Josef Klein (Germany), takes a corpus of 50 salient German sentences from the period between the Reformation and the immediate present, subjects them to a detailed analysis and thereby identifies their most important characteristic features. In the contribution by Frank Liedtke (Germany) what is 'said' or 'not said' in a particular speech act is analysed. According to Grice what is 'said' belongs to the field of semantics, but the implicature to pragmatics. However, in later theories this division turns out to be problematic and the author discusses alternative concepts to Grice's implicature theory and suggests his own solutions to this problem.

Olga Kostrova (Russia) deals in her article with questions connected with discourse and discourse typology which are central for this section of the volume. She makes an attempt to confirm the linguistic relevance of the term *discourse* and to explain the relationship between *discourse* and *text*. Several contributions are dedicated to investigating intercultural differences in the creation of various text types. In her article Ulla Fix (Germany) postulates and explains the need for an interculturally oriented linguistic account of text types, whilst other articles compare certain text types in different languages. Thus Beata Mikołajczyk (Poland) shows through the example of the text type 'author's preface to a work of scholarship' in German and in Polish how the academic discourse may be culturally conditioned. Tatiana Dubrovskaya (Russia) shows specific cultural features in the legal discourse using the example of Russian and English legal communication. The discourse of politics is the subject of investigation in a number of further articles, with full discussion of a range of problems and phenomena relating to the content of a discourse: concepts of metaphor and associated argumentation patterns (Jarochna Dąbrowska-Burkhardt (Poland), the connection between N. Luhmann's theory of social systems and text linguistics (Piotr Krycki (Poland)). The verbal constituents of discourse 'on the border' and their pragmatic value are in the centre of attention in the article by Pavel Donec (Ukraine). Besides text type and discourse the notion of communication also plays an important role in pragmatic studies. In his contribution Nikolai Vakhtin (Russia) examines Russian-Finnish phrase books from a pragmatic perspective, explaining what was understood by 'normal communication' in different periods of contact between Russian and Finnish. Hitoshi Yamashita (Japan) attempts to describe politeness in communication in as much detail as possible, using the example of conversations between buyers and sellers to show that, as well as factors of politeness, such factors as friendliness and distance should also be considered in assessing behaviour patterns. The second part of the volume is closed by the contribution by Michail Kotin (Poland), who attempts to derive the aesthetic function of language from the cognitive function in the course of historical development.

The editors of the volume wish to express their thanks to all the authors, and in particular to the reviewers and proof-readers of individual contributions: Prof. Norbert Fries, Prof. Josef Klein, Prof. Ulla Fix, Prof. Frank Liedtke, Prof. Martin Durrell und Christiane Fries. We are grateful to the foundation *Kapitał Ludzki. Narodowa Strategia Spójności* and the *European Social Fund*, as well as to the administration of the University of Zielona Góra for financing the international conference *Language in Action: Pragmatics – Speech Acts – Discourse* and the award of a subsidy to facilitate the publication of the present volume.

The articles in the present volume confirm the opinion that the language is not merely a relation between system and structure. Structural units are in general secondary features, a result of the successful functioning of language and a means for the adequate communicative exchange of information. Language is not wholly directed internally towards the structures of linguistic units, but also externally towards the processes involving the participation of linguistic units in real communication. We hope that this collection will contribute towards confirming these ideas.

The Editors

Zielona Góra, August 2011

1 Grammatik – Semantik – Pragmatik: Affinitäten, Schnittstellen, Interaktion/ Grammar – Semantics – Pragmatics: Affinity, Interfaces, Interaction

NORBERT FRIES

Über die allmähliche Verfertigung emotionaler Bedeutung beim Äußern

Gewidmet Brigitte Handwerker zu ihrem diesjährigen Geburtstag

> „Wenn du etwas wissen willst und es durch Meditation nicht finden kannst, so rate ich dir, mein lieber, sinnreicher Freund, mit dem nächsten Bekannten, der dir aufstößt, darüber zu sprechen. [...] l'idée vient en parlant. [...]
>
> Ein solches Reden ist ein wahrhaftes lautes Denken. Die Reihen der Vorstellungen und ihrer Bezeichnungen gehen nebeneinander fort, und die Gemütsakten für eins und das andere, kongruieren. Die Sprache ist alsdann keine Fessel, etwa wie ein Hemmschuh an dem Rade des Geistes, sondern wie ein zweites, mit ihm parallel fortlaufendes, Rad an seiner Achse."
>
> Heinrich von Kleist,
> *Über die allmähliche Verfertigung der Gedanken beim Reden.* [1805/1806]

1 Terminologie
2 Emotionen als Prädikationen
3 Unterspezifikation und E-Implikaturen
4 Emotionen. Kodierungstypen
5 Die semantische Struktur von Emotionen
6 Die Spezifikation emotionaler Bedeutungen in Äußerungen
7 Resümee

Dieser Beitrag expliziert auf der Grundlage der in Fries (2007; 2009) entwickelten Theorie emotionaler Bedeutungen Verfahren zur Realisierung emotionaler Prädikationen. Das Konzept der so genannten emotionalen Implikatur (*E-Implikatur*) ermöglicht eine detaillierte Erfassung der Spezifikation emotionaler Prädikationen und der hierfür erforderlichen grammatischen und transgrammatischen Beschreibungsdomänen.

Mit dem Terminus Gefühl bezeichne ich spezifische vegetative, durch Hormone vermittelte psychische, zentralnervöse und peripher körperliche Phänomene höherer Lebewesen. Es handelt sich hierbei um *Erlebnisqualitäten* (*Qualia*), das heißt um Entitäten unseres Alltagswissens bzw. um interdisziplinär zu explizierende komplexe wissenschaftliche Entitäten. Ethologisch-funktional betrachtet selektieren Gefühle Umweltreize: Sie unterscheiden unter anderem Wichtiges von Unwichtigem, Angenehmes von Unangenehmem, Erwünschtes von Unerwünschtem. Kognitionswissenschaftlich betrachtet stellen Gefühle eine Kombination dreier Beschreibungsdomänen dar: 1. des subjektiv-psychologischen, introspektiv wahrnehmbaren und nur sekundär beobachtbaren Erlebens, 2. des motorischen Verhaltens und 3. physiologisch-humoraler Prozesse. Die wesentliche Funktion von Gefühlen als Selektion von Umweltreizen durch Bewertung ist Gegenstand interdisziplinärer Forschung, darunter Biologie, Medizin, Psychologie, Ethologie und Semiotik.

Kenntnisse über Gefühle, die für die Kommunikation, für die Produktion und Rezeption von mündlichen, gebärdensprachlichen und schriftkonstituierten Äußerungen relevant sind, beziehen sich auf:

- subjektiv-psychologische Aspekte,
  das heißt auf interne, introspektiv wahrnehmbare Zustände und Prozesse (seelische Empfindungen)
- physiologisch-humorale Aspekte,
  das heißt auf wahrnehmbare und/oder messbare Reaktionen von Lebewesen wie Pupillenerweiterung, Hautfärbung, Pulsanstieg, Sekretion, Körperbewegung usw.
- soziale Aspekte,
  das heißt auf Beziehungen zwischen Sozialpartnern bzw. zwischen Menschen und Gegenständen oder Sachverhalten.

Durch die Kommunikation von Gefühlen als Bewertungen von Umweltreizen werden Entscheidungsprozesse, die Planung, die Zielsetzung, der Verlauf und das Ergebnis von Handlungen beeinflusst. Gefühle sind insofern kommunizierbar, als für sie konventionalisierte Zuordnungen von Zeichenformen und Zeichenbedeutungen sowie für die Interpretation entsprechender Äußerungen relevante pragmatische Interpretationsprinzipien konstatiert werden können. Genau dieser Umstand ist es, der für semiotische Wissenschaften wie Kulturwissenschaften, Philologien und Sprachwissenschaften von Belang ist: Durch die Kodierung mittels Zeichen werden seelische Empfindungen dem durch Zeichenmanipulation konstituierten menschlichen Bewusstsein zugänglich gemacht, wissenschaftlich explizierbar und *systematisch* erfassbar:

> "Thus for us language-animals our language is constitutive of our emotions, not just because de facto we have articulated some of them, but also de jure as the medium in which all our emotions, articulate and inarticulate, are experienced. Only a language-animal could have our emotions: and that means, inter alia, emotions which involve strong evaluations."
> (Taylor 1985, 74)

Gefühle können mit Hilfe indexikalischer Zeichen, mit motivierten oder mit arbiträren Symbolen systematisch kodiert werden. Mit Hilfe von Inventaren von Zeichen und von Regeln zu ihrer Verknüpfung und ihrem Gebrauch können in semiotischen Systemen Zeichenformen systematisch auf Gefühle bezogene Bedeutungen zugewiesen werden. Entsprechende Bedeutungen bezeichne ich mit dem Terminus *Emotion*. Emotionen sind dementsprechend *semiotisch strukturierte* Aspekte von Gefühlen – *Emotionen* signalisieren *Gefühle*. Als durch Zeichen kodierte Bedeutungen weisen Emotionen für Zeichen (und nicht für Erlebens- oder Verhaltensphänomene) charakteristische Struktur-, Erwerbs- und Prozessualisierungseigenschaften auf. Wir erwerben Emotionen als Zeichen-Bedeutungen, wir lernen und verlernen sie und wir kommunizieren mit ihnen über sie als solche. Die Prozessualisierung von Emotionen ist in diesem Sinne an *kognitive* Prozesse gebunden, das heißt an die Verarbeitung von Wahrnehmungen, an *Denken* als Prozessualisierung symbolischer Formen.

2 Emotionen als Prädikationen

Emotionen sind nach der hier vertretenen Explikation in jedem Fall *Prädikationen*. Das heißt, Emotionen sind komplexe semiotische Entitäten, welche Objekten Prädikatoren (*Eigenschaften*) zuweisen. Emotionen sind *zweistellige* Prädikate:

Die emotionale Prädikation (*E-Prädikation*) weist

1. einem Objekt$_1$ (*Experiencer*)

die Eigenschaft eines spezifischen Clusters subjektiv-psychologischen (das heißt nur introspektiv wahrnehmbaren) Erlebens und motorischen Verhaltens unter bestimmten situativen Bedingungen zu,

2. einem Objekt$_2$ (*Stimulus*)

die Eigenschaft zu, Auslöser des spezifischen psychischen Erlebens zu sein.
Beispielsweise:

(1)	*ich*	fürchte	*ihn*
	Experiencer		*Stimulus*
(2)	*er*	ärgert	*mich*
	Stimulus		*Experiencer*

Im Falle von (1) und (2) wird die E-Prädikation sprachlich in Form eines *Satzes* kodiert. Sie ist in diesem Falle *wahrheitswertfähig*. Die E-Prädikation ist allerdings in ihrer sprachlichen Realisierung nicht an eine in Satz-Form kodierte wahrheitswertfähige Proposition gebunden, sie ist vielmehr unabhängig von der sprachlichen Realisierung in Satz-Form. Dies zeigt sich schon darin, dass sie z.B. durch Interjektionen kodierbar ist, z.B.

(3) Igitt!

Eine Äußerung wie (3) kodiert – grob gesagt – die Prädikation, dass der Äußerungsproduzent von (3) eine emotional negative Einstellung gegenüber einer im Äußerungskontext zu bestimmenden Entität hat (in (3') als *das* notiert):

(3') <ich finde das eklig>

Nicht alle Teile der emotionalen Prädikation müssen also, wie Beispiel (3) zeigt, *sprachlich* realisiert werden. Sprachlich nicht vollständig kodierte Prädikationen sind nach der hier explizierten Auffassung *unterspezifiziert.*[1] Eine in irgendeiner Hinsicht nicht vollständig spezifizierte semiotische Einheit wird entweder durch ihre semiotische Umgebung (die einer anderen Beschreibungsdomäne zugeordnet ist) oder durch eine Defaultregel spezifiziert.[2]

Die Bedeutung einer sprachlich unterspezifizierten E-Prädikation kann als spezifische *Implikatur* aufgefasst werden, welche ich als *E-Implikatur* bezeichne. Abhängig vom sprachlich realisierten Material kann eine *E-Implikatur* die Kriterien für *konventionelle* Implikaturen oder für *konversationelle* (*pragmatische*) Implikaturen erfüllen. In jedem Fall (konventionelle bzw. konversationelle Implikatur) liegen allerdings zwei von einander unabhängige Prädikationen (im Folgenden als P_1, P_2 bezeichnet) vor.

Beispielsweise kann die Äußerung (4) eines Gastes in einem Restaurant mit den beiden Prädikationen P_1 und P_2 interpretiert werden:

(4) Das Steak ist blutig!
   (P_1) <Das Steak ist blutig>
   (P_2) Der Sprecher (*Experiencer*) hat gegenüber dem blutigen Steak (*Stimulus*) negative Empfindungen
   [<Ich finde das blutige Steak eklig>]

P_1 wird durch die *konventionelle* Bedeutung des Satzes *Das Steak ist blutig.* bedingt; bei P_2 handelt es sich um eine *konversationelle* Implikatur, da diese *„streichbar*“ ist:[3] Die Äußerung (4) könnte dementsprechend auch plausibel wie in (4’) fortgesetzt oder ergänzt werden, wobei *Zum Glück mag ich das!* die E-Implikatur von (4)-P_2 „streicht“ und P_3 bedingt:

[1] Eine semiotische Einheit X ist auf einer bestimmten Beschreibungsebene unterspezifiziert genau dann, wenn es ein Merkmal *M* gibt, für das sie auf dieser Beschreibungsebene nicht spezifiziert wird, obwohl Vorkommen von *X* auf anderen Beschreibungsebenen für *M* spezifiziert werden. Zu dieser auf Roman Jakobson (vgl. Jakobson 1936) zurückgehenden Idee vgl. die beispielhaften Explikationen unterspezifizierter sprachlicher Strukturen und Interpretationsspielräume von Dölling (2005a; 2005b) mit weiteren Literaturhinweisen.

[2] Dies schließt die Möglichkeit von theoretisch in anderer Weise explizierten Mehrdeutigkeiten nicht aus.

[3] Zum Kriterium der *Streichbarkeit* vgl. z.B. auch die Arbeiten von und zu Potts (2007) in Theoretical Linguistics 33 (2007) sowie die Ausführungen zu Implikaturen von Schwarz-Friesel (2007a, 2008, 2010). Im Unterschied zu diesen (und einer Vielzahl weiterer, vgl. z.B. Gutzmann 2011) Arbeiten kommt es mir in diesem Beitrag nicht auf Eigenschaften und Explikationsmöglichkeiten unterschiedlicher Implikatur-Typen an, sondern auf die Spezifika von *E-Implikaturen*, welche eben darin zu sehen sind, dass diese sowohl als konventionelle als auch als konversationelle Implikaturen auftreten können.

(4’) Das Steak ist blutig! Zum Glück mag ich das!

(P_1) <Das Steak ist blutig>

(P_3) Der Sprecher (*Experiencer*) hat gegenüber dem blutigen Steak (*Stimulus*) positive Empfindungen
[<Ich finde das blutige Steak appetitlich>]

E-Implikaturen erfüllen die folgenden *notwendigen* Bedingungen:

i. Eine E-Implikatur ist eine Prädikation mit den semantischen Rollen *Experiencer* und *Stimulus*

ii. Eine E-Implikatur prädiziert das komplexe emotionale Prädikat *εΠ*;
εΠ weist einem Experiencer die Eigenschaft eines spezifischen Clusters subjektiv-psychologischen (das heißt nur introspektiv wahrnehmbaren) Erlebens und motorischen Verhaltens unter bestimmten situativen Bedingungen zu

iii. Eine E-Implikatur ist unabhängig von anderen mit ihr grammatisch oder transgrammatisch[4] verbundenen Prädikationen

iv. Eine E-Implikatur ist bezüglich des *Experiencers* auf einen im Äußerungskontext zu ermittelnden *Referenten* festgelegt; im Defaultfall ist dies der *Äußerungsproduzent.*
Erfüllen E-Implikaturen in Abhängigkeit vom sprachlich realisierten Material die Kriterien für konventionelle Implikaturen, gilt über i-iv hinaus:

v. Eine konventionelle E-Implikatur gehört zur konventionellen Bedeutung eines sprachlichen Ausdruck bzw. Zeichens

vi. Eine konventionelle E-Implikatur ist kontextunabhängig

vii. Eine konventionelle E-Implikatur ist nicht negierbar.

Verantwortlich für den Nicht-Sprecherbezug in Zitaten ist nach der hier vertretenen Sicht die höhere und, wie z.B. unter anderem in Dramentexten wie (5) sprachlich oder textuell gestaltete Explizitheit der Salienz eines anderen Äußerungsproduzenten als des Äußerungsproduzenten der Gesamtäußerung. Beispielsweise wird in (5) der Experiencer der durch *Flegel* ausgelösten εΠ auf *Brigitte* bezogen (*Brigitte* empfindet den Angesprochenen als *Flegel* und nicht der Autor des Dramas, *Krüger*):

(5) BRIGITTE. Ey! ihr ungeschliffner Flegel [...]
[Johann Christian Krüger, *Die Geistlichen auf dem Lande*, III.1]

Möglicherweise sind auch für die Zuweisung des Experiencers in Fällen mit von einer eingebetteten sprachlichen Einheit ausgelösten εΠ wie in (5’) eher pragmatische als grammatische Prinzipien verantwortlich, etwa „the individual strong emotional content is attributed to must be unambiguously recoverable unless it is the speaker of the utterance“ (Sauerland 2007: 234):

4 Unter *transgrammatisch* seien hier über die Satzsyntax hinausgehende Verknüpfungsmuster verstanden.

(5') Brigitte riet ihrer Freundin, dem Flegel den Laufpass zu geben.

Wird eine Äußerung wie (5') beispielsweise mit einer Geste von Anführungszeichen für „Flegel" gesprochen bzw. in der Form (5'') schriftlich notiert, distanziert sich der betreffende Äußerungsproduzent hiermit selbst von der durch *Flegel* ausgelösten εΠ und als deren Experiencer wird *Brigitte* festgelegt, ebenso wie in (5'''):

(5'') Brigitte riet ihrer Freundin, dem „Flegel" den Laufpass zu geben.
(5''') Brigitte riet ihrer Freundin, dem, wie sie betonte, ausgesprochenen Flegel, den Laufpass zu geben.

Die Frage, welche grammatischen bzw. pragmatischen Parameter eine hinsichtlich des Äußerungsproduzenten relevante Salienzveränderung bewirken können, muss hier offen bleiben und kann nur auf der Basis empirischer Untersuchungen geklärt werden, vgl. hierzu Potts (2005) und die zahlreichen Folgearbeiten zu dieser einflussreichen Arbeit (etwa in *Theoretical Linguistics* 33.2 (2007) oder Gutzmann (2011)); zu Zitaten vgl. Gutzmann (2007).

4 Emotionen: Kodierungstypen

Auslöser einer E-Implikatur können diverse lexikalische, grammatische, prosodische oder transgrammatische Faktoren sein. Im Folgenden gebe ich einen knappen Überblick über einige sprachliche Verfahren im Deutschen zur Realisierung emotionaler Prädikationen unterschiedlichen Spezifikationsgrades.

Sprachliche Verfahren zur Realisierung emotionaler Prädikationen nutzen:

(A) Lexikalische Spezifizierungen, und zwar von
- (A.1) Verben, Adjektiven, Nomen (vgl. z.B. (1), (2), (6) – (11))
- (A.2) Phraseologischen Einheiten (vgl. (12)-(13))
- (A.3) Adverbien, Partikeln (vgl. (14)-(15))

(B) Morphologische Verfahren, z.B.
- (B.1) Spezifische Präfigierungen (z.B. *Drecksuni, Mistaufsatz*)
- (B.2) Spezifische Suffigierungen (z.B. *Konservativling*), wobei die Basis der Bildung den Stimulus kodiert und der Experiencer E-implikatiert (im Äußerungskontext durch eine E-Implikatur ermittelt) wird

(C) Markierte syntaktische Verfahren, z.B.
(C.1) Topologische und andere Markierungen (vgl. (16)-(17))
(C.2) Spezifische Funktionselemente (*Funktionswörter*)
(z.B. *wie* oder *was*, vgl. (18)-(19)),
wobei der Stimulus durch den Satzinhalt festgelegt wird und der Experiencer E-implikatiert wird

(D) Spezifische Satzfragmente (vgl. (20)-(21))
(*satzfragmentarische Konstruktionen, Small Expressives*),
wobei der Stimulus durch den Satzfragmentinhalt bzw. das Komplement der Interjektion[5] bzw. im Äußerungskontext festgelegt wird und der Experiencer E-implikatiert wird

(E) Transgrammatische Ausdrucksverfahren,
wobei der Stimulus durch einen Teil des jeweils vorliegenden sprachlichen Materials festgelegt und der Experiencer E-implikatiert wird (vgl. (22) und unten Abschnitt 6)

(F) Spezifische graphemische bzw. prosodische Ausdrucksverfahren, wobei der Stimulus durch den Satzinhalt festgelegt und der Experiencer E-implikatiert wird;
für prosodische Ausdrucksverfahren sind insbesondere Parameter wie Tonhöhe, Lautheit, Dauer, Betonung, Rhythmus, Sprechmelodie und Stimmklang relevant, ferner jedoch auch solche wie Lautsegmentminderungen;[6]
für graphemische Ausdrucksverfahren sind insbesondere Parameter wie Schriftart, Schriftgröße, Schriftfarbe, Zeichenabstand, Schriftrichtung, Sonderzeichen, Schriftsegmentreduktionen und Schriftsegmentwiederholungen (wie im Chat, vgl. (23)) relevant

[5] Zu Interjektionsphrasen und Komplementen von Interjektionen vgl. Fries (1992).

[6] Vgl. zu Lautsegmentminderungen Sendlmeier (2000), ferner allgemein zu prosodischen Ausdrucksverfahren emotionaler Bedeutungsaspekte Kehrein (2002), Paeschke (2003), Sendlmeier/ Bartels (2005).

		Experiencer	*Stimulus*
(6)	Ich fürchte ihn	DP_{NOM}[7]	DP_{AKK}
(7)	Ich misstraue ihm	DP_{NOM}	DP_{DAT}
(8)	Ich gedenke Brigittes Geburtstag	DP_{NOM}	DP_{GEN}
(9)	Brigitte gefällt/erstaunt	*E-implikatiert*	DP_{NOM}
(10)	Angst beschleicht mich um ihn	DP_{AKK}	PP
(11)	Armer Schlucker	*E-implikatiert*	*Referent von DP*
(12)	Mir rutscht dabei das Herz in die Hose	DP_{DAT}	PP
(13)	Das ist zum Kotzen	*E-implikatiert*	DP_{NOM}
(14)	Das Auto ist panne für mich	PP	DP_{NOM}
(15)	Er ist leider faul	*E-implikatiert*	[Rest-]Satz
(16)	Ist Brigitte klug!	*E-implikatiert*	S
(17)	Und ob Brigitte klug ist!	*E-implikatiert*	S [ohne *und ob*]
(18)	Was für eine Dummheit das ist!	*E-implikatiert*	S [ohne *was für*]
(19	Wie klug das von Brigitte ist!	*E-implikatiert*	S [ohne *wie*]
(20)	Du Dummkopf du!	*E-implikatiert*	NP
(21)	Pfui über das schlappe Kastratenjahrhundert!	*E-implikatiert*	S-Fragment/IjP
(22)	Er! Er! Er!	*E-implikatiert*	*Text*
(23)	wir sind uuuunwuerdig!!!):	*E-implikatiert*	*Basis*

5 Die semantische Struktur von Emotionen

Das komplexe Prädikat εΠ weist einem Experiencer die Eigenschaft eines spezifischen Clusters subjektiv-psychologischen (das heißt nur introspektiv wahrnehmbaren) Erlebens und motorischen Verhaltens unter bestimmten situativen Bedingungen zu. Generalisierbare Eigenschaften von Clustern subjektiv-psychologischen Erlebens und motorischen Verhaltens erfasse ich mit der Beschreibungsgröße *Emotionale Einstellung* (EM). Cluster situativer Bedingungen erfasse ich mit der Beschreibungsgröße *Emotionale Szene* (SZ).

EM sei eine *bewertende* Beziehung zwischen einem *Emotionsträger* (in einer εΠ als Experiencer realisiert) und einem *bedürfnisrelevanten Konzept*. Dem liegt die Annahme zugrunde, dass Emotionen in Form von Prädikationen auf subjektiv-psychologische Zustände und Prozesse bezogen sind und dass diese ihrerseits in der Reflexion selbstrelevanter Werte und Bedürfnisse gründen, also das Ergebnis von Einschätzungen eines Emotionsträgers von Zuständen und Ereignissen und ihrer Relation zur Identität seines Selbst darstellen. EM kann in Form von drei voneinander unabhängigen emotionalen Dimensionen erfasst werden:

(a) Dimension der *emotionalen Polarität*,
in der bedürfnisrelevante Konzepte als *positiv* (Affirmation selbstrelevanter Konzepte; ‚Lust') bzw. als *negativ* (Negierung selbstrelevanter Konzepte; ‚Unlust') bewertet werden

(b) Dimension der *emotionalen Erwartung*,
in der bedürfnisrelevante Konzepte als *erwartet* bzw. *unerwartet* eingestuft werden

[7] Abkürzungen: AKK = Akkusativ, DAT = Dativ, DP = Determiniererphrase (Substantivgruppe), GEN = Genitiv, IjP = Interjektionsphrase, NOM = Nominativ, NP = Nominalphrase, PP = Präpositionalphrase, S = Satz

(c) Dimension der *emotionalen Intensität*,
in der die *Intensität* der Erregung, welche mit der Reflexion eines bedürfnisrelevanten Konzeptes verbundenen ist, bestimmt wird.

Formalisieren lassen sich diese Dimensionen mit Hilfe dreier Maßfunktionen, die ich als EM_{pol}, EM_{exp} und EM_{int} bezeichne: Sie ordnen einer emotionalen Einstellung ε einen positiven bzw. negativen bzw. Null-Wert zu. Die Beispiele unter (24)-(28) zeigen z.B. Minimalpaare aus der elektronischen Kommunikation, welche sich im Hinblick auf die Kodierung von EM_{pol}–Werten bzw. von EM_{exp}–Werten bzw. von EM_{int}–Werten unterscheiden:

(24)	a. ☺	EM_{pol+}	b.	☹	EM_{pol-}
(25)	a. (:)	EM_{pol+}	b.	:-oo	EM_{pol+}, EM_{exp-}, EM_{int2}
(26)	a. *g*	EM_{pol+}	b.	*ggg*	EM_{pol+}, EM_{int3}
(27)	a. (:)	EM_{pol+}	b.	(:(((	EM_{pol-}, EM_{int3}
(28)	wir sind uuuuuuuuuuunwuerdig				EM_{int8}

Sprachlich sind im Deutschen z.B. die Lexeme *aber* und *ohnehin* für EM_{exp}-Werte markiert. Entsprechend signalisiert *ohnehin* in (29), dass der Äußerungsproduzent das Zutreffen des mit der betreffenden Proposition kodierten Sachverhaltes erwartet; *aber* signalisiert in (30), dass der Äußerungsproduzent das Zutreffen des mit der betreffenden Proposition kodierten Sachverhaltes nicht erwartet:

(29) Brigittes Freundin hätte den Flegel ohnehin verlassen.
(30) Brigitte glaubte das aber nicht.

Mit Hilfe der Maßfunktionen EM_{pol}, EM_{exp} und EM_{int} können emotionale Einstellungen in einem dreidimensionalen Koordinatensystem gemäß Abbildung (1) angeordnet werden; emotional neutrale Äußerungen sind dementsprechend im Null-Punkt dieses Koordinatensystems positioniert:

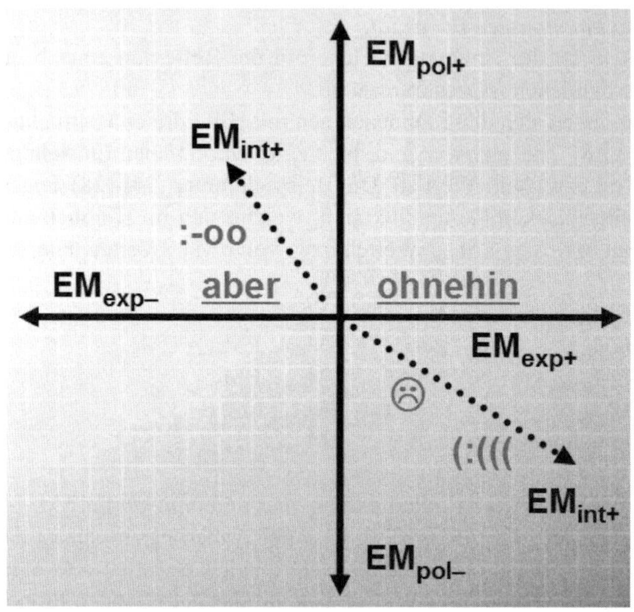

Abbildung 1: Die Maßfunktionen EM_{pol}, EM_{exp} und EM_{int}

Emotionale Werte sind semantische Einheiten semiotischer Explikationen. Sie werden bei der symbolischen Kodierung auf einen Repräsentationsgehalt $\mathfrak{R}$ bezogen, welcher gemäß den in Abschnitt 4 genannten Kodierungsverfahren sprachlich realisierbar ist.

Wenn *M* eine Menge von Prädikaten für Eigenschaften wie z.B. EM_{pol-}, EM_{exp+}, EM_{int+} bezeichnet, und EM_{val} eine Funktion bezeichnet, die einer solchen Menge einen Operator zuordnet, so bildet $\mathfrak{R}$ den semantisch-konzeptuellen Bereich, welcher durch $EM_{val}(M)$ im Hinblick auf subjektiv-psychologische Zustände und Prozesse emotional bewertet wird.

$EM_{val}(M)$ ist eine Interpretationsanweisung, in welcher Weise ein Ausdruck, der $\mathfrak{R}$ repräsentiert, in seinen Skopus aufzunehmen ist:

(31) $EM_{val}\,(M)\,(\mathfrak{R})$

Für die Explikation von Clustern situativer Bedingungen verwende ich die Beschreibungsgröße *Emotionale Szene*. Eine emotionale Szene wird aus den eingeführten Beschreibungseinheiten *Experiencer* und *Stimulus*, *emotionale Werte* sowie aus der Größe *Urteile über Bedingungen emotionaler Bewertungen* konstituiert.

Die Komponente *Urteile über Bedingungen emotionaler Bewertungen* setzt sich zusammen aus den folgenden Beschreibungsgrößen:

(a) der Variablen χ,
welche in einem semiotischen Kontext als *Experiencer* interpretiert wird
(b) der Variablen $\mathfrak{R}$ für einen Repräsentationsgehalt,
welche in einem semiotischen Kontext als *Stimulus* interpretiert wird
(c) dem Prädikat DENKEN,
welches in einem semiotischen Kontext χ zugeschrieben wird

(d) dem Prädikat VERURSACHEN,
welches in einem semiotischen Kontext $\mathfrak{R}$ (in $EM_{val}(M)$ ($\mathfrak{R}$)) zugeschrieben wird
(e) Variablen für Zustände (Ž) und Ereignisse (Ě)
(f) einer Menge zu spezifizierender Basis-Prädikate,
welche die Qualität interner, introspektiv wahrnehmbarer Zustände von Lebewesen bezeichnen.

Für die Spezifikation der in (f) genannten Basis-Prädikate gehe ich von vier Klassen introspektiv wahrnehmbarer Zustände aus. Ich nehme, aufbauend auf den in Fries (2007, 2009) genannten Argumenten, 4 Basis-Prädikate an: BEHAGEN, EMPATHIE, WERTSCHÄTZUNG und INTERESSE:[8]

(I) Das Prädikat BEHAGEN bezeichnet für einen Emotionsträger introspektiv wahrnehmbare Zustände des Wohl- oder Unwohlseins
(II) das Prädikat EMPATHIE bezeichnet für einen Emotionsträger introspektiv wahrnehmbare Zustände, welche die imaginierten introspektiv wahrnehmbaren Zustände eines anderen Lebewesens widerspiegeln
(III) das Prädikat WERTSCHÄTZUNG bezeichnet für einen Emotionsträger introspektiv wahrnehmbare Zustände der Wertschätzung selbstrelevanter Konzepte
(IV) das Prädikat INTERESSE bezeichnet für einen Emotionsträger introspektiv wahrnehmbare Zustände der Aufmerksamkeit

Die Annahme der Basis-Prädikate (I)-(IV) ist als eine Hypothese zur Explikation spezifischer semantischer Eigenschaften von Emotionen als Prädikationen zu verstehen. Ihre Annahme wird durch diverse empirische Argumente gestützt. Beispielsweise differenzieren in zahlreichen Sprachen die genannten Basis-Prädikate durch Interjektionen ausdrückbare emotionale Aspekte und steuern die Distribution bzw. das Auftreten und die Interpretation von Interjektionen in Sätzen und Äußerungen:

(i) Interjektionen wie *au*↓,[9] *brr*↓, *hm*↓↑ kodieren negativ bzw. positiv bewertete Zustände, die als BEHAGEN gekennzeichnet sind,
(ii) solche wie *ei*↓↑, *hm*→, *au(tsch)*↓ positiv bzw. negativ bewertete Zustände, die als EMPATHIE gekennzeichnet sind,
(iii) solche wie *hm*↓, *ih*↓↑, *nana*→, *pah*↓, *pfui*↓, *ei*↓↑ negativ bzw. positiv bewertete Zustände, die als WERTSCHÄTZUNG gekennzeichnet sind
(iv) und solche wie *he*↓↑, *na*↑ negativ bzw. positiv bewertete Zustände, die als INTERESSE gekennzeichnet sind.

Auf der Grundlage der Basis-Prädikate (I) - (IV) kann insbesondere auch die Semantik von Ausdrücken, welche Gefühle bezeichnen bzw. auf Gefühle Bezug nehmen, erfasst werden. Die Semantik entsprechender Ausdrücke lässt sich beispielsweise durch semantische Merkmale nur unvollkommen explizieren. So beziehen sich Adjektive wie *bejammernswert*, *nervtötend*, *fröhlich*, *köstlich* und Substantive wie *Clown*, *Kasper*, *Rüpel* und *Engel* auf Zustände, die als BEHAGEN gekennzeichnet sind (Personen, welche solcherart bezeich-

[8] Die Benennung der Basisprädikate als BEHAGEN, EMPATHIE, WERTSCHÄTZUNG und INTERESSE erfolgt lediglich aus mnemotechnischen Gründen.

[9] Die für die Interpretation interjektionaler Äußerungen in vielen Sprachen relevanten Ton- bzw. Intonationsmuster notiere ich im Folgenden, falls signifikant, durch die Zeichen ↑ (steigend), → (gleich bleibend), ↓ (fallend), ↑↓ (steigend-fallend) und ↓↑ (fallend-steigend). Die angeführten Beispiele beziehen sich auf die Interpretation deutscher Interjektionen, vgl. (Ehlich 1986; Fries 2002).

net werden, bewirken ein Wohl- bzw. Unbehagen), solche wie *goldig*, *niedlich*, *rührend*, bzw. *Armer, Pechvogel, Glückspilz* auf Zustände, die als EMPATHIE gekennzeichnet sind (Personen, welche solcherart bezeichnet werden, bewirken ein Mitgefühl in Bezug auf ihre Persönlichkeit), solche wie *abscheulich*, *eklig*, *jämmerlich*, *süß* bzw. *Ekel*, *Flegel*, *Musterknabe*, *Schleimer*, *Streber*, *Waschlappen* auf Zustände, die als WERTSCHÄTZUNG gekennzeichnet sind (Personen, welche solcherart bezeichnet werden, bewirken eine positive bzw. negative Wertschätzung in Bezug auf ihre Persönlichkeit), und solche wie *atemberaubend*, *aufregend*, *empörend*, *ermüdend*, *langweilig* bzw. *Aufschneider*, *Charmeur*, *Langweiler*, *Lüstling*, *Möchtegern*, *Schlafmütze*, *Schmeichler*, *Transuse* auf Zustände, welche als INTERESSE gekennzeichnet sind (Personen, welche solcherart bezeichnet werden, bewirken eine Aufmerksamkeit in Bezug auf ihre Persönlichkeit).

6 Die Spezifikation emotionaler Bedeutungen in Äußerungen

Mit der Beschreibungsgröße *Emotionale Szene*, das heißt mit den genannten Beschreibungseinheiten *Experiencer*, *Stimulus*, *emotionale Werte* sowie Variablen und Prädikaten zur Beschreibung von *Urteilen über Bedingungen emotionaler Bewertungen* lässt sich nun die emotionale Bedeutung von Zeichen generalisierend erfassen. Ihre zunehmende Spezifikation in Äußerungen sei im Folgenden an sechs Beispielen demonstriert.[10]

Die Äußerung Woyzecks *Wie er an ihr herumtappt* in (32) kodiert die emotionale Szene (SZ_1), das heißt einen emotionalen Zustand des Äußerungsproduzenten, welcher als *intensiv erregt* bewertet ist; der Stimulus dieses emotionalen Zustandes ist der durch den *wie*-Satz kodierte Sachverhalt $\mathfrak{R}$ (<*er tappt an ihr herum, an ihrem Leib*>). Syntaktisch nicht eingebettete *wie*-Verb-Letzt-Sätze mit fallender Intonation sind im Deutschen (als so genannte *Exklamativsätze*) syntaktisch-konstruktionell für (SZ_1)[11] spezifiziert:

(32) WOYZECK. Der Kerl! Wie er an ihr herumtappt, an ihrem Leib,
er, er hat sie wie ich zu Anfang!
[Büchner, *Woyzeck*], H4.11

(SZ_1) <AROUSAL>
a. χ denkt $\mathfrak{R}$
b. χ ist in einem Zustand für den gilt:
i. BEHAGEN ($\check{Z}$)
ii. ($\check{Z}$) ist als EM_{int+} bewertet
c. (a) verursacht (b)

Dieselbe emotionale Szene (SZ_1) wird auch in (33) durch die dreifache Wiederholung von *Er* kodiert:

(33) DOCTOR. Was erleb' ich, Woyzeck? […] Er! Er! Er?
[Büchner, *Woyzeck,* H2.6]

[10] Zur ausführlichen Motivation und Explikation der im Folgenden angeführten emotionalen Szenen vgl. die Ausführungen in Fries (2007, 2009).

[11] Ebenso wie die Benennung emotionaler Prädikate erfolgt die Benennung emotionaler Szenen lediglich aus mnemotechnischen Gründen.

Wort-Wiederholungen sind im Deutschen (wie möglicherweise universal) unter hier vorausgesetzten prosodischen Bedingungen[12] transgrammatisch für EM_{int+} spezifiziert.

Der empirische und theoretische Vorteil relativ unspezifischer semantischer Explikationen wie (SZ_1) ist, dass mit ihnen Strukturen zur Verfügung gestellt werden, welche die Explikation variabler Interpretationen entsprechender Ausdrücke in verschiedenen Äußerungen und Medien (Gesprächen, Texten) erlauben, das heißt, welche die Analyse von Bedeutungen sprachlicher Zeichen auf verschiedenen Beschreibungsebenen ermöglichen: In (32) wird die emotionale Szene (SZ_1) durch den *wie*-Exklamativsatz *konventionell* E-implikatiert und durch die Wortwiederholung *er, er konversationell* E-implikatiert. In (33) wird die emotionale Szene (SZ_1) ausschließlich *konversationell* E-implikatiert, das heißt, ihre Implikation gilt nur unter bestimmten transgrammatischen bzw. pragmatischen Bedingungen. Beispielsweise reduziert Werner Herzog in seiner Woyzeck-Verfilmung[13] die Intensität der Äußerung (33) durch prosodische Faktoren (der *Doctor* spricht die Äußerung *Er! Er! Er?* mit unterbrechenden Pausen und fallender Intonation) und erhöht sie durch das mimische und gestische Audrucksverhalten des Doktors sowie durch seine Körperhaltung und Bewegungen.

(32) und (33) kodieren zudem die emotionale Szene (SZ_2): *am Leib herumtappen* wird im sprachlich-textuellen Kontext (*Der Kerl!* als Vorgängeräußerung) und im kulturellen und historischen Sinnzusammenhang von (32) *negativ*, also mit EM_{pol-} spezifiziert; *Was erleb' ich, Woyzeck?* wird im sprachlich-textuellen Kontext von (33)[14] transgrammatisch *negativ* spezifiziert:

(SZ_2) <AROUSAL NEG>
- a. χ denkt $\Re$
- b. χ ist in einem Zustand für den gilt:
  - i. BEHAGEN (Ž)
  - ii. (Ž) ist als EM_{int+}, EM_{pol-} bewertet
- c. (a) verursacht (b)

In (34) wird die emotionale Szene (SZ_1) *konventionell* E-implikatiert, die emotionale Szene (SZ_2) *konversationell*: *wie*-Verb-Letzt-Sätze mit fallender Intonation sind syntaktisch für (SZ_1) spezifiziert; *Wie ihm die Brust zerschmettert ist!* und *Wie ihm die Finger bluten*! werden im sprachlichen Kontext *Erwürgt!* und im textuellen, kulturellen und historischen Sinnzusammenhang (mithin *konversationell*) mit EM_{pol-} spezifiziert:

12 So schon in der Rhetorik als rhetorische *Positionsfiguren*, etwa *Geminatio*, *Epiploke* oder *Epizeuxis*. Ansonsten können Wortwiederholungen diverse andere Aspekte kodieren, beispielsweise Anaphora (*Yes we can, Yes we can, Yes we can*, Barack Obama) oder Epiphora usw. Eine vielzitierte Textpassage aus Nietzsches *Also sprach Zarathustra* (IV, *Das trunkne Lied*, 12) kodiert mehrere dieser rhetorischen Figuren: „Doch alle Lust will Ewigkeit –, will tiefe, tiefe Ewigkeit!“. Nach der hier dargestellten Beschreibung kodieren diese Positionsfiguren gleichermaßen die emotionale Szene (SZ_1); spezifische Interpretationen entsprechender Äußerungen erfolgen im sprachlich-textuellen Kontext und im kulturellen und historischen Sinnzusammenhang.

13 Werner Herzog, *Woyzeck*. BRD 1979, Szene 6.

14 In der Folge äußert der Doktor: *Ich es gesehn hab', Er auf die Straß gepisst hat, wie ein Hund.*

(34) GOTHLAND: Erwürgt! – [...] Wie ihm die Brust zerschmettert ist!
Wie ihm die Finger bluten!
[Grabbe, *Gothland*, V.5]

In (35) und (36) wird die emotionale Szene (SZ_3) *konventionell* E-implikatiert: Substantive wie *Armer* und *Unglücklicher* sind für (SZ_3) *lexikalisch* spezifiziert – sie kodieren qua lexikalischer Spezifikation der entsprechenden Lexeme einen für den Äußerungsproduzenten (im Falle von (35) *Andres*, im Falle von (36) *Oberlin* bzw. der *Erzähler*)[15] introspektiv wahrnehmbaren Zustand, welcher den für ihn imaginierten introspektiv wahrnehmbaren Zustand des durch das betreffende Lexem kodierten Referenten (im Falle von (35) *Franz*, im Falle von (36) *ihn* = *den Unglücklichen* = *Lenz*) widerspiegelt:

(35) ANDRES. Franz, du kommst in's Lazareth. Armer du mußt Schnaps trinke und Pulver drin das tödt das Fieber.
[Büchner, *Woyzeck*, H4.17]

(36) Oberlin wußte von allem nichts; er hatte ihn aufgenommen, gepflegt; er sah es als eine Schickung Gottes, der den Unglücklichen ihm zugesandt hätte, er liebte ihn herzlich.
[Büchner, *Lenz*]

(SZ_3) <EMPATHIE>
a. χ denkt $\mathfrak{R}$
b. χ ist in einem Zustand für den gilt:
EMPATHIE ($\check{Z}$)
c. (a) verursacht (b)

In (37) wird die emotionale Szene (SZ_4) *konventionell* E-implikatiert: Das Präfix *tod-* ist für EM_{int+} *lexikalisch* spezifiziert:

(37) Oberlin wußte von allem nichts; er hatte ihn aufgenommen, gepflegt; er sah es als eine Schickung Gottes, der den Todunglücklichen ihm zugesandt hätte, er liebte ihn herzlich.

(SZ_4) <EMPATHIE INT>
a. χ denkt $\mathfrak{R}$
b. χ ist in einem Zustand für den gilt:
i. EMPATHIE ($\check{Z}$)
ii. ($\check{Z}$) ist als EM_{int+} bewertet
c. (a) verursacht (b)

In (38) wird die Nachfrage-Äußerung des *ersten Bürgers Eine Eichelkron?* mit Bezug auf die Vorgängeräußerung *Simons* transgrammatisch für (SZ_5) spezifiziert; das Adverb *ohnehin* in der Nachfolgeäußerung des ersten Bürgers ist für (SZ_6) *lexikalisch* spezifiziert. Dementsprechend wird die emotionale Szene (SZ_5) in (38) *konversationell* E-implikatiert, die emotionale Szene (SZ_6) *konventionell* E-implikatiert:

15 Die Passage *er sah es als eine Schickung Gottes, der den Unglücklichen ihm zugesandt hätte* bewirkt eine Salienzsteigerung von Oberlin als Äußerungsproduzent (gegenüber dem Erzähler).

(38) SIMON. [...] Sorgt für mein Weib!
Eine Eichenkrone werd' ich ihr hinterlassen.
ERSTER BÜRGER. Eine Eichelkron?
Es sollen ihr ohnehin jeden Tag Eicheln genug in den Schoß fallen.
[Büchner, *Dantons Tod*, II.6]

(SZ_5) <UNERWARTETHEIT>
a. χ denkt $\Re$
b. χ ist in einem Zustand für den gilt:
i. BEHAGEN (Ž)
ii. (Ž) ist als EM_{exp-} bewertet
c. (a) verursacht (b)

(SZ_6) < ERWARTETHEIT >
a. χ denkt $\Re$
b. χ ist in einem Zustand für den gilt:
i. BEHAGEN (Ž)
ii. (Ž) ist als EM_{exp+} bewertet
c. (a) verursacht (b)

In durch den Kontext spezifizierter Interpretation drückt der *erste Bürger* mit seiner Äußerung *Eine Eichelkron?* sein Erstaunen darüber aus, dass *Simon* seiner Frau *eine Eichenkrone* hinterlassen wird, da ihr *ohnehin* jeden Tag genug *Eicheln in den Schoß fallen sollen*. Die *Eichenkrone* als Symbol des patriotischen Ruhms wird durch die Veränderung zu *Eichelkron* (und *Eicheln in den Schoß fallen*) des *ersten Bürgers* zugleich zu einer negativen Anspielung auf die sexuellen Aktivitäten der Frau Simons, welche in Szene I.2 des Dramas thematisiert werden. Dementsprechend werden in (38) die emotionalen Szenen (SZ_7) und (SZ_8) auf der Basis intertextueller Kenntnisse *konversationell* E-implikatiert:

(SZ_7) <UNERWARTETHEIT NEG>
a. χ denkt $\Re$
b. χ ist in einem Zustand für den gilt:
i. BEHAGEN (Ž)
ii. (Ž) ist als EM_{exp-} , EM_{pol-} bewertet
c. (a) verursacht (b)

(SZ_8) < ERWARTETHEIT NEG>
a. χ denkt $\Re$
b. χ ist in einem Zustand für den gilt:
i. BEHAGEN (Ž)
ii. (Ž) ist als EM_{exp+} , EM_{pol-} bewertet
c. (a) verursacht (b)

7 Resümee

Wie die vorangegangenen Ausführungen zeigen, erfordert die Explikation emotionaler Bedeutungen sprachlicher Äußerungen die Bezugnahme auf Interpretationsroutinen, welche sich sowohl auf lexikalische und grammatische als auch auf zu differenzierende transgrammatische Beschreibungsebenen beziehen. Letztere, transgrammatische Beschreibungsebenen müssen Kenntnisse über die phonetische bzw. gebärdensprachliche bzw. orthographische Realisierung sprachlicher Äußerungen, über Äußerungsproduzenten und -rezipienten, über die Text- und Gesprächsstrukturierung, über extra-sprachliche Ausdrucksformen und über die Rezeptions- bzw. Äußerungssituationen ebenso einbeziehen wie solche über mediale und intermediale (inklusive intertextuelle) Aspekte: Äußerungen in schriftkonstituierter Form, etwa in einer kritischen Ausgabe der Werke Büchners, unterliegen anderen Mechanismen für die Spezifikation der Bedeutung sprachlicher Einheiten als solche in einem Film, in einem Kino, auf einer DVD oder in einem Hörspiel usw.

Die entsprechenden Beschreibungsdomänen und jeweiligen Kenntnisbereiche können grob wie in Abbildung 2 dargestellt differenziert werden:

Beschreibungsebene		*Interpretationsroutinen erfordern [u.a.] Informationen über:*
Intermediale Ebene		– kulturelle und historische Sinnzusammenhänge – Prätexte, Präfilme usw.
Ebene medialer Codes		– Aspekte der medialen Produktion und Publikation – extra-sprachliche optische Ausdrucksformen – extra-sprachliche akustische Ausdrucksformen
Transgrammatische Ebene		– Äußerungsproduzenten/-rezipienten/-situationen – phonetische und orthographische (rhythmische und prosodische) Formen
Konversationell bedingte Interpretationen sprachlicher Äußerungen		
Konventionell bedingte Interpretationen sprachlicher Äußerungen		
Grammatische Ebene	Satzebene Konstituentenebene	grammatische, semantische und phonologische Strukturbildung
Lexikalische Ebene	Wortbildung Lexeme	morphologische, syntaktische, semantische und phonologische Lexemeigenschaften

Grad der Spezifikation

Abbildung 2: Beschreibungsdomänen und Kenntnisbereiche

In neueren Textverstehenstheorien werden Interpretationsroutinen, die sich in Abbildung (2) auf transgrammatische, mediale und intermediale Ebenen beziehen, z.B. als *Inferenzen* (bzw. als *inferenzielle Informationsverarbeitung*) expliziert: als Schlussfolgerungsprozesse, mit welchen beispielsweise bezüglich eines Textes „ein Leser ausgehend von im Text vorhandenen Propositionen neue und mit ihnen verbundene Propositionen konstruiert“ (Mandl 1981: 8). Inferenzen konstituieren das *Inferenzpotenzial* von Texten.[16]

Entsprechend kann unter dem *Emotionspotenzial* eines Textes das in einem Text durch dessen „Referenz- und Inferenzpotenzial angelegte und linguistisch beschreibbare Potenzial für emotionale Prozesse“ bezeichnet werden (Schwarz-Friesel 2007b: 131), unter dem *Emotionspotenzial* eines Films das im Film durch sprachliche, optische und akustische Zeichen konstituierte und interdisziplinär beschreibbare Potenzial für emotionale Prozesse.

[16] Vgl. z.B. Rickeit/Strohner (1985, 1990), Graesser/Bower (1990); überblickshalber Schwarz-Friesel (2007b: 31ff.).

Das Emotionspotenzial eines Textes kann, wie die oben gegebenen Beispiele zeigen, sprachlich höchst unterschiedlich kodiert sein. Häufig sind E-Prädikationen in Texten und Diskursen zumindest teilweise sprachlich defizitär kodiert – ihre Spezifizierung erfolgt dann über E-Implikaturen, welche die in Abschnitt 3 genannten notwendigen Bedingungen erfüllen.

E-Implikaturen können von den in Abschnitt 4 unter (A)-(F) für das Deutsche ausschnittweise genannten lexikalischen, grammatischen, transgrammatischen, graphemischen und prosodischen Faktoren ausgelöst werden und dementsprechend *konventionalisiert* sein. Werden E-Implikaturen ausschließlich von auf transgrammatische Beschreibungsebenen bezogenen Faktoren ausgelöst, so sind sie *konversationeller* Art.

Literatur

Dölling, Johannes (2005a): *Semantische Form und pragmatische Anreicherung: Situationsausdrücke in der Äußerungsinterpretation*, in: *Zeitschrift für Sprachwissenschaft* 24 (2005), S. 159-225.

–, (2005b): *Copula Sentences and Entailment Relations*, in: *Theoretical Linguistics* 31.2 (2005), S. 317-329.

Ehlich, Konrad (1986): *Interjektionen*, Tübingen 1986.

Fries, Norbert (1992): *Interjektionen, Interjektionsphrasen und Satzmodus*, in: *Satz und Illokution*, hg. von Rosengren, I. Bd. 1, Tübingen 1992, S. 307-341.

–, (2007): *Die Kodierung von Emotionen in Texten. Teil 1: Grundlagen*, in: *JLT* 1.2 (2007), S. 293-337.

–, (2009): *Die Kodierung von Emotionen in Texten. Teil 2: Die Spezifizierung emotionaler Bedeutung in Texten,* in: *JLT* 3.1 (2009), S. 19-71.

Graesser, Arthur C./Bower, Gordon H. (Eds.) (1990): *Inferences and text comprehension,* San Diego 1990.

Gutzmann, Daniel (2007): *Zitate und die Semantik/Pragmatik-Schnittstelle*, in: *Zitat und Bedeutung*, hg. von Brendel, E./Meibauer, J./Steinbach, M., Hamburg 2007, S. 111-133.

–, (2011): *Expressive Modifiers &Mixed Expressives*, in: *Empirical Issues in Syntax and Semantics 8* (*Colloque de Syntaxe et de Semantique de Paris, CSSP* 2009), ed. by Bonami, O./Cabredo Hofherr, P., 2011, S. 123-141.

Jakobson, Roman (1936): *Beitrag zur allgemeinen Kasuslehre. Gesamtbedeutungen der russischen Kasus*, in: Jakobson, R. *Selected Writings, II. Word and Language*, The Hague 1971, S. 23-71.

Kehrein, Roland (2002): *Prosodie und Emotionen*, Tübingen 2002.

Mandl, Heinz (Hg.) (1981): *Zur Psycholinguistik der Textverarbeitung. Ansätze, Befunde, Probleme,* München 1981.

Paeschke, Astrid (2003): *Prosodische Analyse emotionaler Sprechweise*, Berlin 2003.

Potts, Christopher (2005): *The Logic of Conventional Implicature*, Oxford 2005.

–, (2007): *The expressive dimension*, in: *Theoretical Linguistics* 33.2 (2007), S. 165-197.

Rickeit, Gert/Strohner, Hans (Eds.) (1985): *Inferences in text processing*, Amsterdam 1985.

–, (1990): *Inferenzen: Basis des Sprachverstehens*, in: *Die Neueren Sprachen* 89 (1990) 6, S. 532-545.

Sauerland, Uli (2007): *Beyond unpluggability*, in: *Theoretical Linguistics* 33 (2007) 2, p. 231-236.

Schwarz-Friesel, Monika (2007a): *Sprache, Kognition und Emotion: Neue Wege in der Kognitionswissenschaft*, in: *Sprache – Kognition – Kultur*, hg. von Kämper, H./Eichinger, L. M., Berlin, New York 2007, S. 277-301.

–, (2007b): *Sprache und Emotion,* Tübingen 2007.

–, (2008): *Ironie als indirekter expressiver Sprechakt: Zur Funktion emotionsbasierter Implikaturen bei kognitiver Simulation*, in: *Perspektiven auf Wort, Satz und Text. Semantisierungsprozesse auf unterschiedlichen Ebenen des Sprachsystems. Festschrift für Inge Pohl*, hg. von Bachmann-Stein, A./Merten, S./Roth, Ch.,Trier 2008, S. 223-232.

–, (2010): *Expressive Bedeutung und E-Implikaturen – Zur Relevanz konzeptueller Bewertungen bei indirekten Sprechakten: Das Streichbarkeitskriterium und seine kognitive Realität,* in: *Kultura kak tekst* (*Kultur als Text*), hg. Rudnitzky, W. von Moskau/Smolensk 2010, S. 12-27.

Sendlmeier, Walter F. (2000): *Stimmlicher und sprecherischer Ausdruck von Basisemotionen*, in: *Sprache und Musik*, hg. von Pahn, J./Lamprecht-Dinnesen, A./Keilmann, A./Bielfeld, K., *Stuttgart* 2000, S. 146-154.

Sendlmeier, Walter F./Bartels, Astrid (Hgg.) (2005): *Stimmlicher Ausdruck in der Alltagskommunikation*, Berlin 2005.

Taylor, Charles (1985): *Self-Interpreting Animals*, in: ders., *Human Agency and Language. Philosophical Papers*, Vol. 1, Cambridge, UK 1985, p. 45-76.

Anna V. Averina

Phorik bei den Epistemizitätsmarkern im Deutschen

1 Einführung und Fragestellung

Dieser Beitrag ist der Erforschung des prospektiven und retrospektiven Gebrauchs von Epistemizitätsmarkern des Deutschen gewidmet, d.h. Modalwörtern und Partikeln unter Berücksichtigung der Semantik ihrer syntaktischen Umgebung. Das Ziel der vorliegenden Arbeit besteht darin, zu zeigen, wie Epistemizitätsmarker im System der übereinzelsprachlichen Kategorie funktionieren. Nach Leiss (1992) lassen sich

> „alle Kategorien aus einer Kategorie bzw. einer Grunddifferenzierung ableiten. Die Basiskategorie lässt sich vom „natürlichen" egozentrischen Standpunkt des Sprechers ableiten" (Leiss 1992: 3).

Entsprechend verfolgt der vorliegende Beitrag die folgenden Ziele:
1. Die Stellung der Epistemizitätsmarker (Modalwörter *vielleicht, wahrscheinlich* und Modalpartikeln *wohl, denn, doch* und *ja*) in der formalen und in der kommunikativen Struktur verschiedener Satztypen und des transphrastischen Ganzen zu betrachten;
2. die Rolle der Epistemizitätsmarker in der Formulierung der implikativen Beziehungen und
3. die Einwirkung der Epistemizitätsmarker auf die Zeitreferenz zu zeigen.

Epistemizitätsmarker werden sowohl kataphorisch als auch anaphorisch verwendet. Anaphorik setzt den Bezug auf den Textanfang voraus, wobei Kataphorik sich auf das Textende bezieht:

(1) *Berger blickte zum Himmel. „**Vielleicht** wird es nicht zu kalt. Wir können an der Wand dicht zusammen sitzen. Wir haben drei Decken."* (E. M. Remarque. Der Funke Leben)

(2) ***Vielleicht** sind schon Vorbereitungen getroffen, die Leute in den Dörfern unterzubringen.* (E. M. Remarque. Der Funke Leben)

In (1) tritt das Modalwort *vielleicht* in der Funktion eines Epistemizitätsmarkers auf. Der Sprecher äußert seine Vermutung hinsichtlich eines Sachverhaltes in der Zukunft – das ist für die prospektive Darstellung der Ereignisse charakteristisch. In (2) dient das Modalwort *vielleicht* dazu, die Vermutung in Bezug auf den Sachverhalt in der Vergangenheit auszudrücken. Epistemizitätsmarker tragen also dazu bei, die Beziehungen zwischen Vergangenheit, Gegenwart und Zukunft herzustellen.

2 Die Stellung der Epistemizitätsmarker in der formalen Struktur verschiedener Satztypen und ihre Rolle bei der Bildung implikativer Sätze

In der Aussagenlogik (vgl. Гетманова 2010) gibt es Urteilsformen, die mehrere logische Konstanten enthalten.[1]

- Konjunktionen (miteinander vereinbare Teilsätze): *Der Berg Ararat war Amerika, und die Flut stieg täglich.* (E. M. Remarque. Die Nacht von Lissabon);
- Adjunktionen (einander ausschließende oder einschließende Teilsätze): *Ich hatte nie an Helens Treue oder Untreue gedacht.* (E. M. Remarque. Die Nacht von Lissabon);
- Kontradiktionen (konträre Teilsätze): *Ich hatte es mir in den vergangenen Wochen oft vorgestellt, aber die Wirklichkeit war anders.* (E. M. Remarque. Die Nacht von Lissabon);
- Implikationen oder Subjunktionen (einer der Teilsätze ist der Grund für einen anderen): *Sie musste eine Pernodflasche erwischt haben, denn alles roch plötzlich nach Anis.* (E. M. Remarque. Die Nacht von Lissabon).

Im Rahmen der Typen der logischen Sätze kann man die komplexen Sätze (sowohl Satzreihen als auch Satzgefüge) betrachten. Sätze mit Epistemizitätsmarkern (Modalwörtern und Partikeln) können unter bestimmten syntaktischen Bedingungen die implikativen Beziehungen, oder Implikationen kodieren, was auch von der Satzstellung abhängt. Dieser Aspekt soll hier in Bezug auf die Phorik auf der Textebene analysiert werden.

Modalwörter

Die Modalwörter *vielleicht* und *wahrscheinlich* stehen häufig am Anfang des Satzes, ihre Position ist auch in der Mitte des Satzes möglich. Sie treten als verknüpfende Elemente im Rahmen des transphrastischen Ganzen auf:

(3) ***Vielleicht** vergisst er es wieder. Er sieht aus, als hätte er seinen Koller. Wenn wir nur Schnaps hätten, um ihn besoffen zu machen!* (E. M. Remarque. Der Funke Leben)

(4) *Ja, was sollen wir wirklich anderes tun! Er ist ja erst eine Woche fort. **Vielleicht** kommt er durch* (E. M. Remarque. Liebe deinen Nächsten)

(5) *Er schwieg. Er dachte **wahrscheinlich** an letzte Worte, an eine letzte Liebesbeteuerung, an etwas, was er hätte mitnehmen können in seine Einsamkeit.* (E. M. Remarque. Die Nacht von Lissabon)

In (4) und (5) wird im ersten Satz die Ursache angegeben, aufgrund derer der Sprecher seine Vermutung äußert. In (3) wird die Ursache im nachfolgenden Satz genannt. Die Beziehungen dieser Art sind implikativer Natur: sie kodieren die Abhängigkeit der Sachverhalte voneinander.

Modalwörter haben also die Funktion, neben der epistemischen Semantik die Grund- und Folgebeziehungen im Rahmen des transphrastischen Ganzen herzustellen. Dabei wird

[1] Als Urteil bezeichnet man sowohl die Proposition oder die Aussage als auch den Inhalt der Aussage selbst, der mit einem Deklarativsatz ausgedrückt wird.

im vorhergehenden Satz ein bestimmter Sachverhalt genannt, zu welchem im nachfolgenden Textabschnitt eine Erklärung angeboten wird:

(6) *„Schnaps!" Lebenthal spuckte aus. „Unmöglich! Völlig unmöglich!" – „**Vielleicht** hat er nur einen Witz machen wollen", sagte 509.* (E. M. Remarque. Der Funke Leben)

(7) *Eine Hand war dicht daneben; der Mann hatte sie **wahrscheinlich** zum Schutz erhoben, als das Gebäude einstürzte.* (E. M. Remarque. Der Funke Leben)

Eine Streichung der Modalwörter vermindert die Spannung der Aussage, den Überraschungseffekt und den implikativen Zusammenhang, weil der Sachverhalt ohne die eigenen Überlegungen (Zweifel, Vermutung) des Sprechers in Bezug auf den Grund/die Folge dargestellt wird:

(4a) *Er ist ja erst eine Woche fort. Er kommt durch.*

(5a) *Er schwieg. Er dachte an letzte Worte, an eine letzte Liebesbeteuerung* [...].

(6a) *„Schnaps!" Lebenthal spuckte aus. „Unmöglich! Völlig unmöglich!" – „Er hat nur einen Witz machen wollen", sagte 509.*

(7a) *Eine Hand war dicht daneben; der Mann hatte sie zum Schutz erhoben, als das Gebäude einstürzte.*

Partikeln beziehen sich in erster Linie auf den Kern des Satzes, und in zweiter Linie durch diesen Kern auf den ganzen Satz und treten als Adjunkte des Satzkerns auf (Кривоносов 2001: 460-461). Dasselbe lässt sich über Modalwörter sagen. Mit der Fähigkeit der Modalwörter, eine implikative Semantik zu kodieren, sind sie mit dem Prädikat verbunden, d.h., wenn sie sich auf das Prädikat beziehen, werden in dem transphrastischen Ganzen die implikativen Beziehungen kodiert, vgl. (3) – (7).

Wenn sich das Modalwort nicht auf das Prädikat bezieht, ist hingegen keine semantische Implikation nachweisbar:

(8) *Ich weiß nicht, wie verdammte Seelen aussehen; **vielleicht** wie schwarze Agaven in der nächtlichen Wüste.* (M. Frisch. Homo faber)

Im Beispiel (8) bezieht sich das Modalwort *vielleicht* auf die Nominalphrase *schwarze Agaven*. Bei der Einfügung des Verbs bleibt der Bezug des Modalwortes darauf, vgl.:

(8a) *Ich weiß nicht, wie verdammte Seelen aussehen; **vielleicht** sehen sie wie schwarze Agaven in der nächtlichen Wüste aus.*

Auch in einem Satzgefüge, insbesondere in einem Nebensatz, geben die Modalwörter die semantische Implikation nicht wieder. Ihr Gebrauch im Nebensatz verleiht der Aussage nur die epistemische Semantik:

(9) *Sabeth war schon eine richtige Frau, wenn sie so lag, kein Kind; ich nahm eine Decke vom oberen Bett, da sie **vielleicht** fror, und deckte sie zu.* (M. Frisch. Homo faber)

(10) *Es ist einfacher, wenn Sie es im Augenblick **vielleicht** auch nicht verstehen.* (E. M. Remarque. Arc de Triomphe)

Das Modalwort *vielleicht* bezieht sich in (9) auf das Verb *frieren*, in (10) auf das Verb *verstehen*. Die beiden Sätze kodieren sowohl die komplexen Beziehungen zwischen den Teilsätzen als auch die Vermutung des Sprechers.

Partikeln

Die Partikeln *wohl, ja, denn* und *doch* mit epistemischer Semantik treten in mehreren Positionen auf: a) in einem zusammengesetzten asyndetischen Satz als Bindewort in der Funktion von Partikel und Konjunktion gleichzeitig; b) in der Mitte eines einfachen Satzes als verknüpfendes Element im Rahmen des transphrastischen Ganzen; c) im Haupt- und Nebensatz eines Satzgefüges; d) in der Satzreihe. Im Unterschied zu den Modalwörtern treten Partikeln nicht am Anfang eines Satzes auf, vgl. (Helbig/Buscha 2005: 420).
Im Folgenden werden verschiedene Satzpositionen der Partikeln in Bezug auf die Phorik des Satzes betrachtet:

Die Position (a): der zusammengesetzte asyndetische Satz:

(11) *Dies war die stille Saison in Biarritz; er musste* ***wohl*** *dankbar sein für alles, was sich ihm bot.* (E. M. Remarque. Die Nacht von Lissabon)
(12) *Karl blinzelt mir stolz zu; er ist* ***ja*** *schließlich der Besitzer dieser imposanten Kneifzange.* (E. M. Remarque. Der schwarze Obelisk)
(13) *Wir sanken, als läge eine Piste unter uns, ich presste mein Gesicht ans Fenster, man sieht* ***ja*** *diese Pisten immer erst im letzten Augenblick, wenn schon die Bremsklappen draußen sind.* (M. Frisch. Homo faber)
(14) *Sie hätten sie sehen sollen, vorher! Was will sie denn mehr? Sie ist gesund – das Kind ist weg – das ist* ***doch*** *alles, was sie wollte.* (E. M. Remarque. Arc de Triomphe)

In den aufgeführten Beispielen dienen die Partikeln *ja, doch* und *wohl* als verknüpfende Elemente in den zusammengesetzten Sätzen. Die Partikeln treten im zusammengesetzten asyndetischen Satz im zweiten Teil auf. In (12) – (14) wird in dem Satzteil mit Partikel der Grund angegeben, aus dem die Handlung vonstatten geht oder die Figuren eine bestimmte Verhaltensweise an den Tag legen. In (11) wird zuerst der Grund der nachfolgenden Schlussfolgerung genannt. Im Unterschied zu den Kausalsätzen mit *weil* stellen die zusammengesetzten Sätze mit der Partikel in der Funktion eines Bindewortes Verhältnisse dar, die auf der subjektiven Einstellung des Sprechers beruhen. In (11) – (14) werden die Partikeln anaphorisch gebraucht. Die eingeführte Information ist das Gegebene und das Rhema gleichzeitig, d.h., einerseits gehen die Sachverhalte entweder aus dem Kontext hervor oder folgen logisch aus dem Gesagten, und andererseits ist die Information neu für den Leser. Mit den Partikeln *ja* und *doch* stellt der Sprecher den Wahrheitswert der Aussage zur Disposition, so sind die Aussagen (12) – (14) wahrheitsdisponibel, d.h., die Wahrheit der Aussage ist ganz offenkundig. Die Modalpartikel *wohl* (vgl. (11)) dient zum Ausdruck einer nicht sicheren Feststellung.

Die Partikel *denn* wird in einem zusammengesetzten Satz nicht gebraucht, weil ihre Position mit der der Konjunktion *denn* zusammen fällt. In diesem Fall ist ihre Bedeutung der Bedeutung der Partikel *ja* sehr nah, vgl.:

(15) *Sie hatten Zeit dazu – **denn** sie hatten kein Geld für ein Abendessen.* (E. M. Remarque. Liebe Deinen Nächsten)

(15a) *Sie hatten Zeit dazu – sie hatten **ja** kein Geld für ein Abendessen.*

(16) *Du liebst den Rausch, die Überwältigung, das fremde Du, das in dir untergehen will und nie untergehen wird, du liebst den stürmischen Betrug des Blutes, aber dein Herz wird leer bleiben – **denn** man behält nichts, als was selber in einem wächst.* (E. M. Remarque. Arc de Triomphe)

(16a) [...] *dein Herz wird leer bleiben – man behält **ja** nichts, als was selber in einem wächst.*

Dies lässt vermuten, dass die Konjunktion *denn* von der Partikel *denn* stammt, was aber weitere Untersuchungen erfordert. Diese Vermutung kann den Unterschied zwischen den *denn-Sätzen* und *weil-Sätzen* mit ähnlicher kausaler Semantik erklären: *denn-Sätze* geben eine Schlussfolgerung und Verallgemeinerung wieder:

> „...der durch *denn* eingeleitete Konjunktsatz wird als „wahr“ betrachtet, d.h. der damit benannte Sachverhalt als gegeben akzeptiert, und von da aus, also syntax-abhängig, wird das die Begründung liefernde Schlussschema angelegt: der durch *denn* eingeleitete Konjunktsatz figuriert als Instanz des Antezedens der ersten Prämisse des modus ponens, der erste Konjunktsatz als Instanz der Konsequenz“ (Lang 1977: 173).

Abraham (2009: 262) betrachtet das Wort *denn* in der Reihe der modalen Koordinatoren und erklärt den Zusammenhang zwischen Modalität und Kausalität wie folgt:

> „Wenn dies und das / p nicht geschehen wäre / stattgefunden hätte, wäre eine bestimmte Folge / q auch nicht eingetreten” (Abraham 2009: 263).

Vom Standpunkt der Inhaltsseite des Satzes aus könnte man *denn* in einer Reihe mit *ja* betrachten: sie sind syntaktisch synonym.[2] Der Satz mit *ja/denn* mit einigen prädikativen Einheiten wird nach dem Schema des *modus ponens* gebaut, das sich wesentlich von anderen kausalen Strukturen unterscheidet, was sich folgendermaßen darstellen lässt:

$A, A \rightarrow B$

$\quad B$

A ist eine einfache Prämisse, A→B ist eine zusammengesetzte oder analytische Prämisse, → ist eine Kopula oder ein Junktor. Zu lesen ist: *Wenn die Prämisse A und die analytische Prämisse A→ B wahr sind, dann ist die Konklusion B auch wahr.* So kann der Satz (15) so dargestellt werden:

A→B: Wenn man kein Geld zum Abendessen hat, dann hat man Zeit.

A: Sie hatten kein Geld.

B (Konklusion): Sie hatten Zeit.

Die Position (b): in der Mitte des einfachen Satzes als verknüpfendes Element im Rahmen des transphrastischen Ganzen:

2 Unter der Inhaltsseite des Satzes wird seine Semantik verstanden.

(17) *„Trotzdem! Es ist lächerlich! Sie machen Durants schwierigste Operationen, und er macht sich einen Namen damit." – „Besser, als wenn er sie selbst machte." – Veber lachte. –„Ich sollte nicht reden. Sie machen meine* ***ja*** *auch."* (E. M. Remarque. Arc de Triomphe)

In (17) begründet der Sprecher mit der Partikel *ja* die Richtigkeit seiner Meinung, die aus dem früheren Kontext klar wird. Sie weist auf die Folge in dem vorherigen Satz hin, während in dem Satz mit *ja* die Ursache angegeben wird. Eine Verallgemeinerung können auch die Partikeln *doch* und *wohl* ausdrücken:

(18) *Sonderbar, dass Sie sich immer noch aufregen, wenn Ihnen jemand unter dem Messer bleibt. Sie sind* ***doch*** *schon fünfzehn Jahre in der Kiste drin und kennen das.* (E. M. Remarque. Arc de Triomphe)

(19) *„Und der andere", sagte sie mit der Spange zwischen den Zähnen, während sie den Roßschwanz auskämmte, „den hast du ja gesehen." Gemeint war* ***wohl*** *der Pingpong-Jüngling.* (M. Frisch. Homo faber)

In einem einfachen Satz erfüllt die Partikel *ja* dieselbe Funktion des Bindewortes und der Partikel gleichzeitig wie in einem zusammengesetzten Satz. In der Regel drückt der Satz mit der Partikel eine Verallgemeinerung aus, vgl. (17).
In einem Fragesatz hat die Partikel *denn* die Funktion, Ungeduld und Zweifel (vgl. Duden 2007: 389) auszudrücken. Dabei wird sie anaphorisch verwendet:

(20) *Dieses Gesicht kenne ich. Sein Lachen kenne ich, aber woher? Er muss es gemerkt haben. Kennen Sie mich* ***denn*** *nicht mehr?* (M. Frisch. Homo faber)

Die Position (c): im Haupt- und Nebensatz eines Satzgefüges:

(21) *Meinerseits keine Ahnung, was ich gedacht hatte; irgendetwas denkt man meistens, aber ich wusste es wirklich nicht. Ich fragte, was sie* ***denn*** *gedacht hätte.* (M. Frisch. Homo faber) (Objektsatz)

(22) *Ich habe im Felde, wenn wir zum Gottesdienst befohlen wurden und die Pastoren der verschiedenen Bekenntnisse für den Sieg der deutschen Waffen beteten, oft darüber nachgedacht, dass* ***ja*** *ebenso englische, französische, russische, amerikanische, italienische und japanische Geistliche für die Siege der Waffen ihrer Länder beteten* [...]. (E. M. Remarque. Der schwarze Obelisk) (Objektsatz)

Im Deutschen werden die Modalpartikeln in Objektsätzen häufiger verwendet, als z.B. in Kausal-, Relativ- und Bedingungssätzen. Dies erklärt sich erstens dadurch, dass der Hauptsatz in der Regel das modale Subjekt und Prädikat (die Verben, die eine Meinung, Glauben oder eine Frage ausdrücken) enthält, so dass er keine Proposition bildet und von dem Nebensatz weniger abhängig ist. Zweitens führen die Konjunktionen *dass* und *ob* die Hauptinformation ein: ein Hauptsatz wie (23), in dem mentale Prozesse kodiert werden, kann ohne Sinnveränderung entfallen:

(23) *Dass ich in der Wüste hocke, sechzig Meilen von der befahrbaren Welt entfernt, war bald gesagt. Dass es heiß ist, schönes Wetter, keine Spur von Verletzung und so wei-*

ter, dazu ein paar Details zwecks Anschaulichkeit: Coca-Cola-Kiste, Unterhosen, Helikopter, Bekanntschaft mit einem Schachspieler, all dies füllte noch keinen Brief. (M. Frisch. Homo faber)

Die Häufigkeit des Auftretens von Partikeln in Nebensätzen hängt also von dem Grad ihrer Synsemantizität und von der Art der logischen Beziehungen in den Teilsätzen ab: weniger autonom sind die semantischen Beziehungen in den Sätzen mit implikativer Semantik. Der Gebrauch der Partikeln in Relativ- und Bedingungssätzen führt den „zweiten" Inhaltsplan ein, indem die Einstellung des Sprechers ausgedrückt wird, vgl.:

(24) *Sie könnten anordnen, dass die Schwester, die **ja** zuverlässig ist, im Zimmer bleibt, um zu hören, was gesprochen wird.* (E. M. Remarque. Liebe deinen Nächsten)

(25) *Sie erklärten sich bereit, als erste zu gehen, wenn der Transport* **doch** *gebildet würde, um zweihundert andere, die ihn nicht mehr aushaken könnten, zu retten.* (E. M. Remarque. Der Funke Leben)

Hier werden die Modalpartikeln anaphorisch gebraucht.
Die Position (d): in der Satzreihe:

(26) *Ich habe Hanna nicht geheiratet, die ich liebte, und wieso soll ich Ivy heiraten? — aber das zu formulieren, ohne dass es verletzte, war verdammt nicht leicht, denn sie wusste **ja** nichts von Hanna* [...]. (M. Frisch. Homo faber)

In (26) wird die Partikel *ja* im zweiten Teil der Satzreihe, die mit der Konjunktion *denn* eingeleitet wird, gebraucht.

(27) *Wir sollten verstehen: die Schweiz sei ein kleines Land, kein Platz für zahllose Flüchtlinge, Asylrecht, aber Hanna hätte* **doch** *Zeit genug gehabt, ihre Auswanderung zu betreiben.* (M. Frisch. Homo faber)

In (26) und (27) werden die Partikeln anaphorisch gebraucht und bringen die Einstellung des Sprechers zum Sachverhalt zum Ausdruck. Diese Einstellung geht aus dem vorherigen Kontext hervor.

Sowohl Partikeln als auch Modalwörter tragen dazu bei, einen komplizierten logischen Satz mit implikativer Semantik zu formulieren: entscheidend ist dabei ihr Bezug auf das Prädikat. Auch für zusammengesetzte Sätze mit Modalpartikeln ist die implikative Semantik nicht typisch – ihre Funktion besteht darin, dem Gespächspartner/dem Leser/dem Hörer den Wahrheitswert zur Disposition zu stellen.

Partikeln mit epistemischer Semantik werden vorwiegend anaphorisch verwendet, die Modalwörter dagegen sowohl anaphorisch als auch kataphorisch. Die Epistemizitätsmarker treten als verknüpfende Elemente im Rahmen eines transphrastischen Ganzen und des Textes auf. Situationen, die in Aussagen mit den Modalpartikeln beschrieben werden, werden entweder einander näher gebracht oder inhaltlich verbunden (Николаева 1985: 73).

3 Die Epistemizitätsmarker und die kommunikative Struktur des Satzes

In kommunikativer Hinsicht besteht die Funktion von Epistemizitätsmarkern darin, das Rhema des Satzes oder der Aussage einzuführen:

> „Auf logisch-grammatischer Ebene dienen modale Partikeln als eine Grenze des „Gegebenen" (Thema) und des „Neuen" (Rhema), und sie beteiligen sich dementsprechend an der kommunikativen Gliederung des Satzes" (Krivonosov 1989: 34).

Wie aus den Belegen ersichtlich ist, haben die Modalwörter im anaphorischen Gebrauch einen unmittelbaren Bezug auf das Thema des Satzes, dem das Rhema nachfolgt:

(28) *Aber es war nicht sicher, ob Handke das Geld melden würde.* ***Vielleicht*** *meldete er, dass Weber 509 sehen wollte.* (E. M. Remarque. Der Funke Leben)

In (28) nimmt das Modalwort *vielleicht* Bezug auf das Verb *melden*, das als Thema auftritt; ihm folgt das Rhema, das nicht unbedingt die neue Information einführt – es kann als das Gegebene auftreten, weil es logisch aus dem vorher Gesagten folgt.

Bei kataphorischer Verwendung beziehen sich Modalwörter auf das Rhema:

(29) *Sie sind früher als wir.* ***Vielleicht*** *holen wir sie noch ein.* (E. M. Remarque. Der Funke Leben)

In (29) bezieht sich das Modalwort *vielleicht* auf das Rhema, das Verb *einholen*.

Partikeln beziehen sich auf das Rhema des Satzes, jedoch bezeichnet das Rhema nicht immer das Neue. Die Information kann als das Gegebene auftreten, d.h. logisch aus dem Kontext folgen oder im vorhergehenden Text erwähnt worden sein, vgl. (13) – (19).

Der Unterschied zwischen Modalwörtern und Partikeln besteht im epistemischen Gebrauch:

> „Zwischen MP [Modalpartikeln, Anm. d. Verf.] und semantisch ähnlichen Adverbien [...] besteht grundsätzlich folgender Unterschied: MP erfordern doppelte Versetzung und Fremdbewußtseinsabgleich insofern, als sie neben einer Grundbedeutung auch Hörer-/Adressatenpräsuppositionen miteinbeziehen, was Adverbien grundsätzlich nicht tun" (Abraham 2009: 275).

In anaphorischer Verwendung bezieht sich das Modalwort auf das Thema des Satzes, dem das Rhema nachfolgt, im kataphorischen auf das Rhema. Partikeln beziehen sich auf das Rhema in anaphorischer Verwendung.

4 Die Einwirkung der Epistemizitätsmarker auf die Zeitreferenz (in der Abhängigkeit von der Phorik der Epistemizitätsmarker)

4.1 Der kataphorische Gebrauch der Epistemizitätsmarker

Mit der Phorik der Epistemizitätsmarker ist die Fähigkeit verbunden, auf die Zeitreferenz einzuwirken. Das betrifft in erster Linie die Modalwörter, weil sie im Unterschied zu den

Partikeln kataphorisch gebraucht werden können. Hier sollen zwei Situationstypen unterschieden werden:
1. Das Prädikat tritt als Kern auf, auf den sich das Modalwort kataphorisch bezieht.
2. Die anderen Satzglieder treten als Kern auf, auf den sich das Modalwort kataphorisch bezieht.

Im ersten Situationstyp erhält das Prädikat die Bedeutung der Zukunft:

(30) [...] *„Was hast du vor, hier?" – „Nichts." – „**Vielleicht** kann ich dich bei uns unterbringen* [...]." (E. M. Remarque. Liebe Deinen Nächsten)
(31) *Sie war ein Stück Leben, das er mit seinen Händen gerettet hatte. Es war nichts, um besonders stolz zu sein; eine hatte er kurz vorher verloren. Die nächste verlor er **vielleicht** wieder; und am Ende verlor man sie alle und sich selbst auch.* (E. M. Remarque. Arc de Triomphe)
(32) *Wir haben nicht zuviel genommen, und alles ist mächtig durcheinander. **Vielleicht** merken sie nichts. Wir haben versucht, das Depot anzuzünden.* (E. M. Remarque. Der Funke Leben)
(33) *„Sonst sieht man Wetterleuchten und hört keinen Donner, wenn es abzieht. Hier ist es umgekehrt." – „**Vielleicht** kommt es zurück", erwiderte Rosen.* (E. M. Remarque. Der Funke Leben).
(34) *Und unser Leben war so ausweglos, dass es jetzt nur auf eines ankam: sich nicht zu verlieren und irgendwann zu versuchen, aus dem Wirbel in eine stille Bucht zu flüchten. **Vielleicht** konnten wir dann noch einmal alles vergessen.* (E. M. Remarque. Die Nacht von Lissabon)

In (30) – (34) bezieht sich das Modalwort *vielleicht* auf das Rhema des Satzes. In der Rolle des Rhemas tritt das Prädikat auf: in (30) ist es das Verb *unterbringen* in Verbindung mit dem Modalverb *können*, in (31) *verlieren*, in (32) *merken*, in (33) *zurückkommen*, in (34) ist es die Verbindung des Modalverbs *können* in deontischer Lesart mit dem Verb *vergessen*. In diesen Kontexten erhält das Prädikat die Semantik der Zukunft: das Rhema hat einen Bezug auf die nachfolgenden Ereignisse. In (31) und (34) steht das Prädikat in der präteritalen Form. Diese Besonderheit kann folgenderweise erklärt werden: Sätze mit Epistemizitätsmarkern können als Sätze mit implikativer Semantik betrachtet werden, in denen eine Beziehung von Ursache und Wirkung dargestellt wird. Vom logischen Standpunkt aus geht die Ursache der Wirkung zeitlich immer voran.

> „Wir suchen nach dem Grund dieser oder jener Erscheinung nur unter solchen Tatsachen, die ihm vorangehen und lassen solche außer Acht, die nachfolgen" (Ивин 2004: 97; Übersetzung der Verf.).

Die kausale Deutung eines Sachverhaltes setzt voraus, dass in der Vergangenheit nur das existieren kann, was seine Folge in der Gegenwart hat; in der Zukunft existiert das, was seine Ursache in der Gegenwart hat (ebd. S. 105).

Kausale Strukturen haben zwei Phasen: die Grundphase und die Folgephase, die im Satz aufs zweifache realisiert werden: entweder folgt die Grundphase der Folgephase (a) oder die Folgephase folgt der Grundphase (b), sieh Abb. 1.:

a) |_Grundphase__ |___Folgephase___ |
Vergangenheit/Gegenwart | Gegenwart/Zukunft
b) |_Folgephase__ |___Grundphase___ |
Gegenwart/Zukunft | Vergangenheit/Gegenwart

Auf den ontologischen Zusammenhang zwischen Kausalität und Temporalität weist u.a. Kotin hin:

> „Die Verbindung von zeitlich aufeinander folgenden Ereignissen zu einer kausalen Kette ist eine relativ späte Entwicklung und hat unverkennbare kognitive Gründe. Das kausale Konzept entstammt zweifelsohne dem temporalen und ist seine besondere Spezifizierungsform" (Kotin 2007: 219).

Führt das Modalwort die Folge im Rahmen der implikativen Beziehungen ein, dann erhält das Prädikat die Bedeutung der Zukunft wie in (3), (4), (30), (31), (32), (33), (34). Führt das Modalwort den Grund ein, dann hat das Prädikat seine primäre Zeitformbedeutung wie in (6), (7), (28). Der Dreh- und Angelpunkt ist hier der Sprecher:

> „Grundmodalität und epistemische Modalität unterscheiden sich [...] syntaktisch-semantisch dadurch, dass die eine – die grundmodale, DMV – ereignis- und damit subjekt- und hauptprädikatbestimmt, die andere – die epistemische – dagegen sprecherbestimmt ist" (Abraham 2010: 21).

In kataphorischer Verwendung wirken solche Epistemizitätsmarker wie Modalwörter auf die Zeitreferenz des Prädikats ein, insbesondere wenn sie die mögliche Folge bezeichnen, die vom logischen Standpunkt aus nach der Angabe des Grundes steht. Eine entscheidende Rolle spielt auch der Umstand, dass sich die Modalwörter unmittelbar auf das Prädikat beziehen, das als Rhema auftritt.

Die Zeitreferenz des Prädikats in den implikativen Sätzen hängt davon ab, ob die Epistemizitätsmarker anaphorisch/kataphorisch verwendet werden. In kataphorischer Verwendung tritt das Prädikat, auf das sich das Modalwort bezieht, als Rhema auf.

Zu bemerken ist auch, dass die Prädikate in (30) – (34) nonadditiv (grenzbezogen) sind. Nach Leiss verfügen die nonadditiven Verben über kein Futurtempus *werden* + Infinitiv und gehören zum modalen System der nonadditiven Verben (Leiss 1992). Die Bedeutung der Zukunft geben deren Präsensformen wieder. Da die Präsensform sowohl die Bedeutung der Gegenwart als auch die Bedeutung der Zukunft ausdrücken kann, schwankt die Zeitformenbedeutung, wenn die Modalwörter entfallen, vgl.:

(30a) *Ich kann dich bei uns unterbringen.*
(31a) *Es war nichts, um besonders stolz zu sein; eine hatte er kurz vorher verloren. Die nächste verlor er wieder; und am Ende verlor man sie alle und sich selbst auch.*
(32a) *Wir haben nicht zuviel genommen, und alles ist mächtig durcheinander. Sie merken nichts.*
(33a) *„Sonst sieht man Wetterleuchten und hört keinen Donner, wenn es abzieht. Hier ist es umgekehrt" – „Es kommt zurück", erwiderte Rosen.*

Modalwörter mit der epistemischen Semantik tragen also dazu bei, die Zeitformenbedeutung zu präzisieren. Eine ihrer Funktionen besteht darin, dass die einfachen Sätze oder der zusammengesetzte Satz einen implikativen logischen Schluss enthalten.

Epistemizitätsmarker wirken nicht auf die Zeitreferenz der additiven Verben ein: die Bedeutung der Zukunft wird von dem Verb *werden* wiedergegeben, vgl.:

(35) *Ich weiß nichts mehr. Vielleicht.* ***Vielleicht wird*** *man auch nicht* ***kämpfen****. Das Land so übergeben.* (E. M. Remarque. Arc de Triomphe)

(36) *Ich werde dir Brot und Salz mitgeben wie in Russland und dich segnen, ehe du gehst — du Unruhe ohne Fließen,* ***vielleicht*** *wirst du auch darüber* ***lachen****.* (E. M. Remarque. Liebe Deinen Nächsten)

Wenn man das Verb *werden* weglässt, dann ist die Bedeutung der Zukunft kaum möglich, obwohl die Modalwörter kataphorisch verwendet werden, vgl.:

(35a) *Ich weiß nichts mehr. Vielleicht.* ***Vielleicht*** *kämpft man auch nicht.*

(36a) *Ich werde dir Brot und Salz mitgeben wie in Rußland und dich segnen, ehe du gehst — du Unruhe ohne Fließen,* ***vielleicht*** *lachst du auch darüber.*

Im zweiten Situationstyp tritt als Rhema nicht das Prädikat, sondern ein anderes Satzglied auf. Dabei wird die Semantik der Zukunft aus dem Kontext erschließbar:

(37) *Würdig. Danach Händedruck.* ***Vielleicht*** *ein kurzes Essen zusammen, wie man es gehört hatte von ritterlichen Gegnern.* (E. M. Remarque. Arc de Triomphe)

(38) *Ich will eine Zeit lang da bleiben. Ein paar Wochen.* ***Vielleicht*** *auch einige Monate.* (E. M. Remarque. Arc de Triomphe)

In (37) und (38) bezieht sich das Modalwort *vielleicht* nicht auf das Prädikat: in (37) bezieht es sich auf das Objekt *ein kurzes Essen*, in (38) auf das Adverbiale der Zeit *einige Monate*.

4.2 Der anaphorische Gebrauch der Epistemizitätsmarker

(39) *Ich stieg in den Wagen. Die Stimmung war noch feindseliger geworden.* ***Wahrscheinlich*** *dachte man, ich wollte den Jungen in ein Lager entführen.* (E. M. Remarque. Die Nacht von Lissabon)

(40) *Nehmen wir an, es war der Kaffee.* ***Vielleicht*** *war es wirklich der Kaffee, der mich so wach gemacht hat. Und wir verwechseln das mit Aufregung.* (E. M. Remarque. Arc de Triomphe)

(41) *Das Mädchen mußte noch im Hotel sein.* ***Wahrscheinlich*** *war sie dann in der Halle.* (E. M. Remarque. Liebe deinen Nächsten)

In anaphorischer Verwendung wirken die Epistemizitätsmarker nicht auf die Zeitreferenz ein. Diese Gesetzmäßigkeit zeigen die Beispiele, in denen sich das Modalwort auf ein anderes Satzglied bezieht und das Prädikat die Bedeutung der Vergangenheit erhält: in (39) wird die Stimmung der Umgebung eingeschätzt (das Modalwort bezieht sich auf den Objektsatz *ich wollte den Jungen in ein Lager entführen*); in (40) versucht der Sprecher den Grund seines Zustandes zu bestimmen. In (41) wird die Vermutung hinsichtlich des Ortes, an dem sich das Mädchen befindet, ausgedrückt: *wahrscheinlich war sie dann in der Halle.*

5 Schlussfolgerungen

Die analysierten Belege lassen folgende Schlussfolgerungen zu:
1. Sätze mit Epistemizitätsmarkern kodieren implikative Beziehungen aus der Sicht des Sprechers/Schreibers. Die Fakten der Wirklichkeit dagegen werden in den zusammengesetzten Sätzen mit der Konjunktion *weil* kodiert, in denen nicht die Voraussetzungen und subjektive Vorstellungen, sondern die Tatsachen geklärt werden.
2. Sowohl die Modalwörter als auch die Partikeln mit epistemischer Semantik beteiligen sich an dem Aufbau der implikativen Beziehungen im Rahmen eines Satzes oder eines transphrastischen Ganzen; wichtig ist dabei ihr Bezug auf das Prädikat und ihre syntaktische Position (in einem Satzgefüge bilden nicht die Epistemizitätsmarker implikative Beziehungen). Das lässt sich dadurch erklären, dass sie die Situationen näher bringen und dass die epistemische Modalität an und für sich sprecherorientiert ist.
3. In manchen Fällen treten Partikeln als Bindewörter in asyndetischen Sätzen auf, was erlaubt, sie als Sätze mit implikativer Semantik zu bezeichnen. Sie haben sowohl die Funktion einer Konjunktion als auch einer Partikel.
4. Partikeln treten in der Regel in anaphorischer Verwendung auf, Modalwörter können sowohl anaphorisch als auch kataphorisch auftreten. In anaphorischer Verwendung der Epistemizitätsmarker haben die Zeitformen primäre Bedeutung. In kataphorischer Verwendung haben Modalwörter Einfluss auf die Zeitreferenz des Prädikats. Wenn sich die Epistemizitätsmarker unmittelbar auf das Prädikat beziehen, dann erhält dies die Bedeutung der Zukunft. Diese Gesetzmäßigkeit gilt aber nur für nonadditive Verben. Modalwörter in kataphorischer Verwendung haben keinen Einfluss auf die Zeitreferenz der additiven Verben.
5. Es besteht ein bestimmter Zusammenhang zwischen den Begriffen, die die Konstituenten eines Komplexes auf der Textebene sind: Katapher – Rhema – Folge – futurische Zeitformenbedeutung und Anapher – Thema – Grund – Vergangenheitsformen.

Literatur

Abraham, Werner: *Die Urmasse von Modalität und ihre Ausgliederung. Modalität anhand von Modalverben, Modalpartikel und Modus.* In: *Modalität: Epistemik und Evidentialität bei Modalverb, Adverb, Modalpartikel und Modus*, hg. von Werner Abraham, Cathrine Fabricius-Hansen, Hubert Haider, Ewald Lang, Elisabeth Leiss und Claudia Maienborn. Tübingen 2009, S. 251-301.

Abraham, Werner: *Modalitäts-Aspekt-Generalisierungen: Interaktionen und deren Brüche. Wo kommen die epistemischen Lesarten t-her?*, in: *Modalität/Temporalität in kontrastiver und typologischer Sicht.* Danziger Beiträge zur Germanistik. Band 30, hg. von Andrzej Kątny und Anna Socka. Frankfurt am Main 2010, S. 13-27.

Duden: *Deutsches Universalwörterbuch.* 6., überarbeitete Auflage, hg. von der Dudenredaktion, bearb. von Peter Eisenberg u.a. Mannheim 2007.

Helbig, Gerhard/Buscha, Joachim: *Deutsche Grammatik. Ein Handbuch für den Ausländerunterricht.* Berlin, München, Wien, Zürich, New York 2005.

Kotin, Michail: *Die Sprache in statu movendi. Sprachentwicklung zwischen Kontinuität und Wandel.* Zweiter Band. *Kategorie – Prädikation – Diskurs*. Heidelberg 2007.

Krivonosov, Alexej: *Zum Problem der Klassifizierung der deutschen Partikeln,* in: *Sprechen mit Partikeln*, hg. von Harald Weydt. Berlin 1989, S. 30-38.

Lang, Ewald: *Semantik der koordinativen Verknüpfung*, in: *Studia grammatica XIV,* hg. von Wolfgang Motsch und Jürgen Kunze. Berlin 1977.

Leiss, Elisabeth: *Die Verbalkategorien des Deutschen.* Berlin 1992.

Гетманова, Александра Д.: *Логика*. Москва 2010.

Ивин, Александр А.: *Импликации и модальности.* Москва 2004.

Кривоносов, Алексей Т.: *Система классов слов как отражение структуры языкового сознания (Философские основы теоретической грамматики).* Москва-Нью-Йорк 2001.

Николаева, Татьяна М.: *Функции частиц в высказывании. На материале славянских языков.* Москва 1985.

Belegquellenverzeichnis

Frisch, Max.: *Homo faber*. Frankfurt a. M. 2003.

Remarque, Erich M.: *Arc de Triomphe.* Köln 1998.

Remarque, Erich M.: *Der Funke Leben*. Köln 1998.

Remarque, Erich M.: *Liebe Deinen Nächsten*. Sankt-Peterburg 2007.

Remarque, Erich M.: *Die Nacht von Lissabon.* Köln 1998.

Remarque, Erich M.: *Der schwarze Obelisk*. Berlin 1965.

IRINA A. SCHIPOWA

Pragmatik der Steigerungsstufen von Adjektiven und Adverbien im literarischen Text

Wie einfach und selbstverständlich uns diese Stufenfolge auch erscheinen mag, es steht eine enorme Leistung der menschlichen Abstraktionsfähigkeit dahinter, sie besteht darin, dass es gelungen ist, die unendliche Mannigfaltigkeit, in der sich die zahllosen verschiedenen Eigenschaften in ihrer unterschiedlichen Stufung der naiven Anschauung darbieten, in das genial einfache Schema der grammatischen Kategorie der Komparation einzufangen (Schmidt 1966: 188)

Im Deutschen werden Adjektive und Adverbien oft zu einer Wortart gerechnet, weil beide „Beiwort" sein können und gleiche Beziehungen zum Inhalt des Substantivs bzw. des Verbs ausdrücken (Jung 1996: 172). Nach ihren funktionalen Eigenschaften unterscheiden sie sich nur durch die Position im Satz und durch ihren Bezug auf das Denotat. Nur diesen beiden ist unter allen Wortarten eine bestimmte grammatische Änderung – die Komparation – eigen. Der vorliegende Beitrag beschränkt sich auf Adjektive und Adjektivadverbien. Temporale, lokale, modale und kausale Adverbien, deren Semantik keine Komparation erlaubt (Pittner/Bermann 2008: 21), werden hier außer Acht gelassen.

Als Textgrundlage dient der Roman „Holzfällen" (Erstausgabe 1984) von Thomas Bernhard (1931-1989), worin der Ich-Erzähler auf alte Bekannte trifft und über Ereignisse reflektiert, die 30 Jahre zurückliegen. Der Leser wird Zeuge seiner monologischen Überlegungen, seiner Eindrücke über vergangene und aktuelle Ereignisse, die in der Regel negativ bewertet werden. Der Text verfügt über eine ungewöhnlich große Anzahl von Adjektiven und Adverbien in ihren Steigerungsstufen, was ihm eine starke Expressivität verleiht.

Adjektive sind im Satz an ein Substantiv gebunden, das eine Person, einen Gegenstand, einen Begriff usw. bezeichnet, Adverbien kennzeichnen eine Verhaltensweise und beziehen sich auf einen Vorgang im Satz (Jung 1996: 302). Die Semantik beider erweitert sich dadurch, dass sie mehrschichtig werden, weil sie größtenteils komparierbar sind. Diese Fähigkeit bildet den Kern des funktional-semantischen Feldes der Komparation, der eine Stellung zwischen den Kategorien der Qualität und der Quantität einnimmt. Die als Komparation fungierenden Steigerungsstufen drücken aus, dass der Grad einer Eigenschaft bzw. die Intensität eines Vorgangs verschieden hoch oder niedrig sein kann (Duden 1998: 297). Das geschieht auf der Basis einer Gegenüberstellung von Positiv, Komparativ und Superlativ, deren Formänderung den Inhalt des Adjektivs bzw. des Adverbs verändert (Jung 1996: 323). Wenn der Positiv als Grundform des Adjektivs bzw. des Adverbs ein Merkmal bezeichnet, ohne die Stufe seiner Erscheinung einzuschränken, so ist der Komparativ seine erste Mehrstufe, was bedeutet, dass das durch das Adjektiv bzw. Adverb ausgedrückte Merkmal mit dem Positiv verglichen wird und eine höhere bzw. mindere Intensität darstellt. Dabei geht es um zwei miteinander verglichene Größen, wie in Beispiel (1):

(1) *Aber die Zeitschrift ist dadurch* ***nicht besser*** *geworden, dachte ich, im Gegenteil, der jetzige Herausgeber ist noch* ***viel dümmer und inkompetenter*** (S. 58).

Die zweite Steigerungsstufe – der Superlativ – bezeichnet den höchsten Grad der Realisierung des im Positiv dargestellten Merkmals (Jung 1996: 323) und weist beim Vergleich mindestens dreier Größen einer davon den ersten Platz zu (Helbig/Buscha 2001: 272) wie in Beispiel (2):

(2) *Es ist kein* ***allererster*** *Champagner, dachte ich auf dem Ohrensessel, den die Auersbergerischen an diesem Abend kredenzen, aber doch einer der drei, vier* ***teuersten,*** *dem Auftreten eines Burgschauspielers angemessen, [...]* (S. 46).

Als Spracheinheiten erscheinen Adjektive und Adjektivadverbien im Satz in verschiedenen syntaktischen Funktionen, sie können im Text mannigfaltige stilistische Figuren bilden. Ihr stilistisches Potenzial hängt vor allem von der Textsorte ab, in der sie auftreten. Im literarischen Text kommt ihnen eine besondere Bedeutung zu, da ihre Graduierung nicht nur die Eigenschaften von verschiedenen Objekten zu vergleichen erlaubt, sondern auch die Möglichkeit bietet, Objekte und Vorgänge auf einem neutralen Texthintergrund hervorzuheben. Mit Hilfe von Adjektiven bzw. Adverbien in ihren Steigerungsstufen kann eine Situation deutlicher und ausdrucksvoller beschrieben werden. Die differenzierte Qualitätsdarstellung und die möglichen Bewertungen erweitern auch die Semantik des Denotats.

Die Semantik von Adjektiven und Adjektivadverbien ist heterogen: neben dem eigentlichen Merkmal eines Gegenstands, einer Erscheinung oder eines Prozesses können sie auch subjektive oder rein pragmatische Bewertungen (modale Merkmale) enthalten (Босова 1998: 5). Damit verbinden sich in der Struktur der Adjektive und Adverbien sowohl semantische als auch pragmatische Komponenten.

Da Adjektive hauptsächlich zur Determination anderer Sprachzeichen dienen (Weinrich 1993: 508), ist ihre syntaktische Rolle meist attributiv oder prädikativ. In dem hier zugrunde liegenden Text „Holzfällen" wird beispielsweise durch eine dynamische Reihung von gesteigerten Adjektiven sowohl eine Steigerung der Spannung als auch eine gesteigerte Emotionalität erzielt:

(3) *[...] ich dachte, dass dieser Preis ein* ***sehr hoher*** *Preis ist, dass ich aber auch einen* ***viel höheren*** *Peis hätte zu bezahlen gehabt unter Umständen, denn ich hätte ja noch* ***viel schlimmere*** *Leute auf dem Graben treffen können, als die Auersbergerischen, denn alles in allem betrachtet, sind die Auersbergerischen nicht* ***die schlimmsten****, wenigstens nicht* ***die allerschlimmsten;*** *aber* ***schlimm genug*** *ist es doch, gerade die Eheleute Auersberger auf dem Graben getroffen zu haben, [...]* (S. 12).

Beispiel (3) enthält eine Reihe von Adjektiven in attributiver bzw. prädikativer Funktion, die kompositorisch eine Kette mit einer Pointe bilden. Vom stilistischen Standpunkt aus ist das eine ungewöhnliche Klimax, die mit einem mit einer Applikation determinierten Positiv *ein* ***sehr hoher*** *(Preis)* beginnt und sich zum Komparativ *ein* ***höherer*** *(Peis)* mit einem quantifizierenden Element ***viel*** entwickelt. Das weitere Kettenglied – das Adjektiv ***schlimm*** im Komparativ mit demselben quantifizierenden Element ***viel*** – setzt die Steigerung fort und geht in den Superlativ über, der wiederum durch die Graduativergänzung ***aller-*** noch gesteigert wird. Die Kette endet mit dem Positiv ***schlimm***, der jedoch durch das applikative Adverb ***genug*** von seiner neutralen Form zu unterscheiden ist. Der Leser wird auf diese Weise mit den Einstellungen des Protagonisten und dessen Bewertung der genannten Personen vertraut gemacht.

Beispiel (4) mit einer Reihe von Adjektiven erlaubt dem Autor eine weitere pragmatische Aufgabe zu lösen:

(4) *Während die Auersberger immer wieder von dem* ***großen*** *und* ***größten*** *und* ***eigenartigsten*** *und* ***genialsten*** *Schauspieler gesprochen hat, war von den Gästen mehr oder weniger die ganze Zeit nur der Name Joana zu hören gewesen [...]* (S. 41).

Das Pathos der attributiven Kette bei der Kennzeichnung des Schauspielers, mit dem Frau Auersberger über einen nicht namentlich genannten Schauspieler spricht, tritt in Kontrast zu den Gesprächen über Joana, eine dem Erzähler ebenfalls Bekannte, deren Begräbnis am selben Tag stattgefunden hat. Die Superlative erzeugen einen Effekt der Unnatürlichkeit und Widersinnigkeit der Situation angesichts des Todesfalls, wodurch indirekt eine negative Bewertung über Frau Auersberger abgegeben wird.

Wie erwähnt, bewirken die Steigerungsformen der Adjektive in diesem Text eine Steigerung der Expressivität, die durch Wiederholung in ähnlichen Konstruktionen noch intensiviert wird:

(5) *Und wir empfinden es als nichts anderes, als eine gemeine Unerträglichkeit, dass dieser Mensch* [Herr Auersberger, Anm. d. Verf.], *den wir solange verehrt [...] haben, [...] einen fürchterlichen Dilettantismus betrieben hat selbst, während er ununterbrochen nur von* ***dem höchsten*** *und von* ***dem allerhöchsten*** *Anspruch gesprochen und uns selbst in* ***diesem höchsten*** *und* ***allerhöchsten*** *Anspruch gelenkt und erzogen hat so viele Jahre* (S. 224).

Die „Funktion der Intensivierung, der pointierten, zugespitzten Aussage" (Fleischer/Michel/Starke 1993: 268) wird im literarischen Text im Allgemeinen durch Wiederholung erreicht. Diese Funktion wird auch hier durch die zweifache Wiederholung des Superlativs ***höchst*** mit seiner durch die Graduativergänzung verstärkten Variante ***allerhöchsten*** erfüllt. Im Kontext von Beispiel (5) jedoch hat eine solche Sentenz zusätzlich die Funktion, den Kontrast zwischen zwei Polen zu zeigen: dem eigenen Dilettantismus des Herrn Auersberger einerseits und andererseits seinen „höchsten" bzw. „allerhöchsten" Ansprüchen an andere. Darüber hinaus wird auch die Enttäuschung des Erzählers offenbar.

Durch die Wiederholungen entsteht eine Parallelstruktur, die die relevanten Momente des Textes hervorhebt:

(6) *Wir* […] *vergessen auch, dass wir ein Leiden haben,* […], *sogenannte Todeskrankheiten, mit welchen wir schon die* ***längste*** *Zeit zu existieren haben, was wir aber ignorieren und gar nicht für wahr halten die* ***längste*** *Zeit, während es doch immer da ist,* […] (S. 86).

In Beispiel (6) erhält die Reflexion des Erzählers über die Todeskrankheiten, die er mit seiner Krankheit identifiziert, sowohl durch die Wiederholung der zeitlichen Distanz *die* ***längste*** *Zeit* als auch durch ihre Form (Superlativ) eine besondere Bedeutung. Dies verschärft den Eindruck der tragischen Situation und wirkt entsprechend auf den Leser.

Der gesteigerte Grad einer Eigenschaft findet seinen Ausdruck mit Hilfe des Adverbs *immer* mit dem Komparativ eines Adjektivs (Duden 2006: 380). Oft bildet sich dabei eine dynamische Reihe. Diese Stilfigur tritt in dem zugrunde liegenden Text in verschiedenen Kombinationen auf: vom einmaligen Gebrauch bis zur mehrfachen Erscheinung in Form des grammatischen Parallelismus.

(7) *Es war* ***immer lächerlich****, wenn er aß,* […] *wie alles, was er tat,* ***immer lächerlicher*** *gewesen ist mit der Zeit, weil er in eben diesem Lauf der Zeit* ***immer mehr und mehr*** *versucht hat, es zu verfeinern, also sich selbst zu verfeinern, das sogenannte aristokratische Abgeschaute selbst anzuwenden in allem und jedem, was ihn mit der Zeit nicht nur* ***immer grotesker*** *und* ***immer komischer*** *gemacht hat, sondern auch* ***immer widerlicher*** […] (S. 119).

Das Prädikativ ***lächerlich*** in Beispiel (7) bildet mit dem Temporaladverb ***immer*** am Anfang der Hypotaxe eine semantisch abgeschlossene unpersönliche Aussage, aber bekommt im Weiteren eine dynamische Entfaltung in Form des Komparativs mit dem homonymen Adverb ***immer*** (vgl. Duden 2007), das in diesem Fall die temporale Semantik einbüßt. Vom pragmatischen Standpunkt aus spielt hier ***immer*** die Rolle einer verstärkenden Partikel, die mit Komparativ ihre syntaktische Rolle zu einer Modalbestimmung ***immer mehr und mehr*** verändert. Die letzte Gruppe ***immer grotesker, immer komischer, immer widerlicher***, die die bewertende Reihe abschließt, spiegelt die Einstellung des Erzählers zu der Person wider und zeigt, wie die Versuche von Herrn Auersberger aussahen und wie ihr Ergebnis war. Das Beispiel veranschaulicht die emotive Modalität der Narration und hat die pragmatische Intention, die dynamische Spannung des Textabschnittes maximal zu steigern.

Die angeführten Belege zeigen, dass der Ausdruck der negativen Einschätzung des Erzählers der Mehrheit der übrigen Figuren sowie der dargestellten Ereignisse dominiert. Der Erzähler schont jedoch auch sich selbst nicht:

(8) *Was für ein widerlicher Mensch bist du, sagte ich mir und gleichzeitig in mich hinein, so, dass es niemand hören konnte und immer wieder und wieder in einer* ***immer größeren*** *Erregung* (S. 235).

Pragmatisch gesehen zeigt Beispiel (8), wie die adverbiale Nuancierung des Komparativs durch *immer* zum Zeichen der wachsenden inneren emotionalen Spannung des Erzählers wird.

Superlative, die im Text vorkommen, bezeichnen den höchsten Grad einer Eigenschaft und hyperbolisieren demzufolge das entsprechende Element des Textes. Häufig handelt es sich um substantivierte Adjektive, die semantisch die Nomination eines Abstraktums in dieser Form darstellen. Bei einem emotional gefärbten Hintergrund wirken diese auf Grund ihrer expressiven Form auffallend und treten so in den Vordergrund. Dafür Beispiel (9):

(9) [...] *von da an war diese Zeitschrift nicht mehr zum Lesen gewesen, im Grunde ein völlig wertloses Blatt geworden, das dieser scheußliche, widerliche und konfuse Staat subventionierte und in welchem immer nur* ***das Abgeschmackteste und Dümmste*** *abgedruckt gewesen ist* [...] (S. 57).

Zwei substantivierte Superlative verstärken den negativen Charakter der Beschreibung und treiben alles ins Extreme. Die Wahrnehmung des Lesers wird auf diese Weise auch entsprechend gesteuert.

In Beispiel (10) tritt eine weitere Verstärkung eines substantivierten Superlativs (*das Ungehörigste*) auf, nämlich durch die Ergänzung um einen zweiten Superlativ (*widerlichster*), der aber in der attributiven Funktion bei einem weiteren Substantiv (*Weise*) fungiert:

(10) [...] *alle* [...] *waren meiner und nicht der Meinung des Auersberger gewesen, jenes Auersberger, der sich* [...] *in allen Gasthäusern und Restaurants immer auf* ***das Ungehörigste*** *benommen hat in* ***widerlichster*** *Weise* (S. 118).

In diesem Fall wird die Intention des Erzählers, Herrn Auersberger, so negativ wie nur möglich darzustellen, durch die Überlappung von zwei Superlativen realisiert. Der Superlativ erfährt durch ein graduierendes Element eine weitere Steigerung, wobei dieses Element auch einen Superlativ enthält. Solch eine „Superlativierung" nutzt das Ausdruckspotenzial der Textredundanz aus.

Ein substantivierter Superlativ vor der Präpositionalgruppe mit der Präposition *von* erlaubt die Semantik eines abstrakten Begriffs als absolut darzustellen, was im Satz (11) zu sehen ist:

(11) *In Kilb hatten diese künstlerischen Menschen einen großen Eindruck gemacht,* [...], *alles in allem war künstlich, während ich den Friedhof als* **das Natürlichste von** *der Welt empfunden habe* (S. 107).

In Beispiel (11) tritt die Absolutisierung als Glied einer semantischen Opposition ***das Natürlichste von der Welt*** vs. ***künstlich*** auf. Semantische Gegensätze produzieren die entsprechende Bewertung der Künstler (***künstlerische Menschen***) im Roman, so wie sie der Erzähler kennt und wahrnimmt.

Ähnlich ist die Semantik des partitiven Genitivs – die Absonderung eines Merkmals auf dem Hintergrund der anderen. Weil es sich dabei um einen Superlativ handelt, ist die Absonderung besonders markant und ausdrucksvoll.

(12) [...] *der an diesem Abend von den auersbergischen Eheleuten in die Gentzgasse eingeladene Burgschauspieler ist sicher* ***einer der widerwärtigsten****, die mir jemals begegnet sind* (S. 30).

Dieses Beispiel zeigt, wie der partitive Genitiv die Konfrontation eines Merkmals in seinem höchsten Grad mit allen übrigen in seinem Bereich realisiert und die negative Eigenschaft betont. Die Wirkung bleibt im pragmatischen Rahmen konstant negativ.

Die Hyperbolisierung in Form eines Superlativs verwandelt sich in eine Verkleinerung, wenn er negiert wird. Im Allgemeinen wirkt eine negative Behauptung emotionaler als eine positive (Кострова 2004: 156). In der nächsten Äußerung wirkt die Wiederholung der Negation redundant und expliziert mit dem Superlativ eine äußerst emotionale Reaktion des Protagonisten auf die zu beschreibende Situation:

(13) *Ich wusste zu diesem Zeitpunkt schon viel mehr als die Eheleute Auersberger über den Selbstmord der Joana und tat doch* [...] *so, als wüsste ich darüber gar nichts,* ***nicht das geringste*** [...] (S. 104).

Die traditionelle semantische Einteilung der Adjektive in qualitative und relative ergibt in der Regel Beschränkungen hinsichtlich der Komparierbarkeit der Adjektive, denn formal gesehen werden nur qualitative Adjektive kompariert. Relative hingegen sind nicht komparierbar. Die Grenze zwischen relativen und qualitativen Adjektiven ist jedoch nicht konstant und kann durch die Metaphorisierung schwanken, dadurch werden sie polysem und bleiben in einem Kontext absolut und in einem anderen relativ. So ein Fall ist in Beispiel (14) zu sehen, wo das Adjektiv *adelig* seinen okkasionellen Komparativ bekommt:

(14) *Die Mutter der Auersberger hatte unter ihrem Mann zeitlebens nichts zu lachen gehabt, sie hat sich aber mit ihrer bescheidenen Rolle, die* ***weniger*** *adelig, als* ***durch und durch kleinbürgerlich*** *gewesen war, zufriedengegeben* (S. 35).

Mit Hilfe des Komparativs des Adverbs *wenig* erzielt der Autor eine Abstufung des Adjektivs *adelig* und bildet damit eine glänzende Gegenüberstellung zwischen den Antonymen ***adelig – kleinbürgerlich***, das letzte Attribut erhält dabei sozusagen ebenfalls einen „Superlativ“ durch die Applikation des quantifizierenden Elementes *durch und durch.* Auf diese Weise offenbart der auktoriale Erzähler seine kritische Einstellung zum Kleinbürgertum.

Mit Hilfe der Variationen von Komparativ und Superlativ versteht es Thomas Bernhard als Autor Begriffe neu zu definieren, indem er die Beschränkungen der Merkmale aufhebt, bzw. ihre Bedeutung erweitert. Das kann auch der folgende Beleg verdeutlichen:

(15) *Im Grunde haben sie beide nichts im Kopf, als die Gesellschaft, ohne die sie nicht existieren können, immer die sogenannte* ***bessere*** *Gesellschaft, weil es zur* ***besten*** *nie reichte* [...] (S. 49).

Die Gegenüberstellung erfolgt nicht nach der Skala Komparativ – Superlativ, sondern die beiden Formen bilden eine Antithese: der absolute Komparativ ***bessere*** *Gesellschaft* ergibt eine Opposition zur attributiven Gruppe *die* ***beste*** *Gesellschaft*, die den höchsten Kriterien des Erzählers an die Gemeinschaft der Intellektuellen und Kunstschaffenden entsprechen würde.

Der Semantik der Steigerungsstufen von Adjektiven und Adverbien liegt die Potenz des Vergleichs zugrunde. Eine subjektive Bewertung des Erzählers wird im Weiteren durch den applikativen Komparativ zum Ausdruck gebracht:

(16) *Andererseits haben es ihre Kolleginnen von Reinhardtseminar,* [...] *zu nichts anderem als zu* [...] *absolut nutzlosen Schauspielfiguren gebracht, die einmal im Jahr in einem Shakespeare* [...] *auftreten und mit Sicherheit* ***tausendmal dümmer*** *sind, als ihr Leben lang die Joana* (S. 65).

Hier trägt der Vergleich vor allem einen expressiven Charakter und erlaubt deutlicher die positiven und negativen Seiten der dargestellten handelnden Figuren zu präsentieren. Die Distanz zwischen ihnen wird durch das quantifizierende Zahlwort *tausendmal* vergrößert. Auf diese Weise wird die Verstärkung der adjektivischen Semantik erzielt, was eine besondere Einstellung des Erzählers zur Gestalt von Joana zeigt, die von ihm durchweg positiv konnotiert wird.

Im Text erscheint okkasionell eine bewusste Vereinigung semantisch unvereinbarer Adverbien, die grammatisch zu einem Verb gehören, wobei das eine Adverb in direkter und das andere in übertragener Bedeutung gebraucht werden (Naer 2006: 256):

(17) [...] *ich war von diesen Schwächenerscheinungen noch verschont, sah, so dachte ich,* ***besser*** *denn je,* ***schärfer*** *denn je,* ***rücksichtsloser*** *denn je; also mit Londoner Augen* [...] (S. 46).

Es ist zu sehen, wie die Aneinanderreihungen des denotativen und konnotativen Sinns expressiv wirken, durch die grammatisch parallelen Strukturen eine Dynamik im Text erzeugen und dem Leser die Möglichkeit bieten, mit dem Protagonisten mitzufühlen.

Abschließend ist zu sagen, dass die Pragmatik der Steigerungsstufen von Adjektiven und Adverbien in erster Linie davon abhängt, in welchem Text sie vorkommen. Im Falle von Bernhards Roman dienen sie in den meisten Fällen dem Ausdruck der Bewertung von dargestellten Figuren und Ereignissen. Da der Erzähler nie ausgeglichen oder distanziert bleibt, wählt der Autor eine äußerst expressive sprachliche Form. Superlative gehören hier zu den semantischen Präferenzen der sprachlichen Gestaltung. Außerdem wird auf diese Weise die pragmatische Intention realisiert, den Leser in die Narration einzubeziehen, ihn zu beeindrucken und für sich zu gewinnen.

Literatur

Bernhard, Thomas: *Holzfällen. Eine Erregung*, Frankfurt a. M. 1988.

Jung, Walter: *Grammatik der deutschen Sprache. Грамматика немецкого языка*, Санкт-Петербург 1996.

Helbig, Gerhart/Buscha, Joachim: *Deutsche Grammatik*, München 2001.

Duden: *Grammatik der deutschen Gegenwartssprache*, 6., neu bearb. Aufl., hg. von der Dudenredaktion, bearb. von Peter Eisenberg u.a., Mannheim u.a. 1998.

Duden. *Grammatik der deutschen Gegenwartssprache.* 7., neu bearb. Aufl., hg. von der Dudenredaktion, bearb. von Kathrin Kunkel-Razum, Mannheim u.a. 2006.

Duden: *Deutsches Universalwörterbuch*, 6., überarbeitete Auflage, hg. von der Dudenredaktion, Mannheim/Leipzig/Wien/Zürich 2007.

Fleischer, Wolfgang/Michel, Georg/Starke, Günter: *Stilistik der deutschen Gegenwartssprache,* 2. Aufl., Frankfurt am Main 1993.

Naer, Nina M.: *Stilistik der deutschen Sprache*, Moskva 2006.

Pittner, Karin/Berman, Judith: *Deutsche Syntax*, Tübingen 2008.

Schmidt, Wilhelm: *Grundlagen der deutschen Grammatik*, Berlin 1966.

Weinrich, Harald: *Textgrammatik der deutschen Sprache*, Mannheim/Leipzig/Wien/Zürich 1993.

Босова Людмила М.: *Соотношение семантических и смысловых полей качественных прилагательных*. Автореф. дис.докт.филол.наук, Барнаул 1998.

Кострова Ольга А.: *Экспрессивный синтаксис современного немецкого языка*, Москва 2004.

Peter Kosta

Konversationelle Implikaturen und indirekte Sprechakte auf dem Prüfstein

1 Theoretische Vorannahmen und Zielsetzung

Der Beitrag setzt sich zum Ziel, sowohl zu einem besseren Verständnis einzelner pragmatisch relevanter Kategorien beizutragen als auch die traditionellen Begriffe wie Konversationsimplikatur und indirekter Sprechakt erneut auf den Prüfstein der gegenwärtigen konversationsanalytischen Forschung in der Tradition der Sprechhandlungsmusteranalyse (Kosta 1998a, 1998b, 2005, 2009, 2011, in print) und der Konversations- bzw. Gesprächsanalyse (im Verständnis von Thielemann 2010 und Kosta/Thielemann 2009) zu stellen. Dabei versuchen wir einige in der Forschung nicht abschließend geklärte Probleme der Evidenzialität und epistemischen Modalität (Kosta 2011) mit Hilfe des Begriffs der konversationellen Implikatur aufzuhellen.

1.1 Stellung der Pragmatik in der Linguistik: Bedeutungs- und Inhaltsaspekte in der Pragmatik

Die Zerstrittenheit der Linguisten in Bezug auf die Bedeutung der Pragmatik und Semantik (neben Syntax) als Teil sprachlichen Wissens (Chomskys I-language) lässt nach wie vor zwei entgegengesetzte und sich gegenseitig ausschließende Meinungen deutlich werden. Auf der einen Seite werden Semantik und Pragmatik als Bereiche betrachtet, die außerhalb der genetisch ererbten Sprachfähigkeit (Sprachwissen) im engeren Sinne (HLN = Human Language Faculty in narrow sense) angesiedelt zu sein scheinen (vgl. etwa Hauser/Chomsky/Fitch 2002; Chomsky 2005; Chomsky in print; Kosta/Peters 2011; Kosta/Peters in print). Auf der anderen Seite ist die Bedeutung der Pragmatik innerhalb der Linguistik spätestens seit dem Beginn der klassischen Sprechakttheorie Fakt. Die Entstehung der linguistischen Pragmatik hat daher nicht zufälligerweise als Taufpaten Sprachphilosophen wie Ludwig Wittgenstein (Wittgenstein 1960) und John L. Austin (Austin 1962) in die Arena geschickt, die die Bedeutung einer Äußerung als ihren Gebrauch in einem bestimmten situativen Kontext der Welt zu definieren versuchten. Dadurch wird aber deutlich, dass Pragmatik und pragmatisch korrektes Verhalten (verbal und non-verbal) behavioristische Theorien und das Konzept des Lernens nicht ausschließen, während behavioristische Ansätze des Spracherwerbs für den Bereich der Syntax auch unserer Meinung nach höchst obsolet und daher aus konzeptionell-theoretischen Gründen abzulehnen sind (vgl. im Einzelnen Kosta 2009; Kosta/Peters 2011; Kosta/Peters in print).

Unumstritten ist dagegen, dass Pragmatik einen legitimen Teilbereich der Linguistik erfasst, stellt sie doch einen wichtigen Bereich der verbalen (und non-verbalen) Kommunikation dar. Semantik lässt sich wiederum in einen signifikativen und in einen referentiellen Bereich gliedern. Während der signifikative Teil der Semantik die Beziehung der signifikativen Bedeutungen (de Saussures Bezeichnetes) der Sprache zum Ausdruck (de Saussures Bezeichnendes) beschreibt, geht es in der extensionalen Semantik um die Beziehung des Zeichens (de Saussures signum) zur außersprachlichen Wirklichkeit. Der Bedeutungsinhalt von sprachlichen Zeichen lässt sich allerdings nur schwer ermitteln, wenn man den Bezug zur Welt aus den Augen verliert.

Eine grundlegende Unterscheidung bei der Untersuchung des Gebrauchs von Sprache ist die zwischen *sprachlichen Ausdrücken* und *Äußerungen*. Wir verstehen fortan unter *sprachlichem Ausdruck* eine identifizierbare sprachliche Einheit mit charakteristischen Eigenschaften. Sprachliche Ausdrücke sind z.B. Laute, Silben, Wörter, Phrasen, Sätze. Unter *sprachlicher Äußerung* sei hingegen ein sprachlicher Ausdruck verstanden, der in einer konkreten Situation, in einem bestimmten Kontext, von einem Sprecher artikuliert oder von einem Hörer wahrgenommen wird. Ein sprachlicher Ausdruck wird erst durch seine Artikulation oder Wahrnehmung zu einer Äußerung. Da die Pragmatik den Gebrauch von Sprache, i.e. sprachlichen Ausdrücken, untersucht, kann sie als Performanztheorie angesehen werden. Performanz bezeichnet (in Bezug auf Sprache) die Fähigkeit von Sprechern und Hörern (im folgenden Interaktanten), sprachliche Ausdrücke zu verwenden, zu artikulieren (Sprachproduktion) und zu verstehen (Sprachperzeption).

Bezogen auf die Produktion von Äußerungen betrachtet die Pragmatik die Fähigkeit eines Sprechers, sprachliche Äußerungen in korrekter, angemessener und zweckgerichteter Weise zu verwenden. Dabei kann man zwei Fähigkeiten unterscheiden:

1) Korrekter Gebrauch von sprachlichen Ausdrücken: die Fähigkeit, Sätze mit Kontexten zu kombinieren, in denen die Äußerung eines Satzes einen Sinn ergibt.
2) Besonderer Gebrauch von sprachlichen Ausdrücken: die Fähigkeit, durch Kombination von Sätzen mit Kontexten besondere, d.h. nicht-wörtliche Inhalte zu vermitteln.

Ein Beispiel für die Fähigkeit, Sätze mit Kontexten zu kombinieren, liefert der folgende Satz (1)

(1) Der *Lehrer* bedauert, dass *er* geschrien hat.

Die Äußerung von (1) macht nur Sinn, wenn eine Person, auf die sich das Pronomen *er* beziehen kann (der/ein *Lehrer* oder ein anderes männliches Wesen im Kontext der Äußerung) geschrien hat (im Allgemeinen kann man nur etwas bedauern, das tatsächlich stattgefunden hat). Die Implikation, dass das Ereignis, welches durch das Objekt von *bedauern* beschrieben wird, stattgefunden hat, ist ein Aspekt der Bedeutung von *bedauern*, der jedoch nicht die Wahrheit oder Falschheit einer Aussage betrifft (und daher nicht in der Wahrheitswert-Semantik behandelt wird), sondern den Gebrauch von sprachlichen Ausdrücken einschränkt und daher in den Bereich der Pragmatik fällt. Um solche Implikationen von aussagenlogischen Implikationen abzugrenzen, bezeichnet man sie als (pragmatische) *Implikaturen* (*P* ist eine Variable, die für eine beliebige Proposition steht):

(2) „bedauern, dass *P*“ impliziert: „*P* hat stattgefunden“

Beispiele für die Fähigkeit, durch Kombination von Sätzen mit Kontexten besondere, d.h. nicht-wörtliche Inhalte zu vermitteln, sind die Sätze (3a) und (3b):

(3) a. Heute ist wieder ein herrliches Wetter! (*an einem regnerischen Tag*)
b. Mein lieber Freund! (*bei einem Streit zwischen Sprecher und Adressat*)

In beiden Beispielen (3a) und (3b) ist die wörtliche Bedeutung des sprachlichen Ausdrucks mit dem Kontext der Äußerung offenbar unverträglich. Trotzdem ist es möglich, die Äußerungen in (3a) in den angegebenen Situationen zu machen, wobei dadurch ein besonderer Inhalt vermittelt wird. Ähnliches gilt für (3b).

1.2 Sprecher-/Hörerperformanz und Rekonstruktion nicht-wörtlicher Satzbedeutungen

Bezogen auf die Perzeption von Äußerungen kann man die Fähigkeit eines Hörers untersuchen, zu erkennen, ob durch eine Äußerung in einem bestimmten Kontext ein besonderer (nicht-wör tlicher) Inhalt vermittelt werden soll, und wenn ja, diesen besonderen Inhalt zu erschließen. Bezogen auf die Perzeption von Äußerungen kann man die Fähigkeit eines Hörers untersuchen, zu erkennen, ob durch eine Äußerung in einem bestimmten Kontext ein besonderer (nicht-wörtlicher) Inhalt vermittelt werden soll, und wenn ja, diesen besonderen Inhalt zu erschließen.

Betrachten wir zwei Beispiele, an denen versucht werden soll, die tatsächlich kommunizierten Inhalte von Äußerungen aus der Sicht des jeweiligen Hörers argumentativ zu rekonstruieren (Levinson 1983: 47 ff).

Beispiel für eine argumentative Rekonstruktion des nicht-wörtlichen Inhalts: betrachten wir folgenden kurzen Dialog zwischen zwei Personen A und B:

(4) a. A: Kannst du morgen bei mir vorbeikommen?
b. B: Ich fahre morgen nach Potsdam.
c. A: Was ist mit Sonntag?

Argumentative Rekonstruktion des Inhalts von (4-a) (Hörer = B)

(5) a. A fragt mich, ob ich in der Lage bin, morgen bei ihm vorbeizukommen (wörtliche Bedeutung).
b. A möchte nicht einfach nur wissen, ob ich dazu in der Lage bin (das wäre für A uninteressant) (Annahme).
c. Wenn A mich fragt, ob ich zu etwas in der Lage bin, dann möchte er in Wirklichkeit, dass ich das tue, wonach er mich fragt (allgemeines Prinzip).
d. A hält es für möglich, ist aber nicht sicher, ob ich morgen vorbeikommen kann (sonst würde er nicht fragen) (allgemeines Prinzip).
e. A glaubt, dass ich nicht ohnehin morgen vorbeikomme (sonst würde er nicht fragen) (allgemeines Prinzip).
f. A glaubt, dass er mich durch die Frage dazu bewegen kann, morgen bei ihm vorbeizukommen (allgemeines Prinzip).
g. A möchte, dass ich morgen bei ihm vorbeikomme, falls ich dazu in der Lage bin (Folgerung, intendierter Inhalt).

Argumentative Rekonstruktion des Inhalts von (4-b) (Hörer = A)

(6) a. B teilt mir mit, dass er morgen nach Potsdam fährt (wörtliche Bedeutung).
b. Die Antwort von B ist nicht eine bloße Feststellung, sondern hat etwas mit meiner Frage zu tun (Annahme).
c. B kann nicht am selben Tag nach Potsdam fahren und bei mir vorbeikommen (Hintergrundwissen),
oder
d. B möchte nicht am selben Tag nach Potsdam fahren und bei mir vorbeikommen (z.B. weil ihm das zu anstrengend ist) (Annahme).
e. B kann morgen nicht bei mir vorbeikommen (Folgerung, intendierter Inhalt).

Argumentative Rekonstruktion des Inhalts von (4-c) (Hörer = B)
(7) a. A fragt mich, was mit Sonntag ist (wörtliche Bedeutung).
b. Mit „Sonntag" ist der kommende Sonntag gemeint (Auflösung einer Ambiguität).
c. A möchte nicht einfach irgendetwas über den kommenden Sonntag wissen (z.B. welches Wetter zu erwarten ist), sondern die Frage steht in Zusammenhang mit A's vorheriger Frage und meiner Antwort darauf (Annahme).
d. A stellt mir (implizit) dieselbe Frage wie vorher, nur auf kommenden Sonntag bezogen anstatt auf morgen, d.h. A fragt mich (implizit), ob ich am kommenden Sonntag bei ihm vorbeikommen kann (Folgerung aus allgemeinem Prinzip).
e. A möchte, dass ich kommenden Sonntag bei ihm vorbeikomme, falls ich dazu in der Lage bin (intendierter Inhalt, gleiche Argumentation wie in (4)).

1.3 Indirekte Sprechakte

In seiner bedeutenden Arbeit „Expression and Meaning: Studies in the Theory of Speech Acts" definiert John Searle die indirekten Sprechakte wie folgt:

> „Typ eines Sprechakts, in dem sich die direkt ausgedrückte Illokution des Satztyps von der tatsächlich intendierten (realisierten) Illokution unterscheidet." (zitiert nach der dt. Übersetzung von Searle 1982: 51)

Wie ich bereits in meinem Artikel Kosta (2005: 193) zu zeigen versuchte, geht man in den meisten sprechakttheoretischen Arbeiten davon aus, dass die illokutive Kraft einer Aussage eher intuitiv verstanden wird, und zwar anhand der Semantik des illokutiven Verbs im engeren Sinne als Äußerungseinheit und eventuell noch unter Einbeziehung des breiteren Kontexts (vgl. Hirschová 2004: 99; dies. 2009: 1061 f.).

In anderen Arbeiten unterscheidet man auch zwischen *primären Sprechakten* (also der Sprechakt, der vom Sprecher gemeint oder besser intendiert ist) und sekundären *Sprechakten* (der Sprechakt, der vom Sprecher tatsächlich geäußert wird). Betrachten wir hierzu das folgende Beispiel:

(8) A: Lasst uns heute Abend ins Kino gehen.
B: Ich muss noch meine Prüfung vorbereiten.

Eine Äußerung, die die illokutionäre Kraft (illocutionary force) mithilfe bestimmter Indikatoren für einen Typ des Sprechakts anzeigt, kann auch sekundär noch die Satzbedeutung mit bezeichnen. In (8) äußert A einen direktiven Sprechakt, indem er B ins Kino einlädt. Die Reaktion von B ist mit Hilfe einer Aussage formuliert, die den primären (indirekten) Sprechakt der (höflichen) Ablehnung durch den sekundären (direkten) Sprechakt der Assertion (Aussage) zum Ausdruck bringt. Indirekte Sprechakte werden oft geäußert, weil sie die direkte Konfrontation oder einen potentiellen Konflikt vermeiden wollen. Dabei ist dies nur möglich, weil A und B über ein gemeinsames Hintergrundwissen und die Fähigkeit verfügen, über Inferenzen die gemeinte Illokution korrekt zu erschließen und somit den Sprechakt glücklich zu gestalten (felicity conditions). Betrachten wir hierzu ein anderes Beispiel, in dem nicht Höflichkeitsmaximen als Grund für die Äußerung eines indirekten Sprechakts eine Rolle spielen. Dabei werden wir versuchen, die einzelnen Ableitungsschritte bei der Erschließung der intendierten Illokution eines indirekten Sprechakts metasprachlich einzuführen:

Beispiel für eine argumentative Rekonstruktion des nicht-wörtlichen Inhalts eines indirekten SA: betrachten wir folgende Äußerung eines Sprechers A, an einen Hörer B gewandt:

(9) (a) A zu B: Es zieht.

B macht das Fenster zu

(10) a. A beschreibt einen Zustand (wörtliche Bedeutung).
b. Der beschriebene Zustand ist ein unangenehmer Zustand (kulturelle, soziale o.ä. Grundwerte/Konventionen).
c. A möchte mich nicht einfach nur über diesen Zustand informieren, sondern er verfolgt damit eine weitergehende Absicht (Annahme).
d. Wenn A mich über einen unangenehmen Zustand informiert, möchte er mich dazu bewegen, diesen Zustand abzustellen oder zum positiven zu verändern, oder zumindest einen Beitrag dazu zu leisten, sofern das in meiner Macht steht (allgemeines Prinzip).
e. A glaubt, dass ich in der Lage bin, etwas gegen den Zug zu unternehmen (sonst würde er sich nicht an mich wenden) (allgemeines Prinzip).
f. A möchte, dass ich etwas gegen den Zug unternehme (Folgerung).
g. A und ich wissen beide, dass der Zug durch Schließen des Fensters abgestellt werden kann (Hintergrundwissen).
h. A möchte, dass ich das Fenster schließe (Folgerung, intendierter Inhalt).

2 Konversationelle Implikaturen

Konversationelle (oder pragmatische) Implikaturen sind Bedeutungsaspekte, die mit Äußerungen bei deren Verwendung assoziiert werden, aber nicht in der Äußerung selbst enthalten sind. Konversationelle Implikaturen bilden daher einen Teilaspekt des kommunikativen Gehalts einer Äußerung. Paul Grice (1957) unterscheidet zwischen zwei Arten von Bedeutungen: Bedeutungen, die in einem kausalen oder konventionellen Zusammenhang zu einem Ausdruck stehen; im Beispiel (11) ist *Regen* eine natürliche Bedeutung von *dunkle Wolken*:

(11) Dunkle Wolken bedeuten Regen.

Der konventionell oder kausal kodierten Bedeutung steht gegenüber die so genannte „non-natural meaning" (meaning-nn): Darunter versteht Grice den vom Sprecher intendierten oder vom Hörer verstandenen Inhalt einer Äußerung. Der Hörer versteht den intendierten Inhalt einer Äußerung, indem er die Intention des Sprechers erkennt, ihm diesen Inhalt zu vermitteln. Nach Grice (1957) macht die letztere Art von Bedeutung den kommunikativen Gehalt einer Äußerung aus. Der kommunikative Gehalt einer Äußerung lässt sich nach Grice (1975) in verschiedene Bestandteile zerlegen, wie in Tabelle 1 gezeigt:

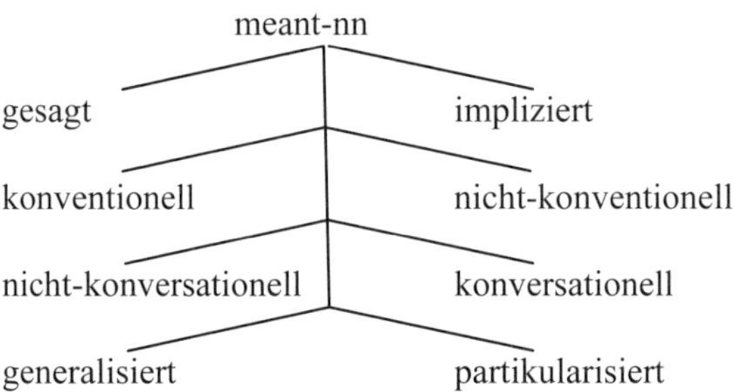

Tabelle I. Bedeutungsebenen der Konversation

Die Unterscheidung zwischen (wörtlich) gesagten und konventionell implizierten Inhalten basiert auf einer Zweiteilung der Bedeutung von sprachlichen Ausdrücken in semantische Referenz bzw. Wahrheitsbedingungen bzw. Wahrheitsfunktion und zusätzliche Bedeutungsaspekte, sog. Nebenbedeutungen (Konnotationen).

In Tabelle I bezeichnet *gesagt* die semantische Referenz oder die Wahrheitsbedingungen der sprachlichen Ausdrücke in der Äußerung. *Impliziert* (englisch: *implicated*) bezeichnet alle Bedeutungsaspekte einer Äußerung, die nicht Bestandteil der semantischen Referenz oder der Wahrheitsbedingungen sind. Für diese Bedeutungsaspekte wird der Begriff *Implikatur* verwendet: Im folgenden Dialog (12) geht es um die Ferndiagnose eines Hautausschlags. Das Arzt-Patient-Gespräch beruht also in erster Linie auf Informationen des teilnehmenden Verwandten des erkrankten Kindes mit dem Arzt, der am anderen Ende der Leitung sitzt und die Informationen entgegennimmt. Die Bedeutung der Äußerung wird interaktional ausgehandelt, wobei Vorannahmen aus bereits erlebten ähnlichen Situationen bei der Erschließung der Äußerungsbedeutung der Interaktanten eine wesentliche Rolle spielen (wir geben eine englische Übersetzung des russischen Texts aus ORD = Один речевой день „Ein Redetag")[1]

[1] Für die Überlassung der Dateien zum ORD bedanke ich mich ausdrücklich bei der Gruppe um A.S. Asinovskij der Staatlichen Universität St. Petersburg, mit der wir auch ein gemeinsames Projekt *Urban voices* planen.

(12) [M1, муж] найз ноль один / да? [И40, муж, 41] найз ноль один / да / эритромецин двести пятьдесят // [M1, муж] найз двести пятьдесят // ага / вот / а по маленькой что я могу сказать? вот так вот визуально (э-э) на руках на ногах сыпь *вроде как* она (…) не видна / и вот на шее / (э-э) видно на щеках [И40, муж, 41] угу // [Телефонный разговор о болезни ребенка // Из материалов корпуса «Один речевой день», подготовленного группой А. С. Асиновского, 2009]

[M1, male] Nise zero one / yes? [I40, male, 41] Nise zero one / yes / Erythromycin two hundred and fifty // [M1, male] Nise two hundred and fifty // yeah / here / and how about the little one what can I say? Here and so visually (hmm) at the hands and on her legs a kind of *like* her (...) not visible / and here on the neck / (hmm) can be seen on the cheeks [I40, male, 41] Uh-huh //

Im vorliegenden Ferngespräch zwischen einem Arzt und dem Verwandten eines an einer noch nicht diagnostizierten Kinderkrankheit (mit Symptomen eines Hautausschlags) erkrankten Kleinkindes haben wir es mit so genannten *konversationellen Implikaturen* zu tun. Unter konversationeller Implikatur wollen wir im Folgenden eine nicht konventionelle Implikatur verstehen, die ein Hörer mit Hilfe von Annahmen über die Intention des Sprechers, sowie mit Hilfe von grundlegenden Prinzipien des Gebrauchs von Sprache (sprachlichen Maximen) aus einer Äußerung ableitet. Welche Art von Kinderkrankheit das Kind hat, kann der Arzt nur aufgrund der Evidenz, die ihm aus zweiter Hand über Telefon (Feststellung der Symptome) vermittelt wird, erschließen. Dabei stellt die Tatsache, dass die deiktische Komponente (direkte Beobachtung) fehlt, ein zusätzliches Erschwernis dar. Die durch die Partikel *вроде как* „so ungefähr, als ob, so ähnlich wie“ vermittelte Bedeutung ähnelt den modalen russischen Partikeln, die ein Portmanteau-Dasein zwischen evidentieller und epistemischer Lesart fristen (dazu vgl. näher Kosta 2011). Dies ist auch der Fall in der folgenden Redebedeutung der russischen Partikel *вроде бы,* die in (13) in der Funktion der „relativen Zustimmung“ in minimalen Dialogen in so genannten Nachbarschaftspaaren (adjecency pairs) von Ja-Nein-Antworten vorkommt. Ich nenne dies relativierende Zustimmungsfunktion der Partikel, weil ihre lexikalische epistemische Bedeutung ausgeblendet ist und die konversationelle Implikatur bewirkt, dass das Wissen der Befragten eine Art epistemischer „agnostischer“ oder unverbindlicher Haltung nahelegt, sodass der Befragte keine direkte Verantwortung für die Wahrheit der Proposition übernimmt:

(13) [Программный директор, Михаил Козырев, муж, 41, 1967] В рубке [Капитан, Федор Добронравов, муж, 47, 1961] Ну / чего? Принцесса цирка / эта дрессировщица. Вроде ничего / а? [Матрос Петрович, Алексей Хардиков, муж, 40, 1968] Ну / так. [Капитан, Федор Добронравов, муж, 47, 1961] Ну и ты чё / к ней? [Матрос Петрович, Алексей Хардиков, муж, 40, 1968] Ну… *вроде / да.* [Дмитрий Дьяченко и др. День радио, к/ф (2008)]

[Program Director, Mikhail Kozyrev, Male, 41, 1967] [Captain, Fedor Dobronravov, Male, 47, 1961] Well / What? The Circus Princess / this trainer. Like nothing / a? [Sailor Petrovich, Aleksey Khardikov, Male, 40, 1968] So / so. [Captain, Fedor Dobronravov, Male, 47, 1961] Well, you mean what / for her? [Sailor Petrovich, Aleksey Khardikov, Male, 40, 1968] Well ... like / yes. [Dmitry Dyachenko et al Radio Day (2008)]

Durch die relativierende Zustimmungsfunktion der Partikel *вроде/да* wird nicht nur unterstrichen, dass wir es mit der Gesprächssorte der phatischen Konversation zu tun haben, in der der Rahmen der evaluativen Rede durch die pragmatische Funktion einer nicht-bindenden Vereinbarung gekennzeichnet ist. Da evaluative Sprechakte nicht wahrheitsfähig sind (siehe Kosta 1993, von Fintel/Gillies 2010), kann die Antwort nicht eingeklagt oder der Äußerung nicht widersprochen werden, so dass auch der Respondent durch den Fragesteller nicht verantwortlich gemacht werden kann.

Die Aufhebung der lexikalischen Bedeutung der Partikel durch die konversationelle Implikatur kann durch den folgenden Algorithmus expliziert werden:

(14) Ну… вроде / да
- (a) I want to say what someone else says (=reportative component)
- (b) I say yes to P
- (c) I don't say I know that P. is true (epistemic component, „agnostic" stance) I think that other people can think the same
- (d) Leads to (e)
- (e) I think that P might not be true (epistemic, cancellable)

Im letzten Teil meines Beitrags möchte ich das Problem der konversationellen Implikaturen im Kontext der Griceschen Theorie der Konversationsmaximen und des Kooperationsprinzips näher erläutern.

3 Grice Theorie der konversationellen Implikaturen und Evidenzialität/epistemische Modalität von Portmanteau-Wörtern

3.1 Kooperationsprinzip und Konversationsmaximen

3.1.1 Kooperationsprinzip

Grices Theorie der konversationellen Implikaturen (Grice 1975) ist der Versuch, allgemeine Prinzipien und Regeln des Gebrauchs von Sprache zu formulieren, mit denen man erklären kann, wie konversationelle Implikaturen erkannt und ihr Inhalt rekonstruiert werden können. Grices Theorie liegt eine grundlegende Annahme über den Sprachgebrauch bei der Kommunikation und Konversation zugrunde, nämlich dass Kommunikation als eine Form rationalen Handelns aufzufassen sei, bei dem alle Beteiligten bestimmte Ziele verfolgen (zum Beispiel eigene Überzeugungen jemand anderem vermitteln, Informationen von anderen erlangen oder von anderen erbetene Informationen bereitstellen). Um diese Ziele zu erreichen, kooperieren die Beteiligten miteinander, indem sie ihre Äußerungen entsprechend gestalten. Dabei stellt das *Kooperationsprinzip* (Grice 1975) sozusagen die Ausgangsbasis und Grundlage jeglichen rationalen Handelns und die ihm zugeordneten Konversationsmaximen jene Teilmengen dieses Handelns dar, die natürlich nicht immer eingehalten, sondern in der natürlichen Kommunikation sehr häufig verletzt werden. Das *Kooperationsprinzi*p besagt grob Folgendes: Die Beteiligten gestalten ihre Äußerungen so, wie es zum Erreichen des Zwecks des Kommunikationsaktes erforderlich ist. Das Kooperationsprinzip gibt also eine pragmatische normative Anweisung, dass die Beteiligten sich kooperativ verhalten sollten, beschreibt aber noch nicht, wie eine Äußerung im Einzelnen gestaltet sein muss, um den Zweck des Kommunikationsaktes zu erreichen. Dies hat Grice in seinen vier Konversationsmaximen dargestellt. Die Konversationsmaximen kann man als konkrete Ausprägungen des Kooperationsprinzips im Hinblick auf bestimmte Aspekte der Kommunikation verstehen, oder als Richtlinien für den Gebrauch von Sprache, die eine erfolgreiche, sinnvolle und effiziente Kommunikation ermöglichen.

3.1.2 Konversationsmaximen (Grice, 1975):

> *Maxime der Qualität*: sage nichts, was du für falsch hältst, oder was du nicht hinreichend belegen kannst.
>
> *Maxime der Quantität*: gestalte deine Äußerung genauso informativ, wie es der Kommunikationsakterfordert.
>
> *Maxime der Relevanz*: gestalte deine Äußerung so, dass sie im Hinblick auf den Kommunikationsaktrelevant ist.
>
> *Maxime der Modalität*: gestalte deine Äußerung angemessen, präzise, klar, verständlich, i.e. vermeide Unklarheiten, Mehrdeutigkeiten, unnötige Weitschweifigkeit, Ungeordnetheit.

Betrachten wir hierzu einige konkrete Beispiele, in denen die einzelnen Konversationsmaximen verletzt werden:

(15) a. Alfred hat einen Rolls Royce, aber ich glaube es nicht. (Qualität)
b. A: Wo wohnt Anna jetzt?
B: Irgendwo. (Quantität)
c. A: Ich finde, wir sollten diesen Punkt nochmal diskutieren.
B: Sie haben aber eine schöne Krawatte an! (Relevanz)
d. Claus nahm einen Schluck aus der Flasche und öffnete sie,
aber natürlich hat er sie zuerst geöffnet. (Modalität)

(15-a) wird als *Moore's Paradox* bezeichnet (Levinson 1983: 105). In (15-b) ist die Antwort von B weniger informativ, als der Frage von A angemessen wäre; aus der Sicht von A ist die Antwort daher unbefriedigend (offenbar hat B keine Lust, eine genauere Auskunft zu geben). In (15-c) ist die Äußerung von B für den Kommunikationsakt unangebracht, da sie keinen Bezug zum Thema der Konversation besitzt. In (15-d) werden zwei Geschehen, die notwendigerweise nacheinander in einer bestimmten Reihenfolge stattfinden (erst die Flasche öffnen, dann einen Schluck daraus nehmen), zuerst in der falschen Reihenfolge geschildert; sodann muss der Sprecher die zeitliche Abfolge richtigstellen, um den Hörer nicht völlig zu verwirren. Grice schlägt folgende Definition von konversationellen Implikaturen mit Hilfe des Kooperationsprinzips und der Konversationsmaximen vor: Eine Äußerung *P* eines Sprechers *S* impliziert konversationell *Q*, falls folgende Bedingungen erfüllt sind:

1. Man kann unterstellen, dass *S* die Konversationsmaximen oder zumindest das Kooperationsprinzip beachtet, i.e. dass seine Äußerung dem Zweck des Kommunikationsaktes dient.
2. Damit Bedingung (1) erfüllt ist, muss angenommen werden, dass *S* denkt, dass *Q*.
3. *S* glaubt dass beide, Sprecher und Hörer, wissen, dass der Hörer in der Lage ist, zu erkennen, dass Bedingung (1) nur erfüllt ist, falls *S* denkt, dass *Q*.

3.1.3 Evidenzialität, epistemische Modalität und Konversationsimplikatur

In der Sprachwissenschaft ist Evidenzialität in der Regel ein Hinweis auf die Existenz und/oder die Art der Beweise für eine gegebene Behauptung. Ein Marker-Element kann den Hinweis auf die Quelle der Information mit Hilfe entweder von grammatischen oder von lexikalischen Ausdrucksmitteln anzeigen. Als grammatisches Ausdrucksmittel kann der Marker auftreten, wenn sein Ausdruck Teil des grammatischen Systems einer gegebenen Sprache ist, z.B. als Teil des Modalsystems der modalen Auxiliarverben. Auch wenn alle Sprachen der Welt über bestimmte Ausdrucksmittel verfügen, um die Quelle oder die Zuverlässigkeit der Information anzugeben, ist es nicht der Fall, dass alle Sprachen Evidenzialität grammatikalisch ausdrücken. Die indogermanischen Sprachen bzw. typologisch die Sprachen des Average European Type (AET) unterscheiden sich in dieser Hinsicht sehr stark untereinander (z.B.die germanischen, romanischen und slavischen Sprachen untereinander und auch innerhalb der Sprachfamilie). Germanische Sprachen zeigen Evidenzialität durch Modalverben an (Niederländisch *zouden*, Dänisch *skulle*, Deutsch *sollen*) oder durch andere lexikalische Einheiten (z.B. durch Adverbien im Englischen: *reportedly, according to, given the report „dem Bericht nach", „gemäß von"*). Die Tatsache, dass Evidenzialität eine wichtige kognitive und grammatische und/oder lexikalische Kategorie ist, bringt auch pragmatische Implikationen für eine Theorie der gesprochenen Konversation mit sich, wobei man sich mit dieser Problematik vor allem im Rahmen der Konversationsanalyse, der Diskursanalyse, der Grammatik von Dialogen bzw. Dialoggrammatik, oder sogar im Rahmen der Sprechakttheorie beschäftigen kann (vgl. zur Sprechhandlungsmusteranalyse Kosta/Thielemann 2009, sowie Kosta in print). Zum Beispiel kann eine Person, die eine falsche Aussage macht, indem er/sie diese als seine/ihre Überzeugung darstellt, der Unwahrheit bezichtigt werden, wenn diese Behauptung objektiv falsch ist. Infolge dessen wird diese Person wahrscheinlich der Lüge bezichtigt und strafrechtlich verfolgt oder zumindest persönlich sanktioniert. Manche Sprachen haben eine besondere grammatische Kategorie der Evidenzialität, die immer zum Ausdruck gebracht werden muss. In den meisten indogermanischen Sprachen sind jedoch die Angaben über die Quelle der Informationen optional, und ihre primären Funktionen zielen in der Regel nicht auf Evidenz ab, sondern bezeichnen eine breitere Kategorie der epistemischen Modalität: Man kann also behaupten, dass Evidenzialität keine besondere grammatische Kategorie in Sprachen wie Deutsch, Russisch oder Polnisch bildet. Aikhenvald (2004) schätzt, dass etwa ein Viertel der Sprachen der Welt grammatische Mittel zum Ausdruck grammatischer Evidenzialität haben (vgl. w.u.), aber die meisten Sprachen der Welt haben zumindest lexikalische Ausdrücke zur Bezeichnung der Evidenzialität. Soweit ich sagen kann, gibt es bisher keine Arbeit zur Evidenzialität im Bereich der Gebärdensprache. In vielen Sprachen mit grammatischen Markern der Evidenzialität sind diese Marker unabhängig von anderen Kategorien wie Tempus oder Modus. Auffällig ist allerdings, dass in vielen Sprachen, in denen dies nicht der Fall ist, Evidentialität mithilfe von lexikalischen Mitteln (Adverbien, Partikeln) zum Ausdruck gebracht wird, und zwar als Portmanteau-Wort, das zugleich inferentiell oder mit Hilfe von konversationeller Implikatur die epistemische Modalität (als skalierbares Urteil des Sprechers über die Zuverlässigkeit der Information) zum Ausdruck bringt.

Neben den bereits erwähnten Belegen in (12) und (13) sei noch ein Beleg für eine Sprache mit Hilfe von bestimmten grammatischen Ausdrucksmitteln (Affixen) erwähnt, um den Unterschied zu Sprachen hervorzuheben, die Evidenzialität nicht direkt grammatisch zum Ausdruck bringen (ich zitiere hier nach Kosta 2011: 262).

Evidenzialitätstyp	Beispiel	Bedeutung
Sensorisch, nicht-visuell	p^ha·bék^h-ink'e	„es hat gebrannt" [der Sprecher hat selbst die Verbrennung gespürt]
Inferentiell	p^ha·bék-ine	„es hat nachweislich gebrannt" [der Sprecher hat davon einen Beweis]
Hören-Sagen (Bericht)	p^ha·bék^h-·le	„jemand sagte, es habe gebrannt" [der Sprecher bezieht sich auf eine Hören-Sagen-Quelle]
Zeugnis	p^ha·bék-a	„ich war Zeuge, dass es gebrannt hat" [der Sprecher war direkter Zeuge des Vorgangs des Verbrennens]

Tabelle II. Evidenzialitätsmarker in Ost-Pomo (zitiert nach Kosta 2011)

Gemäß der Standardanalyse der Formalen Semantik sind Modale Quantoren über mögliche Welten. Ihre Quantorenkraft wird lexikalisch spezifiziert als universell oder existentiell, wobei die Unterschiede zwischen epistemischen, deontischen und anderen modalen Interpretationen von dem so genannten Konversationshintergrund (conversational backgrounds) und nicht von ihrer Ambiguität abgeleitet werden (Kratzer 1977, 1981, 2010). Wir wollen dies anhand der folgenden Belege zu demonstrieren versuchen. Aus Platzgründen können wir hier das Konzept der konversationellen Backgrounds nicht in aller Ausführlichkeit besprechen, daher verweisen wir auf unsere Untersuchung Kosta (in print), in der wir eine ausführliche Diskussion geben.

Crosslinguistisch betrachtet, ist es die invariante Aufgabe von Evidenzialitätsmarkern, Evidenzialität zu klassifizieren über das, was gesagt wurde, als direkt oder indirekt. Bekanntlich hat das englische Modalverb *must* neben der deontischen und epistemischen Modalität auch noch eine inferierte Bedeutung, die sich als indirekte Inferenz mit Hilfe der Konversationsimplikatur ableiten lässt. Billy ist ein Wetterenthusiast. Er betrachtet den strömenden Regen aus dem Fenster. Indem er aus dem Fenster schaut kann er nur (16a), nicht aber (16b) äußern.

(16) [Den strömenden Regen beobachtend]
a. It's raining. „Es regnet“
b.?? It must be raining. „Es muss wohl regnen“ (nach Kratzer 2010)

Wenn er stattdessen die Leute von außerhalb mit nassen Regenschirmen, Regenmänteln und in Galoschen kommen sieht, dann kann er sowohl (17a) als auch (17b) äußern, wenn er weiß, dass Regen die einzige Erklärung sein kann,

(17) [Betrachtet nasse Kleider usw. wissend oder annehmend, dass Regen die einzige mögliche Ursache sein kann]
a. Es regnet.
b. Es muss regnen.

Die evidenzielle Funktion der russischen Partikel *вроде бы* als „Hören-Sagen“ ist – ähnlich dem grammatischen Suffix *le* in Ost-Pomo (Tabelle II) – im folgenden Beleg dokumentiert (18):

(18) [Дочь, жен, 1967] Да-да-да // [Мать, жен, 1944] Погода мешала / потому что дождь со снегом // [Дочь, жен, 1967] Аа // [Мать, жен, 1944] И снег уже пошёл // С севера пошло это вот… // У нас где-то вот-вот *небось* // *Вроде бы* до октября обещают /этот / [Дочь, жен, 1967] Тепло // [Мать, жен, 1944] Да / заморозки в октябре // [Дочь, жен, 1967] [обращается к кошке] А что ты / Моня / перевернулась? [Кроссворд // Дальневосточный ГУ, База данных «Живая речь дальневосточников», 2008]

[The daughter, female, 1967] yeah-yeah-yeah // [mother, female, 1944] The weather interfered with / because of rain with snow / [daughter, female, 1967] Aa // [mother, female, 1944] And the snow is already gone / From the north it has gone now ... // We have somewhere is about I suppose / It seems that until October they promise / this / [A daughter, wife, 1967] Heat // [mother, wives, 1944] Yes / frosts in October // [The daughter, wife, 1967] [refers to the cat] And what do you / Monia / you capsized?

Die Partikel *вроде бы* hat in (18) eine „Portmanteau“ Funktion als Evidenzial, das auf die Quelle der Information (Wetterbericht) verweist und zugleich zeigt es den relativ niedrigen Wahrscheinlichkeitsgrad an, wie das Wetter im Oktober wird (epistemische Modalität). Die relativ niedrige (skalierbare) Wahrscheinlichkeit beruht dabei auf Prognosen des Wetterdienstes.

4 Zusammenfassung und Ausblick

Wir haben gesehen, dass indirekte Sprechakte und Konversationsimplikaturen eine gemeinsame kognitive Bezugsebene und Basis voraussetzen, nämlich die Äußerungsbedeutung. Während indirekte Sprechakte die Fähigkeit der Kommunikationspartner voraussetzen, über letztere, das gemeinsame Hintergrundwissen und über Inferenzen die gemeinte *Illoku-*

tion korrekt zu erschließen und somit den Sprechakt glücklich zu gestalten (felicity conditions), sollten Interaktionspartner über mindestens folgende pragmatische Fähigkeiten verfügen, damit sie in der Lage sind, mit Hilfe von *konversationellen Implikaturen* kommunikative Inhalte korrekt zu erschließen:

Fakten/Annahmen zur Rekonstruktion von kommunikativen Inhalten mit Hilfe von konversationellen Implikaturen:

Man braucht: ⇒

1. *P*, i.e. die konventionelle Bedeutung der Äußerung,
2. das Kooperationsprinzip und die Konversationsmaximen,
3. den Kontext der Äußerung,
4. Hintergrundwissen (zum Beispiel die Tatsache, dass *P* unwahr ist),
5. die Annahme, dass beide, Sprecher und Hörer, (1) – (4) kennen und die Kenntnis von (1) – (4) gegenseitig annehmen.

Daraus kann man schließen, dass die Kenntnis der konventionellen Bedeutung von Sprechakten eine notwendige, aber keine hinreichende Bedingung für die pragmatische Fähigkeit der Rekonstruktion von konversationellen Implikaturen darstellt.

Literatur:

Aikhenvald, Alexandra Y.: *Evidentiality,* Oxford 2004.

Austin, John Langshaw: *How to Do Things with Words*, Oxford 1962.

Chomsky, Noam: *Three factors in language design*, in: *Linguistic Inquiry* 36 (2005) 1, p. 1-22.

Chomsky, Noam: *The poverty of the stimulus: unfinished business. Interfaces in Language,* ed. by Anna Maria Di Sciullo. In print.

Grice, Herbert Paul: *Meaning*, in: *Philosophical Review*, 64 (1957), p. 377-388.

Grice, Paul: *Logic and conversation,* in *Syntax and Semantics 3: Speech Acts,* ed. by Cole, Peter/Morgan, Jerry L., New York 1975, p. 41-58.

Hauser, Marc D./Chomsky, Noam/Fitch, W. Tecumseh: *The Faculty of language: What is it, who has it, and how did it evolve?,* in: *Science* 298 (2002), p. 1569-1579.

Hirschová, Milada: *Ilokuční slovesa: Mezi pragmatikou a syntax*, in: *Čeština-Univerzália a specifika*, ed. by Hladká Zdeňka/Karlík, Petr, Sborník 5. Mezinárodního setkání bohemistů v Brně 12.-15.11.2003. Praha 2004, s. 120-128.

Hirschová, Milada: *Speech acts in Slavic Languages*, in: *Slavic Languages. Slavische Sprachen. An International Handbook of their Structure, their History and their Investigation. Ein internationales Handbuch ihrer Struktur, ihrer Geschichte und ihrer Erforschung,* ed. by Kempgen, Sebastian/Kosta, Peter/Berger, Tilman/Gutschmidt, Karl, Berlin/New York 2009, p. 1055-1090.

Kosta, Peter: *Bewertung und Konnotation in Milan Kunderas Werk als axiologisches und translationslinguistisches Problem*, in: *Slavistische Studien zum 11. Internationalen Slavistenkongreß*, Preßburg 1993, hg. von Gutschmidt, Karl et al., Köln usw. 1993, S. 247-271.

Kosta, Peter: *Überlegungen zum „phatischen Diskurs" (und zur phatischen Partikel ‚jako') in der Konversation tschechischer Intellektueller*, in: *Slavische Sprachwissenschaft und Interdisziplinarität* Nr. 4, hg. von Freidhof, Gerd et al. Olexa Horbatsch zum Gedenken, München 1998a, S. 109-145.

Kosta, Peter: *Argumentation, Persuasion und der Turn-taking-Mechanismus*, in: *Dialoganalyse VI. Referate der 6. Arbeitstagung* (Prag 1996), hg. von Čmejrková; Světla/Hoffmanová, Jana/Müllerová, Olga/Světlá, Jindra, Tübingen 1998b (Beiträge zur Dialogforschung), S. 115-131.

Kosta, Peter: *Direkte und indirekte Direktiva als Strategien des (Miss-)Verstehens in Dialogen tschechischer Frauen und Männer,* in: *Mediale Welten in Tschechien nach 1989: Genderprojektionen und Codes des Plebejismus,* hg. von Van Leeuwen-Turnovcová, Jiřina/Richter, Nicole, München 2005 (SPECIMINA PHILOLOGIAE SLAVICAE. Band 142), S. 191-198.

Kosta, Peter: *Modalité Epistémique et Evidentialité et sa disposition à la base déictique*, in: *Sprachkontakte, Sprachvariation und Sprachwandel.* Festschrift für Thomas Stehl zum 60. Geburtstag, hg. von Schlaak, Claudia/Busse, Lena, Tübingen 2011, S. 257-283.

Kosta, Peter: *How can I lie if I am telling the truth?The unbearable lightness ofstrong and weak modals, modal adverbs and modal particles in discourse between epistemic modality and evidentiality (demonstrated on must and вроде бы),* in: *Slavic in Interaction. Contributions of the Intern,* ed. by Kosta, Peter/Thielemann, Nadine. Conference, University of Potsdam, 14.3.-16.3. 2011. In print.

Kosta, Peter/Peters, Hartmut: *Delayed Merge in L1 acquisition as a problem of Biolinguistic and Molecular Genetics.* Invited talk at: New Perspectives on Language Creativity: Composition and Recursion. UQAM, September 25-27, 2011.

Kosta, Peter/Peters, Hartmut: *Biological and genetic foundations of language genome (faculty) based on language disorders and impairments. Interfaces in Language Design,* ed. by Anna Maria Di Sciullo. In print.

Kosta, Peter/Thielemann, Nadine: *Gesprächsanalyse,* in: *Slavic Languages. Slavische Sprachen. An International Handbook of their Structure, their History and their Investigation. Ein internationales Handbuch ihrer Struktur, ihrer Geschichte und ihrer Erforschung,* ed. by Kempgen, Sebastian/Kosta, Peter/Berger, Tilman/Gutschmidt, Karl, Volume 1, Berlin/New York 2009, S. 1029-1047.

Kratzer, Angelika: *Papers on Modals and Conditionals.* 2010: http://2516892971602653597-a-1802744773732722657-s-sites.googlegroups.com/site/trentdougherty/teaching/KratzerbookasofSept2010.pdf, abgerufen am 22. April 2011.

Kratzer, Angelika: *The Notional Category of Modality*, in: *Words, Worlds, and Contexts*, ed by Rieser, H. J. and Eikmeyer, H., Berlin/New York 1981, p. 38-74.

Kratzer, Angelika: *What must and can must and can mean*, in: *Linguistics and Philosophy* 1 (1977), p. 337-355.

Levinson, Stephen C.: *Pragmatics*, Cambridge 1983.

Searle, John Rogers: *Ausdruck und Bedeutung*, Stuttgart 1982.

Thielemann, Nadine: *Untersuchungen zum weiblichen Diskussionsstil am Beispiel von Gesprächen russischer, ukrainischer und polnischer InteraktionspartnerInnen,* München/Berlin 2010 (Specimina Philologiae Slavicae 157).

Von Fintel, Kai/Gillies, Anthony S.: *Must ... Stay ... Strong!* Version of January 8, 2010, to appear in Natural Language Semantics (http://mit.edu/fintel/fintel-gillies-2010-mss.pdf, abgerufen am 22.April 2011).

Wittgenstein, Ludwig: *Philosophische Untersuchungen*, in: Wittgenstein, Ludwig: *Schriften.* Band 1, Frankfurt/Main 1960.

Beata Kasperowicz-Stążka

Polysemie, Profilierung und Sprechereignisse. Kognitive Analyse nominaler Konstruktionen im Deutschen

Schöpfer und Anhänger der kognitiven Grammatik[1] supponieren, dass sprachliche Strukturen solche Einheiten beinhalten, die über Diskurs und kommunikative Interaktion in einem soziokulturellen Kontext emergieren (Langacker 2001b, 2003). Sie lenken somit ihre Aufmerksamkeit nicht nur auf mentale Strukturen und Operationen, sondern auch auf den Sprachgebrauch, der gewissermaßen als eine sich auf Konzeptualisierungsmuster überlagernde Struktur zu verstehen ist. Ronald W. Langacker, der das Modell der kognitiven Grammatik entwickelt hat, ist überzeugt, dass alle sprachlichen Einheiten aus realen, aktuellen Sprachgebrauchsfällen ausgesondert werden, d.h. alles, was mit und in der Sprache ausgedrückt wird, wird in den sog. Sprechereignissen verankert und dient zwischenmenschlicher Interaktion (vgl. Langacker 2001b). Langacker versteht unter einem Sprechereignis eine reale, aktuelle Äußerung, die unter bestimmten Bedingungen, in einer bestimmten kommunikativen Situation, zum Erreichen bestimmter kommunikativer Ziele usw. realisiert wird (ebd. S. 23). Das Sprechereignis gilt somit als Zusammenhang zwischen Konzeptualisation,[2] d.h. zwischen vollständiger, kontextbedingter Bedeutung einer Äußerung, und ihrer konkreten Vokalisation.

In meinem Beitrag will ich auf das dynamische, sich auf sprachlichen Usus stützende Sprachmodell von Langacker aufmerksam machen, das bei der pragmatischen Analyse zweier Gruppen von zusammengesetzten, mit gleichen Komponenten konstruierten Strukturen im Deutschen besonders nützlich sein könnte, nämlich bei der Analyse von Komposita einerseits und von Nomina mit einem adjektivischen Attribut andererseits:

Sozialhilfe	*vs.*	*soziale Hilfe*
Sozialarbeit	*vs.*	*soziale Arbeit*
Sozialleistungen	*vs.*	*soziale Leistungen*
Sozialeinrichtung	*vs.*	*soziale Einrichtung*
Sozialberuf	*vs.*	*sozialer Beruf*

1 Der Terminus *Kognitive Grammatik* wird nur in Bezug auf das von R.W. Langacker entwickelte Modell gebraucht (vgl. Langacker 1987, 1991a, 1995, 2001a). Langacker entwickelte seine Sprachtheorie im Rahmen einer breit verstandenen kognitiven Linguistik, zu deren Vertretern u.a. gehören: G. Lakoff und M. Johnson (1980) (Metaphertheorie); Ch. Fillmore und P. Kay (1987) und A. Goldberg (1995) (Konstruktionsgrammatik); G. Fauconnier und M. Turner (2002) (Blending-Theorie); L. Talmy (2000a, 2000b) (Raum- und Prozesssemantik).

2 Die Bedeutung einer sprachlichen Einheit wird nach den Annahmen der kognitiven Grammatik mit Konzeptualisierung gleichgesetzt (vgl. Langacker 1987, 1991a).

Die sprachlichen Einheiten sind intrinsisch symbolisch. Sie bestehen aus einer semantischen und einer phonologischen Struktur, die über eine Korrespondenzrelation miteinander verbunden sind (vgl. Langacker 1995). Iterative sprachliche Einheiten werden eingeprägt oder verwurzelt und schließlich in einer Sprachgemeinschaft konventionalisiert. Die sprachlichen Einheiten werden einerseits durch eine Kodierungsrelation auf das Sprechereignis bezogen und andererseits durch den Prozess der Schematisierung aus dem Sprechereignis ausgesondert (vgl. Langacker 2001a, 2003).

Die Schematisierung ist eine der kognitiven Veranlagungen, die es dem Sprachteilhaber ermöglicht, ein Schema, d.h. ein gemeinsames Element verschiedener sprachlicher Strukturen zu abstrahieren. Die gemeinsamen aus Sprechereignissen verallgemeinerten Elemente, die immanent in iterativen Erfahrungen enthalten sind, werden in besonderem Maße verstärkt, automatisiert und schließlich konventionalisiert, so dass sie andere sprachliche Einheiten beeinflussen und bewirken können.

Die Kodierung gilt bei Langacker nur als technischer Terminus und ist als Kategorisierung mittels konventionalisierter sprachlicher Einheiten zu verstehen. Die Kategorisierung dagegen, als nächste grundsätzliche kognitive Fähigkeit des Menschen, beruht auf dem Vergleich zweier Strukturen, von denen die eine als Vergleichsstandard und die andere als Zielobjekt des Vergleichs gilt. Wenn zwischen etablierten und neuen Strukturen keine Abweichungen bestehen, d.h., wenn der Standard im Zielobjekt des Vergleichs erkannt und identifiziert wird, besteht zwischen den beiden Strukturen ein Elaborationsverhältnis, was Langacker markiert als: [A ⟶ (B)[3] (Langacker 2003: 34).

Wenn es beim Vergleich zwischen den beiden Strukturen zu Abweichungen kommt, bleiben sie in einem Extensionsverhältnis zueinander, d.h., die zweite Struktur (B) gilt als Erweiterung der ersten [A], was von Langacker mit gestricheltem Pfeil markiert wird: [A] - - ➔ (B) (ebd. S. 35).

Sprachliche Einheiten, die inhärent symbolisch sind, gelten als Verbindung der Spezifikation von ihrer Form und Bedeutung, was Langacker schematisch folgenderweise darstellt: [[A]/[a]][4] (ebd. S. 53).

Konventionalisierte Spracheinheiten können integriert werden, was zur Entstehung einer zusammengesetzten Struktur führt. Durch die Komposition entsteht eine neue Struktur, die zwar selbständig ist, sich aber nicht als Summe der Ausgangseinheiten betrachten lässt.

3 Der große Buchstabe in eckiger Klammer steht für eine im Sprachsystem etablierte Struktur, d.h. für eine konventionalisierte Einheit. Der große Buchstabe in runder Klammer bedeutet eine neue, noch nicht usuelle Einheit. Der Pfeil bezeichnet die Übereinstimmung der Spezifikation von B mit der von A.

4 Mit dem großen Buchstaben wird der semantische Pol und mit dem kleinen Buchstaben der phonologische Pol einer sprachlichen Einheit markiert. Der große Buchstabe kennzeichnet außerdem die Konzeptualisation, der kleine dagegen eine symbolische Struktur (z.B. bei Lauten).

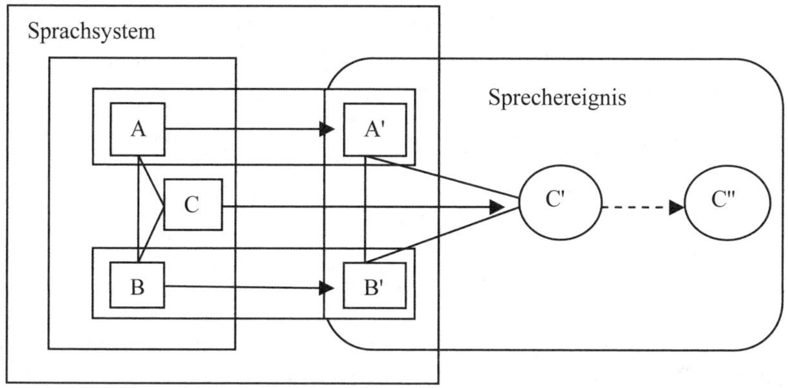

Abbildung 1. Kompositionsmuster (nach Langacker, 2001b: 26)

Die Abbildung stellt ein Kompositionsmuster dar, nach dem eine zusammengesetzte Struktur konstruiert wird.[5] Man kann annehmen, dass ein Sprachsystem bei der Artikulation einer Äußerung zwei konventionalisierte sprachliche Einheiten beinhaltet, und zwar ein Konstruktionsschema, das aus zwei symbolischen Bestandteilen [A] und [B] besteht, und eine zusammengesetzte symbolische Struktur [C]. [A'] und [B'] gelten als Realisierungen der schematischen Einheiten [A] und [B]. Man kann auch sagen, dass [A'] und [B'] durch [A] und [B] in einem Sprechereignis kategorisiert werden, woraus resultiert, dass sich [A] und [B] als immanent anwesend in [A'] und [B'] erkennen lassen. [A'] und [B'] können weiter integriert werden. Beide Einheiten entsprechen einander in dem Sinne, dass sie dasselbe Element innerhalb der zusammengesetzten Struktur projizieren können. [A'] und [B'] definieren eine neue zusammengesetzte Struktur [C'], die einen kompositionellen Wert der Äußerung involviert, d.h. eine Struktur, die nach dem Kompositionsmuster dadurch entsteht, dass zwei Einheiten, [A'] und [B'] in [C'], sowohl am semantischen als auch am phonologischen Pol vereinheitlicht werden. [C'] elaboriert [C], wird aber mit [C] nicht gleichgesetzt. Da [C'] in einem realen Sprechereignis aktualisiert wird, verursacht der sprachliche und nichtsprachliche Kontext, in dem das Sprechereignis verwirklicht wird, die Extension von [C'], dessen semantische Interpretation um kontextuelle Werte erweitert wird, was die Abbildung [C''] veranschaulicht. Eine solche Kompositionsart wird von Langacker als unvollständig betrachtet, weil die Interpretation des Ergebnisses nicht nur von einzelnen Bestandteilen der Integration abhängig ist, sondern eher vom Kontext (vgl. Langacker 2001b).

Die in dem Beitrag analysierten Komposita und Nominalgruppen mit *sozial* als einem der Bestandteile können als Resultate des oben vorgestellten Kompositionsmusters betrachtet werden. Die zusammengesetzten Strukturen, die in unserem Fall aus einem Adjektiv und einem Substantiv bestehen, bilden nur eine symbolische Struktur, in der ein schematisches

[5] Konventionalisierte Einheiten werden in Rahmen mit scharfen Ecken markiert. Neue, noch nicht konventionalisierte, d.h. noch nicht in einer Sprachgemeinschaft automatisierte, etablierte, usuelle, ausgeübte, routinierte, im Gedächtnis behaltene, werden in der Abbildung mit runden Ecken gekennzeichnet.

Adjektiv [[A]/[a]] und ein schematisches Substantiv [[B]/[b]][6] so miteinander integriert werden, dass eine symbolische Konstruktion in der Form von $[[AB]/[ab]]_c$ entsteht, wobei dieses [C] einmal als Kompositum, einmal als Nominalgruppe mit einem adjektivischen Attribut interpretiert werden kann:

[[A]/[a]]	[[SOZIAL]/[sozial]],
[[B]/[b]]	[[HILFE]/[hilfe]],
$[[AB]/[ab]]_{Adj+N}$	[[SOZIALE HILFE]/[soziale hilfe]]
oder	
$[[AB]/[ab]]_{Kompositum}$	[[SOZIALHILFE]/[sozialhilfe]]

Man kann weiter annehmen, dass einem Kompositionsmuster zwei Konstruktionsschemata zugrunde liegen, die als Realisierungen zweier kompositioneller Pfade zu betrachten sind. Daraus resultiert, dass einmal ein Syntagma entsteht, in dem das Adjektiv mit Flexionselementen ausgestattet wird, ein anderes Mal es zur Grammatikalisierung kommt. Aus den zwei kompositionellen Pfaden ergibt sich außerdem die Tatsache, dass die Integration zwischen beiden Bestandteilen der besagten Konstruktionen am phonologischen und am semantischen Pol mal größer, mal kleiner ist. Im Falle einer Nominalgruppe mit dem adjektivischen Attribut kommt es zur kleineren Integration und vor allem am semantischen Pol. Im Falle eines Kompositums ereignet sich die Integration in größerem Grad sowohl am semantischen als auch am phonologischen Pol.

Die symbolischen Konstruktionen $[[AB]/[ab]]_{Kompositum}$ oder $[[AB]/[ab]]_{Adj+N}$ können weiter in einem Sprechereignis entweder eine etablierte oder eine neue Äußerung kategorisieren:

1. *Die **Sozialhilfe** in Deutschland ist im Zwölften Buch **Sozialgesetzbuch** (SGBXII, **Sozialhilfe**) geregelt* (http://de.wikipedia.org/wiki/Sozialhilfe, abgerufen am 6. Mai 2011).
2. *Kranke benötigen medizinische und **soziale*** **Hilfe** *statt Wunderheiler.* (http://www.csn-deutschland.de/blog/2011/04/03/, abgerufen am 6. Mai 2011).

Wird ein und dasselbe Kompositionsmuster beim Formulieren zweier unterschiedlich zusammengesetzter Strukturen evoziert, dann bleibt die Frage zu beantworten, ob die besagten komplexen Ausdrücke semantisch äquivalent sind und miteinander alternieren, ob sie in jeder kommunikativen Situation durch einander substituiert werden können oder dürfen oder, ob es eher zu Bedeutungsunterschieden kommt, die die Substituierbarkeit beider Konstruktionen ausschließen und zuletzt, ob der gemeinsame Bestandteil beider Syntagmen, das Adjektiv *sozial*, als mehrdeutiges Wort zu interpretieren ist.

Um diese Fragen zu beantworten, soll zuerst die Bedeutung des Adjektivs *sozial* näher beleuchtet werden. Die Bedeutung einer sprachlichen Einheit wird mit Konzeptualisierung, d.h. mit mentaler Erfahrung gleichgesetzt (vgl. Langacker 1995). Jede Art solcher mentalen Erfahrung bildet eine kognitive Domäne, die unser Weltwissen umfasst und es gewissermaßen strukturiert. Die Bedeutung sprachlicher Äußerungen wird demnach in Bezug auf eine oder auf mehrere kognitive Domänen charakterisiert. Jede sprachliche Einheit gewinnt

[6] Die symbolische Struktur [[A]/[a]] ist als Integration vom semantischen Pol [A] und vom phonologischen Pol [a] zu verstehen.

ihre Bedeutung durch Profilierung, d.h. durch die Herausdifferenzierung eines Gebietes oder einer Konfiguration aus einer bestimmten kognitiven Domäne (Langacker 1995: 17). Das bedeutet, dass ein Begriff als Stelle oder Konfiguration in einer Domäne beschrieben wird.[7] Langacker spricht von den Basisdomänen (Farbwahrnehmung, Raumorientierung usw.) und von den Nicht-Basisdomänen (vgl. Taylor 2007). Die letztgenannten beschreibt er als zusammengesetzte Domänen.

Das Adjektiv *sozial* gehört zu denjenigen Wörtern, deren semantische Struktur sich mit Basisdomänen nicht beschreiben lässt. Die Bedeutung von *sozial* schlägt sich damit in zusammengesetzten Domänen nieder, die auf viele Wissensbereiche bezogen werden. Die semantische Struktur von *sozial* involviert eher Konzepte verschiedenartiger Relationen, Verhältnisse, Zusammenhänge und Bezüge, was zu interpretieren ist als: jemand macht etwas für Andere, etwas wird für Andere organisiert, etwas/jemand dient den Anderen usw. Die semantische Struktur von *sozial* kann somit in Bezug auf Wissensbereiche charakterisiert werden, die sich durch die Domänen MENSCH, STAAT, RECHT, POLITIK, LEHRE und TIERLEBEN evozieren lassen. Konzeptuelle Inhalte von *sozial* können folgendermaßen expliziert werden:

<table>
<tr><td>die Art und Weise, in der Menschen in einer Gesellschaft zusammenleben</td><td rowspan="5">gesellschaftlich
gemeinnützig
gesellig
menschlich
altruistisch
großmütig
ritterlich
fromm
kollegial
integrativ
gemeinsam
soziologisch</td><td rowspan="5">privat
persönlich
menschlich
zwischen-
menschlich</td></tr>
<tr><td>bezogen auf die Gesellschaft/Bevölkerung und ihre politische und ökonomische Struktur</td></tr>
<tr><td>so, dass es dem Wohl der Allgemeinheit und insbesondere ärmeren oder schwächeren Menschen dient</td></tr>
<tr><td>in Bezug auf die Tatsache, dass Menschen verschiedenen Gruppen, Klassen od. Schichten angehören</td></tr>
<tr><td>in Bezug auf die finanzielle Situation der Menschen</td></tr>
<tr><td>bezogen auf die grundgesetzliche Staatszielbestimmung der Bundesrepublik Deutschland: Demzufolge hat jeder Mensch in Deutschland (nicht nur jeder deutsche Staatsangehörige) einen Grundanspruch darauf, dass sich der Staat um ihn (in äußerster Not) kümmert</td><td rowspan="2"></td><td rowspan="2">offiziell
staatlich
rechtlich
politisch
organisatorisch
institutionell</td></tr>
<tr><td>aufbauend auf politischen Lehren (z.B. auf dem Sozialismus), eine Zielangabe, die Parteien auch im Namen führen, z.B. die CSU, die SPD</td></tr>
<tr><td>Forschungsgegenstand</td><td rowspan="2">zwischen-
menschlich</td><td></td></tr>
<tr><td>Studienfach</td><td></td></tr>
<tr><td>bezogen auf Tierleben</td><td>gesellig</td><td></td></tr>
</table>

Tabelle 1

[7] Die Stellen oder Konfigurationen in Domänen gelten als Realisierung schematischer Einheiten. Die Domänen sind für Konzeptualisierung, konzeptuelle Inhalte und ihre Realisierung in einem Sprechereignis verantwortlich (vgl. Taylor 2007).

Die auf der Basis eines Idiolekts produzierten Äußerungen sind von mentalen Erfahrungen des Sprechers (Kategorisierung, Integration und Symbolisierung) abhängig (vgl. Langacker 2003). Sie beeinflussen die Konzeptualisierung, d.h. die Art und Weise, in der die Wirklichkeit wahrgenommen, strukturiert und dadurch interpretiert wird. Das Sprechereignis wird außerdem als Realisierung angestrebter grammatischer Strukturen angesehen. Grammatische Strukturen und Regeln einer Einzelsprache organisieren und symbolisieren konzeptuelle Inhalte. Sie können als idiolektal differentes Instrument der Organisation und Wiedergabe von diesen Inhalten betrachtet werden (vgl. Langacker 1995). Welche grammatischen Strukturen von Mitgliedern einer Sprachgemeinschaft zur Interpretation eines Wirklichkeitsausschnittes verwendet werden, hängt davon ab, was sie in ihrem momentanen Blick auf die Welt besonders fokussieren wollen, welche Einheiten bei der Kategorisierung eines Objekts aktiviert und welche Domänen dabei hervorgerufen werden.

Bei realen, aktuellen Sprechereignissen kommt es zur Aktivierung vieler konventionalisierter Einheiten, mit denen ein Objekt kategorisiert wird. Die Einheiten bilden ein Aktivierungsset des kategorisierten Objekts (Langacker 2003: 50). Da wir jede Äußerung auf eigene Art und Weise interpretieren, wird bei der Kategorisierung vermutlich nur eine, für eine solche Interpretationsart verantwortliche Einheit aktiviert. Die anderen Einheiten scheinen durch die so genannte aktive Struktur verdrängt und entschärft zu sein (ebd. S.51).

Was passiert, wenn das Adjektiv *sozial* mit einem Substantiv integriert wird? Die Komposition verläuft in verschiedenem Grade sowohl auf phonologischer als auch auf semantischer Ebene der besagten Einheiten. *Sozial* evoziert ziemlich ausgebaute konzeptuelle Inhalte, die sich in zusammengesetzten Domänen niederschlagen. Es involviert aber immer die Vorstellung eines Mitmenschen und das Konzept einer Handlung mit und für den anderen Menschen. Bei der Komposition mit einem Substantiv kommt es zur Aktivierung einer Menge von Einheiten, die für die semantische Interpretation von *sozial* in dem bestimmten Sprechereignis verantwortlich sind, wobei eine ausgesonderte aktive Struktur von *sozial* die Auslegung der Zusammensetzung determiniert. Das integrierte Substantiv scheint nur Objekte zu designieren, die die einen oder die anderen Einheiten am semantischen Pol von *sozial* anregen, welche weiter die aktive Struktur von *sozial* bilden und die Interpretation eines Syntagmas beeinflussen.

Werden in einer bestimmten kommunikativen Situation aktive Strukturen evoziert, deren Einheiten *sozial* als gesellschaftlich, gemeinnützig, gesellig, menschlich, gemeinsam, integrativ, altruistisch, kollegial usw. und immer „mit Menschen im Vordergrund“ kategorisieren, dann werden eher die Äußerungen mit einem adjektivischen Attribut formuliert. Die besagten Domänen sind im Fall von *sozial* als grundsätzliche bzw. prototypische zu verstehen. Wenn aber bei der Integration von *sozial* mit Substantiven solche Einheiten aktiviert werden, die *sozial* eher in einem politischen, offiziellen, institutionellen o.ä. Kontext situieren, dann erwartet man ein Kompositum. Prototypische Domänen werden dabei gewissermaßen durch eine für die Kategorie *sozial* periphere Domäne (STAAT; RECHT; LEHRE) verdrängt und verblasst:

Wissensbereich in den Domänen	**Beispiele**	
die Art und Weise, in der Menschen in einer Gesellschaft zusammenleben	*soziale Spannungen* *soziale Verhältnisse* *soziale Entwicklung*	

bezogen auf die Gesellschaft/Bevölkerung und ihre politische und ökonomische Struktur;	*sozialer Fortschritt* *soziale Lasten* *soziale Rechte* *soziale Freiheit* *soziale Idee*	*Sozialkredit* *Sozialabgaben*
so, dass es der Wohl der Allgemeinheit und insbesondere ärmeren oder schwächeren Menschen dient	*soziale Einrichtungen* *soziale Errungenschaften* *soziale Leistungen* *sozialer Beruf* *soziale Arbeit*	*Sozialleistungen* *Sozialwohnung* *Sozialberuf* *Sozialhilfe* *Sozialversicherung* *Sozialtherapie*
in Bezug auf die Tatsache, dass Menschen verschiedenen Gruppen, Klassen od. Schichten angehören	*soziale Unterschiede* *soziale Schichten* *soziale Gerechtigkeit* *soziale Konflikte* *soziale Bewegung*	*Sozialprestige*
in Bezug auf die finanzielle Situation der Menschen	*das soziale Elend* *soziale Sicherheit*	*Sozialpolitik*
die grundgesetzliche Staatszielbestimmung der Bundesrepublik Deutschland: Demzufolge hat jeder Mensch in Deutschland (nicht nur jeder deutsche Staatsangehörige) einen Grundanspruch darauf, dass sich der Staat um ihn (in äußerster Not) kümmert.		*Sozialbericht* *Sozialgericht* *Sozialklausel* *Sozialpflicht* *Sozialvertrag* *Sozialplan*
aufbauend auf politischen Lehren (z.B. auf dem Sozialismus), eine Zielangabe, die Parteien auch im Namen führen, z.B. die CSU,SPD	*soziale Fragen*	
Forschungsgegenstand	*soziales Verhalten,* *soziales Denken,*	*Sozialprodukt* *Sozialgeschichte*
bezogen auf Tierleben	*soziale Insekten*	
Studienfach		*Sozialpädagogik* *Sozialarbeit* *Sozialpsychologie*

Tabelle 2

Der weitere Kontext kann die Auswahl der einen oder der anderen grammatischen Struktur besser bewusst machen und veranschaulichen:

3. ***Soziale Arbeit** als Beruf fördert den **sozialen Wandel** und die Lösung von Problemen in zwischenmenschlichen Beziehungen, und sie befähigt die Menschen, in freier Entschei-*

dung ihr Leben besser zu gestalten. Gestützt auf wissenschaftliche Erkenntnisse über menschliches Verhalten und ***soziale Systeme*** *greift* ***soziale Arbeit*** *dort ein, wo Menschen mit ihrer Umwelt in Interaktion treten. Grundlagen der* ***Sozialen Arbeit*** *sind die Prinzipien der Menschenrechte und der* ***sozialen Gerechtigkeit****.*

(www.dbsh.de/internationale.pdf)

4. ***Soziale Arbeit, Sozialarbeit, Sozialpädagogik*** *oder* ***Sozialwesen*** *studieren. Die Studienrichtungen unterscheiden sich insofern, da es im* ***Sozialwesen*** *verstärkt darum geht, Eigenkräfte zu entwickeln, um in problematischen Lebenslagen verantwortlich handeln zu können. Die Tätigkeitsbereiche umfassen vor allem Jugendhilfe,* ***Sozialhilfe*** *und Gesundheitshilfe. Der Unterschied zwischen* ***Sozialarbeit*** *und* ***Sozialpädagogik*** *besteht darin, dass sich in der* ***Sozialarbeit*** *eher verwaltungstechnische Inhalte finden.*

   (www.studis-online.de)

5. ***Mit der Bezeichnung*** *Sozialberuf werden eine Reihe unterschiedlicher Berufsbilder zusammengefasst, hierzu gehören beispielsweise Tätigkeiten im allgemeinen* ***sozialen Dienst****, in der Altenpflege, in der Betreuung kranker oder behinderter Menschen oder erzieherische, pädagogische und therapeutische Tätigkeiten. Die wesentliche Gemeinsamkeit* ***sozialer Berufe*** *liegt in ihrer Intension, einerseits* ***soziale Probleme*** *zu verhindern oder zu verringern und andererseits die Integration in die Gesellschaft zu ermöglichen und die Teilhabe daran zu fördern.*

   (www.einstellungstest-fragen.de/einstellungstest-sozialberuf/)

6. ***Soziale*** *Einrichtungen erleben eine Zeit des Umbruchs. Dieser bezieht sich auf alle Bereiche ihrer ideellen und materiellen Existenz. Es fängt an beim Gegenstand der Tätigkeit, der sich nicht mehr aus einem selbsterteilten und aus der eigenen Idee geborenen Auftrag ableiten lässt. Es geht weiter über die Sicht des und die Einstellung zum Menschen in der Institution - gleich ob Klient oder Mitarbeiter -, dessen zunehmende Subjekthaftigkeit und Individualität eine neue Qualität der gegenseitigen Akzeptanz erfordert.*

   (www.institut-johnson.de/pdf/organisation.pdf)

7. *Mitarbeiterinnen und Mitarbeiter des Bürgerservice* ***Soziale Leistungen*** *geben Auskunft zu gesetzlichen* ***Sozialleistungen*** *sowie zu den freiwilligen Leistungen der Stadt (beispielsweise die Bonuscard) und nehmen die entsprechenden Anträge entgegen. Ihren zuständigen Ansprechpartner finden Sie in Ihrem jeweiligen Stadtbezirk. Für Wohnungslose, Menschen in Pflegeheimen, Flüchtlinge und behinderte Menschen in Einrichtungen gibt es jeweils einen eigenen Bürgerservice* ***Soziale Leistungen****.*

   (*www.stuttgart.de*)

8. *Commons als strategische Perspektive für* ***soziale Bewegungen*** von *Benni Bärmann. Die Stärke* ***von sozialen Bewegungen*** *ist ihre Heterogenität. Das macht sie für langfristige und grundsätzliche Veränderungen effektiver als andere gesellschaftliche Akteure. Das macht sie aber auch unübersichtlich. Sie kämpfen nicht nur für eine Veränderung der Welt und neue Sichten auf die Wirklichkeit, sie sind selbst ein Kampffeld in dem sich die unterschiedlichsten gesellschaftlichen Akteure tummeln.*

   (www.keimform.de/2009)

9. *Die Muslimbrüder - die erste bürgerliche* ***Sozialbewegung*** *Ägyptens.*

   (www.papyrus-magazin.de/archiv/2003)

10. *Ist Tierarzt eigentlich auch* ***ein sozialer Beruf****? Es ist natürlich* ***kein sozialer Beruf*** *im eigentlichen Sinne. Dazu zählen alle weitere medizinische Abschlüsse. Ansonsten könnte man auch den Bankangestellten oder Versicherungskaufmann als* ***sozialen Beruf*** *bezeichnen, weil auch er am Menschen und mit den Menschen arbeitet. Auch der Beruf des Lehrers ist in meinen Augen nicht direkt* ***ein sozialer Beruf****, sondern im Bildungsbereich angesiedelt.* (www.gutefrage.net/frage)

Die Ergebnisse der Integration von *sozial* mit einem Substantiv, d.h. Kompositum einerseits oder Nominalgruppe mit einem adjektivischen Attribut andererseits, sind demnach von der semantischen Struktur des Adjektivs abhängig. Resultiert daraus, dass *sozial* mehrdeutig ist? Langacker unterscheidet zwischen Bedeutungsmehrdeutigkeit und Bedeutungsunschärfe (vgl. Langacker 2003). Das Problem der Mehrdeutigkeit versus Unschärfe hängt von mutmaßlichen konkreten Bedeutungen des Wortes ab, die entweder als neu, einmalig und noch nicht etabliert interpretiert werden oder die als automatisiert, usuell, ausgeübt, routiniert zu erkennen sind, und von der schematischen Bedeutung des Wortes, in der sich Gemeinsamkeiten aller Gebrauchsfälle des Wortes äußern, sowie von der Kategorisierungsart des Wortes (ebd. S. 80).

Neue Wörter[8] können zweierlei kategorisiert werden, entweder mittels des Schemas oder durch den Prototyp (vgl. Langacker 1995). Das Schema lässt sich verstehen als gemeinsame aus Sprechereignissen abstrahierte konzeptuelle Inhalte, die immanent in iterativen Erfahrungen enthalten sind, worüber schon oben die Rede war. Das, was für alle Gebrauchsfälle[9] mit *sozial* als semantisch gemeinsam zu betrachten ist, kann als auf Mitmenschen, auf die Gesellschaft, auf die Allgemeinheit orientiertes Handeln aller Art aufgefasst werden. Alle Aktivitäten hinsichtlich oder zugunsten der Menschen stehen somit im Vordergrund.[10]

Die Kategorisierung durch das Schema, von Langacker markiert als A ➔ B (Langacker 1995: 15), beruht auf Elaboration. A wird durch B instanziiert und ausgeführt, d.h., A gilt als Schema für B, B dagegen als Realisierung dieses Schemas. Die Charakteristik von B steht im Einklang mit der von A, wird aber mehr spezifiziert und präzisiert als A.

Erfolgt die Kategorisierung eines jeden neuen Wortes durch das Schema, sprechen wir von Bedeutungsunschärfe des Wortes (vgl. Langacker 2003). Die Unschärfe wird somit festgelegt, wenn die schematische Bedeutung des Wortes in seinen Realisierungen erkannt und identifiziert wird, in jedem Gebrauchsfall vom Sprachteilhaber deutlich empfunden und daher in seiner Sprachgemeinschaft etabliert wird. Das Schema wird zwar elaboriert, es gibt aber keine Diskrepanz zwischen ihm und seinen Konkretisierungen. Das Schema und seine Realisierungen evozieren ähnliche Aspekte der semantischen Struktur des Wortes, ähnliche konzeptuelle Inhalte und aktivieren als aktive Struktur Bereiche in ähnlichen Domänen. Die Bedeutungsunschärfe eines Wortes kommt insbesondere in Nominalgruppen mit einem adjektivischen Attribut zustande. S***ozial*** bleibt dann unscharf:

11. *Er fordert* ***soziale*** *Gerechtigkeit.*
12. *Er kritisiert die* ***sozialen*** *Verhältnisse.*
13. *Das* ***soziale*** *Ansehen dieses Berufes ist gering.*

8 In unserem Fall geht es eher um neue Bedeutungsvarianten, Sinngehalte von *sozial*.

9 Siehe z.B. Tab. 2.

10 Natürlich kann man noch weiter unterscheiden, ob es dabei um die Gesellschaft selbst geht, oder ob es sich um einen Mitmenschen handelt, was mit einer anderen Tatsache in Verbindung steht, nämlich mit der Bildung von Antonymen: *asozial* und *unsozial*. Diesen Zusammensetzungen liegen zwar andere kompositionelle Pfade zugrunde, die Bedeutung von *sozial* muss aber auch bei der Interpretation von diesen Antonymen evoziert werden, d.h., die Bedeutung von *sozial* bildet bei der Auslegung der Zusammensetzungen einen gewissen Hintergrund. Die Problematik bedarf jedoch weiterer Analysen und zusätzlicher Beispiele und wird deshalb in dem vorliegenden Beitrag nicht berührt.

14. *Sie will einen **sozialen** Beruf ergreifen.*
15. *Das Netz der **sozialen** Sicherungen soll weiter ausgebaut werden.*
16. *Heikle oder peinliche Fragen, wie etwa nach Alkoholkonsum, Sex oder Rassismus, werden häufig nicht ehrlich beantwortet. Schuld ist der Effekt der **sozialen** Erwünschtheit, auch Effekt der Konformität genannt.*
17. *Die **sozialen** Leistungen ruhen auf vier Säulen: Altersversorgung, mitarbeiterorientierte Services, individuelle Mitarbeiterberatung, weitere Leistungen.*
18. *Menschen mit Behinderung – Kampf gegen Armut und **soziale** Isolation*
19. *Das Ziel des Sanierungsprogramms „Stadtteile mit besonderem Entwicklungsbedarf - die **soziale** Stadt" ist es, eine nachhaltige Stadtentwicklung für Stadtteile mit besonderen **sozialen**, wirtschaftlichen und städtebaulichen Problemen sicherzustellen.*

In jedem der Beispiele[11] wird die Interpretation von *sozial* mit seiner schematischen Bedeutung assoziiert, die verallgemeinert als „hinsichtlich oder zugunsten des Mitmenschen, der Gesellschaft" zu verstehen ist. Die schematische Bedeutung von *sozial* wird zwar durch den Kontext (d.h. durch Substantive) präzisiert, bleibt aber gewissermaßen so stark in jedem Sprechereignis empfunden, dass es uns scheint, als ob es in jedem Fall um dieselbe Bedeutung von *sozial* ginge.

Die prototypische, zentrale Bedeutung von *sozial*, die als gesellschaftlich, gemeinnützig, gesellig usw. expliziert werden kann, deckt sich sozusagen mit seiner schematischen Bedeutung. Der Kategorisierung eines neuen Wortes durch den Prototyp, was bei Langacker als A - - -▶ B gekennzeichnet wird (Langacker 1995: 15), liegt aber ein anderes Verfahren zugrunde, und zwar die Extension, die verursacht, dass es zur semantischen Diskrepanz zwischen A und B kommt. B gilt als Erweiterung von A, woraus resultiert, dass die Interpretation von *sozial* in jedem Gebrauchsfall durch andere, periphere Bedeutungsstrukturen determiniert und jedes Mal eine andere Bedeutungsvariante von *sozial* evoziert wird. Die prototypische Bedeutung, die in unserem Fall mit der schematischen gleich ist, bleibt dann undeutlich und blass.

Wenn konkrete, aber verschiedene Sinngehalte eines Wortes, die miteinander in Verbindung stehen, in einer Sprachgemeinschaft etabliert werden und in Sprechereignissen leicht zugänglich sind, dann kommt die Bedeutungsmehrdeutigkeit zustande (vgl. Langacker 2003). Demzufolge scheinen Komposita mit *sozial* ein gutes Beispiel für mehrdeutige Realisierungen des gemeinsamen Schemas zu sein, was die nachstehenden Beispiele veranschaulichen:

20. *Mit der Bezeichnung **Sozialberuf** werden eine Reihe unterschiedlicher Berufsbilder zusammengefasst, hierzu gehören beispielsweise Tätigkeiten im allgemeinen sozialen Dienst, in der Altenpflege, in der Betreuung kranker oder behinderter Menschen oder erzieherische, pädagogische und therapeutische Tätigkeiten.* (www.einstellungstest-fragen.de)
21. *Die EU-Kommission versteht die **Sozialagenda** als eine übergreifende Politik, für die ein gemeinsames Handeln der Mitgliedstaaten in der Bildung und der Berufsbildung, mehr und bessere Arbeitsplätze, der Mobilität, Gesundheit, Bekämpfung der Armut und der sozialen Ausgrenzung, Antidiskriminierung sowie Gleichstellung der Geschlechter notwendig ist.* (www.lasa-brandenburg.de)

[11] Ergebnisse der Google-Suche vom 26. Juni 2011.

22. *Der Betriebsrat kann die Errichtung von* ***Sozialeinrichtungen*** *nicht erzwingen, ihre Schließung nicht verhindern. Im Rahmen der vom Arbeitgeber für die Sozialeinrichtung zur Verfügung gestellten Mittel erstreckt sich das Mitbestimmungsrecht bes. auf die Verteilung der Mittel* .

(wirtschaftslexikon.gabler.de)

23. *Der* ***Sozialplan*** *hat die rechtliche Wirkung einer frei verhandelbaren Betriebsvereinbarung und kann darüberhinaus Einkommen, Arbeitszeiten oder Kündigungsschutzbestimmungen regeln, die normalerweise Bestandteil des Tarifvertrages sind.*

(www.arbeitsratgeber.com)

Komposita evozieren periphere Bedeutungen von *sozial*, die mit den Domänen STAAT, POLITIK, LEHRE oder RECHT in Verbindung stehen. Die Institutionalisierung aller Verhaltensweisen hinsichtlich und zugunsten der Gesellschaft verursacht, dass die schematische Bedeutung des Wortes gleichsam verdrängt und verblasst wird, was die Diskrepanz zwischen dem Schema und seinen Realisierungen vergrößert.

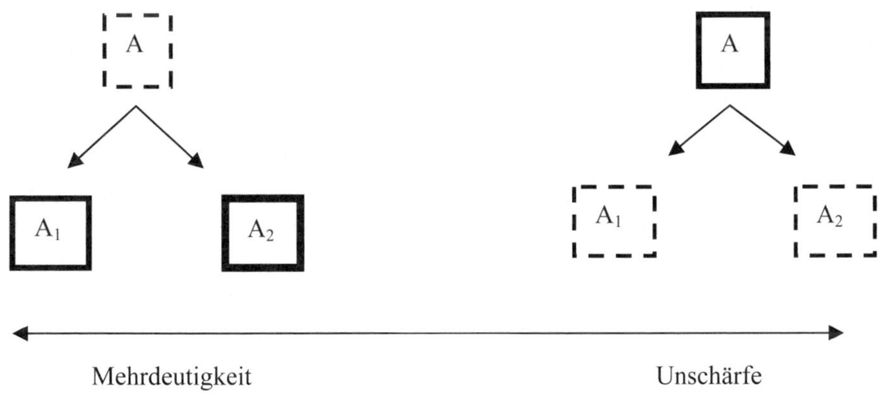

Abbildung 2. (Langacker 2003: 81)

Die Bedeutung eines jeden sprachlichen Ausdrucks setzt sich nicht nur aus konzeptuellen Inhalten, sondern auch aus konventionalisierter Bildhaftigkeit zusammen, d.h. aus der Art und Weise, wie konzeptuelle Inhalte in einer sprachlichen Äußerung konstruiert werden. Die mentale Fähigkeit des Menschen, eine bestimmte konzeptualisierte Situation verschiedenartig sprachlich darzustellen, umfasst einige Dimensionen: die Ebene der Spezifikation, Hintergrundannahmen und -erwartungen, sekundäre Aktivierung, Skalen und Skopus der Prädikation, relative Prägnanz von Teilstrukturen und Perspektive (Langacker 2004: 44).

Mit einem Aspekt relativer Prägnanz, der von Langacker als Zerlegbarkeit der Bedeutung zusammengesetzter Strukturen beschrieben wird (vgl. Langacker 2003), lassen sich Unterschiede erklären, die bei der Aktivierung verschiedener Bedeutungsvarianten zustande kommen und zur Anwendung verschiedener kompositioneller Pfade führen können.
Zusammengesetzte Konstruktionen lassen sich insofern zerlegen, als die Sprachteilhaber einzelne Bestandteile der Konstruktion identifizieren und sie bei der Konzeptualisierung aktivieren (Langacker 2003: 83). Die Zerlegbarkeit zusammengesetzter Strukturen verur-

sacht, dass die einzelnen Elemente der Konstruktion hervorstechend sind und verschiedene Bedeutungsaspekte der zusammengesetzten Struktur in hohem Maße motivieren und determinieren. Der Prozess kommt insbesondere dann zustande, wenn die schematische Bedeutung einzelner Bestandteile in der Bedeutungsstruktur der zusammengesetzten Einheit fokussiert wird und wenn sich die kompositionelle Bedeutung der integrierten Struktur kaum von der kontextuellen unterscheidet. Dies wird besonders deutlich, wenn die Bedeutung eines Wortes als unscharf zu verstehen ist, was bei nominalen Gruppen mit einem adjektivischen Attribut sichtbar ist. Eine große Diskrepanz zwischen kompositioneller und kontextueller Bedeutung und die Hervorhebung der letztgenannten schließt die Verstärkung der schematischen Bedeutung einzelner Bestandteile der Komposition aus, so dass die kontextuelle Bedeutung eingeprägt und mit der Zeit konventionalisiert wird, was bei der Integration zweier Strukturen in einem Kompositum zustande kommt, mit Grammatikalisierung und dadurch mit minimaler Zerlegbarkeit einhergeht.

Die Zerlegbarkeit zusammengesetzter Strukturen ist außerdem mit einem anderen Aspekt konventionalisierter Bildhaftigkeit verbunden, nämlich mit der Profilierung einzelner Spracheinheiten (vgl. Langacker 1995). Die Profilierung wird als Hervorhebung einer semantischen Struktur aus einer kognitiven Basis definiert, die als Komplex aktiver Domänen zu verstehen ist. Nach Annahmen der kognitiven Grammatik bilden Substantive solche Wortartkategorien, die Sachen profilieren, wobei die Sachen nicht als einzelne Dinge, sondern eher als Gebiete, mentale Bilder zu betrachten sind (ebd. S. 32). Das Adjektiv profiliert dagegen eine Relation. Die Relate einer Relation werden jedoch verschieden expliziert, so dass das eine in der Beziehung stärker beleuchtet wird als das andere. Das prominenteste Element wird als Trajektor und das zweite fokale Element als Landmarke definiert (ebd. S. 35). Dem Unterschied zwischen Trajektor und Landmarke liegt Vordergrund-Hintergrund-Asymmetrie zugrunde. Der Trajektor wird als primäre Figur in der profilierten Relation fokussiert, während die Landmarke als Bezugsgebiet, als Hintergrund der Profilierung hervorgehoben wird.

Bei den besprochenen Komposita und nominalen Syntagmen ist *sozial* immer als Landmarke zu interpretieren und das Substantiv als Trajektor. Die Landmarke wird aber nicht mit einer zusätzlichen Einheit expliziert, sondern sie ist immanent in der semantischen Struktur des Adjektivs enthalten. *Sozial* in der Funktion der Landmarke spezifiziert den schematischen Trajektor, dessen semantische Struktur durch die konzeptuellen Inhalte des Substantivs konkretisiert wird. In nominalen Syntagmen mit einem adjektivischen Attribut wird die semantische Struktur von *sozial* durch Wissensfragmente vor allem aus der Domäne MENSCH determiniert und als unscharf definiert. Daraus resultiert, dass das Schema von *sozial* in den nominalen Syntagmen eingeprägt, etabliert und somit produktiv ist. Die Stärke des Schemas verursacht weiter, dass die einzelnen Bestandteile in nominalen Konstruktionen salient und von Sprechern deutlich empfunden werden, was mit der großen Zerlegbarkeit der zusammengesetzten Struktur in Verbindung steht. Man kann demnach annehmen, dass *sozial* als Bestandteil einer Nominalgruppe immer dann gebraucht wird, wenn die Sprachteilhaber beabsichtigen, in einer kommunikativen Situation die von *sozial* evozierten relationalen Inhalte deutlich zu akzentuieren.

24. *Heikle oder peinliche Fragen, wie etwa nach Alkoholkonsum, Sex oder Rassismus, werden häufig nicht ehrlich beantwortet. Schuld ist der Effekt der* ***sozialen Erwünschtheit,***

*auch Effekt der Konformität genannt. Die Befragten möchten vermeiden, sich selbst „unnormale" oder extreme Ansichten zuzugestehen und geben daher nicht ihre tatsächliche Ansicht wieder. Stattdessen geben die Befragten eine Antwort, von der Sie annehmen, dass diese gesellschaftlich akzeptiert ist – anders gesagt, **„sozial erwünscht"**. Dieser Effekt trifft auf viele Fragen zu, die Werte und Normen der Gesellschaft berühren.* (de.statista.com/statistik/lexikon/)

25. *Unter **sozialer Erwünschtheit** verstehen wir das Bestreben, sich so zu verhalten oder so zu antworten, dass man **soziale Ablehnung** vermeidet bzw. die Erwartung anderer erfüllt.* (www.lebenshilfe-abc.de/)

Anders verhält sich *sozial,* wenn das Ergebnis der Integration in ein Kompositum mündet. Das Adjektiv wird dann als mehrdeutig beurteilt und seine semantische Struktur wird vor allem durch Wissensbereiche aus den Domänen POLITIK, RECHT, STAAT oder LEHRE determiniert. Bei minimaler Zerlegbarkeit des Kompositums wird die schematische Bedeutung des Adjektivs verdrängt und verblasst. *Sozial* selbst wird nicht mehr als aktives Relat einer Relation angesehen. Seine relationalen Inhalte scheinen vergegenständlicht zu sein.

26. *Nach der Definition des Betriebsverfassungsgesetzes ist unter einem **Sozialplan** eine Vereinbarung zwischen Betriebsrat und Arbeitgeber über den Ausgleich oder die Milderung der wirtschaftlichen Nachteile zu verstehen, die dem Arbeitnehmer infolge von geplanten Betriebsänderungen entstehen; eine spezielle Form des **Sozialplans** ist der **Sozialtarifvertrag**.* (www.enzyklo.de/Begriff/Sozialplan)
27. *Der Betriebsrat hat ein erzwingbares Mitbestimmungsrecht in sozialen Angelegenheiten nach § 87 I Nr. 8 BetrVG hinsichtlich der Form, Ausgestaltung und Verwaltung von **Sozialeinrichtungen**, deren Wirkungsbereich auf den Betrieb, das Unternehmen oder den Konzern beschränkt ist (z.B. Kantinen, Lehrlingsheime, Betriebskindergärten, Werksbüchereien, Pensions- und Unterstützungskassen). Der Betriebsrat kann die Errichtung von Sozialeinrichtungen nicht erzwingen, ihre Schließung nicht verhindern. Im Rahmen der vom Arbeitgeber für die **Sozialeinrichtung** zur Verfügung gestellten Mittel erstreckt sich das Mitbestimmungsrecht bes. auf die Verteilung der Mittel.* (www.info-arbeitsrecht.de/)

Wie die Analysen gezeigt haben, hängt die Bedeutung zusammengesetzter Strukturen, die mit gleichen Elementen gebildet werden, von den konzeptuellen Inhalten ihrer Bestandteile ab sowie von der Art und Weise, wie die Bestandteile miteinander integriert werden, wobei der sprachliche und der außersprachliche Kontext nicht ohne Bedeutung bleibt. Aus verschiedenen kompositionellen Pfaden resultieren Konstruktionen mit unterschiedlicher Bedeutung, was die Substituierbarkeit eines Kompositums (mit *sozial* als einem der Bestandteile) durch eine nominale Gruppe mit *sozial* als adjektivischem Attribut ausschließt.

Literatur

Fauconnier, Gilles/Turner, Mark: *The Way we Think. Conceptual Blending and the Mind's Hidden Complexities, Basis Books*, New York 2002.
Fillmore, Charles/Kay, Paul: *Construction Grammar Lecture*, Stanford 1987.

Goldberg, Adele E.: *Constructions: A Construction Grammar Approach to Argument Structure*, Chicago 1995.

Lakoff, George/Johnson, Mark: *Metaphors We Live By*, Chicago 1980.

Langacker, W. Ronald: *Foundations of Cognitive Grammar, Bd.1. Theoretical Prerequisites*, Stanford 1987.

Langacker, W. Ronald: *Concept, Image and Symbol. The Cognitive Basis of Grammar, Cognitive Linguistik Research 1*, Berlin/New York 1991a.

Langacker, W. Ronald: *Foundations of Cognitive Grammar. Bd.2. Descriptive Application*, Stanford 1991b.

Langacker, W. Ronald: *Wykłady z gramatyki kognitywnej. Kazimierz nad Wisłą, grudzień 1993*, Lublin 1995.

Langacker, W. Ronald: *Semantyka Językoznawcza*, in: *Etnolingwistyka* 16 (2004), S. 29-71.

Langacker, W. Ronald: *Wykłady z gramatyki kognitywnej*, Lublin 2001a.

Langacker, W. Ronald: *Kotwiczenie, kodowanie i dyskurs*, in: *Językoznawstwo kognitywne II. Zjawiska pragmatyczne*, hg. von Kubiński, Wojciech; Stanulewicz Danuta. Gdańsk 2001b, S. 22-70.

Langacker, W. Ronald: *Model dynamiczny oparty na uzusie językowym*, in: *Akwizycja języka w świetle językoznawstwa kognitywnego*, hg. von Kubiński Wojciech; Dąbrowska Ewa. Kraków 2003, S. 30-120.

Langacker, W. Ronald: *Cognitive Grammar. Basic Introduction.* Oxfort University Press, 2008.

Talmy, Leonard: *Toward a Cognitive Semantics*. Bd I: *Concept Structuring Systems*, Cambridge 2000a.

Talmy, Leonard: *Toward a Cognitive Semantics*. Bd II: *Typology and Process in Concept Structuring*, Cambridge 2000b.

Taylor, John R.: *Gramatyka Kognitywna*. Kraków, 2007.

Elizaveta Kotorova

Äquivalenz und Adäquatheit im Sprachsystem und in der Kommunikation

1 Äquivalenzbegriff in Langue und Parole

Äquivalenzbeziehungen zwischen den Einheiten verschiedener Sprachen sind seit langem Gegenstand der Forschung. Zu den wichtigsten Richtungen der Sprachwissenschaft, die dieses Problem eingehend analysiert haben, gehören vor allem die Übersetzungswissenschaft und die kontrastive Linguistik. Dabei unterscheiden sich die Materialien, Ansätze und Ziele der Untersuchung dieser Wissenschaftszweige: Während die Übersetzungswissenschaft einzelne Erscheinungen im Bestand von zwei durch die Prozedur der Übersetzung miteinander verbundenen Texten analysiert, mit dem Ziel festzustellen, ob die Bedingungen der Äquivalenz dabei erfüllt sind, steht für die kontrastive Linguistik der systemhafte Ansatz im Vordergrund. Die kontrastive Linguistik ist theorieorientierter, sie entschlüsselt und beschreibt die korrespondierenden Erscheinungen im System der Sprache und stellt fest, in wie weit die Verhältnisse zwischen diesen Elementen zweier Sprachsysteme den Anforderungen der Äquivalenz gerecht werden, vgl. Koller (1978):

> „Die Übersetzungswissenschaft untersucht die Bedingungen von Äquivalenz und beschreibt die Zuordnung von Äußerungen und Texten in zwei Sprachen, für die das Kriterium der Übersetzungsäquivalenz gilt; sie ist Wissenschaft der *parole*. Die kontrastive Linguistik dagegen untersucht Bedingungen und Voraussetzungen von Korrespondenz und beschreibt korrespondierende Strukturen und Sätze, sie ist Wissenschaft der *langue*“ (Koller 1978: 77).

In den weiteren Überlegungen tritt jedoch der Gedanke auf, dass dieser Unterschied bei der näheren Betrachtung sehr vage zu sein scheint. Sowohl Übersetzungswissenschaftler als auch Kontrastivisten widmen sich der Frage, wie man eine Brücke zwischen diesen zwei Disziplinen bauen kann:

> “On the one hand, translation theorists have become interested in establishing principles or rules of translation that would hold more generally than for individual texts. [...] On the other hand, Contrastive Analysis itself has expanded into the area of *parole*, particularly since the advent of machine-readable corpora” (Chesterman 1998: 27).

Mithin ist die Tendenz zu beobachten, die Kluft zwischen zwei unterschiedlichen Ansätzen zu überwinden.

In den letzten Jahrzehnten tritt der Äquivalenzbegriff auch im Bereich der Pragmatik auf (vgl. z.B. Oleksy 1984), wo die Äquivalenz von Äußerungen im Prozess der Kommunikation von Vertretern verschiedener Sprachen und Kulturen untersucht wird. Der vorliegende Beitrag stellt sich zum Ziel, den kommunikativen Aspekt der zwischensprachlichen Äquivalenz zu erörtern, das Modell der kommunikativen Äquivalenz vorzustellen und die Beziehungen von diesem Begriff zu den *langue*- und *parole*-Ebenen festzustellen. Es wird insbesondere der Frage nachgegangen, wie diese zwei Ebenen bei der Feststellung der zwischensprachlichen Äquivalenz interagieren können.

2 Äquivalenzbegriff auf der pragmatischen Ebene

Der Begriff der Äquivalenz ist mit dem Begriff des Textsinnes aufs engste verbunden. Der Sinn eines Textes wird im Rahmen verschiedener Ansätze unterschiedlich definiert. Ein Ansatz setzt den Sinn eines Textes mit der kommunikativen Absicht des Sprechers/Schreibers, mit dem kognitiven Inhalt des Textes gleich. Ein anderer Ansatz orientiert sich nicht auf den Sprecher/Schreiber, sondern auf den Hörer/Leser, also auf den Rezipienten des Textes: Der Sinn des Textes ist äquivalent, wenn seine Auffassung vom Rezipienten in beiden Fällen gleich bleibt. Eine dritte Möglichkeit ist, den Kontext der Äußerung in den Vordergrund zu rücken. In diesem Fall wird der Sinn des Textes mit dem kontextuellen Sinn identifiziert, das heißt, mit dem Inhalt, welchen die Äußerung unter bestimmten konkreten Bedingungen der Äußerungssituation gewinnt (vgl. Komissarov 1988: 7)

Bei der pragmatischen Betrachtung des Problems der zwischensprachlichen Äquivalenz steht die Sprechakttheorie im Zentrum der Aufmerksamkeit. Es reicht nicht, den lexikalischen Bestand und die grammatischen Verhältnisse in den Sätzen zu vergleichen. Es ist wichtig, nicht die Form der Äußerung, sondern deren Verwendung in der Kommunikation zu analysieren. Die Äquivalenzbeziehungen sind mit dem Begriff der Illokution eng verbunden: Die Äußerungen sind eben dann äquivalent, wenn deren illokutionäre Rollen in beiden Sprachen zusammenfallen.

Unter diesem Aspekt muss die sprachliche Verkörperung der illokutiven Sprechakte beschrieben werden, wobei das Redeverhalten der kommunizierenden Personen untersucht wird, was es ermöglicht, insbesondere außersprachliche bzw. ethnokulturelle Faktoren mit in Betracht zu ziehen. Der illokutive Akt zeigt die kommunikative Funktion der Sprechhandlung, wie z.B. um etwas bitten, etwas versprechen oder befehlen. Illokutive Akte können aber eine Wirkung haben, die mit ihnen nicht konventionell verbunden ist. Wenn diese perlokutionären Effekte vom Sprecher beabsichtigt sind, hat der Sprecher gleichzeitig mit dem illokutiven Akt auch einen perlokutiven Akt vollzogen. Falls die kommunizierenden Personen verschiedenen Kulturen angehören, so sind die Strategien und Konventionen derselben illokutiven Akte unterschiedlich. Somit ist die wichtigste Aufgabe bei der Erforschung der interkulturellen Kommunikation, Gemeinsamkeiten und Unterschiede in den Regeln, die das sprachliche Verhalten der kommunizierenden Personen steuern, offenzulegen und zu beschreiben.

Bei dem Vergleich auf der kommunikativ-pragmatischen Ebene steht also die Analyse des Redeverhaltens der kommunizierenden Personen im Vordergrund. Diese Sprechhandlungen verlaufen nach bestimmten Strategien, deren Regeln innerhalb einer Sprachgemeinschaft durch Konventionen festgelegt sind. Die Konventionen wiederum sind im Laufe der Zeit entstanden und im mentalen Kulturverständnis der Teilhaber der Sprachgemeinschaft verankert. Die Auswahl eines Wortes oder einer Konstruktion in der Kommunikation hängt nicht nur von dem lexikalischen und grammatischen Bestand des Satzes ab, sondern auch von der Situation selbst, in der die Kommunikation stattfindet. Das bedeutet, dass in einer bestimmten (sich regelmäßig wiederholenden) Situation in der zu vergleichenden Sprache solche Wörter und Ausdrücke verwendet werden müssen, die dieselben Implikaturen und Präsuppositionen, dieselbe illokutionäre Kraft und konversationelle Verwendung wie eine analoge Konstruktion in der Muttersprache haben. Daraus folgt, dass in der interkulturellen Kommunikation solche Akte äquivalent sind, welche eine maximal ähnliche kognitive Reaktion der Hörer hervorrufen (vgl. Krzeszowski 1990: 30). Oleksy (1984) schlägt folgende Formel für den Begriff der pragmatischen Äquivalenz in Sprachen L_1 und L_2 vor: "A linguistic expression X_1L_1 is pragmatically equivalent to a linguistic expression X_2L_2 if both X_1 and X_2 can be used to perform the same SA [speech act] in L_1 and L_2" (Oleksy 1984: 360). Der oben erwähnte Komplex von Eigenschaften bildet das Tertium Comparationis beim Vergleich von Sprechakten, in dem das illokutionäre Ziel der Äußerung die führende Rolle spielt. Eine Äußerung im kommunikativen Sprachverlauf kann somit zwei Dimensionen und zwei Entsprechungen haben, die erste auf der Ebene des Sprachsystems, diese Entsprechung basiert auf den konventionellen Regeln des lexikalischen und grammatischen Systems der Sprache, die zweite basiert auf den kommunikativ-kognitiven Regeln des Sprachgebrauchs und ist eine Entsprechung auf der Ebene der Kommunikation. Diese zwei Erscheinungsformen können sowohl zusammenfallen als auch sich unterscheiden. Im ersten Fall, wenn die Äußerungsformen im Sprachsystem und in dem kommunikativen Gebrauch identisch sind, kann man von einer Äquivalenz zwischen zwei Realisierungsformen der Sprechakte reden, im zweiten Fall, wenn sich diese Formen unterscheiden, handelt es sich um eine Adäquatheit.

3 Äquivalenz und Adäquatheit

Bei der Untersuchung von Sprechhandlungen muss gezeigt werden, mit welchen spezifischen sprachlichen Mitteln eine und dieselbe kommunikative Situation in den zu vergleichenden Sprachen ausgedrückt wird. In diesem Zusammenhang stellt sich die Frage, ob der Begriff der Äquivalenz auch die außersprachlichen Evidenzen, die mit den Besonderheiten der kommunikativen Situationen verbunden sind, umfassen kann. Außersprachliche Faktoren einer Situation können dabei eine ganze Merkmalspalette aufweisen: Typ der Redesituation (offiziell/persönlich u. a. m.); Typ des Redeverkehrs (mündlich/schriftlich); Raum-/Zeitverhältnis; Altersverhältnis der Partner; soziale Partnerkonstellation; Vertrautheitsgrad der Partner; Bildungsgrad der Kommunikationsteilnehmer – um nur einige zu nennen. Alle diese Faktoren müssen beim Vergleich der Äußerungsstrukturen in verschiedenen Sprachen mitberücksichtigt werden, was eigentlich über den Begriff der zwischensprachlichen Äquivalenz hinausgeht. Deshalb wird vorgeschlagen (vgl. Albrecht 1990; Kotorova 1998; Kotorova 2007; Gladrow 2000), bei der Analyse der Sprechhandlungen den systemlinguistischen Begriff der Äquivalenz durch den kognitiv-pragmatischen Begriff der Adäquatheit zu ersetzen. Unter Adäquatheit wird dabei die Übereinstimmung mit der kommunikativen Situation verstanden. Die äquivalenten Beziehungen setzen das Vorhandensein der bestimmten invarianten Bedeutungsmerkmale, die den zu vergleichenden Einheiten eigen sind, voraus, für den Begriff der Adäquatheit sind nicht die lexikalisch-semantischen und grammatischen Beziehungen, sondern ist die situativ-kommunikative Übereinstimmung von entscheidender Bedeutung. Dabei können einzelne sprachliche Einheiten nicht äquivalent sein. Wenn also der Äquivalenzbegriff auf der Ebene des Sprachsystems relevant ist, so bezieht sich die Adäquatheit auf die Inhaltsinvarianz auf der Ebene des Sprachgebrauchs in den jeweiligen kommunikativen Situationen.

Adäquatheit ist auch ein zentrales Problem der Übersetzungswissenschaft. Der wesentliche Unterschied ist hier, dass in der Translationslinguistik Methoden und Verfahren gesucht werden, mit deren Hilfe im Prozess der Übersetzung zwischen dem Ausgangs- und Zieltext die Beziehungen der Adäquatheit hergestellt werden. Die Pragmalinguistik analysiert den Prozess der Kommunikation und zieht Schlussfolgerungen dahingehend, ob die bestimmten Textabschnitte oder Texteinheiten adäquat (oder äquivalent) sind. Die Pragmalinguistik untersucht zudem nicht nur Übersetzungstexte, sondern auch parallele Texte (z.B. alles, was in ein und derselben Situation – im Laden, in der Bibliothek etc. – gesagt wird). Dabei strebt sie danach, typische Erscheinungen und wiederholte, systemhafte Übereinstimmungen wie auch charakteristische Unterschiede zu analysieren, zu beschreiben und zu verallgemeinern.

Wenn also einer Äußerung in einer Sprache in einem bestimmten Kontext aus bestimmten Gründen (semantischen, grammatischen, stilistischen usw.) eine Äußerung in einer anderen Sprache entspricht, welche nicht zu dem Kreis ihrer systemhaften Äquivalente gehört, sollte von der Beziehung der Adäquatheit gesprochen werden.

Gallagher (1998) vertritt die Auffassung, dass sich der Begriff der Adäquatheit weiter als der Begriff der Äquivalenz fassen lässt, dass zwischen diesen Phänomenen eine Art Hyponymie-Relation besteht: „Äquivalenz ist nämlich hyponym zu Adäquatheit", sie ist eine Sondersorte davon (Gallagher 1998: 19). Wenn wir alle Fälle der Adäquatheit zwischen zwei Sprachen als eine Menge A bezeichnen und alle Fälle der Äquivalenz als eine Menge B, so kann man das Verhältnis dieser zweier Mengen zueinander nach Gallagher im folgenden Mengendiagramm darstellen:

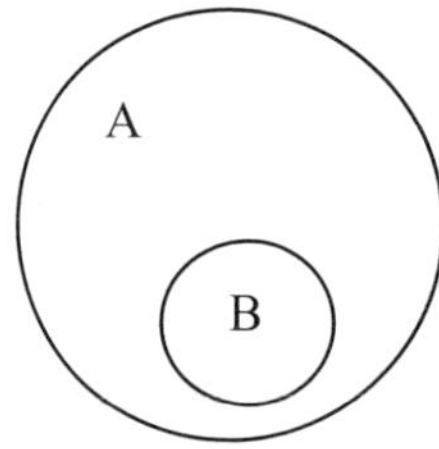

$B \subset A$, bzw. $A \supset B$; B ist eine Teilmenge von A, bzw. A ist Obermenge von B.

Das Verhältnis der Mengen A und B zueinander kann jedoch auch anders interpretiert werden. Ich bin auch der Auffassung, dass zwei Sprechhandlungen zugleich adäquat und äquivalent sein können. In einer bestimmten Sprechsituation können aber m.E. auch Divergenzen zwischen diesen zwei Dimensionen festgestellt werden: Zwei Äußerungen als Realisierungsformen eines Sprechaktes können äquivalent und dabei nicht adäquat sein und auch adäquat, aber nicht äquivalent. Dies kann man mit Hilfe eines Mengendiagramms wie folgt darstellen:

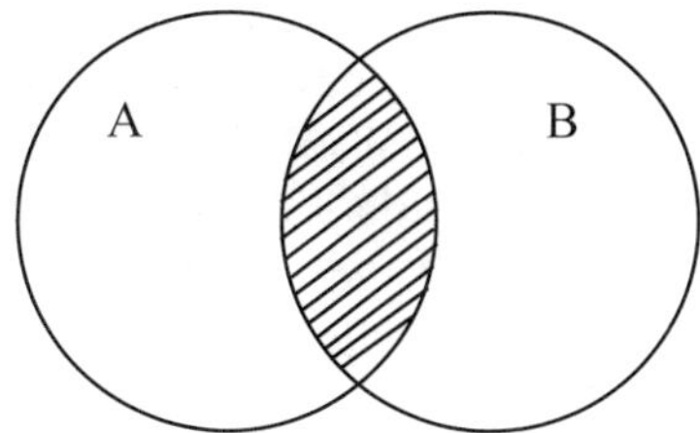

A ∩ B, A geschnitten mit B, d.h. es gibt Elemente, die sowohl in A, als auch in B enthalten sind.

Wie dem Diagramm zu entnehmen ist, geht keine der beiden Mengen in der anderen auf, sondern die Fälle, in denen Adäquatheit und Äquivalenz zusammenfallen, bilden lediglich eine – wenn auch wahrscheinlich große – Schnittmenge, die im Diagramm gestrichelt markiert ist. Außerhalb dieser Schnittmenge gibt es sowohl Fälle, die ausschließlich Äquivalenz, als auch Fälle, die ausschließlich Adäquatheit aufweisen.

4 Modell der kommunikativen Äquivalenz

Die Beziehungen zwischen den einzelnen Sprechakten im Prozess der Kommunikation können in einem Modell dargestellt werden, welches sowohl die möglichen systemischen Korrespondenzen auf der Ebene des Sprachsystems, als auch die situativen Entsprechungen auf der Ebene der sprachlichen Kommunikation berücksichtigt.

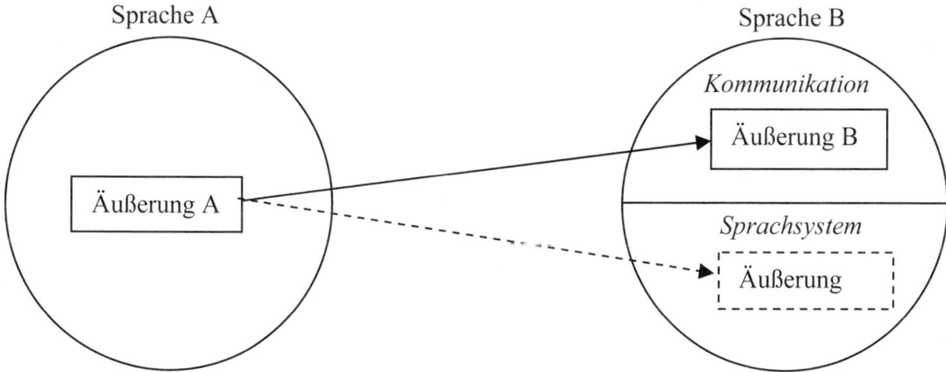

In diesem Modell sind folgende Beziehungen zwischen zwei Äußerungen zu beobachten: die Äußerung A in der Sprache A kann mit der Äußerung B oder mit der Äußerung B_1 in der Sprache B korrespondieren. Die Äußerung B_1 korrespondiert mit der Äußerung A im System der Sprache und stellt sowohl grammatisch, als auch lexikalisch gesehen ein vollständiges Äquivalent dar, z.B.: engl. *Can you close the window?* – vs. dt. *Kannst du das Fenster zumachen?* Die beiden Äußerungen sind durch die kommunikative Situation verbunden, sind aber in dieser Situation nicht adäquat. Als adäquate Äußerung in der gegebenen Situation gilt die Äußerung B, die durch das illokutionäre Ziel der Äußerung und die konventionellen Regeln des Sprachgebrauchs bestimmt ist. In unserem Beispiel wäre das die Äußerung *Du solltest das Fenster zumachen.* Obwohl die beiden Äußerungen sich formal unterscheiden, haben House und Kasper experimentell bewiesen, dass in den Materialien, die sie untersucht haben, diese zwei Äußerungen in höherem Maße korrelieren als die ersten beiden, die formal äquivalent sind (vgl. Oleksy 1984: 360-361). Ein ähnliches Beispiel gibt Searle mit der Feststellung, dass die Äußerung *Kannst du mir das Buch da geben?* im Deutschen als indirekte Bitte fungiert, aber ihre Übersetzung ins Tschechische *Mùžete mi podat tu kńižku?* sehr komisch klänge, wenn man es als Bitte äußerte (Searle 1982: 71).

Die Äußerungen B und B_1 können gleich sein, was der Situation entspricht, in der Äquivalenz und Adäquatheit zusammenfallen. Falls aber der lexikalische und grammatische Bestand der Äußerungen B und B_1 sich unterscheidet, können wir Folgendes feststellen. Die Beziehungen zwischen den Äußerungen A und B sind adäquat, aber nicht äquivalent, die Beziehungen zwischen den Äußerungen A und B1 sind äquivalent, aber nicht adäquat.

Die Grundlage für die Unterscheidung der Äußerungen B und B_1 kann folgende Aspekte betreffen:

a) Unterschiede im Gebrauch von entsprechenden Sprechakttypen.

Damit ist gemeint, dass in bestimmten kommunikativen Situationen in verschiedenen Sprachen Äußerungen mit unterschiedlichen illokutionären Zielen verwendet werden, wobei sie allerdings als „kommunikativ äquivalent“ eingestuft werden. Ein bekanntes Beispiel ist das Funktionieren von Danksagungen und Entschuldigungen in den europäischen Kulturen (zum Beispiel, im Deutschen und Englischen) und in der japanischen Kultur. Es lässt sich feststellen, dass Japaner „sich ‚für deutsche Verhältnisse‘ oft auch in Situationen entschuldigen, in denen Deutsche dies nicht tun würden“ (Rost-Roth 1996: 8). Im Deutschen würde man in solch einer Situation eher einen Dank äußern. Das ist damit verbunden, dass in Japan große Dankbarkeit stärker mit einem Gefühl der Schuld in Verbindung gebracht wird. Infolgedessen entspricht ein expressiver Sprechakt der Danksagung im europäischen Gebrauch dem Sprechakt der Entschuldigung in Japan. Zwischen diesen zwei Sprechakten existieren die Beziehungen der Adäquatheit, wobei die Äußerungen nicht äquivalent sind.

Ein ähnliches Beispiel führt Gladrow (2008) an. In der Situation „Am Telefon“ interessiert uns die mögliche Reaktion des Sprechenden auf eine negative Antwort des Adressaten. In der deutschen Kommunikation dankt der Adressat in den meisten Fällen dem Sprechenden unabhängig davon, dass dieser seine Bitte nicht erfüllen konnte, er dankt dafür, dass der Adressat ihm Aufmerksamkeit geschenkt hat. Ein Russe wird in der gleichen Situation höchstwahrscheinlich nicht mit dem Ausdruck der Dankbarkeit, sondern mit einer Entschuldigungsformel antworten, er entschuldigt sich dafür, dass er den Adressaten gestört hat und auf diese Weise sein persönliches Territorium verletzt hat, vgl.

Am Telefon	У телефона
- *Schmidt. Guten Tag.*	- *Алло (Слушаю вас).*
- *Guten Tag, Herr Schmidt.* *Könnte ich mal mit Rita sprechen?*	- *Добрый день. Будьте любезны,* *попросите, пожалуйста, Риту.*
- *Tut mir leid, sie ist nicht da.*	- *Ее нет.*
- *Vielen Dank. Auf Wiederhören.*	- *Извините, пожалуйста. До свидания.*

(Gladrow 2008)

b) Unterschiede im Gebrauch von expliziten und impliziten Performativa:

Es kommt vor, dass manche Sprachen prototypisch Äußerungen mit performativen Verben, also explizite Performativa verwenden, während andere Sprachen in derselben Situation implizite Performativa ohne das performative Verb verwenden. Das ist zum Beispiel im deutsch-russischen Vergleich beim Sprechakt GRATULIEREN der Fall. Im Russischen ist der Gebrauch des Verbums *поздравляю* – ‚gratuliere' bei diesem Sprechakt gebräuchlich und durchaus typisch:

Поздравляю с Днем рождения, Поздравляю с Новым годом!

Im Deutschen werden anstelle der expliziten performativen Äußerungen vom Typ **Gratuliere zum Neuen Jahr*! die impliziten Formeln *Alles Gute zum Neuen Jahr! Guten Rutsch ins Neue Jahr!* verwendet.

Eine Suche in der Google-Suchmaschine ergibt 1 510 000 Einträge für die Äußerung *Поздравляю с Новым годом!* und nur 4 Einträge für die Äußerung *Gratuliere zum Neuen Jahr*!, was von der Prototypizität dieser Realisierungsform im Russischen und deren Vermeidung im Deutschen zeugt. Deshalb kann man behaupten, dass in derselben kommunikativen Situation für den russischen Ausdruck *Поздравляю с Новым годом!* das deutsche *Alles Gute zum Neuen Jahr!* adäquat ist.

c) Unterschiede im Gebrauch von grammatischen Formen im Bestand der Äußerung:

Bei der Analyse des Höflichkeitsgrades bei den indirekten Aufforderungen führen Brown und Levinson (1987) eine Reihe von englischen Äußerungen an und bewerten sie auf einer Skala von *höflich* bis *grob*, wie z.B. folgende Fragesätze:

Can you pass the salt? – höflich;
Could you pass the salt? – höflich
Couldn't you (possibly) pass the salt? – grob
**Couldn't you (possibly) pass the salt, could you?* – ungrammatisch.
(Brown/Levinson 1987: 135)

Aus diesen Beispielen ist zu ersehen, dass die Form mit einem verneinten Modalverb im Konjunktiv *Couldn't you (possibly) pass the salt?* zum Ausdruck einer Aufforderung als unhöflich eingestuft wird.[1] Jedoch gerade die äquivalente Form *Не могли бы Вы передать соль?* gilt im Russischen als äußerst höflich, weshalb man behaupten kann, dass das englische *Can you pass the salt?*, das im englischen als äußerst höflich eingestuft wird, in Bezug auf das russische *Не могли бы Вы передать соль?* adäquat ist

d) Unterschiede im Gebrauch der diskursiven Strategien.

Bei der Analyse des kommunikativen Aspekts der zwischensprachlichen Äquivalenz bzw. Adäquatheit müssen auch Besonderheiten und Tendenzen berücksichtigt werden, die Strategien von Äußerungen betreffen. Zu den Diskursstrategien gehören nach House (2005) zum Beispiel Direktheit vs. Indirekteit, Explizitheit vs. Implizitheit, Orientiertheit auf das Ich vs. Orientiertheit auf das Gegenüber usw. (House 2005: 21). Nach langjährigen Untersuchungen der deutschen und englischen Kommunikation kommt House unter anderem zu dem Schluss, dass deutsche Sprecher beim Ausdruck von Aufforderungen und Klagen di-

1 Brown und Levinson machen eine Nebenbemerkung, dass diese Form als ein Vorschlag oder Ratschlag akzeptabel ist, in diesem Fall erfolgt die Handlung im Interesse des Hörers.

rekte Strategien bevorzugen, während englische Sprecher sich in der Regel der indirekten Strategien bedienen:

> "Requests, complaining and apologies were analysed and compared and certain 'levels of directness' were suggested to capture differences in the execution of complaints and requests by German and Anglophone subjects. There is converging evidence, that Germans prefer more direct expressions when complaining or making a request" (House 2005: 21).

Dementsprechend müssen in denselben kommunikativen Situationen im Deutschen und im Englischen Äußerungen mit unterschiedlichem Grad an Direktheit verwendet werden, z.B. bei einer Bitte, die gemeinsame Küche aufzuräumen:

- Im Deutschen: *Ich finde, du solltest die Küche aufräumen.*
- Im Englischen: *Don't you think it might be a good idea if you tidied up here?*

(vgl. Kotorova 2006).

In dem entsprechenden Kontext sind diese zwei Äußerungen adäquat.

Zusammenfassend lässt sich feststellen, dass im Rahmen der Pragmalingusitik der Begriff der Äquivalenz neu definiert werden muss. Bei der Feststellung der zwischensprachlichen Äquivalenz sind hier die Begriffe der illokutionären Kraft der Äußerung und der kommunikativen Situation zentral. Von dem Phänomen der Äquivalenz ist das Phänomen der Adäquatheit zu unterscheiden. Der Begriff der Äquivalenz ist vorrangig in der Ebene des Sprachsystems anzusetzen, während der Begriff der Adäquatheit primär der Ebene der sprachlichen Kommunikation angehört. In einer bestimmten kommunikativen Situation können äquivalente Äußerungen als Realisierungsformen eines Sprechaktes nicht als adäquat empfunden werden, was im Kommunikationsprozess berücksichtigt werden muss, um Missverständnisse und Kommunikationsfehler zu vermeiden.

Literatur

Albrecht, Jörn: *Invarianz, Äquivalenz, Adäquatheit*, in: *Übersetzungswissenschaft: Ergebnisse und Perspektiven. Festschrift für Wolfram Wilss zum 65. Geburtstag*, hg. von R. Arntz und G. Thome. Tübingen 1990, S. 71-81.

Brown Penelope; Levinson, Stephen C.: *Politness. Some universals in language usage*. Cambridge 1987.

Chesterman, Andrew: *Contrastive functional analysis*. Amsterdam 1998.

Gallagher, John G.: *Möglichkeiten und Grenzen der Übersetzungsäquivalenz*, in: *Kontrast und Äquivalenz: Beiträge zu Sprachvergleich und Übersetzung*, hg. von W. Börner und K. Vogel. Tübingen 1998, S. 1-29.

Gladrow, Wolfgang: *Akltual'nyje teoretičeskije aspekty sopostavitelnogo izučenija russkogo jazyka*, in: *Jazyk. Kul'tura. Čelovek*. Moskva 2008, s. 63-69.

Gladrow, Wolfgang: *Ob ékvivalentnosti jazykovych struktur i adekvatnosti rečevych aktov*, in: *Rusistika* (2000)1/2, S. 48-59.

House, Juliane: *Politeness in Germany: Politeness in Germany?*, in: *Politeness in Europe*, ed. by L. Hickey and M. Stewart. Clevedon etc. 2005, p. 13-28.

Koller, Werner: *Äquivalenz in kontrastiver Linguistik und Übersetzungswissenschaft*, in: *Theory and Practice of Translation*, ed. by L. Grähs, G. .Korlén and B. .Malmberg. Bern etc. 1978, S. 69-85.

Komissarov, Vilen N.: *Kognitivnoe i semantičeskoe v tekste i problema ékvivalentnosti perevoda*, in: *Semantik, Kognition und Äquivalenz*, hg. von G. Jäger und A. Neubert. Leipzig 1988, s. 7-18.

Kotorova, Elizaveta G.: *Äquivalenzbeziehungen: Wort, Wortgruppe, Wortsystem*. Marburg 2007.

Kotorova, Elizaveta G.: *Diskursstrategien im interkulturellen Kontext*, in: *Wschód-Zachód: Dialog języków i kultur*, pod red. Zoi Nowożenowej. Słupsk 2006, S. 262-265.

Kotorova, Elizaveta G.: *Mež-jazykovaja ékvivalentnost' v leksičeskoj semantike: sopostavitel'noe issledovanie russkogo i nemeckogo jazykov*. Frankfurt am Main, Berlin etc. 1998.

Krzeszowski, Tomasz: *Contrasting languages. The Scope of Contrastive Linguistics*. Berlin 1990.

Oleksy, Wieslaw: *Towards pragmatic contrastive analysis*, in: *Contrastive Linguistics: Prospects and Problems*, ed. by J. Fisiak. Berlin 1984, S. 349-364.

Rost-Roth, Martina: *Deutsch als Fremdsprache und interkulturelle Kommunikation: Relevanzbereiche für den Fremdsprachenunterricht und Untersuchungen zu ethnographischen Besonderheiten deutschsprachiger Interaktionen im Kulturvergleich*, in: *Zeitschrift für Interkulturellen Fremdsprachenunterricht*, 1(1996)1: http://zif.spz.tu-darmstadt.de/jg-01-1/beitrag/rost11.htm, abgerufen am 20. Oktober 2010.

Searle, John R.: *Ausdruck und Bedeutung. Untersuchungen zur Sprechakttheorie*. Frankfurt am Main 1982.

YOKO NISHINA

Grammatikographie der Pragmatik – zur Erklärung der pragmatischen Faktoren bei der Verwendung von Konstruktionen im Japanischen

1 Einleitung

Grammatikographie befasst sich mit der Frage, wie eine Grammatik geschrieben wird. Es geht um Vorgang, Methode und Ergebnis der Anfertigung einer Grammatik, in der sprachliche Phänomene systematisiert und erläutert werden. Eine benutzerfreundliche Grammatik ist ein Produkt grammatikographisch gelungener Darstellungen. Pragmatik ist eine linguistische Teildisziplin, bei der es um den Gebrauch der Grammatik und anderer Ausdrucksmittel in Äußerungssituationen geht. Eine Kommunikation findet statt, wenn die Intention des Sprechers durch grammatisch geformte Äußerungen in einer Sprachgemeinschaft richtig verstanden wird. Dies ist aber nicht immer der Fall, besonders für Ausländer, wie die folgenden Beispiele aus dem Japanischen zeigen. In einer Einkaufssituation können alle drei Äußerungen von einem Kunden gemacht werden, die sich jeweils in gleicher Weise als ‚Das ist gut' übersetzen ließen, die jedoch unterschiedlichen Sinn haben, wie jeweils in der Klammer dargestellt wird:

B1 Kore-wa ii
JAP D1-TOP gut
‚Das ist gut' (‚Ich kaufe das nicht').
B2 Kore-ga ii
JAP D1-NOM gut
‚Das ist gut' (‚Ich kaufe das').
B3 Kore-de ii
JAP D1-INS gut
‚Das ist gut' (‚Es ist nicht optimal, aber ich kaufe es').

Es gibt mindestens drei grammatische Morpheme, die vom Sprecher selegiert werden. Die Interpretationen gehen so weit auseinander, dass die Handlung völlig entgegengesetzt sein könnte. Offenbar hat man im Japanischen für eine solche Situation mehrere Äußerungsmöglichkeiten und trifft eine Auswahl nach pragmatischen Kriterien. Woher soll man aber wissen, dass ein so kleiner formaler Unterschied einen so großen Unterschied in der Bedeutung bewirkt? Wo kann man das nachschlagen? Und wie kann man so etwas, was jeder Muttersprachler auf Anhieb versteht, im Fremdsprachenunterricht erklären? In den gängigen Grammatiken findet man kaum eine Beschreibung der pragmatischen Faktoren für die Wahl der einzelnen Konstruktionen.

Im Deutschen würde man solche Situationen durch die Intonation differenzieren, wie *DAS ist gut*, oder durch Abtönungspartikeln wie *das ist schon gut* (aber: *zu teuer*). Auch möglich sind Äußerungen wie *Naja, ist gut, Ist gut, ist gut* u.a. – in der gesprochenen Sprache würde man kaum die – korrekte – Struktur *Das ist gut* verwenden. Für den Bedeutungsunterschied, der im japanischen Beispiel durch das morphologische Mittel ausgedrückt wird, stehen im Deutschen andere Elemente zur Verfügung, um die Sprechereinstellung zu signalisieren.

Wenn wir auf die Forschungen zu Abtönungspartikeln seit den 70er Jahren (Weydt 1979) zurückblicken, stellen wir fest, dass man schon frühzeitig erkannte, dass das Problem der Übersetzung nicht das Problem der Wortäquivalenz, sondern das der Textäquivalenz ist (Weydt 1983: VII). So musste man mehrere Beispiele aus unterschiedlichen Kontexten analysieren, um die Funktionen einer Partikel festzustellen und sie als $schon_1$, $schon_2$, $schon_3$. darstellen zu können (z.B. König / Stark 1991). Die Erforschung der deutschen Abtönungspartikeln hat sich von der lexikalisch-semantischen und syntaktischen Analyse zur Pragmatik hin entwickelt. Sie macht deutlich, dass man ohne Berücksichtigung der Pragmatik mit der Beschreibung bestimmter sprachlicher Phänomene nicht weiterkommen kann. Ergebnisse dieser Forschung wurden z.B. in die Sprachbeschreibung für den Fremdsprachenunterricht/DaF eingebracht. Somit sollte in jeder Grammatik den Partikeln ein eigenes Kapitel gewidmet sein. Dementsprechend widmen ihnen auch Helbig/Buscha ein Kapitel (Helbig/Buscha [7]1981: 428-446). Es gibt weiterhin spezielle Lehrwerke über die Partikeln mit Übungen (G. Helbig/A. Helbig 1995).

Die japanische Grammatik für Ausländer ist noch weit entfernt von diesem grammatikographischen Stand. So kann man in der Tat mit den Beispielen (B1-3) nichts anfangen. Im Folgenden soll erklärt werden, inwiefern pragmatische Faktoren bei der Verwendung von Konstruktionen relevant sind und wie die Einstellung des Sprechers ausgedrückt werden kann.

2 Ansatz der Analyse auf systemlinguistischer Ebene

In meiner Analyse werde ich die folgenden Punkte berücksichtigen:

- Funktionen der Topik- und Kasusmarker
- Polysemie des Lexems
- Kombination der o.g. Punkte als Konstruktion
- Sprechsituation

In meinen Beispielsätzen mit adjektivischem Prädikat sollte der Gegenstand, der gut ist, eigentlich im Nominativ stehen wie in B2. B1 kann auch die gleiche Bedeutung wie B2 haben, nur das Subjekt ist dabei schon topikalisiert, wie in vielen Fällen, in denen das Subjekt, worüber man spricht, ohnehin toplikalisiert ist. Die Ware *kore* wird als Satztopik eingeführt und darüber eine Aussage *ii* ‚gut' gemacht. In diesem Fall ist die tatsächliche Handlung (die Ware kaufen) gleich wie in B2, und der Sprecher kauft die Ware. Der Topikmarker hat aber auch die Funktion, etwas hervorzuheben oder zu kontrastieren. Er deutet auf eine vorangehende Präsupposition hin oder kommt mit Verneinung vor. Bei B1 wird die bereits ins Gespräch eingeführte Ware abgelehnt. Man könnte auch paraphrasieren:

B4	Kore-wa	(kaw-anaku-te-mo)	ii
JAP	D1-TOP	(kauf-NEG-GER-auch)	gut
	‚Was dies betrifft, ist es gut, (wenn ich nicht kaufe)' > ‚Lass es gut sein'		

-de in B3 kennzeichnet den Instrumentalkasus und wörtlich hieße der Beispielsatz ‚Mit diesem ist (es) gut', ‚Damit ist (es) gut'.

Es sind aber anscheinend nicht allein die Funktionen des Kasus- oder Topikmarkers, welche die Bedeutung der Sätze bestimmen, sondern auch die Semantik des Adjektivs *ii* „gut". Laut Szabó 2001 erklärt das kontextabhängige Adjektiv (*context-dependent adjective*, Szabó 2001: 126 f), dass ein billiger, hässlicher Handschuh aus dem schlechten Material „gut" sein kann, z.B. zum Putzen. Hier geht es aber immer noch um die Beschreibung der Eigenschaft des Gegenstands an sich. Ich würde *ii* in unserem Fall als situationsabhängiges Adjektiv betrachten, denn das Wort „gut" kann verschiedene Bedeutungen besitzen, je nach dem Kasus und der Topic-Markierung, mit denen es vorkommt, vgl. (B3) bzw (B1). „Gut" bezieht sich weder auf die Beschreibung des Gegenstands noch der Handlung, noch der Proposition, sondern auf einen Zustand der Sprechsituation, der vom Sprecher bewertet wird. In der Situation, in der ein Angebot gemacht wird, wird zum Zweck der Ablehnung gesagt, dass der Zustand, so wie er ist, d.h., wie er vor dem Angebot war, schon gut so ist.

B5	iie,	ii-desu
JAP	nein,	gut-HON
	‚Nein, Danke'	

B6	(iie,)	kekkoo-desu
JAP	(nein,)	gut:HON-KOP:HON
	‚Nein, Danke'	

B6 ist eine höfliche Version von B5. Bei der höflicheren Version *kekkoo* ‚gut' muss man nicht mal *iie* ‚nein' sagen. Wenn man nur „gut" in der höflichen Form sagt, dann bedeutet dies schon eine Ablehnung. Die neutrale Form *ii* (B5) kann auch eine Annahme bedeuten, aber *kekkoo* (B6) hat nur *eine* kommunikative Funktion, nämlich die einer Ablehnung. Das liegt wohl daran, dass die höfliche Form nur in dieser pragmatisch bestimmten Sprechsituation verwendet wird und dann nur diese bestimmte Bedeutung dabei relevant ist.

Die Bedeutung dieses Adjektivs mit dem Instrumentalkasus (B3) ist in ähnlicher Weise situativ bestimmt: „Damit ist es gut" – wobei das Japanische kein Expletivum in der Subjektstelle verlangt. Man könnte auch weiter paraphrasieren wie z.B. „Damit bin ich zufrieden", „Mit dieser Wahl ist die Situation in Ordnung". Diese pragmatisch bestimmte Bedeutung des Adjektivs, nämlich, wie der Zustand bewertet wird, gilt sowohl bei B1 als auch bei B3.

Wenn man auf Deutsch mit einer Abtönungspartikel ein Angebot ablehnt, wie *Ist schon gut*, ist das Gutsein situativ bedingt. Wie die Vielfalt der Beispiele für die deutsche Partikelverwendung zeigt, kann man sagen, dass es nicht direkt um die Bedeutung der Partikel selbst geht, sondern darum, dass die Partikel andere Konstituenten beeinflusst und die gesamte Bedeutung der Äußerung verändert. Daraus entsteht dann die Polysemie.

In diesem Prozess sollte die Kombination der beiden oben genannten Elemente, d.h. Topik-/Kasusmorphem und Adjektiv, als eine Konstruktion betrachtet werden. In der Situation, in der man seine Entscheidung äußert, fungiert diese Konstruktion als situativ bedingte kommunikative Einheit.

Das folgende Beispiel bezieht sich auf die gleiche Sprechsituation, bei der die Kasusselektion die Bedeutung des Verbs verändert: Beim Treffen der Entscheidung wie *kore-ga ii* (B2) gibt es einen typischen Ausdruck mit dem Verb „tun“:

B7 Kore-ni suru
JAP D1-DAT tun
‚Ich nehme dies‘ (‚Ich kaufe das‘)

Das Verb ‚tun‘ regiert normalerweise ein Akkusativobjekt, das durch das Kasusmorphem -*o* gekennzeichnet wird, aber hier wird die Rektion durch den Dativ markiert, etwa wie „zu etwas machen“. Dabei ist nicht klar, was man macht, da das Akkusativobjekt fehlt, und der Ausdruck somit „sich entscheiden“, „nehmen“ bedeutet.

Der Dativmarker ist auch Lokativmarker und fällt damit unter die Funktionen des von Comrie 2001 am Beispiel der dagestanischen Sprache eingeführten Terminus „lative“. Er deckt Funktionen wie Lokativ, Rezipient, Emittent, Benefiziär, Zweck, Folge usw. ab und lässt sich dennoch auf eine prototypische Funktion reduzieren, nämlich den „Ankunftspunkt“, das „Ziel der Bewegung“ zu kennzeichnen. Durch die Kombination mit dem Verb „tun“ kann die Bedeutung metaphorisch interpretiert werden, nämlich, dass man sich zu etwas hingezogen fühlt und zu einer Entscheidung kommt.

Das führt uns zu der Überlegung, was eine benutzerfreundliche Grammatik dafür anbieten könnte. Die Konstruktion B7 kann erläutert werden: Das Verb *suru* ‚tun‘ hat in der Kombination mit dem Dativ -*ni* die Bedeutung von ‚sich für etwas entscheiden‘. Auch lexikographisch ist es möglich, unter dem Lemma *suru* einen polysemischen Eintrag vorzunehmen: „(mit Dativ) sich für etwas entscheiden“. Man kann nämlich in jeder Situation diese Konstruktion verwenden. So könnte eine Hausfrau äußern: *Kyoo-no yuuhan-wa sakana-ni suru* ‚Für das heutige Abendessen entscheide ich mich für Fisch‘, zum Urlaubsort: *natu-no ryokoo-o Tokyo-ni suru* ‚Zur Sommerreise fahre ich nach Tokyo‘ u.a. Führt man systematische Substitutionsproben durch, so lässt sich feststellen, dass die Konstruktion grammatisch etabliert ist. Sie ist auch mit anderen Personen als der 1. Person im Subjekt möglich sowie im anderen Tempus, bei der Verneinung, im untergeordneten Satz u.a.

Ob man auch mit dem Adjektiv *ii* in gleicher Weise einen Eintrag machen könnte, etwa in der Art des Eintrags „(mit *wa*) sich gegen etwas entscheiden“, ist jedoch fraglich, denn es handelt sich um eine der vielen Funktionen von *wa*, und gerade mit der anderen Funktion (Thema-Einführung) kann der Satz das Gegenteil bedeuten, wie bereits erläutert.

Außerdem ist diese Konstruktion situativ und deiktisch orientiert, so dass es eine Reihe von Einschränkungen in der tatsächlichen Verwendung gibt: Man würde B1 im Sinne von Ablehnung nicht mit dem Präteritum verwenden. Mit anderen Personen ist sie schwer verwendbar, es sei denn, man bildet eine (in)direkte Rede. Bei B3 wäre es mit der 3. Person ambig, ob die Einstellung, die durch diese Konstruktion ausgedrückt werden soll, die vom Sprecher oder vom Subjekt (Topik) ist:

B8 Kare-wa kore-de ii
JAP 3.SG.M-TOP D1-INS gut
‚Für ihn ist es gut‘

Im ersten Fall geht es darum, dass der Sprecher für die 3. Person *kare* die Ware kauft und dabei bewertet, dass die Ware nicht optimal ist, aber für *kare* gut genug ist. Es ist aber eine weitere Interpretation möglich, nämlich, dass der Sprecher weiß, dass *kare* damit zufrieden ist, d.h., der Sprecher hat schon einmal gehört, dass *kare* es geäußert hat. Das bedeutet also, mit dem Instrumentalkasus wird die Einstellung des Äußerungsproduzenten – in diesem Fall des durch das Topikmorphem markierten *kare* – ausgedrückt. Allerdings würde man im zweiten Fall eventuell etwas hinzufügen wollen, z.B. *Kare-wa kore-de ii-tte* oder *Kare-wa kore-de ii-soo-desu* u.a., was das Zitat oder die Evidentialität ausdrückt. Diese Neigung spricht dafür, dass diese Konstruktion an der Sprechereinstellung orientiert ist und von der Sprechsituation abhängt.

4 Ellipse

Eine der grammatikographischen Möglichkeiten für die Konstruktion ist, dass man die Konstruktion als eine elliptische beschreibt. Wenn man davon ausgeht, dass sie im Sinne von B4 die eigentlich vollständige Konstruktion sein soll, könnte man B1 eine elliptische Konstruktion nennen. B4 ist eine grammatikalisierte Konstruktion für die deontische Modalität, die auf die konditionale komplexe Satzkonstruktion zurückzuführen ist: „wenn ich das nicht kaufe, ist es gut“ > „ich muss das nicht kaufen“. So lässt sich die Konstruktion in B4 anders analysieren, wie es die Morphemglosse im folgenden Beispiel darstellt (Nishina 2006: 221):

B9	Kore-wa	kaw-anakutemoii
JAP	D1-TOP	kauf-MOD
	‚Ich muss das nicht kaufen‘	

Das Japanische, das keine Modalverben kennt, erreicht auf diese Weise die Herausbildung des Modalverbsuffixes. Man kann es für jedes Verb produktiv verwenden. Im Satz wird der Objektmarker *-o* durch den Topikmarker, der mit der Verneinung korreliert verwendet wird, ersetzt. So lässt sich B1 als eine Variante des grammatikalisierten Modalitätsausdrucks identifizieren.

Das Problem ist dabei, dass es den Bildungsprinzipien entsprechend mehrere grammatikalisierte Modalitätsausdrücke gibt und man keine klare grammatische Regel liefern kann, um eine elliptische Konstruktion zu einer bestimmten Modalität zu rekonstruieren:

a. *(Kaw-anakutemo)ii* „Wenn ich nicht kaufe, ist gut“ > „ich muss nicht kaufen“
b. *(Kat-temo)ii* „wenn ich kaufe, ist gut“ > „ich darf kaufen“
c. *(Kat-tewa)ikenai* „wenn ich kaufe, ist nicht gut“ > „ich darf nicht kaufen“
d. *Kaw-anakutewa(ikenai)* „wenn ich nicht kaufe, ist nicht gut“ > „ich muss kaufen“

Was in Klammern steht, kann weggelassen werden. Bei dem Paar (c) „nicht dürfen“ und (d) „müssen“ wird durch die Ellipse nicht verhindert, dass ihre unterschiedliche modale Bedeutung zum Ausdruck kommt. Das Paar (a) „nicht müssen“ und (b) „dürfen“ bildet hingegen durch die Ellipse jeweils die identische Konstruktion. Dem entspricht, dass mit B1 zwei ge-

gensätzliche Interpretationen möglich sind, wie bereits anhand der Funktion des Topikmarkers erläutert wurde. Theoretisch könnte B1 auch eine elliptische Konstruktion von (b) sein. Warum das nicht so ist, lässt sich wohl nur pragmatisch erklären.

Die Sprechsituation, die wir vorliegen haben, ist eine Einkaufssituation, in der der Sprecher als Kunde aufgefordert ist, seine Entscheidung zu treffen, ob er das Angebot annimmt oder nicht. Auch wenn es eine freie Entscheidung ist, muss er sich entscheiden. So steht er in einer sog. „Müssen-Situation". Wenn er die Ware unbedingt will, könnte er auch sagen, dass er sie kaufen „müsse". Wenn nicht, muss er sie nicht kaufen. Im Gegensatz zu dieser Situation wäre eine „Dürfen-Situation", in der der Sprecher typischerweise anderen erlaubt, etwas zu tun, z.B. er entscheidet, ob jemand anders die Ware kaufen soll, indem er *ii* im Sinne von (b) „Du darfst kaufen" oder von (c) *ikenai* „Du darfst nicht kaufen" sagt.

Es muss eine Sprechsituation vorliegen, in der man *ii* sagt und dies nur in der Bedeutung von *-nakutemoii* verstanden wird. Damit der Sprecher der Situation entkommt, in der er sich befindet, sagt er *ii* im Sinne von „nicht müssen". Dass es sich um eine Aufforderung zum Kauf handelt, ist im Redeuniversum zu genüge etabliert, so dass auch das Verb *kaw-* ‚kaufen' wegfallen kann. Auf diese Weise ist die Interpretation von B1 von der Sprechsituation abhängig.

Wenn man annimmt, dass B1 eine elliptische Konstruktion von B4 ist, dann ist allerdings B1 deswegen im Vergleich zu B4 nicht als sekundär zu bewerten. Eine solche Haltung wäre eine Folge der Orientierung an der normativen Grammatik, in der kommunikative Äußerungen nicht als solche bewertet werden. In dieser Situation würde B1 eher besser passen als B4, weil der Sprecher nicht so deutlich sagen will, dass er das Angebot ablehnt. Pragmatisch gesehen hat B1 somit eine vorteilhafte Funktion. Auf diese Weise ist die Einstellung des Sprechers schon passend kodiert. Was hier behandelt wird, ist eine elliptische Form, die eine Konstruktion mit einem pragmatischen Zweck bildet.

Eine solche pragmatisch orientierte elliptische Konstruktion hat einen leichten Zugang in einer *high context culture* (Hall 1989). Die vollständige Äußerung, die ein Japaner vielleicht im Gespräch mit Japanisch sprechenden Ausländern benutzen würde, wurde so weit gekürzt, wie dies möglich war, ohne Missverständnisse zu verursachen. Im Grunde ist jede sprachliche Äußerung eine solche Kürzung auf die zur Darstellung einer Situation nötigen Elemente. Das Pragmatische daran ergibt sich aus dem Bekanntheitsgrad der Situation bei Sprecher und Hörer. Innerhalb einer solchen hochkontextuellen Gesellschaft wie in Japan genügen den Sprechern bzw. bevorzugen die Sprecher wenige Worte, elliptische Konstruktionen und implizite Ausdrücke.

5 Ansatz einer Erklärung auf der kulturellen Ebene

Ich habe Beispiele dafür gezeigt, dass man sich durch die Wahl des Kasusmarkers differenzierter ausdrücken kann, wie Instrumental statt Nominativ (B3), Dativ statt Akkusativ (B7). Das sind pragmatisch bedingte Abweichungen der Argumentstruktur. Wenn man die Hierarchie der Kasus betrachtet, in welcher der Nominativ die höchste Position einnimmt, und dann der Akkusativ, der Dativ, erst danach andere periphere Kasus wie Instrumental und andere Lokalkasus wie Ablativ, Allativ u.a. folgen, wie es die Theorien zur Valenz und die Hierarchie der syntaktischen Funktionen u.a. bestätigen (z.B. Keenan/Comrie 1979), fällt auf, dass für diese Abweichungen die hierarchisch niedrigeren Kasus gewählt werden. Die Frage ist, warum der Sprecher in diesen Situationen die hierarchisch niedrigeren Kasus vorzieht. Ein Grund dafür dürfte sein, dass Konstruktionen mit diesen Kasus weniger transitiv und weniger agentiv sind. Die japanische Sprache hat generell eine Vorliebe dafür, den Handelnden zu unterdrücken – wie etwa in der Art, dass man, statt „ich sehe Berge“ „Berge sind sichtbar“ zu sagen pflegt.

Dass die Agentivität des Sprechers im Japanischen nicht bzw. weniger zum Ausdruck kommt, könnte man als eine Widerspiegelung der kollektiven Verhaltensweise der Japaner ansehen, die um der Kooperativität und Harmonie willen lieber nicht auffallen, Extreme vermeiden und keine deutliche Gegenaussage treffen wollen. Anstatt zu sagen „ich will das nehmen“, sagt man *kore-ni suru* „ich fühle mich hingezogen“ (B7), oder *kore-de ii* „das würde mir genügen“ (B3).

Ein Blick auf die ethische Einstellung des Sprechers könnte auch zur weiteren Erklärung dienen: Das Wort *Tyuuyoo* in der konfuzianischen Lehre bedeutet, „Mitte und Maß“, also, dass man am besten einen mittleren Weg wählen sollte. Keine einseitigen Behauptungen zu treffen und eine mittlere Position einzunehmen ist in dieser Lehre also eine Tugend. Diese Wertschätzung scheint bei Japanern auch in sprachlichen Haltungen verankert zu sein. Eine Folge davon kann auch sein, wie es oft in der interkulturellen Kommunikation beobachtet wird, nicht deutlich *ja* oder *nein* zu sagen. Wenn man nicht ganz bejahen will, hat man beispielsweise eine Möglichkeit, sich wie in B3 zu äußern.

Aber bei dem Ausdruck *kore-de ii* geht es schon nicht mehr lediglich um Akzeptanz des Suboptimalen im passiven Sinne, sondern diese Konstruktion kann im aktiven Sinne positiv wirken, wie ich im Folgenden anhand einer bekannten alten japanischen Geschichte zeigen will:

Es war einmal ein guter, bescheidener Mann, der einen Spatz liebevoll hielt und seine böse, habgierige Frau, die die Zunge des Spatzen abschnitt, weil er ihren Reisbrei weggegessen hatte. Als der Spatz diesem Paar ein Geschenk machen wollte, fragte er, ob sie einen kleinen Korb oder einen großen Korb haben möchten. Der gute Mann sagte *kore-de ii* und nahm den kleinen Korb, die habgierige Frau sagte *kore-ga ii* und nahm den großen Korb. Im kleinen Korb waren Wertgegenstände wie Gold und Juwelen, im großen Korb waren Ungeheuer und eklige Tiere. Diese Geschichte soll also lehren, dass man nicht habgierig sein und sich bescheiden verhalten soll.

Kore-de ii „damit bin ich zufrieden“ bedeutet also nicht mehr bloß Kompromiss, Nicht-Optimales akzeptieren, sondern im aktiven Sinne etwas Tugendhaftes. Was ist der Anlass für diesen Bedeutungswandel und wie kann man unterscheiden, ob man Akzeptanz als Kompromiss meint oder aktiv und positiv diese Wahl trifft?

Der Unterschied zwischen den beiden Bedeutungen liegt darin, in welcher Situation man mit wem zu tun hat. Wenn es nicht um Einkäufe, sondern um ein Geschenk geht, ist es unhöflich gegenüber dem Schenkenden, wenn man äußerte „Ich bin nicht ganz zufrieden, aber ich nehme es“. (Die böse Frau ist offenbar mit dem kleinen Geschenk nicht zufrieden). Der gute Mann meinte mit diesem Satz „Ich bin schon alt und schwach, für mich ist das kleine Geschenk gut genug“. Dadurch, dass er sich herabsetzt, werden der Adressat und sein Geschenk relativ höher gestuft. Das ist eine Strategie im Japanischen, die Höflichkeit durch Respekt für andere und Bescheidenheit für sich selbst zu versprachlichen. Respekt gegenüber dem Schenkenden sowie dem Geschenk zu zeigen ist genau die Funktion dieser Konstruktion. Man sieht also, dass die Bedeutung der Konstruktion pragmatisch durch die Situation bestimmt wird. Die Einstellung des Sprechers wird sprachlich durch eine präzise Strategie ausgedrückt, wie in unserem Beispiel durch einen einsilbigen Kasusmarker – zwar unauffällig, jedoch mit dem entscheidenden Unterschied. Solche sprachlichen Strategien, die stark kulturell geprägt sind, zu verstehen ist eine wichtige interkulturelle Aufgabe.

6 Schluss

Es wurden unterschiedliche Äußerungsmöglichkeiten für eine Situation im Japanischen vorgestellt, die auf den ersten Blick nicht erklärbar zu sein scheinen. Ein Lernender lernt zwar solche Ausdrücke kennen, aber er fragt sich, warum, ohne die richtige Antwort zu finden. Moderne Lehrwerke orientieren sich in ihrem Aufbau nicht mehr strikt an morphosyntaktischen Eigenschaften, sondern an Situationen des realen Sprachgebrauchs, z.B. eine Lehreinheit „Einkaufen“ in einem situativ orientierten Lehrwerk oder „Angebot ablehnen“ in einem funktional orientierten Lehrwerk. Dort sind sämtliche Ausdrücke, die hier besprochen wurden, von B1 bis B9, relevant. Wie im Einzelnen erläutert, haben sie jeweils recht unterschiedliche Bildungsprinzipien, für deren Beschreibung methodisch ein großes Spektrum erforderlich ist und linguistische, handlungstheoretische, aber auch kulturelle Erklärungen geliefert werden müssen.

Wir haben gesehen, dass die kulturellen Hintergründe und Wertschätzungen einer Sprachgemeinschaft den Sprachgebrauch beeinflussen. Deswegen sollte es auch eine Aufgabe der Grammatikographie sein, bei der Konfrontation verschiedener Kulturen auf die Verschiedenheit im Gebrauch der beiden Sprachen in der jeweiligen Situation zu achten. Denn die Sprecher sind durch die Interferenz der sprachlich unterschiedlichen Strategien geistig belastet und erkennen vielleicht nicht das für die jeweilige Situation Wesentliche in der Kommunikation.

Abkürzungen

3. 3. Person
D1 Demonstrativ
DAT Dativ
GER Gerundium
HON Honorativ
INS Instrumental
KOP Kopula
M Maskulin
MOD Modalität
NEG Negation
NOM Nominativ
SG Singular
TOP Topik

Literatur

Comrie, Bernard: „*Love your enemies*“ *Affective constructions in two Daghestanian languages*, in: *Perspectives on Semantics, Pragmatics, and Discourse. A festschrift for Ferenc Kiefer*, hg. von I. Kenesei und R. Harnish, Amsterdam/Philadelphia 2001, S. 59-72.

Helbig, Gerhard/Buscha, Joachim: *Deutsche Grammatik. Ein Handbuch für den Ausländerunterricht*, Leipzig 1981.

Helbig Gerhard/Helbig, Agnes: *Deutsche Partikeln – richtig gebraucht?* Leipzig u.a. 1995.

Hall, Edward T.: *Beyond culture*, New York u.a. 1989.

Keenan, Edward L./Comrie, Bernard: *Noun Phrase Accessibility and Universal Grammar*, in: *Linguistic Inquiry* (1977) 8, S. 63-99.

König, Ekkehard/Stark, Detlef: *The treatment of function words in a new bilingual German-English dictionary*, in: *Discourse Particles*, hg. von W. Abraham. Amsterdam/Philadelphia 1991, S. 303-328.

Nishina, Yoko: *Satzverbindung und Satzreduktion. Untergeordnete Konstruktionen des Japanischen in sprachtypologischer Perspektive*, Bochum 2006.

Szabó, Zoltán Gendler: *Adjectives in context*, in: *Perspectives on Semantics, Pragmatics, and Discourse. A festschrift for Ferenc Kiefer*, hg. von I. Kenesei und R. Harnish, Amsterdam/Philadelphia 2001, S. 119-146.

Weydt, Harald: *Die Partikeln der deutschen Sprache,* Berlin/New York 1979.

Weydt, Harald: *Vorwort*, in: *Partikeln und Interaktion*, hg. von H. Weydt, Tübingen 1983.

TADEUSZ ZUCHEWICZ

Befähigung zur Lernerautonomie durch Reflexion über Sprache

1 Ausgangspunkt

Fragt man DaF-Studenten zu Beginn des Studiums, welche Hoffnungen und Erwartungen sie damit verbinden, so nennen sie an erster Stelle die einwandfreie Sprachbeherrschung als Instrument, mit dem sie künftig ihren Lebensunterhalt verdienen. Das angestrebte Endergebnis steht damit klar vor den Augen; verschwommen oder manchmal sogar naiv sind die Vorstellungen, wie und in welchem Zeitraum dieses Ziel zu erreichen ist. Das kommt unter anderem in den Äußerungen der Studienanfänger zum Ausdruck, was sie unter dem Begriff ‚guter Fremdsprachenunterricht' verstehen. Dass der Unterricht als der „natürliche" (und für viele der einzige) Ort in Betracht kommt, wo sich diese Kompetenz ausbilden soll, scheint eine Selbstverständlichkeit zu sein. Dabei soll der/die kompetente, motivierte, kreative, respekt- und fantasievolle, sprach- und kulturbewusste Lehrer/Lehrerin die in der Mehrheit motivierten Lerner innerhalb von sechs bis zehn Semestern belehren, indem er/sie die Aufgaben und die dazu passenden Lernziele formuliert, geeignete Strategien zu deren Bewältigung anbietet und den gesamten Lernprozess überwacht. Die Erwartungen der Erstsemester spiegeln generell ihre Erfahrungen aus dem traditionellen Schulunterricht wider, wo nach wie vor der belehrende Ton anstelle eines eher beratenden Tons vorherrscht. Auffallend ist dabei die Tatsache, dass die meisten Befragten ihre DeutschlehrerInnen für ein Vorbild oder zumindest für nachahmenswert und kompetent halten. Dass der Aufwand auf Schüler- und Lehrerseite in keinem Verhältnis zu den erzielten Sprachkenntnissen steht, die sie von der Schule mitbringen, wird nicht genügend wahrgenommen.

Akzeptiert man die gewohnte Rollenverteilung, so bleibt die spätestens im Studium zu erwartende Selbständigkeit in Bezug auf das eigene Lernen und damit der antizipierte Erfolg aus. Daher sind die Studierenden von Anfang an mit den Begriffen und Verfahren der Lernerautonomie und Lerneraktivität vertraut zu machen, damit sie zumindest teilweise die Verantwortung für den eigenen Lernprozess übernehmen und zunehmend autonom an der Vervollkommnung ihrer Kenntnisse und Fähigkeiten auch außerhalb des Unterrichts arbeiten (vgl. Little 1997).

2 Strategien als mentale Handlungspläne

Die Bedeutsamkeit von Strategien beim Lernen fremder Sprachen wird seit etwa einem halben Jahrhundert betont. Mit der Formulierung der Identitäts-Hypothese(n) über den Erst- und Zweitsprachenerwerb begann auch die Suche nach den Faktoren, die den Erwerb von Fremdsprachen bedingen. Ausgehend vom Vergleich zwischen dem Erstsprachenerwerb bei Kindern und dem natürlichen Zweitsprachenerwerb im Ausland (auch mit Beteiligung am Unterricht) wurde in der kognitiven Lernpsychologie der Strategiebegriff als mentaler Handlungsplan zur Erreichung eines bestimmen Ziels geprägt. Bei Lernstrategien handelt es sich also um (bewusste) Handlungspläne, deren Ziel es ist, etwas selbständig zu lernen (vgl. Bimmel/Rampillon 2000: 51-85). In didaktischer Hinsicht stellt sich die Frage, inwiefern Lernstrategien auf der Grundlage allgemeiner kognitiver Fähigkeiten erworben werden und damit lehr- und lernbar sind oder ob sie Bestandteil eines latent vorhandenen Spracherwerbsmechanismus vorauszusetzen sind und für die jeweilige Sprache im Unterricht „aktiviert“ werden müssen?

Für Chomsky stand die Idee einer angeborenen Fähigkeit, auf deren Grundlage Kleinkinder eine beliebige natürliche Sprache erwerben können, von Anfang an im Mittelpunkt der generativen Grammatik. Wie könnte es denn sonst möglich sein, dass das Kind nach der in allen Sprachen historisch zu beobachtenden Tendenz zur Vereinfachung sich intuitiv für regelmäßige und damit „attraktivere“ Sprachformen entscheidet, ohne seitens der Umgebung diesbezüglich belehrt zu werden? Bereits Vierjährige bilden Vergangenheitsformen von regelmäßigen englischen Verben mit dem Flexionsmorphem ***-ed*** (*walk – walked*) und übertragen diese Regel auf unregelmäßige Verben wie *become, bring, fall* etc.; Deutsch lernende Ausländer bilden das Partizip II von unbekannten unregelmäßigen Verben häufig mit (***ge-***) + ***-t*** statt mit (***ge-***) + ***-en***, dabei meist mit *haben* als Hilfsverb. Ähnlich verhalten sich polnische Kinder bei der Bildung von Dativobjekten maskuliner Substantive der sog. belebt-persönlichen Klasse: *Daję jeść *ps**owi**/*kot**owi**/*lw**owi*** statt *ps**u**/kot**u**/lw**u***. In der Vergangenheit hatten die meisten polnischen maskulinen Substantive im Dativ Singular bis auf wenige Ausnahmen die Endung ***-u;*** heute ist es gerade umgekehrt. Die Wahl der unkorrekten Form ***-owi*** ist vom Sprachsystem her durchaus nachvollziehbar: Das Kind spürt, dass sie besser, d.h. funktionaler ist, zumal sie nur für Dativ Singular steht. Die Flexionsendung ***-u*** dagegen muss außer einigen Verben im Dativ auch Genitiv, Lokativ und Vokativ bedienen. Es ist kaum möglich, dass das Kind die falschen Flexionsmuster von den Eltern übernommen hat. Hinzu kommt noch, dass regelwidrige Äußerungen von den Eltern in der Regel nicht korrigiert werden, und trotzdem beherrschen die Kinder mit der Zeit die richtigen Flexionsmuster. Um dieses „logische Problem des Spracherwerbs“ lösen zu können, nimmt Chomsky die Existenz einer angeborenen Fähigkeit, eines Spracherwerbsmechanismus an, in dem eine ‚Universalgrammatik‘ verankert sei (vgl. Edmondson/House 1993: 126-140). In Anlehnung an die neuesten Erkenntnisse im Bereich des Erstsprachenerwerbs weist Ziem (2008: 131) allerdings darauf hin, dass „sprachliche Strukturen allein auf der Basis des sprachlichen Inputs induktiv gelernt werden können“. Somit erweise sich das oben skizzierte Erlernbarkeitsparadoxon „als Chimäre“. Als Fazit stellt er fest, dass „Menschen in eine spezifisch strukturierte Lebenswelt (im weitesten soziokognitiven Sinn) hineingeboren werden und nur in der Interaktion mit dieser eine Sprache als soziales Instrument zu nutzen lernen.“ (Ziem 2008: 141). Damit wird die These von der angeborenen Sprachlerneignung um die Tatsache erweitert, dass man die Sprache erwirbt, indem man sie gebraucht.

Wenn Strategien als Handlungspläne bezeichnet werden, so müssen sie lehr- und lernbar sein, denn die meisten Pläne sind Produkte bewusster Tätigkeit. Während im natürlichen Spracherwerb, infolge dessen jeder Mensch – sofern medizinische Mängel nicht vorliegen – mit Kompetenz für mindestens eine bestimmte Sprache ausgestattet wird, kann der fremdsprachliche Unterricht dies nicht garantieren. Die Prozesse der Wissensaufnahme laufen unterschiedlich ab, daher sind auch die Lernergebnisse nicht identisch. Vom Standpunkt des Fremdsprachenunterrichts und der modernen Bilinguismus-Forschung ist in Bezug auf Strategien- und Wissenstransfer vor allem die Frage nach der Existenz sprachneutralen Denkens von grundlegender Bedeutung. Anders gesagt: Können die einmal gelernten Strategien und das erworbene Wissen auf zweitsprachliche Lernprozesse übertragen werden?

Im Sinne von *Balance-Effekt*-Theorie sind Sprache und Denken untrennbar miteinander verbunden. Demnach würden alle in der Fremdsprache erworbenen Wissenselemente nach dem Gesetz der kommunizierenden Gefäße automatisch die Denk- und Sprechleistungen in der Erstsprache beeinträchtigen. Gegen diese Hypothese setzt Cummins (1981) das *Think-Tank*-Model als eine spezifische, sprachlich geprägte, aber gleichzeitig sprachneutrale Denk- und Erkenntnisinstanz. Dieses „kognitive Sprachpotenzial“, das von mehreren Sprachen gleichzeitig geformt werden kann, bildet einen neutralen Wissensspeicher, in dem sowohl fremd- als auch muttersprachlich erworbene Fähigkeiten und Fertigkeiten gespeichert werden und auf die man in unterschiedlichen Lernsituationen zurückgreifen kann. In diesem Zusammenhang soll auf zwei wichtige Tatsachen hingewiesen werden: Der bilinguale Unterricht in zwei Sprachen fördert weder die eine noch die andere Sprache, wenn einige Ausgangsbedingungen nicht erfüllt werden. Dazu gehören z.B. die Kenntnis wichtiger Termini und Vorgehensweisen zum Erfassen, Einprägen, Einüben und Anwenden bestimmter Strukturen in beiden Sprachen oder „Spagat-Bewusstsein“ bzw. „Spagat-Haltung“ (Hoberg 2009: 156-157). Darunter ist die Entwicklung differenzierter Ausdrucksfähigkeit in der Muttersprache zu verstehen, womit man bereits im Elternhaus beginnen sollte, bei gleichzeitiger Förderung und Sensibilisierung für den Gebrauch von Fremdsprache(n) in geeigneten Kommunikationssituationen. Die andere Grundtatsache besagt, dass es in unserem Gehirn kein separates Sprach- und Denkzentrum, sondern nur einen die Sprachen überwölbenden Wissensspeicher gibt. Den Unterschied zwischen *Balance-Effekt*-Theorie und *Think-Tank*-Model fasst Butzkamm (2002: 48-50) wie folgt zusammen:

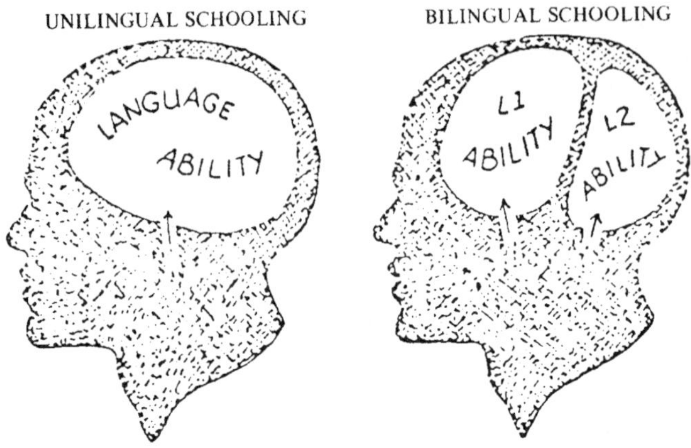

Balance-Effekt-Theorie

- Sprechen und Denken bilden eine untrennbare Einheit.
- Unterricht in der Zweitsprache erfolgt auf Kosten der Erstsprache.
- Unterricht in der Sprache A fördert nicht zugleich die Sprache B.

Think-Tank-Model

- Es gibt einen allgemeinen sprachunabhängigen Wissensspeicher.
- Unterricht in der Zweitsprache fördert den sprachunabhängigen Wissensspeicher.
- In der Zweitsprache erworbenes Wissen ist auch in der Erstsprache zugänglich.

Am Beispiel des *Balance-Effekt*-Models lässt sich die seit langem diskutierte *Defizit-Theorie* des Alters erklären, die von einem altersbedingten Abbau geistiger Fähigkeiten ausging. Die heutige permanente Lern-Gesellschaft beweist, dass Faktoren wie Vorbildung, Motivation, Selbstorganisation, Systematik u.a. stärker die Leistungsfähigkeit beim Erwerb von Fremdsprachen bestimmen als der Faktor des Alters. Dennoch scheinen Frühanfänger einen deutlichen Vorteil gegenüber Spätanfängern zu haben. Die Untersuchungen mit Ausnutzung der Kernspintomographie haben nämlich Folgendes ergeben: Lerner, die bereits im Kindesalter begonnen haben, Fremdsprachen zu lernen, aktivieren bei der Verwendung von

Erst- und Zweitsprache nur ein Areal im Broca-Zentrum (Kinder im Alter von bis zu drei Jahren bilden ihre Sprache in diesem Zentrum aus). Dagegen bei Spätanfängern werden im gleichen Fall zwei Bereiche aktiv. Fazit: Während bei Kindern nur ein flexibles Sprachenzentrum funktioniert, werden bei Erwachsenen die später erlernten Fremdsprachen separat in benachbarten Hirnarealen nahe dem Broca-Zentrum gespeichert. Das Problem ist, dass diese Bereiche ca. 1,5 mm voneinander entfernt sind, so dass die neuronale Verschaltung der an der Sprachproduktion und Sprachverarbeitung beteiligten Areale gestört wird (Kim/Relkin u.a. 1997). Dies könnte eine der Erklärungen dafür sein, warum Erwachsene im Endeffekt sich mehr anstrengen müssen, um Fremdsprachen fließend und akzentfrei zu beherrschen, zumal die Schnelligkeit der Auffassung und der Verarbeitung bereits im Alter zwischen 16 und 25 Jahren abzusinken beginnt.

Zusammenfassend kann festgestellt werden, dass die Qualität des Wissensspeichers von den gesammelten Lernerfahrungen abhängt. Je mehr Vorerfahrungen und Informationen dort gespeichert sind, desto effektiver und anwendungsorientierter geht der Lernprozess voran. In der Praxis findet der erwünschte Transfer „als Indikator für Sprachverarbeitungs- und Sprachlernprozesse“ (Timmermann 2000: 182) nicht allzu oft statt. Die Gründe dafür können unterschiedlich sein: Entweder sind die gespeicherten Strategien so stark mit den spezifischen Kontexten gekoppelt, in denen sie angeeignet wurden, dass sie in neuen Lernsituationen nicht wahrgenommen werden, oder die einzelnen Wissenselemente wurden isoliert, d.h. unverschlüsselt gespeichert und sind damit für das Wiedererinnern nicht zugänglich. Ob oder wie der Zugriff auf die sprachneutralen Wissensbestände beim Erlernen von Fremdsprache(n) erfolgt, hängt offensichtlich von der Qualität dieser Bestände sowie von den Möglichkeiten des Transfers ab. Als didaktische Konsequenz folgt daraus die Notwendigkeit, das Übertragen von Wissen in allen Lernbereichen nicht nur sprach-, sondern auch fächerübergreifend zu üben. Was der Lerner braucht, sind geeignete Lernstrategien und handhabbares Sprachwissen, das flexibel abrufbar und übertragbar ist.

3 Sprachliche Neugier als Schlüssel zur Sprachbewusstheit

Da es nicht möglich ist, trennscharf zwischen Sprachwissen, Weltwissen und Sprachhandlungswissen zu unterscheiden, können die im Wissensspeicher aufbewahrten Inhalte nicht an die Muttersprache angebunden sein. Demzufolge sind auch Sprachlernstrategien weder aufgaben- noch einzelsprachspezifisch. Einerseits ermöglichen sie, die einmal gelernte Strategie je nach Bedarf flexibel anzuwenden, wenn man ein bestimmtes Lernziel anstrebt, andererseits können die beim Erwerb einer Fremdsprache gewonnenen Erfahrungen auf andere Fremdsprachen übertragen werden. Das bedeutet, alle Kenntnisse und Fähigkeiten, von denen erfolgreiches Fremdsprachenlernen abhängt, müssen möglichst konkret und direkt angewendet werden. Erfolgreiche Lerner tun dies, indem sie u.a. Neugier und Interesse gegenüber Kommunikation und sprachlichen Formen zeigen. Sie „achten mehr auf die sprachliche Form als auf die Bedeutung (!) fremdsprachlicher Elemente. Sie kontrollieren sich und andere beim Sprechen, starten zwischensprachliche Vergleiche, analysieren die Fremdsprache, stellen Hypothesen auf und testen sie. Sie benutzen Nachschlagehilfen.“ (Raabe 2000: 174; vgl. auch Ellis 2007). Dabei setzen sie zielgerichtet vielfältige Strategien ein.

Diese Fähigkeiten dürfen bei den Lernern nicht vorausgesetzt werden; sie stellen sich im Verlauf des Spracherwerbs auch nicht von alleine ein. Das beweist eine Untersuchung von 60 Lerntagebüchern, die von polnischen Erstsemestern (WS 2011) im Fach Deutsch als Fremdsprache angefertigt wurden. Das Ziel war dabei, den aktuellen Stand der Gegenstandsbewusstheit im Bereich Sprache zu testen, um festzustellen, inwiefern die Studierenden bereit und fähig sind, eigenverantwortlich zu lernen. Da sie bereits über eine langjährige Erfahrung mit Fremdsprachenlernen hatten, war anzunehmen, dass sie über grundlegendes sprachsystematisches Wissen und angemessenes Repertoire an Sprachgebrauchsstrategien verfügen, die den Ausgangspunkt zur Erweiterung der vorhandenen Kompetenzen bilden könnten. Dadurch soll die im Studium zu erwartende forschende Haltung gegenüber dem Lerngegenstand Deutsch gefördert werden, insbesondere die Fähigkeiten,

- komplexe Äußerungen zu segmentieren und die ihnen zugrunde liegenden Regeln zu reflektieren;
- kontrastive Analysen für Ähnlichkeiten und Unterschiede zwischen Ausgangs- und Zielsprache durchzuführen;
- selbständig mit Arbeitsmitteln, grammatischen Übersichten, Sprachlehren und Nachschlagewerken umzugehen;
- die Bedeutung unbekannter lexikalischer Einheiten mit Hilfe der im Text vorkommenden „helfenden" Wörter zu erschließen und
- sprachliche Äußerungen in ihrer situativen Gebundenheit zu analysieren und sie auf deren lexikographische Form zurückzuführen.

Bei der Frage nach dem Bewusstheitsgrad von Sprache kann man von Vorleistungen ausgehen, die die Studierenden aus dem schulischen Sprachunterricht mitbringen (sollten). Diese Vorkenntnisse müssten sie dazu befähigen, bereits zu Beginn des Studiums komplexe Wortformen, Sätze und Satzfolgen zu bilden, zu bestimmen und zu analysieren. Die in der Form- und Satzlehre vorkommenden Termini schlagen eine Brücke zur spezifischen Gegenstandsbewusstheit und sind im DaF-Studium unentbehrlich, damit sich die Lernenden in der Sprache zurechtzufinden können. Wie die Sprachbewusstheit bei Lernern unterschiedlicher Niveaustufen angebahnt und dokumentiert werden kann, zeigt Kostrzewa (2010: 101-109). Ausgehend von einem Beispiel für den Englischunterricht im Grundschulbereich plädiert er für die allmähliche Förderung der forschenden Haltung bei fortgeschrittenen Lernern durch Fachsprachenanalysen. Für DaF-Studierende ist die Thematisierung von Fachsprachen in Relation zur Allgemeinsprache auch ein wichtiger Ansatzpunkt für Sprachsensibilisierung, zumal sie sich lexikalische und morphosyntaktische Besonderheiten der fachsprachlichen Texte aneignen müssen, um Fachliteratur zu lesen und studienrelevante Textsorten zu verfassen. Im Interesse hinreichender Gegenstands- und Zielbewusstheit ist außerdem klarzustellen, dass theoretische Kenntnisse über grammatische und textlinguistische Aspekte notwendig sind, um überhaupt (möglichst korrekt und auf hohem Niveau) kommunizieren zu können. Im Folgenden soll exemplarisch gezeigt werden, dass Nachholbedarf im Bereich der Sprachbewusstheit bei DaF-Studierenden besteht und wie man ihn mit Hilfe von geeigneten Lern- und Sprachgebrauchsstrategien eventuell bewältigen kann. Die folgenden Anhaltspunkte beziehen sich auf ausgewählte Bestandteile der untersuchten Lerntagebücher.

1. In dieser Woche habe ich gelernt: ...

Auffallend ist, dass viele Einträge in der Pluralform formuliert werden, z.B.: ***Wir** mussten in dieser Woche viele neue Wörter lernen.* Ohne Instruktion „von oben" wird kaum etwas unternommen; neuer Wortschatz und fremdsprachliches Wissen beziehen sich beinahe ausnahmslos auf die in den Seminaren behandelten Themen. Es gab keinen Eintrag, Es gab keinen Eintrag, dem man eindeutig entnehmen könnte, dass Neues auch außerhalb der Lehrveranstaltungen, aus Interesse am Gegenstand Sprache gelernt wurde. Die zu lernenden Ausdrücke werden oft nicht in ihren lexikographischen Grundformen und in verschiedenen Kombinationen aufgeschrieben, was ihre Nutzbarkeit einschränkt. Als nachahmenswert kann folgendes Beispiel betrachtet werden:

abhängen:
(Unser Schicksal/Ihre Zukunft) ***hängt von*** *(dir/dieser Entscheidung)* ***ab.***
sich auf etw./jdn. beziehen:
(Diese Kritik/Mein Lob) ***bezog sich*** *nicht* ***auf*** *(dich/deine Arbeit).*

Unkorrekte oder zumindest zweideutige Einträge wirken auf Dauer demotivierend, weil sie den Lernfortschritt und somit die Kommunikation hemmen.

**auf Rücksicht nehmen*
(*) mit etwas den Nagel auf den Kopf treffen
aus dem ... sich ergibt

Vokabeln lernen ist außerdem keine Schlüsselqualifikation. Es kommt vielmehr darauf an, was man gegen das Vergessen tut und wie der neue Wortschatz im Wissensspeicher zu verankern ist, damit er abgerufen werden kann.

2. Zu diesem Thema möchte ich mehr erfahren: ...

Ich wollte herausfinden, was der Ausdruck ‚roter Faden' bedeutet. Dieser Begriff geht also auf Goethes Roman „Wahlverwandtschaften" zurück, wo eine alles verbindende Hauptidee mit dem durchlaufenden roten Faden im Tauwerk der englischen Marine verglichen wird.

Neben der Wortherkunft ist hier vor allem die Information wichtig, dass dieser Begriff seit Johann Wolfgang von Goethe im übertragenen Sinne verwendet wird. Darüber hinaus lassen sich charakteristische Wortkombinationen zu ‚*Faden*' in Form eines Assoziogramms darstellen und mit Beispielen – auch sprachkontrastiv – belegen, z.B.:

a) sich wie ein roter Faden durch etwas hindurch ziehen = poln.: główny, przewodni wątek
Die Bosheiten der Schwiegermutter ziehen sich wie ein roter Faden durch die Geschichte.

b) keinen guten Faden an jemandem lassen = poln. nie (po)zostawić na kimś suchej nitki
Sie hat an ihrem Ex-Ehemann keinen guten Faden gelassen.

c) an einem dünnen Faden hängen = poln. wisieć na włosku
Die Verhandlungen mit dem ausländischen Unternehmen hängen an einem dünnen Faden.

3. Fehler, die ich nicht loswerden kann: ...

„Ein guter Fehler wiederholt sich oft“ – daran sollten auch fortgeschrittene DaF-Studierende denken, wenn sie ihre Texte abfassen. Die Fähigkeit, sich selber beim Lernen zu beobachten und den Lernprozess zu überwachen, gilt als Ausdruck hoher Sprachbewusstheit. Die fest verankerten Fehler lassen sich nur beseitigen, wenn sie wahrgenommen und bewusst reflektiert werden:

Meine „(un)beliebten“ Fehler

„(un)beliebter“ Fehler	richtige Variante	Erklärung
zumindestens	*zumindest / mindestens*	Richtig ist *zumindest; zumindestens* ist eine Wortkreuzung aus *zumindest + mindestens.*
trotzdem vs. trotz	*trotz des schlechten Wetters* aber: *Es regnet, trotzdem gehe ich spazieren.*	*Trotzdem* und *trotz* gehören verschiedenen Wortarten an: *trotz* = Präposition; *trotzdem* = Konjunktion.
extra vs. super	*Das Frühstück wird extra bezahlt.*	*Extra heißt im Deutschen zusätzlich, gesondert; extra ≠ super.*

4. Fehler, die ich neulich begangen habe: ...

Manchmal ist der Fehlerquelle nur schwer beizukommen. Die meisten Fehler resultieren allerdings aus den strukturellen Unterschieden zwischen Erst- und Zweitsprache. Direkte bzw. wörtliche Übertragung der von der Muttersprache her bekannten Muster oder inadäquate Beispiele wirken verwirrend und tragen nicht zur Erweiterung des Wissensspeichers bei. An den Produkten dieser hinderlichen Beeinflussung wird aber manchmal ersichtlich, wo interessante, bislang vielleicht unbeachtete Unterschiede zwischen zwei Sprachen bestehen, z.B.:

a) Fremdsprachen fallen mir leicht.
einfach vs. leicht (prosty vs. lekki, łatwy):

Eine korrekte Wiedergabe dieses Satzes auf Polnisch: *Łatwo uczę się języków obcych* bzw. *Nauka języków obcych przychodzi mi łatwo* zeigt, dass man sich differenziert ausdrücken kann und muss und dass das Adverb im polnischen Aussagesatz sowohl die Spitzen- als auch die Endstellung belegen kann. Im deutschen Satz ist das zwar auch möglich, aber semantisch nicht äquivalent.

b) Diese Früchte sind arm an Vitaminen = Owoce są ubogie w witaminy.
*arm an etwas sein + Dativ ≠ *biedny w*

Im Polnischen ist das Adjektiv *biedny* nur ohne Präpositionalobjekt mit dem deutschen *arm* äquivalent; die Präpositionalergänzung im selben Kasus fordert dagegen das Adjektiv *ubogi* mit der Präposition *w*.

*c) *Seid ihr Ehe? = Seid ihr verheiratet?*
**Sie leben ohne Ehe. = Sie leben ohne Trauschein.*

Die Regeln der Unterrichtsgrammatik reichen hier nicht aus, um Konstruktionen dieser Art vorauszusehen oder zu überwachen. Solche Konstrukte sind ein Beweis dafür, dass dem Lexikon mit seinen vielfältigen Informationen eine besondere Bedeutung zukommt. Während der syntaktische und morphologische Bereich sowohl von der linguistischen Forschung als auch von der Fremdsprachendidaktik relativ gut erfasst wurde, bedarf die Beschaffenheit des Lexikons noch genauerer kontrastiver Untersuchungen.

5. Meine Grammatikkenntnisse waren mir behilflich bei: ...

Induktives und deduktives Erfassen von Gesetzmäßigkeiten und Zusammenhängen kann bei DaF-Studierenden theoretisch vorausgesetzt werden. Bereits in der Grundschule haben sie vorgegebene Beispiele analysiert, die charakteristischen Merkmale hervorgehoben und die Regelmäßigkeiten in Form von Regeln festgehalten. Wer also einen neuen Ausdruck lernen will, muss ihn analysieren und an die passende Grammatikregel anbinden; will man sich die Regel einprägen, braucht man passende Grammatikübungen. Der Mangel an grammatischen Kenntnissen in den folgenden Beispielätzen kann den zukünftigen Lernfortschritt erheblich beeinträchtigen:

a) Gebrauch der Adjektive: prädikativ vs. attributiv.
*Die Katze ist pechschwarz. - *Das Kind hat ein bildhübsch Gesicht.*
b) Stellenplan des Verbs: Subjekt- vs. Objektposition.
*jemanden nicht ausstehen können = *jemanden stört mich*

4 Zusammenfassung

Das Ziel des vorliegenden Beitrags war, die Bedeutung der Sprachlernstrategien für eigenverantwortliches Lernen zu zeigen. Die Möglichkeiten sind hier viel größer, als manche Lerner glauben. Auf die im Wissensspeicher vorhandenen Kapazitäten kann man flexibel zurückgreifen, vorausgesetzt, man hat das Übertragen von Wissen und Strategien gelernt und geht bewusst an den Lerngegenstand Sprache heran. Dazu sind Sprachreflexion und sprachliche Sensibilisierung notwendig, die im Verlauf des Spracherwerbs aufgebaut werden können. Im Lernprozess wird neues Sprachwissen ständig an das bereits vorhandene Sprachwissen angegliedert, umstrukturiert und in verschlüsselter Form gespeichert. Nur das, was sich mit dem gespeicherten Wissen verbinden lässt, kann gelernt werden. Daher ist es so wichtig, dass Fähigkeiten und Kenntnisse nicht ausschließlich im Fremdsprachenunterricht vermittelt und angeeignet werden, sondern auch in den Fächern, die scheinbar nichts mit Sprache zu tun haben. Da selbst fortgeschrittene Deutschlerner mangelnde Sprachbewusstheit mitbringen, muss die Schule intensiver an der Vermittlung von Lernstrategien arbeiten.

Literatur

Butzkamm, Wolfgang: *Psycholinguistik des Fremdsprachenunterrichts. Von der Muttersprache zur Fremdsprache*. Tübingen und Basel 2002.

Bimmel, Peter/Rampillon, Ute: *Lernerautonomie und Lernstrategien*. Fernstudieneinheit 23. Kassel, München, Tübingen 2000.

Cummins, Jim: *The role of primary language development in promoting educational success for language minority students*, in: *Schooling and language minority students. A theoretical framework*. Los Angeles 1981, p. 1-50.

Edmondson, Willis/House, Juliane: *Einführung in die Sprachlehrforschung*. Tübingen und Basel 1993.

Ellis, Rod: *Czynniki społeczne w przyswajaniu języka drugiego*, in: *Psychologiczne aspekty dwujęzyczności*, hg. von Ida Kurcz, Gdańsk 2007, s. 173-226.

Hoberg, Rudolf: *Ist unsere Sprachidentität gefährdet?*, in: *Der Sprachdienst* 5 (2009), S. 155-157.

Kim Karl H./Relkin, Norman R./Lee, Kyoung-Min/Hirsch, Joy: *Distinct cortical areas associated with native and second languages*, in: *Nature* 388 (1997), p. 171-174.

Kostrzewa, Frank: *Sprachbewusstheit – Language Awareness*, in: *Muttersprache* 120 (2010), S. 101-109.

Little, David: *Autonomy and self-access in second language learning: some fundamental issues in theory and practice*, in: *Neues Lernen – Selbstgesteuert – Autonom*, hg. von Michael Müller-Verweyen, München 1997, p. 33-44.

Raabe, Horst: *Strategien beim Fremdsprachenlernen – tour d'horizon*, in: *Sprachlehrforschung im Wandel: Beiträge zur Erforschung des Lehrens und Lernens von Fremdsprachen*, hg. von Beate Helbig, Tübingen 2000, S. 173-191.

Timmermann, Waltraud: *Transfer: ein altbekanntes Konzept im Kontext neuerer kognitiver Sprach(erwerbs)theorie*, in: *Kognitive Aspekte des Lehrens und Lernens von Fremdsprachen*, hg. von Claudia Riemer, Tübingen 2000, S. 171-185.

Ziem, Alexander: *Sprache und Wissen. Frames und sprachliches Wissen. Kognitive Aspekte der semantischen Kompetenz*. Berlin, New York 2008.

2 Sprechakt – Text(sorte) – Diskurs: Ontologie, Geltungsbereiche, Evolution/ Speech act – Text (type) – Discourse: Ontology, Scope, Evolution

JOSEF KLEIN

Die Pragmatik des salienten Satzes – in politischen und historischen Diskursen zentral, in der Linguistik vernachlässigt

1 Einführung: Gegenstand, Ziele, Methoden

Seit mehr als vier Jahrzehnten bemüht sich die Sprachwissenschaft um Analyse und Kritik der politischen Verwendung von Sprache und hat mit der Politolinguistik eine eigene Teildisziplin ausgebildet. Diese hat die politische Verwendung von Sprache auf Wort-, Text- und Diskursebene eingehend untersucht. Die Satzebene wurde weitgehend übersehen.[1] Dieser Beitrag soll dazu dienen, die Phase der Ignoranz zu beenden. Leitsatz, Kernsatz, Motto, Programmsatz, Merksatz, Wahlslogan, Protestparole, Schlagsatz, Kampfformel – solch gängige allgemeinsprachliche Bezeichnungen verweisen darauf, wie sehr Sätzen politische und kommunikative Relevanz zukommen kann. Ich werde mich hier mit Sätzen beschäftigen, die in der Kommunikation eine so herausragende Rolle spielen, dass sie sich in fester Formulierung im kollektiven Wissen oder sogar langfristig im kollektiven Gedächtnis einer Gesellschaft verankern. Sie sollen daher „saliente politische Sätze" (spS) heißen. Es handelt sich um ein kulturübergreifendes internationales Phänomen. Hier einige Beispiele:[2]

Arabische spS:

Birruh, Biddam, nafdieka ja Saddam. (Mit dem Leben, mit dem Blut opfern wir uns für Dich, Du Saddam). Öffentliche Treue- und Ergebenheitsadresse gegenüber Saddam Hussein.

Asch Schaab juried isqat Annisam (Das Volk will den Sturz des Systems.) Ruf in Ägypten vor dem Sturz Mubaraks.

Irhall! (Hau ab!) Ruf bei den Demonstrationen in Tunesien, Ägypten und Jemen.

[1] Das schlägt sich nicht zuletzt in Einführungsbüchern (Girnth 2002, Schröter / Carius 2009) und Überblicksartikeln (Klein 2009) nieder.

[2] Für die arabischen Beispiele danke ich Sahel Durra, für die polnischen Jarochna Dąbrowska-Burkhardt, für die russischen Valentina Winogradowa.

Polnische spS:

Balcerowicz musi odejść. – (*Balcerowisz muss gehen*) – Ursprünglich Slogan der Opposition Ende der 90er Jahre gegen den für die ökonomische Transformation hauptzuständigen Finanzminister Balcerowisz, später verallgemeinert.
Panie prezesie! Melduję wykonanie zadania! – (*Herr Vorsitzender, ich melde die Erfüllung der Aufgabe.*) Lech Kaczyński bei seiner Wahlsiegrede am 23.10.2005 nach der Präsidentenwahl an seinen Bruder, den Vorsitzenden der PiS (= „Partei Recht und Gerechtigkeit"), gewandt. Symbol für persönliche und politische Abhängigkeit eines Mannes, der als Staatspräsident sein Amt autonom und unabhängig führen soll.

Russische spS:

Хотели как лучше, а получилось как всегда. – Hoteli kak lučše, a polučilos' kak vsegda. – (*Wir wollten es möglichst besser machen, und es ist wie immer geworden.*) V. Tshernomyrdin, Premier-Minister 1992-1997 über den Staatshaushaushalt 1995.
То розовая революция, то голубую еще придумают. – To rozovaja revolucija, to golubuju eščё pridumajut. – (*Bald haben die eine rosa Revolution, bald lassen die sich noch eine blaue einfallen.*) – Präsident W. Putin am 23. Dezember 2004 vor dem Hintergrund der sog. „orangenen Revolution" und der bevorstehenden Präsidenten-Stichwahl in der Ukraine über Versuche in den ehemaligen Sowjetrepubliken russlandfreundliche Staatsleitungen zu stürzen. Die Verwendung des Attributs „blau" ist eine diskriminierende Anspielung auf die Symbolfarbe für Homosexualität.
Ненормативная лексика – это часть нашей культуры, и мы ее используем иногда. Тихо. – Nenormativnaja leksika – èto čast' našej kul'tury, i my eё ispol'zuem inogda. Tiho. – (*Normwidrige Wörter – das ist ein Teil unserer Kultur und wir gebrauchen sie manchmal. Leise.*) – Präsident D. Medwedew über öffentlichen und nicht-öffentlichen russischen Umgang mit der Sprache.

US-amerikanische spS:

No taxation without representation. (Amerikanische Revolution um 1770).
...(that) government of the people, by the people, for he people shall not perish from earth. (Präsident Lincoln 1863. Gettysburg Address, Schlusssatz).
I have a dream (Martin Luther King 1963).

Es reizt, den unterschiedlichen Charakter dieser markanten Sätze mit kulturellen oder nationalen Spezifika und Erfahrungen in Zusammenhang zu bringen. Aber dazu ist der zitierte Bestand zu schmal und durch die Schwerpunktsetzung der Gewährsleute geprägt, denen ich die Beispiele verdanke.

Zur genauen empirischen Analyse konzentriere ich mich auf deutschsprachige spS. Dabei lege ich ein Korpus zugrunde, das 50 Sätze aus dem Zeitraum zwischen Reformation und unmittelbarer Gegenwart umfasst. Dass darin die Zahl der gegenwartsnahen Sätze größer ist als die der gegenwartsfernen, ist nicht verwunderlich. Denn auch saliente politische Sätze sind dem historischen Verschleiß ausgesetzt, insbesondere aufgrund historischer Umbrüche und des Wechsels politischer Systeme. Im folgenden Abschnitt wird das Korpus in Umkehrung der historischen Folge, also beginnend mit der Gegenwart, präsentiert. Kriterium für die Aufnahme in das Korpus ist die allgemeine Bekanntheit bei politisch und historisch Interessierten. Indikatoren dafür sind Zitierung insbesondere in den politisch relevanten Medien und/oder häufige Hervorhebung, z.B. als Bestandteil von Überschriften, und/oder die offensichtliche Unterstellung allgemeiner Bekanntheit des zitierten Satzes – in Zeiten des Internet auch dadurch verifizierbar, dass man bei Eingabe des ganzen Satzes reichlich Verwendungsbelege erhält und sie auf Plattformen wie ‚Wikiquote' findet. Wenn die Auswahl bei dieser ersten Schneise in bisher unbetretenes Dickicht auch heuristischen Charakter hat, so ist die Menge der unter politisch und historisch Interessierten allgemein bekannten politischen Sätze so begrenzt, dass für dieses Korpus der Anspruch erhoben werden kann, einen sehr großen Teil der deutschsprachigen salienten politischen Sätze zu enthalten.

Korpus deutschsprachiger salienter politischer Sätze

2010 Oben bleiben! *(Protest gegen Plan, den Stuttgarter Bahnhof unter die Erde zu legen)*
Das Christentum gehört zweifelsfrei zur Türkei. *(Bundespräsident Wulff bei Türkeibesuch)*
Der Islam gehört inzwischen auch zu Deutschland. *(Bundespräsident Wulff, Rede zum 3. Okt.)*
Deutschland schafft sich ab. *(Sarrazin, SPD. Titel des islam- u. migrationskritischen Buchs)*

2008 Assimilation ist ein Verbrechen gegen die Menschlichkeit. *(Min.-präs. Erdogan. Rede in Köln)*

2005 Privat vor Staat. *(Leitspruch der CDU-FDP-Regierung NRW)*

2003 Berlin – arm, aber sexy. *(Berlins Regierender Bürgermeister Wowereit, SPD)*

2002 Freiheit wird auch am Hindukusch verteidigt. *(Verteid.-minister Struck, SPD)*

2001 Nah bei den Menschen. *(Motto von Kurt Beck, Min.-präs. Rhl.-Pfalz, später SPD-Vorsitzender)*

2001 Ich bin schwul – und das ist auch gut so. *(Wowereit, SPD-Bürgermeisterkandidat Berlin)*

2000 Sozial ist, was Arbeit schafft. *(Initiative Neue Soziale Marktwirtschaft; CDU; FDP)*

1999 Das Herz schlägt links. *(Buchtitel Lafontaine nach Rücktritt als Fin.-min. u. SPD-Vorsitzender)*

1997 Durch Deutschland muss ein Ruck gehen. *(Bundespräsident Herzog in „Berliner Rede")*

1989 Wir sind das Volk. *(DDR-Protestbewegung bei Demonstrationen)*
Wir sind ein Volk. *(DDR-Protestbewegung bei Demonstrationen)*
Den Sozialismus in seinem Lauf halten weder Ochs noch Esel auf. *(Honecker, SED-Gen.-sekr.)*
Wer zu spät kommt, den bestraft das Leben. *(Gorbatschow bei 40. Jahrestag der DDR)*
Jetzt wächst zusammen, was zusammengehört. *(Ex-B.-kanzler Brandt, SPD, nach Mauerfall)*

1985 Versöhnen statt spalten. *(Motto Johannes Rau, SPD, Min-präsident NRW, später B.-präsident)*

1986 Die Rente ist sicher. *(Arbeitsminister Blüm, CDU)*

1985 Der 8. Mai war ein Tag der Befreiung. *(B.-präsident v. Weizsäcker zum 40. J.-tag des 8.Mai 1945)*

1984 Entscheidend ist, was hinten rauskommt. *(B.-kanzler Kohl bei Pressekonferenz)*
Mit Verlaub, Herr Präsident, Sie sind ein Arschloch. *(Fischer, Grüne, zum B.-tagspräsidenten)*

1983 Macht Schwerter zu Pflugscharen! *(Losung der DDR-Friedensbewegung)*

1978 Frieden schaffen ohne Waffen. *(Losung der Friedensbewegung in der Bundesrepublik)*

1976 Freiheit statt Sozialismus *(Wahlkampfslogan der CDU)*

1975 Atomkraft? Nein danke *(Motto der Anti-Atombewegung)*

1971 Wir haben abgetrieben! *(Bekenntnis von mehr als 300 Frauen. Covertitel des STERN)*
1971 Mein Bauch gehört mir. *(Aktionsslogan von Studentinnen gg. Abtreibungsparagraph)*
1969 Wir schaffen das moderne Deutschland. *(Wahlkampfslogan der SPD)*
1969 Mehr Demokratie wagen. *(Bundeskanzler Brandt, SPD. Regierungserklärung SPD/FDP)*
1967 Unter den Talaren der Muff von 1000 Jahren. *(Transparent v. Studenten der Univ. Hamburg)*
1963 Ich bin ein Berliner. *(USA-Präsident Kennedy, Schlusssatz seiner Rede in Berlin)*
1961 Niemand hat die Absicht eine Mauer zu bauen. *(SED-Chef Ulbricht vor Mauerbau)*
1959 Überholen ohne einzuholen. *(DDR-Parole zum ökonomischen Wettbewerb mit der BRD)*
1957 Keine Experimente. *(Wahlkampfslogan der CDU)*
1957 Wohlstand für alle. *(Parole u. Buchtitel v. Wirtsch.-min.. Erhard, CDU, später Bundeskanzler.)*
1951 Von der Sowjetunion lernen, heißt siegen lernen. *(DDR-Parole)*
1949 Die Würde des Menschen ist unantastbar. *(Satz 1, Artikel 1, Grundgesetz der BRD)*
1948 Völker der Welt, schaut auf diese Stadt! *(Berliner B.-meister Reuter, SPD, Berlin-Blockade)*
1943 Wollt Ihr den totalen Krieg? *(NS-Propagandaminister Goebbels, Sportpalastrede)*
1939 Seit 5.45 Uhr wird zurückgeschossen. (*Hitler am Tag des Überfalls auf Polen. Radiorede)*
1932 Meine Ehre heißt Treue. *(SS-Wahlspruch auf Uniformkoppel)*
vor 1933 Führer befiehl! Wir folgen. *(NS-Ergebenheitsspruch gegenüber Hitler)*
1914 Ich kenne keine Parteien mehr, kenne nur noch Deutsche. *(Wilhelm II. bei Weltkriegsbeginn)*
1900 Pardon wird nicht gegeben, Gefangene werden nicht gemacht. *(Wilhelm II., sog. ‚Hunnenrede')*
1848 Proletarier aller Länder, vereinigt euch! *(Marx/Engels, Komm. Manifest. Schlusssatz)*
Ein Gespenst geht um in Europa – das Gespenst des Kommunismus *(dito, 1. Satz)*
1834 Friede den Hütten! Krieg den Palästen! *(Büchner: Titel des „Hessischen Landboten")*
1521 Hier stehe ich. Ich kann nicht anders. *(Luther, Reichstag Worms, 1547 hinzugefügt)*

Notwendige, aber keineswegs hinreichende pragmatische Rahmenbedingung, um zum salienten politischen Satz zu werden, ist die Prägung

- durch einen herausragenden politischen Akteur (Einzelner oder Gruppe)
- zu einem bedeutenden oder situationell ungewöhnlichen Thema
- in leicht erinnerbarer Formulierung.

Pragmatische,[3] semantische und syntaktische Struktur dieser Sätze stehen in engem Zusammenhang.

Zielsetzung dieses Beitrags ist es, zum einen die sprachlichen Charakteristika der spS herausarbeiten und damit linguistische Voraussetzungen für die Verankerung von Sätzen im kollektiven Wissen zu klären und zum anderen die Rolle der Sätze (1) in der primären Äußerungssituation und (2) als Element des kollektiven Wissens in den späteren Zitiersituationen zu verdeutlichen.

In methodischer Hinsicht werden Verfahren der empirischen Sozialwissenschaften und der linguistischen Hermeneutik kombiniert: (1) Korpusanalyse auf der Basis theoriegeleiteter Untersuchungskategorien mit quantitativer Auswertung und (2) Deutung und Einord-

[3] Der Begriff Pragmatik wird hier im Sinne der semiotischen Tradition verwendet: Lehre vom Verhältnis zwischen Zeichen und Zeichenbenutzern. Sie betrifft vor allem den Handlungs- und Situationsbezug von Sprache. (Die Grenze zur Semantik ist fließend)

nung unter dem Aspekt politischer und/oder kommunikativer Funktion und Relevanz. Die Methodenkombination ist gegenstandsadäquat, insofern der Gegenstand sich einerseits in quantitativ erfassbarer Weise ausprägt und andererseits als sprachliches Phänomen unter Bedeutungs-, Funktions- und Relevanzaspekten unhintergehbar des hermeneutischen Zugangs bedarf. (Zur linguistischen Hermeneutik vgl. Hermanns/Holly 2007)

2 Struktur und Gebrauch der spS in der Primärsituation

2.1 Die Untersuchungskategorien

Den theoretischen Hintergrund für die Auswahl der Untersuchungskriterien bildet das – im Einzelnen keineswegs genaue – Wissen über die Abhängigkeit des (wörtlichen) Behaltens sprachlicher Daten von der Komplexität, der Relevanz, dem kommunikativen Modus und der rhetorischen Prägung der Daten. Operationalisiert wird dies in 13 Untersuchungskategorien, davon 7 syntaktische, 3 satzsemantische und 3 pragmatische:

syntaktisch: Wortanzahl (protosyntaktische Kategorie)
Zahl der Satzglieder
Satzkomplexität
Prädikatsverbkomplexität
Komplexität der nominalen Satzglieder
Fokus – Hintergrund (topic – comment)
Satzakzent
satzsemantisch: Propositionaler Gehalt: deontische Ladung
Geltungsmodus
Konfliktbezug
pragmatisch: Rhetorische Schemata (Figuren u. Tropen)
Illokutionen
Argumentativität

In den syntaktischen Kategorien wird primär Komplexität, in den satzsemantischen Kategorien primär Relevanz und in den pragmatischen Kategorien primär kommunikativer Modus und rhetorische Prägung erfasst. Im Folgenden werden die Ausprägungen dieser Kategorien im Korpus referiert.

2.2 Befunde[4]

Hier können nur die wichtigsten quantitativen und qualitativen Befunde dargestellt und anhand von Beispielen knapp erläutert werden. Aus den Befunden wird jeweils das kategorienspezifische Charakteristikum ermittelt.

[4] Alle Angaben erfolgen in absoluten Zahlen. Prozentzahlen lassen sich wegen des Korpus-Umfangs (50 spS) durch Verdoppelung leicht errechnen.

1) Wortanzahl

Die Anzahl der Wörter pro Satz liegt bei 2 bis 11. Mit 3 Wörtern scheint eine Grenze nach unten, mit 8 Wörtern eine Grenze nach oben zu bestehen: Während es nur je zwei Sätze mit 2 und 10 Wörtern und nur je einen Satz mit 9 und 11 Wörtern gibt, setzen die größeren Zahlen bei den Drei-Wortsätzen einerseits (8) und bei den Acht-Wortsätzen andererseits (6) ein. Am häufigsten sind mit 13 Vorkommen die Vierwortsätze.

Charakteristikum: Der typische spS umfasst 3 bis 8 Wörter.

2) Satzglieder[5] pro Satz

33 spS weisen 3 Satzglieder auf. (*Das Herz schlägt links).* 12 spS umfassen 2 Satzglieder. Bemerkenswert ist, dass sich darunter 10 elliptische Sätze befinden (*Oben bleiben!)*, die bei Ausformulierung aller Elemente meist auf die wenig beliebte Anzahl von 4-6 Satzgliedern kämen.

Charakteristikum: Der typische spS umfasst drei oder – vor allem bei elliptischer Bildung – zwei Satzglieder.

3) Satzkomplexität

35 spS sind voll ausformulierte oder elliptische Einfachsätze. (*Das Herz schlägt links./Oben bleiben!*) Auch bei den restlichen spS spielt der Einfachsatz eine Rolle: 6 spS bestehen aus einem Einfachsatz-Paar. (*Hier stehe ich. Ich kann nicht anders.*) In 3 Fällen ist der Einfachsatz um eine Anrede erweitert. (*Mit Verlaub, Herr Präsident, Sie sind ein Arschloch*) Es finden sich nur 4 komplexe Sätze – allesamt Sätze mit Relativsatz. (*Jetzt wächst zusammen, was zusammengehört*)

Charakteristikum: Der typische spS ist ein Einfachsatz – ausformuliert oder elliptisch.

4) Prädikatsverbkomplexität

Wenn man die 6 Modalverben und 5 Kopulae, die man bei Ausformulierung elliptischer spS hinzufügen müsste, mitzählt, entfallen – wegen der 6 Satzpaare und der 4 Relativsätze – 60 Prädikatsverbkomplexe auf die 50 spS. 44 davon, also mehr als 70%, bestehen aus der einfachen Verbform (*Das Herz schlägt links*). Dem stehen lediglich 4 durch Passiv oder Perfekt verursachte Finita mit Auxiliar und ein Modalverbkomplex (*muss gehen*) als Ausnahmen gegenüber.

Charakteristikum: Der Prädikatsverbkomplex eines typischen spS besteht aus einer einfachen Verbform.

5) Komplexität der nominalen Satzglieder

33 spS enthalten ausschließlich nicht-erweiterte Nomina. (*Durch Deutschland muss ein Ruck gehen*) In den 17 übrigen spS sind die – weit überwiegend attributiven – Erweiterungen von Nomina einstellig. (*Der 8. Mai ist ein Tag der Befreiung*)

Charakteristikum: Die nominalen Satzglieder im typischen spS sind nicht erweitert.

6) Fokus – Hintergrund (topic – comment)

Beim Gros der spS liegt der Fokus auf Elementen des Prädikatskomplexes. In den 8 Fällen, in denen der Fokus auf dem Subjekt liegt, steht dieses qua Topikalisierung in Schluss-

5 Auch der Verbkomplex wird als Satzglied behandelt.

position. (*Unter den Talaren der Muff von 1000 Jahren*) Die 32 anderen Subjekte besetzen die Vorfeldposition und erfüllen topic-Funktion. (*Deutschland schafft sich ab*)

In 10 elliptischen Sätzen bleibt das Subjekt unausgesprochen und das Topic implizit. Für den Fokus bleibt da nur der ausformulierte Prädikatskomplex. (*Frieden schaffen ohne Waffen*)

Charakteristikum: In spS liegt der Fokus typischerweise auf Elementen des Prädikatskomplexes oder – in Ausnahmefällen – auf dem qua Topikalisierung in Schlussposition stehenden Subjekt.

7) Satzakzent

Der Satzakzent liegt in den insgesamt 56 Sätzen (6 der 50 spS sind Satzpaare) 36 mal auf dem letzten nominalen Satzglied (*Durch Deutschland muss ein* ***Ruck*** *gehen*) und 32 mal auf dem letzten Wort (*Wir haben* ***abgetrieben***). Darunter sind 23 Sätze, in denen beides zusammen fällt (*Friede den* ***Hütten****! Krieg den* ***Palästen!***). In lediglich 11 Fällen liegt der Satzakzent an anderer Stelle, insbesondere in Imperativsätzen (*Proletarier aller Länder,* ***vereinigt*** *euch!*)

Charakteristikum: Der Satzakzent eines spS liegt typischerweise auf dem letzten nominalen Satzglied und/oder auf dem letzten Wort.

8) Propositionaler Gehalt: deontische Ladung

44 spS enthalten Lexeme, die deontisch geladen sind, d.h., sie enthalten Wertungen mit intersubjektivem Geltungsanspruch. Manche sind je nach Epoche oder ideologischer Ausrichtung mal positiv mal negativ aufgeladen (*Krieg, Sozialismus*). Wir finden Hochwertwörter (*Demokratie, Würde des Menschen),* ressortspezifische Schlagwörter (*Waffen, Rente*) und Allgemeinsprachliches (*Mensch, Gespenst*). Sie werden hier meist in referierender Funktion verwendet und laden ebenso wie deontisch potente Prädikationen (*abtreiben, ein Arschloch sein*) die gesamte Proposition deontisch auf.
Die übrigen 6 spS sind keineswegs wertneutrale Feststellungen. Sie erhalten ihre normative Ausrichtung aus dem Kontextwissen der Beteiligten. (*Ich bin ein Berliner/Mein Bauch gehört mir*)

Charakteristikum: Der propositionale Gehalt typischer spS ist durch deontisch geladene Lexeme in Referenz- oder Prädikationsfunktion bestimmt.

9) Geltungsmodus

Im ganzen Korpus findet sich kein relativierendes oder abschwächendes Element: kein Konjunktiv, kein Modalverb (außer einmal bezeichnender Weise *müssen),* kein Modaladverb, keine Modalpartikel.

Charakteristikum: spS sind (typischerweise) apodiktisch formuliert und mit einem kategorischen Geltungsanspruch versehen.

10) Konfliktbezug

Gegner und/oder Gegenpositionen sind in fast allen spS des Korpus präsent. In 26 Fällen wird dieser Bezug sprachlich indiziert – explizit (*Freiheit statt Sozialismus*) oder per Präsupposition oder semantischer Implikation (*Seit 5.45 Uhr wird zurückgeschossen).* In knapp der Hälfte der Fälle (22) liefert kollektives Wissen der Zeitgenossen über den situativen Kontext den Konfliktbezug *(Ich bin ein Berliner*).

Charakteristikum: spS beinhalten den Bezug auf einen Gegner und/oder eine Kontraposition, größerenteils sprachlich indiziert, geringerenteils auf Kontextkenntnis beruhend.

11) Rhetorische Schemata

Die Rhetorik hat syntaktisch-topologische, semantische und pragmatische Schemata (bezeichnet als „Figuren" und/oder „Tropen") unter dem Aspekt der Wirksamkeit – und damit unter einer pragmatischen Perspektive – herausgearbeitet.

43 spS enthalten rhetorische Schemata, z.B. bekanntere wie Ellipse (*Oben bleiben*) und Metapher (*Ein Gespenst geht um in Europa – das Gespenst des Kommunismus*) und weniger bekannte (dazu Ottmers 1996: 155 ff.) wie Subiectio (*Atomkraft? Nein danke*) *und Obiurgatio (Mit Verlaub, Herr Präsident, Sie sind ein Arschloch*). 4 der verbleibenden Fälle zeichnen sich durch Lakonismus aus (*Die Rente ist sicher*). Obwohl nicht als rhetorisches Schema anerkannt, erkennen bestimme rhetorische Richtungen (insbesondere der sog. „Attizismus") den Lakonismus durchaus als wirkmächtig an.

Charakteristikum: Typischerweise enthalten spS rhetorische Schemata.

12) Illokutionen

Zahlreiche spS sind illokutionär mehrdeutig und/oder polyfunktinal. (*Ich kenne keine Parteien mehr, ich kenne nur noch Deutsche.* Dies ist gleichzeitig BEKENNTNIS, ZUSICHERUNG und indirekte MAHNUNG, einig zu sein.)

Nach der äußeren Form lassen sich die Sätze folgenden Illokutionsklassen zuordnen: 31 Assertiva (*Berlin – arm, aber sexy*), 10 Kommissiva, davon 9 Zusagen von Politikern an der Macht oder Wahlkämpfern (*Wir schaffen das moderne Deutschland*) sowie 9 Direktiva, 6 davon FORDERUNGEN von Unterdrückten oder Protestierenden (*Macht Schwerter zu Pflugscharen!*) Nicht nur die Direktiva enthalten Appelle, sondern vielfach auch Assertiva (*Deutschland schafft sich ab*) und Kommissiva, insbesondere Wahlslogans (*Keine Experimente*). So ergeben sich im Korpus 33 Appelle.

Charakteristikum: Der typische spS enthält einen Appell.

13) Argumentativität

SpS sind in Texte und Diskurse eingebettet, bei denen – von den vier Typen thematischer Entfaltung (deskriptiv, narrativ, explikativ, argumentativ)[6] – die argumentative Vernetzung dominiert. In 42 spS wird eine Position formuliert, die gleichzeitig der Legitimierung erwünschter oder der Delegitimierung abgelehnter Handlungen und/oder Einstellungen dient. Sie lassen sich sämtlich einem der für politische Argumentation charakteristischen Argumenttypen (Topoi)[7] zuordnen: 10 Argumente realisieren den Datentopos (*Wir haben abgetrieben*), 12 den Valuationstopos (*Berlin – arm, aber sexy*), 12 den Prinzipientopos (*Die Würde des Menschen ist unantastbar*) und 8 den Finaltopos (*Oben bleiben*)

Charakteristikum: Der typische spS beinhaltet eine argumentative Ausrichtung auf politisches Handeln.

[6] Brinker 1985, S. 59 ff.

[7] Vgl. Klein 2000, S. 626 ff.

Zusammengefasst ergibt sich: Der typische saliente politische Satz

- umfasst 3 bis 8 Wörter,
- umfasst drei oder – vor allem bei elliptischer Bildung – zwei Satzglieder,
- ist ein Einfachsatz – ausformuliert oder elliptisch,
- bildet den Prädikatsverbkomplex aus einer einfachen Verbform,
- bildet die nominalen Satzglieder ohne attributive oder sonstige Erweiterung,
- hat den Fokus auf Elementen des Prädikatskomplexes oder – in Ausnahmefällen – auf dem qua Topikalisierung in Schlussposition stehenden Subjekt.
- trägt den Satzakzent auf dem letzten nominalen Satzglied und/oder auf dem letzten Wort,
- verfügt, bedingt durch deontisch geladene Lexeme in Referenz- oder Prädikationsfunktion, über einen deontisch geprägten propositionalen Gehalt,
- ist apodiktisch formuliert und mit einem kategorischen Geltungsanspruch versehen,
- beinhaltet den Bezug auf einen Gegner und/oder eine Kontraposition – überwiegend sprachlich indiziert, ansonsten mit Hilfe von Kontextkenntnis erschließbar,
- enthält Formulierungen nach (mindestens) einem rhetorischen Schema,
- enthält einen direkten oder indirekten Appell,
- enthält eine argumentative Ausrichtung auf politisches Handeln.

Zwei Charakteristika werden in allen spS des Korpus realisiert (Fokus und apodiktischer Geltungsanspruch). Die geringste Häufigkeit weisen die sprachliche Indizierung des Konfliktbezugs (26), der Drei-Satzglieder-Umfang, die Beschränkung auf nicht-erweiterte nominale Satzglieder sowie der Appellcharakter (je 33) auf. 45 spS (= 90%) realisieren 9 bis 12 Charakteristika. (2 spS enthalten nur 8 und 3 alle 13 Charakteristika.)

Daraus lässt sich schlussfolgern: Die Chance, ein spS zu werden, besteht, was die sprachliche Struktur betrifft, vor allem bei Realisierung von mindestens 9 der 13 Charakteristika.

2.3 Ergänzung: die Kategorie Perlokution

Die Realisierung der pragmatischen Kategorie Perlokution ist eine Komplementärleistung von Emittent und Rezipient. Ob der Emittent mit seiner Äußerung z.B. jemanden MOBILISIERT, ist – anders als bei der Kategorie Illokution – der Äußerung nicht inhärent. Es handelt sich um eine Wirkung der Äußerung, für deren Zustandekommen Bedingungen auf Seiten des Rezipienten eine mindestens so entscheidende Rolle spielen wie die Wirkabsicht (perlokutionäre Absicht) des Emittenten. Daher ist die Kategorie Perlokution nicht in den Katalog der spS-inhärenten Untersuchungskategorien aufgenommen worden, sondern wird hier ergänzend behandelt.

Es ergibt sich kein einheitliches Bild. Zahlreiche Wirkabsichten sind erkennbar: BEGEISTERN, BESTÄRKEN, BEKEHREN, BELEIDIGEN, BERUHIGEN, BEWUSST MACHEN, GEGNER DAS FÜRCHTEN LEHREN, IRRITIEREN, MOBILISIEREN, MUT MACHEN, NACHDENKLICH STIMMEN, PLAUSIBEL MACHEN, PROVOZIEREN, ÜBERZEUGEN.

Auf einer abstrakteren Stufe verteilt sich das Gros auf vier perlokutionäre Haupttypen:

- historische Einschnitte markieren und bewusst machen (12)
- mit unbequemen Botschaften überzeugen (15)

- positive Emotionen wecken (17)
- Menschen in großer Zahl mobilisieren (15).

3 SpS als Bestandteil kollektiven Wissens: Dimensionen des Gebrauchs

Wir konzentrieren uns nun auf die Frage: Was geschieht mit dem Satz als Teil des kollektiven Wissens und – zunächst – wie kommt es dazu? Als „Wissen" werden dabei verfestigte kognitive Bestände, einschließlich normativer Überzeugungen verstanden, und als „kollektives Wissen" solches Wissen, das zumindest unter politisch Interessierten weit verbreitet oder Allgemeingut ist.

3.1 Genese des spS: von flüchtiger Performanz zum sprachlichen Schema für kollektives Wissen

Die typische Genese eines spS umfasst bis zu vier Stadien:
1) Ein herausragender Akteur äußert einen pointiert formulierten Satz in einem relevanten Situationskontext, meist akzentuiert durch Platzierung o.Ä.
2) Medien zitieren den Satz herausgehoben, z.B. als Schlagzeile, und tragen ihn breit weiter.
3) Der Satz wird zum Bezugspunkt politischer Auseinandersetzungen, zum Bestandteil institutioneller Arrangements und/oder zum narrativen Stereotyp und damit zum Bestandteil kollektiven Wissens.
4) Der Umgang mit dem Satz überspringt Generationsgrenzen. Er verankert sich im kollektiven Gedächtnis.[8]

Damit spS sich im kollektiven Wissen und eventuell im kollektiven Gedächtnis halten können, bedarf es wiederkehrender Präsenz in den prägenden Medien.

In ihrer Entstehungssituation sind psS wie jeder andere Satz auf das kollektive Wissen der jeweiligen Kommunikationsteilnehmer angewiesen, damit sie überhaupt gebildet und verstanden werden können. Aber sie selbst gehören noch nicht zum kollektiven Wissen. Sie sind noch reine Performanzphänomene. Aber anders als unzählige andere Sätze gehen sie dann nicht als einmalige Performanzereignisse unter. Sie schaffen es in einem Maße zitiert und kommentiert zu werden, dass sie schließlich selbst Teil des kollektiven Wissens werden.

Der Satz ist nun von der Bindung an die Einmaligkeit und Komplexität seiner Entstehungssituation gelöst und gerät in immer neue Performanzen. Darin kommen Entstehungssituation und Ursprungskontext nicht mehr als komplexer realer Vollzug vor, sondern als hoch selektiver Wissensbestand, vielfach reduziert auf wenige typisierte Elemente.

Der Satz ist vom singulären performativen Ereignis zum „type", zum kollektiven Gebrauchsschema für die Generierung weiterer performativer Ereignisse („tokens") geworden. Die Lösung von seiner ursprünglichen Textumgebung hat aus ihm einen „Zitiertext" gemacht,[9] der auch als Textbaustein für neue Texte zur Verfügung steht.

Der Schemacharakter der spS bedeutet nicht, dass das darin repräsentierte Wissen unverändert bleibt. Vor allem bei grundlegenden Änderungen historischer Perspektiven kann

[8] Zum Begriff „kollektives Gedächtnis" siehe Erll 2005.
[9] Zur Kategorie „Zitiertext" siehe Fix 2009.

sich insbesondere die normative Komponente ändern, ja in ihr Gegenteil umschlagen. Man denke etwa an den Satz. *Führer befiehl, wir folgen* vor 1945 und nach 1945.

Die Reduzierung der Komplexität der Entstehungssituation vollzieht sich sprachlich vor allem dadurch, dass aus einem häufig sehr umfangreichen Text- oder Diskursganzen ein einziger Satz herausgegriffen und fokussiert wird.[10] Das ermöglicht überhaupt erst seine Selbständig-Werdung. Zuweilen setzt sich die Reduzierung sogar im Satzinneren fort. Manche Sätze sind nämlich in der Zitierform gegenüber der Ausgangformulierung verkürzt. So lautet etwa die Originalformulierung in Reuters Rede während der Berliner Blockade 1948 nicht *Ihr Völker der Welt, schaut auf diese Stadt,* sondern *Ihr Völker der Welt, Ihr Völker in Amerika, in England, in Frankreich, in Italien, schaut auf diese Stadt.*

Solche Verkürzungen dürften zunächst der leichteren wörtlichen Erinnerbarkeit und der besseren Eignung als Überschriftentext geschuldet sein. Gleichzeitig entlasten sie bei der Kontextualisierung aber auch von inhaltlichen Differenzierungen, die in der Ursprungssituation durchaus relevant waren. So war Reuters Adressierung an die gesamte Völkergemeinschaft vor allem eine rhetorische Geste. Politisch relevant und aktuell war 1948 das, was in der Zitierform ausgespart bleibt: nämlich die Aufforderung an die westlichen Siegermächte USA (*Amerika*), Großbritannien (*England*) und Frankreich, Berlin nicht preiszugeben. Die nämlich waren es, die am Tag der Rede wenige Kilometer entfernt im Kontrollratsgebäude in der Potsdamer Straße mit der SU, die sämtliche Zugangswege nach Westberlin abgesperrt hatte, über Berlin verhandelten.

3.2 Die Zitiersituation

Im Zitat ist der Zitierende der Emittent, ein sekundärer Emittent allerdings. Der primäre Emittent ist jetzt Figur in einer narratio. Die Narratio braucht nicht einmal ausführlich expliziert zu werden. Denn sekundäre Emittenten, z.B. Nachrichtenredaktionen, setzen bei ihren Lesern, Hörern oder Zuschauern – allesamt sekundäre Rezipienten – voraus, dass sie die Story kennen, zumindest rudimentär. Es handelt sich ja um kollektives Wissen, in dem es gerade der spS ist, der die Story präsent machen soll. Er fokussiert und symbolisiert den größeren Zusammenhang. Unter zeichentheoretischem Aspekt handelt es sich bei psS um Symptom- oder Index-Zeichen, die als pars pro toto für die ganze im kollektiven Wissen verankerte Story stehen.

Die gegenüber der Primärsituation neue Kommunikationskonstellation hat erhebliche Auswirkungen auf den Sprechaktcharakter der Satze, vor allem auf ihre illokutionäre Rolle. ZITIEREN ist ein illokutionärer Akt. Als Zitate sind spS allerdings gleichzeitig Bestandteile anderer Illokutionen, insbesondere in folgender Weise:

Indem man zitiert, kann man ein Ereignis oder eine Entwicklung kommentieren, z.B. angesichts des Endes der DDR sarkastisch Honeckers *Den Sozialismus in seinem Lauf halten weder Ochs noch Esel auf.*

Indem man zitiert, kann man – pars pro toto – eine ganze Epoche oder eine Person charakterisieren, z.B. „Das war Nazi-Deutschland: *Führer befiehl, wir folgen.*"

Indem man zitiert, kann man den Erstemittenten identifizieren und etikettieren, z.B. „Herzog, das war doch der, der gesagt hat: *Durch Deutschland muss ein Ruck gehen.*"

10 Klaus-Peter Lange hat daher gesprächsweise den Vorschlag gemacht, die Sätze als „Focus-Sätze" zu bezeichnen.

Indem man zitiert, kann man, je nach Kotext oder Kontext, das zitierte bestätigen/unterstreichen/bestärken oder bestreiten/verneinen/verwerfen z.B. *Berlin – arm, aber sexy.*

Insgesamt überwiegen Illokutionen, in denen wertend Stellung bezogen wird – zum Zitierten, zum Erst-Emittenten und/oder mit Hilfe des Zitats gegenüber einem thematisierten Sachverhalt.

Von möglichen perlokutionären Wirkabsichten sei nur eine erwähnt: Rezipienten beeindrucken zu wollen durch historische Bildung, durch Schlagfertigkeit oder auch durch die Autorität des Zitierten.

3.3 Sprache und Bild

In der Ursprungssituation sind die meisten spS argumentativ vernetzt. Als zitierte Sätze jenseits des originären Vollzugs aber muss die Ursprungssituation zeichenhaft präsent gemacht werden – im wörtlichen Sinne repräsentiert werden. Das geschieht – übrigens nicht erst heute – gern durch eine Kombination von Sprache und Bild. Meine erste Begegnung als katholisches Kind mit Luther war z.B. ein alter Kupferstich: der Reformator in eindrucksvoller Pose vor einer Versammlung und darunter die Zeile: *Hier stehe ich. Ich kann nicht anders.* Vor allem seit es Laufbilder gibt, wird der kommunikative Modus der primären Performanz, hier insbesondere der argumentative Status, abgelöst durch den Status als Kristallisations- und Höhepunkt einer prominenten Story, präsentiert als multimodales Szenario. Das beginnt mit Wochenschaubildern von deutschen Soldaten, die die Grenzschanke zu Polen gewaltsam zur Seite schieben, dazu Hitlers Stimme aus dem Off : *Seit Fünfuhrfünfundvierzig wird zurückgeschossen.* Heute trägt der TV-Nachrichtensprecher die neuesten Meldungen über die Sarrazin-Debatte vor, während der Zuschauer zum wiederholten Mal die Szene sieht, in der Sarrazin bei der Buchpräsentation sein Konvolut mit dem Coversatz *Deutschland schafft sich ab* in die Kamera hält. Narratio und Szenario überlagern Argumentatio.

3.4 Deutungen und Einstellungen im Wissenskollektiv

Der Umgang mit einem spS ist in hohem Maße abhängig davon, ob das darin Angesprochene vom jeweiligen Wissenskollektiv kategorisiert wird

- als aktueller Konfliktpunkt, z.B. *Oben bleiben./Der Islam gehört inzwischen auch zu Deutschland./Deutschlands Sicherheit wird auch am Hindukusch verteidigt.*
- als dauernde Herausforderung oder iterativ auftauchende Frage – im politischen Bereich z.B. *Die Würde des Menschen ist unantastbar./Mehr Demokratie wagen./Die Rente ist sicher./Privat vor Staat* oder auch im Alltag, z.B. *Entscheidend ist, was hinten rauskommt./ Wer zu spät kommt, den bestraft das Leben.*
- als Vergangenes, z.B. *Hier stehe ich. Ich kann nicht anders.* (Luther)/*Ich kenne keine Parteien mehr, ich kenne nur noch Deutsche.* (Kaiser Wilhelm II)/*Führer befiehl, wir folgen.* (Nationalsozialisten)/*Von der Sowjetunion lernen, heißt siegen lernen.* (SED) Die Kategorisierung als „Vergangenes" ergibt sich vor allem dann, wenn es die Referenzobjekte des spS nicht mehr gibt und, linguistisch gesprochen: wenn die Existenzpräsuppositionen – hier etwa für als das jeweilige *ich* (Luther, Wilhelm II), für *Führer* und für *Sowjetunion* – nicht mehr gelten oder auch wenn Normen und Maximen obsolet geworden sind,

z.B. der Wahlspruch auf der Koppel der SS-Uniform *Meine Ehre heißt Treue* oder Roman Herzogs ‚neoliberal' gemeinter Appell *Durch Deutschland muss ein Ruck gehen.*
- als Sonstiges, z.B. als eher unterhaltsames Kuriosum wie *Joschka Fischers* Zuruf an den amtierenden Bundestagspräsidenten Richard Stücklen *Mit Verlaub, Herr Präsident, Sie sind ein Arschloch.*

Zu welcher Kategorie ein spS gehört, ist natürlich in hohem Maße vom historischen Zeitpunkt der Zitiersituation abhängig. Ich habe bei der Zuordnung der Beispiele 2011, unsere derzeitige Gegenwart, zugrunde gelegt. Würde man z.B. die deutsche Gesellschaft 1984 zugrunde legen, so würde Joschka Fischers *Mit Verlaub, Herr Präsident, Sie sind ein Arschloch* im kollektiven Wissen der damals politisch Interessierten nur sehr partiell als unterhaltsames Kuriosum kategorisiert werden, sondern vor allem als Höhepunkt mehrerer parlamentarischer Tabu-Brüche der ersten Bundestagsfraktion der Grünen und damit als aktueller Konfliktpunkt.

Vor allem bei spS, die aktuelle Konfliktpunkte markieren, bedeutet kollektives Wissen im Sinne weit verbreiteter Kenntnis des Satzes keineswegs eine homogene, konsensuale Einstellung. Oft ist es ja gerade die Brisanz oder Strittigkeit des Satzes und/oder seines Erst-Emittenten, die ursächlich für seine Salienz sind. Ähnliches gilt für spS, die sich auf politische Dauerprobleme beziehen.

Homogene Einstellungen finden sich – zumindest in Deutschland – vor allem dort, wo spS sich auf Vergangenes beziehen und Teil des kollektiven Gedächtnisses geworden sind, das gilt bei den Sätzen unseres Korpus insbesondere für Wilhelm II. und seine beiden Sprüche sowie für die prominenten Nazi-Sätze und deren Emittenten. Gleichzeitig sind dies Beispiele dafür, wie die Bewertung von spS sich durch historische Umbrüche ins Gegenteil verkehren kann.

3.5 SpS im kollektiven Gedächtnis

SpS sind im kollektiven Gedächtnis verankert, wenn ihre Tradierung mindestens eine Generationsgrenze überwunden hat. Wir finden sie – vielfach in Sprache-Bild-Kombinationen – an charakteristischen medialen Orten, insbesondere in

- TV-Dokumentationen
- geschichtspädagogischen und populärwissenschaftlichen historischen Texten
- Gedenkstätten
- Reden und Schrifttexten zu Gedenk- und Jahrestagfeiern
- Zitatensammlungen vom Duden-Band bis zu „Wikiquote" im Internet
- Gesprächsformen unterschiedlicher Art zum jeweiligen historischen Thema – von der Seminardiskussion bis zum gehobenen privaten small talk. (Im letzteren Fall kann es übrigens passieren, dass der historische Bezug verloren geht, etwa wenn jemand sich leicht ironisch aufspielt: *Ich stehe hier und kann nicht anders* und auf die Frage, von welcher Berühmtheit der Spruch denn stamme, einräumt, dass er das nicht wisse.)
- Internettexten – vom Forum-Beitrag, dessen Verfasser sich empört, die Mentalität des *Führer befiehl, wir folgen* herrsche heute immer noch, bis zur anonymen rechtsradikalen Site, in der der SS-Leitspruch *Meine Ehre heißt Treue* verteidigt wird.

Dass in dieser Liste TV-Diskussionen als erstes aufgeführt sind, hat auch einen persönlichen Grund. Auf das Thema spS und seine defizitäre Behandlung in der Politolinguistik hat mich nämlich eine TV Dokumentation über Wende und Mauerfall gebracht. Mir fiel auf, dass die verschiedenen Stationen des politischen Prozesses dort durch Kernsätze der wichtigsten Akteure markiert waren – von Ulbrichts *Niemand hat die Absicht eine Mauer zu bauen* bis zu Willy Brandts *Jetzt wächst zusammen, was zusammen gehört.* Diese Art der Gliederung war kein Unikat. Es ist ein beliebter Konstruktionstyp für Dokumentationen, sie durch Kernsätze zu gliedern.

Der Performanzstil beim Zitieren von spS fällt je nach Standpunkt, Anlass und Medium unterschiedlich aus. Da finden wir den rituell feierlichen Ton, etwa wenn in offiziellem Rahmen Richard von Weisäcker zitiert wird: *Der 8. Mai war ein Tag der Befreiung.* Umgekehrt hören wir beim Gedenkredner, der Göbbels' *Wollt Ihr den totalen Krieg* zitiert, den Sound tiefen Abscheus. Wer da den Ton nicht richtig trifft, muss mit Sanktionen rechnen, wie der ehemalige Bundestagspräsident Jenninger schmerzlich erfahren hat.

In Fernsehdokumentationen klingt es nüchterner. Dort wird der spS entweder als Schrifttext eingeblendet, durch einen Sprecher zitiert oder, wo es eine Aufnahme der Originalszene gibt, wird diese gern eingespielt. Vielfach lässt man den prominenten Satz unkommentiert für sich selber sprechen. Gleichwohl pflegt die Gesamtausrichtung der Dokumentation meist keinen Zweifel zu lassen, wie der Satz zu bewerten ist.

Gegenstände des kollektiven Gedächtnisses können auch Anlass für Witz und Kuriosität sein. Exemplarisch dazu ein eigenes touristisches Erlebnis: Einige Kilometer von Swapokmund, einer kleinen, von der deutschen Kolonialzeit gezeichneten Küstenstadt in Namibia, entfernt steht mitten in der Wüste ein stählernes Monstrum, das Wrack eines sog. Lokomobile, einer Kombination aus Lokomotive, Automobil und Straßenwalze aus der Kaiserzeit. Für die Durchquerung der Wüste gedacht gab das Gefährt nach wenigen Einsätzen den Geist auf. Dort steht es nun seit 1897. Die Swakobmunder haben es „Martin Luther" getauft und daran die Inschrift angebracht: *Hier stehe ich und kann nicht anders.*

3.6 spS in aktuellen politischen Diskursen

Anders als bei spS als Elementen des kollektiven Gedächtnisses ist es – zumindest derzeit – nicht möglich, eine auch nur annähernd vollständige Übersicht über die relevanten medialen Orte und Kommunikationstypen zu gewinnen, in denen spS als Elemente des aktuellen politischen Diskurses fungieren. Zu groß ist ihre Vielfalt. Darum soll hier lediglich auf einen ungewöhnlichen, in Deutschland bisher vielleicht singulären journalistischen Text verwiesen werden:

In der online-Ausgabe der FAZ (faz.net) vom 28.März 2011 destruiert der FAZ-Herausgeber Frank Schirrmacher unter der Überschrift „Die neun Gemeinplätze des Atomfreunds" die Palette der Sätze, mit der die Atomindustrie und ihre Unterstützer teils seit Jahren, teils als Reaktion auf Fukoshima versuchen, für Kernenergie und Kernkraftwerke zu werben – neun Sätze von *Deutsche Atomkraftwerke sind die sichersten auf der Welt* bis *Die Menschheit hat ganz andere Sachen überlebt, sie wird auch das* (Fukoshima, J.K.) *überleben.*[11] Schirrmacher geht die Redensarten und Slogans systematisch durch und entwertet sie, indem er irreführende Sprachstrategien und Implikationen aufdeckt. Diese Destruktion miteinander vernetzter phrasenhafter Sätze („Gemeinplätze"), die einen politischen Diskurs

[11] Ich danke Hildegard Gornik, die mich auf den Text und seinen Bezug zum Thema politisch saliente Sätze aufmerksam gemacht hat.

prägen, könnte (und sollte aus politolinguistischer und sprachkritischer Sicht) modellbildend für eine neue diskurskritische Variante der Textsorte Kommentar werden.

Erweitert man den Blick vom Umgang mit spS in der einzelnen Zitatsituation, im Einzeltext oder im einzelnen Medienformat auf Diskurse und gesellschaftsweite Debatten, so fällt auf, dass manche Debattenverläufe durch die Kreation von Sätzen, die sich schnell im kollektiven Wissen verankern, geradezu gegliedert werden. In Deutschland haben wir das soeben (2010/2011) erlebt. Jahrelang war es um das Thema Migration ziemlich ruhig in Deutschland. Da erschien im Herbst Thilo Sarrazins provokantes Buch *Deutschland schafft sich ab* und prägte die hoch kochende Debatte – bis Bundespräsident Wulff in der Rede zum Tag der deutschen Einheit am 3. Oktober 2010 den Satz äußerte *Der Islam gehört inzwischen auch zu Deutschland.* Sogleich bestimmte dieser Satz die öffentliche Diskussion. Als es nicht nur einhellige Zustimmung für Wulff gab, z.B. indem auf menschenrechtswidrige Praktiken in muslimischen Ländern im Umgang mit Christen und dem Christentum hingewiesen wurde, nutzte Wulff die Gelegenheit eines Türkei-Besuchs, um im dortigen Parlament – in unmissverständlicher Anspielung auf seinen Satz vom 3. Oktober – den für viele Türken kritischen Satz zu sagen *Das Christentum gehört zweifelsfrei zur Türkei.* Damit schaffte es Wulff, der auch in seriösen Medien sich abzeichnenden Verengung auf die populistischen Alternativen ‚Deutsche Politiker schauen weg, wenn es um Negatives bei Türken und/oder Muslimen geht' versus ‚Wir Deutsche sind in der Bringschuld, wenn es um Integration von Zuwanderern geht' erfolgreich entgegenzuwirken. Als dann im Frühjahr Hans-Peter Friedrichs (CSU) Innenminister wurde, schlug er bei seiner ersten Pressekonferenz ein neues Kapitel der Integrationspolitik auf, indem er, ohne Wulf zu nennen, dessen Islamsatz attackierte. In der Zitierform in den deutschen Medien wird der Satz bis heute zumeist als grammatisch punktgenaue Antithese zu Wulff formuliert: *Der Islam gehört nicht zu Deutschland.* Dabei hatte Friedrich viel umständlicher formuliert: *Aber dass der Islam zu Deutschland gehört, ist eine Tatsche, die sich aus der Historie nicht belegen lässt.*

Als dies dann durch die nordrheinwestfälische Landesregierung samt rot-grünen Regierungsfraktionen am 31. März durch einen Entschließungsantrag mit dem Kernsatz *Der Islam ist ein Teil von Nordrhein-Westfalen* konterkariert wurde, handelte es sich allerdings weniger um eine erneute diskursprägende Wende als um einen provinziellen Nachklapp.

In den Medien ging es weiterhin eher um Friedrichs Satz, mit dem der seine Duftmarke als neuer Innenminister gesetzt hatte. Das gilt auch für eine Karikatur in der Regionalzeitung „Aachener Nachrichten" vom 1. 4. 2011, die ich auch deswegen erwähne, weil sie ein weiteres Beispiel für witzigen Umgang mit spS ist – hier nun mit aktuellem Diskursbezug: Man sieht zwei benachbarte Imbissbuden, über der einen das Werbetransparent „Döner", über der anderen „Currywurst". Dem Mund des Currywurstverkäufer entfährt die Sprechblase: *Für die Tatsache, dass der Döner zu Deutschland gehört, gibt es keine historischen Belege.*

Die Karikatur ist ein Spiel mit Friedrichs Satz als Bestandteil kollektiven Wissens. Ein Karikaturist setzt immer voraus, dass das, was er karikiert, zum kollektiven Wissen seiner Leser gehört. Andernfalls könnte die Karikatur nicht verstanden werden.

4 Perspektiven

Ich bin am Ende der Tour d'horizon über die spS angekommen. Je mehr man in das Thema eindringt, umso größeren Forschungsbedarf und umso größere Forschungschancen vor allem für den linguistischen Nachwuchs sieht man. Drei Forschungsfelder seien zum Abschluss exemplarisch benannt:

- die Rolle von Sätzen, nicht nur salienten Sätze, im Rahmen von Diskursen sowohl typologisch als auch bezogen auf bestimmte Diskurse und Debatten
- die Geschichte bestimmter spS, ihre Verwendung, Deutung und Umdeutung im kollektiven Gedächtnis – eine Aufgabe vor allem für pragmatisch orientierte Sprachhistoriker
- linguistisch fundierte Sprachkritik an erfolgreichen spS und an Versuchen, Sätze als spS zu etablieren.

Literatur

Brinker, Klaus: *Linguistische Textanalyse*, Berlin 1985.

Erll, Astrid: *Kollektives Gedächtnis und Erinnerungskultur*, Stuttgart/Weimar 2005.

Fix, Ulla: *Zitier-. Reproduzier- und Mustertextsorten,* in: *Oberfläche und Performanz. Untersuchungen zur Sprache als dynamischer Gestalt,* hg. von Linke, Angelika/Feilke, Helmut, Tübingen 2009, S. 353-368.

Girnth, Heiko: *Sprache und Sprachverwendung in der Politik. Eine Einführung in die linguistische Analyse öffentlich-politischer Kommunikation,.* Tübingen 2002.

Hermanns, Fritz/Holly, Werner (Hg.): *Linguistische Hermeneutik*, Tübingen 2007.

Klein, Josef: *Komplexe topische Muster. Vom Einzeltopos zur diskurstyp-spezifischen Topos-Konfiguration,* in: *Topik und Rhetorik,* hg. von Schirren, Thomas/Ueding, Gert, Tübingen 2000, S. 623-649.

Klein, Josef: *Rhetorisch-stilistische Eigenschaften der Sprache der Politik*, in: *Rhetorik und Stilistik. Ein internationales Handbuch historischer und systematischer Forschung,* hg. von Fix, Ulla/Gardt, Andreas/Knape, Joachim, Berlin/New York 2009, S. 2112-2131.

Ottmers, Clemens: *Rhetorik,* Stuttgart/Weimar 1996.

Schröter, Melani/Carius, Björn: *Vom politischen Gebrauch der Sprache. Wort, Text, Diskurs,* Frankfurt a. M. 2009.

Frank Liedtke

Sprechakte und pragmatische Anreicherung

Nehmen wir an, jemand vollzieht einen Sprechakt:

(1) Ich bin ein Künstler.

Was (1) im pragmatischen Sinne bedeutet, ist abhängig von der kommunikativen Intention des Sprechers, der (1) äußert. Unter entsprechenden Kontextbedingungen, die naturgemäß bei Äußerungen eine zentrale Rolle spielen, verfolgt ein Sprecher mit (1) standardgemäß die Absicht, seinen Adressaten etwas mitzuteilen. Dies ist unter anderem am deklarativen Modus des geäußerten Satzes erkenntlich. Im Folgenden soll das, was Äußerungen im pragmatischen Sinne bedeuten, ihr *kommunikativer Gehalt* genannt werden. Wir haben somit auf pragmatischer Ebene ein Analogon zum *propositionalen Gehalt* einer Äußerung, der ihre semantische Bedeutung kennzeichnet. Während der propositionale Gehalt in traditioneller Sicht durch die lexikalische Bedeutung der verwendeten Wörter und ihre Verknüpfung zu syntaktischen Einheiten bestimmt ist, lässt sich der kommunikative Gehalt einer Äußerung charakterisieren durch die illokutionäre Kraft des Sprechakts sowie weitere pragmatische Schlussprozesse (Implikaturen), die im Folgenden näher charakterisiert werden sollen.

So ist der propositionale Gehalt von (1) aufzufassen als Produkt des Referenzaktes (mittels des indexikalischen Ausdrucks „ich“) und des Prädikationsaktes (mittels der prädikativen Konstruktion „bin ein Künstler“, die aus der Kopula, dem unbestimmten Artikel und dem Nomen besteht). Der kommunikative Gehalt ist – unter der Annahme eines Standardkontextes – als assertiver Sprechakt aufzufassen, womit seine Beschreibung, wie wir sehen werden, allerdings nicht abgeschlossen ist. Zunächst jedoch noch eine Bemerkung zum propositionalen Gehalt: Um (1) vollständig interpretieren zu können, müssen wir über die Bedeutungszuschreibung hinaus noch den indexikalischen Ausdruck *ich* referenzieren, und dies können wir nur, wenn wir wissen, wer (1) geäußert hat. Das Kennzeichen indexikalischer Ausdrücke wie *ich*, *dort* oder *gestern* ist es, dass zu ihrer Interpretation Wissen über die Sprech- oder Schreibsituation notwendig ist, die Kenntnis der lexikalischen Bedeutung des Wortes also nicht ausreicht – sie sagt nur, dass der jeweilige Sprecher auf sich selbst referiert, wer auch immer das sei.

Ist die Äußerung soweit interpretiert, dann ist das erfasst, was wir den propositionalen Gehalt in traditioneller Sicht genannt haben. Durch H. P. Grice (1979) wurde diese Bedeutungsebene als *das Gesagte* charakterisiert. Zu seiner Bestimmung ist neben der Auflösung indexikalischer Ausdrücke die Vereindeutigung eventuell ambiger Ausdrücke notwendig. Bei Grice kommt das Beispiel des *Lasters* vor, was man einmal im Sinne eines Kraftfahrzeugs, einmal im Sinne einer schlechten Gewohnheit interpretieren kann (Grice 1979: 246). Schließlich müssen alle referierenden Ausdrücke, auch die nicht-indexikalischen, eindeutig zugewiesen werden können, damit klar ist, worüber gesprochen wird – damit also der Referenzakt gelingt.

Nimmt man zu dem genannten Eingangsbeispiel einen spezifischeren Kontext hinzu, so verändert sich die Lesart von (1).

(0) Lieben Sie die Musik von Richard Klayderman?
(1) Ich bin ein Künstler.

Auf den ersten Blick lässt sich (1) nicht auf die Vorgängeräußerung (0) beziehen, denn es war etwas völlig anderes erfragt, als in der Antwort angegeben ist. In einem zweiten Zugriff kann (1) durchaus als angemessene Reaktion auf die Frage beschrieben werden, nämlich dann, wenn man im Zuge der Interpretation über den propositionalen Gehalt, das Gesagte hinausgeht. Die intendierte Lesart von (1) lässt sich ungefähr so wiedergeben:

(1i) Die Musik von R.K. erfüllt künstlerische Ansprüche nicht. Also liebe ich diese Musik nicht.

Eine pragmatische Theorie hat den Übergang von (1) zu (1i) zu erklären, und zwar in allgemeinen Begriffen, die sich aus zugrunde liegenden Prinzipien des Sprachverhaltens herleiten lassen. Sie muss die Schlussprozesse, die bei der Entwicklung von (1i) aus (1) durchgeführt werden, explizit machen, wobei in diesem Verfahren das Prinzip der Zugänglichkeit zu beachten ist: Die angenommenen Schlussprozesse dürfen keine Propositionen enthalten, die an der Intuition der Sprecherinnen und Sprecher völlig vorbeigehen, das heißt, sie dürfen – positiv gesagt – nur solche Schritte enthalten, die den Sprachbenutzern zugänglich sind (s. F. Récanatis *accessibility principle*, 2004). Dieses Prinzip schließt aus, dass in der Ableitung des Gemeinten aus dem Gesagten Zwischenschritte angenommen werden, die sich zwar aus logisch-semantischen Regularitäten ergeben, aber für die Sprachbenutzer kontraintuitiv sind. Nehmen wir folgendes Beispiel:

(2) Alle kamen zur Party.
(2a) Alle Menschen der Welt kamen zur Party.
(2i) Alle Eingeladenen kamen zur Party.

(2a) ergibt sich zwar aus der Semantik des Allquantors in (2), es würde allerdings gegen Récanatis Zugänglichkeitsprinzip verstoßen, wenn man (2a) als Zwischenschritt in der aktuellen Verarbeitung der Äußerung durch die Adressaten annehmen würde. Kein Sprecher würde (2a) als Proposition akzeptieren, die in der Erschließung von (2i) eine Rolle spielt.

Kommen wir zur Äußerung (1) zurück. Sie ist wie gesagt im Zusammenhang mit der Frage (0) zunächst irrelevant. Die Rezipienten belassen es allerdings nicht bei der offenkundigen Irrelevanz des Beitrags, sondern sie nehmen an, dass er sich unter einer anderen Interpretation als relevant erweist. Grundlage für die relevanzwahrende Uminterpretation ist das allgemeine Prinzip der Kooperation, das von H.P. Grice formuliert wurde:

„Mache deinen Gesprächsbeitrag jeweils so, wie es von dem akzeptierten Zweck oder der akzeptierten Richtung des Gesprächs, an dem du teilnimmst, gerade verlangt wird.“ (Grice 1979: 248)

Von diesem Prinzip leiten sich vier Maximen ab, die in der Prämissenmenge pragmatischer Inferenzen auftreten können und sich so paraphrasieren lassen:
- Vermeide Weitschweifigkeit (Quantität)
- Lüge nicht und vermeide leichtfertige Behauptungen (Qualität)
- Vermeide Themenverfehlung (Relevanz)
- Vermeide Unverständlichkeit (Modalität). (s. Grice 1979: 249 f.)

Das Kooperationsprinzip und die hieraus resultierenden Maximen sind normativ formuliert, aber sie sollten nicht nur als Anweisungen für angemessenes Kommunizieren gelesen werden. Ihre Hauptrolle spielen sie als Teil der Prämissenmenge pragmatischer Inferenzen insofern, als ihre Erfüllung unterstellt wird, auch wenn der spontane Eindruck ein anderer ist. In dieser Perspektive können pragmatische Schlussprozesse als abduktive Schlüsse im Sinne von Peirce aufgefasst werden (s. Peirce 1932, Levinson 2000). Am genannten Beispiel lässt sich dies demonstrieren:

(0) Lieben Sie die Musik von Richard Klayderman?
(1) Ich bin ein Künstler.

(1) verletzt offenkundig die Maxime der Relevanz, denn es ist *prima facie* kein erkennbarer Bezug zur Frage (0) herzustellen. Es wird jedoch angenommen, dass sich die Äußerung von (1) in Übereinstimmung mit dem Kooperationsprinzip bringen lässt, dass sich die Sprecherin oder der Sprecher also grundsätzlich kooperativ verhält. Unter Rückgriff auf diese allgemeine Annahme kann (1) so interpretiert werden, dass sich die Relevanz des Beitrags ergibt. Da (1i) eine Lesart darstellt, die sich in Übereinstimmung mit dem Kooperationsprinzip bringen lässt, kann sie als intendierte unterstellt werden. Sie wird von Grice als konversationelle Implikatur bezeichnet (s. Grice 1979; s. a. Liedtke 1995).

Der hier skizzierte Schlussprozess, der Äußerungen im Lichte einer allgemeinen Kooperationsunterstellung zu interpretieren erlaubt, weist das allgemeine Muster pragmatischer Interpretation auf. Die Unterstellung, dass allgemeine Prinzipien befolgt werden, erzwingt eine Interpretation des Einzelfalls, die mit diesem Prinzip in Übereinstimmung zu bringen ist. Da ein Verstoß gegen ein allgemeines Prinzip wie das Kooperationsprinzip nicht ohne weiteres angenommen werden kann, sind vermeintliche Maximen-Verstöße auf der Ebene der Einzeläußerung nur als scheinbare aufzufassen – was die Uminterpretation im Sinne einer KP-Übereinstimmung zur Folge hat.[1]

1 Es lässt sich im Rahmen der neueren Konstruktionsgrammatik ein ähnliches Verfahren beobachten, das als „coerce“ bezeichnet wird. Die Bedeutung lexikalischer Einheiten, die Teile einer grammatischen Konstruktion sind, wird unter dem Eindruck der globalen Konstruktionsbedeutung zugewiesen, auch wenn sie der lexikalischen Bedeutung entgegensteht. Das heißt, eine konstruktionskompatible Lesart wird „erzwungen“ (s. Diewald 2006, Michaelis 2004). Dieses Muster wird von Diewald selbst in Analogie zur Theorie der Implikaturen gesehen (s. ebd.).

An einem Dialogausschnitt lässt sich zeigen, dass Schlussprozesse dieses Typs als Interpretationsverfahren eine zentrale Rolle spielen. Es geht um ein Gespräch, das im Rahmen eines Projekts „Gespräche vor Kunst“ im Museum der bildenden Künste in Leipzig aufgenommen wurde.

```
287   S3:   vielleicht abschließend (-) gefÄllt euch das bild?
288   S2:   also irgendwie
289   S1:   also ich würds mir jetzt nich ins WOHNzimmer hängen.
290   S2:   jA genau sO nich;
291         man kann sichs mal irgendwo angucken vielleicht inner
            bAhnhofshalle oder so,
292         naja gut BAHNhofshalle NICH aber (-) weiß ich nich=
293         =aber (-) ich würds mir AUCH nich aufhängen
```

(Transkript 01.07.2009, Museum der bildenden Künste, Leipzig. Transkription: Janna Kadel)

Die Äußerung von S1 in Zeile 289 erscheint als Antwort auf die Frage in 287 nicht relevant, sie erhält ihre Relevanz erst auf der Ebene einer Implikatur auf der Basis der Relevanzmaxime:

> +> Ich würde das Bild nicht besitzen wollen/Ich würde es nicht jeden Tag sehen wollen/Es gefällt mir nicht.

Der kommunikative Gehalt der Äußerung in Zeile 289 ist somit als Ergebnis der Relevanzimplikatur aufzufassen. Es ist wichtig darauf hinzuweisen, dass es sich bei Implikaturen um ein Bündel von Lesarten handelt, die mehr oder minder gleichberechtigt nebeneinander stehen. Welche Lesart genau anzusetzen ist, kann nur unter Zuhilfenahme weiterer Kontextannahmen entschieden werden.

Eine weitere wichtige Eigenschaft von Implikaturen ist ihre Tilgbarkeit. Sie können durch *suspenders* zurückgenommen werden, ohne dass ein Widerspruch im strengen Sinne auftritt. Es unterliegt also der Autorität der Sprecherin, ob sie eine zugeschriebene Lesart akzeptiert oder aber negiert. S 1 könnte also im gegebenen Beispiel die Lesart *Es gefällt mir nicht* zurückweisen („… womit ich nicht sagen will, dass es mir nicht gefällt.“) Dies unterscheidet konversationelle Implikaturen von logischen Implikationen, die nicht ohne Selbstwiderspruch negiert werden können. (s. hierzu L. Horn 1989).

Wir haben bis hierher die klassische Version der Implikaturentheorie dargestellt.[2] Sie unterscheidet zwischen dem Gesagten im Sinne des explizit Kommunizierten – etwas ist gesagt, wenn eine wahrheitswertfähige Proposition (ein propositionaler Gehalt) vorliegt – und dem implizit Kommunizierten, das pragmatische Inferenzen auf der Basis allgemeiner Prinzipien umfasst (den kommunikativen Gehalt). Grice nannte diese Interpretationsebene partikularisierte konversationelle Implikatur. Partikularisiert ist sie deswegen, weil sie jeweils im Einzelfall eines kommunikativen Aktes entsteht, konversationell, weil zu ihrer Erschließung auf grundlegende Maximen und das Kooperationsprinzip zurückgegriffen

2 Auf die Diskussion von konventionellen Implikaturen gehe ich an dieser Stelle nicht näher ein. S. hierzu Kartunen / Peters 1979, Potts 2005.

werden muss. Wir haben es also mit einem dichotomischen Modell zu tun: Das Gesagte wird von der konversationellen Implikatur unterschieden, Ersteres der Semantik, Letztere der Pragmatik als Teildisziplin zugewiesen.

Vertreter neuerer Ansätze, die sich selbst als neo-gricesche oder post-gricesche Pragmatiker bezeichnen, haben bemerkt, dass diese Dichotomie nicht so sauber aufgeht, wie es den Anschein hat. Adressaten von Äußerungen machen auch bei der Ermittlung des propositionalen Gehalts wenigstens teilweise von pragmatischen Inferenzen Gebrauch. Sie bedienen sich des Kooperationsprinzips und der Maximen, wenn es darum geht, eine wahrheitswertfähige Proposition zu konstruieren, die in weitere Schlussverfahren zur Ermittlung von konversationellen Implikaturen erst eingehen kann. Grundsätzlich ist der propositionale Gehalt einer Äußerung durch die logische Form des Satzes unterdeterminiert, so dass er einem Prozess der pragmatischen Anreicherung unterzogen werden muss, damit ihm ein Wahrheitswert zugewiesen werden kann. Sehen wir uns das folgende Beispiel an:

(3) Möchtest du etwas essen?
(3a) Ich habe schon reichlich gefrühstückt.

Dies ist ein Standardbeispiel innerhalb der neueren pragmatischen Diskussion, an dem sich die Funktion der pragmatischen Anreicherung gut zeigen lässt. Dass der Ausdruck *ich* in (3a) zur Referenz auf den Sprecher verwendet wird, war schon von Grice innerhalb des Gesagten behandelt worden. Im Kontext der Frage (3) erhält die Antwort (3a) eine weitere Komponente, wodurch die Prädikation *habe ... gefrühstückt* auf einen bestimmten Zeitpunkt referenziert wird. Dieser Zeitpunkt liegt innerhalb desselben Tages, an dem die Äußerung getan wurde – und nicht etwa einen oder mehrere Tage früher. Es ist möglich, dies durch eine Hinzufügung explizit zu machen:

(3b) Ich habe *heute morgen* schon reichlich gefrühstückt.

Durch den zeitdeiktischen Ausdruck *heute morgen* sind Adressaten in der Lage, den Bezug auf denselben Tag, an dem die Äußerung vollzogen wurde, vorzunehmen. Es wird angenommen, dass im Zuge eines pragmatischen Schlussverfahrens (3a) genau im Sinne von (3b) interpretiert wird. Abhängig vom jeweiligen theoretischen Ansatz wird diese Inferenzleistung unterschiedlich benannt. John Perry fasste den angenommenen Zusatz *heute morgen* als unartikulierte Konstituente auf, als eine Konstituente also, die mitverstanden wird, ohne dass sie an der morphosyntaktischen Oberfläche des geäußerten Satzes erscheint (s. Perry 1998).[3] Dass diese Inferenz durchaus kontextabhängig ist, kann man erkennen, wenn das Beispiel leicht verändert wird.

[3] Es ging ihm allerdings um das Beispiel *Es regnet*, das als unartikulierte Konstituenten den Zusatz *hier* erhält. An diesen Vorschlag hat sich eine kontroverse Diskussion angeschlossen, in der einerseits die Annahme unartikulierter Konstituenten bestritten wird mit dem Hinweis, dass es sich um nicht geäußerte pronominale Elemente in der logischen Form des Satzes handele, die mit den Konstituenten der ausgedrückten Proposition korrelieren (s. Stanley / Szabo 2000), andererseits ihre Annahme aber verteidigt wird wie z. B von K. Bach (2000), Neale (2000) und vor allem Récanati (2002), der eine pragmatische, auf den Grundbegriffen der kontextuellen Sättigung und der freien Anreicherung beruhende Auffassung unartikulierter Konstituenten entwickelt.

(4) Kannst du ein Segelboot führen?

(4a) Ich bin schon gesegelt.

Hier ergibt sich die entsprechende Inferenz nicht, denn unser Hintergrundwissen sagt uns, dass man normalerweise täglich frühstückt, aber nicht unbedingt täglich segelt. Wir sehen also, dass das Hintergrundwissen (im Sinne von J. Searle 1982) eine entscheidende Rolle spielt bei den Schlussverfahren, die im Zuge der Interpretation vorgenommen werden. Selbst im Frühstücksbeispiel lassen sich Kontexte denken, in denen sich die Aussage *Ich habe schon gefrühstückt* als Bericht über eine Aktivität am Vortag auffassen lässt, etwa in Falle einer Genesungsphase nach einer Krankheit, während der der Befragte (noch) nicht unbedingt jeden Tag frühstückt. Dies zeigt, dass die Anreicherung, sei es nun in Gestalt einer unartikulierten Konstituente oder in anderer Form, nicht von der Bedeutung des Verbs *frühstücken* allein ausgelöst wird, sondern auf einem kontextbasierten Schlussprozess beruht.

Aufbauend auf der genannten Anreicherung können partikularisierte konversationelle Implikaturen erst vollzogen werden. Sie würde im Falle von (3b) lauten:

(3i) Ich möchte nichts essen.

Bezeichnenderweise ist diese Implikatur nicht möglich, wenn (3b) nicht aus (3) abgeleitet werden kann, denn man kann durchaus die Akzeptanz der Essenseinladung signalisieren, wenn man beispielsweise am Vortag gefrühstückt hat. Im Folgenden werde ich mich mit partikularisierten konversationellen Implikaturen zunächst nicht beschäftigen.

Um das Gesagte im vollumfänglichen Sinne rekonstruieren zu können, müssen Inferenzen der genannten Art berücksichtigt werden. Andernfalls ist es nicht möglich, der Äußerung einen propositionalen Gehalt zuzuweisen; es entsteht allenfalls ein propositionales Skelett.[4] K. Bach (1994) nennt diese Inferenzen Implizituren, also Schlüsse, die eine Verwandtschaft zu Implikaturen haben, sich aber von ihnen dadurch unterscheiden, dass sie das Gesagte determinieren helfen – während Implikaturen das Gesagte gerade voraussetzen. Mit dem Begriff der Implizitur wird also die genannte Dichotomie von Gesagtem und Gemeintem aufgebrochen zugunsten einer dritten Ebene, der pragmatischen Ebene des Gesagten. Während Bach der Ansicht ist, dass diese propositionalen Vervollständigungen zu dem gehören, was in der Äußerung implizit ist (es ist ja nicht „artikuliert"), gehen D. Sperber/D. Wilson (1986) einen Schritt weiter und fassen die anreichernden Inferenzen – die „dritte Ebene" – als Explikaturen auf, als Schlussprozesse, die das Gemeinte explizit machen. Dies beinhaltet die Auffassung, die unartikulierte Konstituente *heute morgen* gehöre zu dem, was in der Äußerung (3a) schon explizit enthalten sei, auch wenn es nicht wörtlich vorkomme. Sperber/Wilson vertreten somit, beispielsweise im Gegensatz zu Bachs Konzeption, einen anderen Begriff des Expliziten, der inferenziell erschließbare Anteile des propositionalen Gehalts als explizite Äußerungsbestandteile auffasst, und nicht nur solche, die auch in dem Satz artikuliert sind.

S. Levinson (2000) geht über die vorgestellten Ansätze insofern hinaus, als er in seinem Programm der „präsemantischen Pragmatik" die erforderlichen propositionalen Anreicherungen als generalisierte Implikaturen auffasst. Er unterscheidet also nicht, wie Bach, zwi-

4 zu diesem Begriff s. Bach (1994)

schen Implikaturen auf der einen Seite, also Schlussverfahren des kommunikativen Gehalts, und Implizituren oder (wie Sperber/Wilson) Explikaturen, die den propositionalen Gehalt betreffen, sondern er unterscheidet zu diesem Zweck zwei Typen von Implikaturen, die partikularisierten Implikaturen einerseits (als Schlussverfahren des kommunikativen Gehalts) und generalisierten Implikaturen andererseits (als Schlussverfahren des propositionalen Gehalts). Die Unterscheidung selbst ist natürlich von H. P. Grice eingeführt worden (s. Grice 1979). Generalisierte konversationelle Implikaturen, wie sie vollständig heißen (abgekürzt GKI) sind Standardimplikaturen, die mit dem Vorkommen bestimmter Wörter oder Wendungen verbunden sind. Sie entstehen *per default*, d.h., wenn keine Kontextinformation gegen ihren Vollzug spricht; sie entstehen nicht, wie die schon erwähnten partikularisierten konversationellen Implikaturen (PKI), erst dann, wenn Kontextinformationen (vermeintlicher Maximenverstoß etc.) für ihr Vorkommen sprechen. Als prominentes Beispiel für eine GKI lässt sich die Verwendung des unbestimmten Artikels nennen, der in der Regel Nicht-Besitz signalisiert:

(5) Aus einem Haus stieg weißer Rauch auf.

Durch die Verwendung von *einem* wird implikatiert (GKI), dass es sich nicht um das Haus des Sprechers/der Sprecherin handelt – eine im vorliegenden Beispiel nicht ganz unwichtige Inferenz. So überzeugend dieses Beispiel ist, so kann man Nicht-Besitz allerdings nicht als Bedeutungsmerkmal des unbestimmten Artikels *ein* repräsentieren, denn in manchen Fällen ist *ein* mit Besitz durchaus verträglich (Beispielsweise: *Ich habe eine Sonnenbrille verloren*). Dies spricht für den Status einer generalisierten – weil standardmäßig, allerdings nicht ausnahmslos entstehenden – konversationellen Implikatur.

Die Analyse pragmatischer Inferenzen im Sinne Levinsons, der zwischen GKI unterschiedet, die präsemantisch, also für den propositionalen Gehalt relevant sind, und PKI, die für den kommunikativen Gehalt einschlägig sind, wird nicht von allen Pragmatikern geteilt. Levinson argumentiert stark mit der Terminologie von Grice (1979), weshalb sein Ansatz dem neo-griceschen Paradigma zugewiesen werden kann. Andere Sprachtheoretiker lösen sich stärker von den Griceschen Kategorien und hinterfragen die Gricesche Unterscheidung von Implikaturentypen grundsätzlich. Zu ihnen gehört neben Sperber/Wilson auch F. Récanati. Um die theoretische Rekonstruktion der verschiedenen Ansätze nicht ausufern zu lassen, sei nur erwähnt, dass Récanati (2004) zwischen pragmatischen Sättigungen einerseits – die die semantische Determiniertheit der Proposition gewährleisten – und pragmatischen Anreicherungen im engeren Sinne unterscheidet, die als freie pragmatische Hinzufügungen im Rahmen des Gesagten zu konzipieren sind. Er geht soweit, Metaphern als Teil des Gesagten im Sinne einer freien Anreicherung aufzufassen.

Angesichts dieser terminologischen und konzeptionellen Vielfalt stellt sich die Frage, ob eine einheitliche Theorie dessen, was Levinson (2000) eine präsemantische Pragmatik genannt hat, aufgebaut werden kann. In der Tat gibt es sehr starke Hinweise darauf, dass eine solche Theorie möglich ist, denn die unterschiedlichen Ansätze weisen einen gemeinsamen Kerngedanken auf, der – wie so oft – am besten negativ zu formulieren ist: Eine rein auf der logischen Form des geäußerten Satzes beruhende Determination des propositionalen Gehalts ist in vielen Fällen nicht ausreichend, jedenfalls nicht in einer Weise, die einen Wahrheitswert zuzuordnen erlaubt. (3a) kann kontextabhängig entweder falsch sein, wenn S nicht am Tag der Äußerung gefrühstückt hat, oder wahr, auch wenn S nicht am Tag der

Äußerung gefrühstückt hat (Genesungsfall). Was benötigt wird, um die unterdeterminierte Proposition anzureichern, sind Inferenzen, die nicht-artikulierte Konstituenten hinzufügen, um das propositionale Skelett in Richtung einer Wahrheitswertfähigkeit zu einer vollgültigen Proposition aufzubauen.

Will man einen Eindruck vermitteln, welche Bandbreite dieses Verfahren hat, dann kann man folgende Beispiele, wiederum entnommen aus Levinson (2000: 117 f.), anführen:

Konjunktionale Stützung:

(6) Arno betätigte den Anlasser und der Motor sprang an.

In diesem Fall wird folgende Anreicherung vorgenommen, die mit dem von Levinson eingeführten Zeichen für GKI angezeigt wird (+>):

(6i) +> … und dann/und deswegen sprang der Motor an

Die konjunktionale Verknüpfung wird im Sinne einer zeitlichen Reihenfolge bzw. einer kausalen Verursachung interpretiert. Dieser Effekt tritt auch bei asyndetischer Verknüpfung ein (s. schon Atlas/Levinson 1981).

Konditionale Verstärkung:

(7) Wenn Darius kommt, dann gehe ich.
(7i) +> Nur dann, wenn Darius kommt, gehe ich.

Die Lesart (7i) ist aussagenlogisch nicht zwingend, denn das Konditional ist auch wahr, wenn der Sprecher geht, obwohl Darius nicht kommt. Dies ist allerdings mit (7) standardmäßig nicht gemeint, weswegen die entsprechende Anreicherung vorgenommen wird (zuerst formuliert in Geis/Zwicky 1971).

Kollektive Interpretation:

(8) Berto und Claudia haben sich ein Klavier gekauft.
(8i) +> … haben sich zusammen ein Klavier gekauft.

Man kann (8) entweder als Koordinationsellipse auffassen (Berto hat sich ein Klavier gekauft und Claudia hat sich …), oder man kann Berto und Claudia als koordinierte Subjekt-NP auffassen und somit die kollektive der distributiven Lesart vorziehen. Dies ist Gegenstand der Anreicherung in (8i) (zuerst in Harnish 1991).

Überbrückung:

(9) Sie fuhren nach München. Die Felder waren abgeerntet.
(9i) +> Sie fuhren durch eine Landschaft mit Feldern.

Hier wird eine ganze Proposition hinzugefügt, die als verbindendes Glied zwischen den artikulierten Propositionen fungiert (wodurch die definite NP *die Felder* im zweiten Satz, die schließlich auf bekannte Information hinweist, erst lizensiert ist). Die Annahme einer überbrückenden Proposition erklärt, wie Satzfolgen verarbeitet werden können, auch wenn bestimmte Zwischenglieder nicht realisiert sind. Sie werden von den Adressaten ad hoc konstruiert, um Kohärenz herzustellen. (Clark 1977)

Negative Verstärkung:

(10) Ich mag Elise nicht.
(10i) Ich hasse Elise.

Analysiert man (10) genauer, dann liegt ein weiter Skopus der Negation vor: Es ist nicht der Fall, dass die Sprecherin Elise mag. Diese Aussage wird verstärkt im Sinne eines engen Skopus: Es ist der Fall, dass die Sprecherin Elise nicht mag. Im erwähnten Gesprächstranskript aus dem Bildermuseum haben wir einen ähnlich gelagerten Fall (es geht um die Figuren auf dem Bild):

```
027    S2:    aber ich glaub eher NICH dass die betrUnken sind=
```

Die Negation des Einstellungsausdrucks *glauben* (Es ist nicht der Fall, dass ich glaube ...) wird verstärkt zur Negation des propositionalen Gehalts (Es ist der Fall, dass ich nicht glaube, ...) – auch dies ein Fall der Negationsverstärkung im Sinne Horns (1989).

Genitiv-Attribute:

(11a) Franziskas Katze
(11b) Franziskas Wohnung
(11c) Franziskas Verantwortung
(11d) Franziskas Theorie

Zwischen Genitiv-Attribut und Bezugsnomen ist eine Vielzahl von Beziehungen möglich. In (11a) geht es um ein Besitz-Verhältnis, in (11b) kann es auch ein Mietverhältnis sein. (11c) bezeichnet eine komplexere Zukommensrelation der Art, dass Franziska Verantwortung für etwas übernommen hat oder man ihr eine Verantwortung übertragen hat, in (11d) ist von Urheberschaft die Rede. Man kann die Liste beliebig verlängern und wird dann weitere Relationstypen zwischen Attribut und Bezugsnomen entdecken. Ballweg (1998) argumentiert dafür, dass man die Vielfalt attributiver Beziehungen im Fall des Genitivs nicht als semantisches Problem, sondern als pragmatisches auffasst, um eine Unüberschaubarkeit semantischer Bedeutungsaspekte zu vermeiden.

Die bisher genannten Beispielfälle lassen sich nach Levinson auf ein grundlegendes Prinzip der Informativität zurückführen, das aus dem zweiten Teil der Griceschen Quantitätsmaxime abgeleitet wurde („Sei nicht informativer als nötig"). Das Prinzip hat zwei Aspekte, einen sprecher- und einen adressatenorientierten Aspekt. Neben dem mit Grice übereinstimmenden sprecherorientierten Aspekt („Say as little as necessary", Levinson 2000: 114) ist für unseren Zusammenhang vor allem der adressatenorientierte Teil von Gewicht:

> „Amplify the informational content of the speaker's utterance, by finding the most specific interpretation, up to what you judge to be the speaker's m-intended point, ...Assume the richest temporal, causal and referential connections between described situations and events, consistent with what is taken for granted." (ebd.)

Dieses auch als „Enrichment rule" (ebd.) benannte Prinzip steuert die Interpretationen, die in den aufgeführten Beispielen als Verstärkung, Stützung oder Überbrückung bezeichnet wurden. In allen Fällen wird der artikulierte Gehalt der Äußerung angereichert, indem zusätzliche Information erschlossen wird, die das Geäußerte spezifizieren in Richtung dessen, was dem Sprecher als Gemeintes unterstellt werden kann („the speaker's m-intended point", s.o.).

Neben diesen Anwendungsfällen kann ein weiteres pragmatisches Anreicherungsphänomen genannt werden, das sich auf ein weiteres von Levinson eingeführtes Prinzip zurückführen lässt. Es sind die sogenannten skalaren Implikaturen:

Skalare Implikaturen:

(12) Als einige der eingeladenen Gäste erschienenen waren, begann Gerhard mit seinem Klavierspiel.
(12i) +> Als nicht alle der eingeladenen Gäste erschienen waren, ...

Die Quantorenausdrücke <alle, einige> bilden eine Skala <stark, schwach> in dem Sinne, dass der erstere Ausdruck der stärkere, der zweite der schwächere ist (s. Levinson 2000: 76). Gehören zwei Ausdrücke einer Skala im Sinne Horns an (einer sogenannten Horn-Skala), dann müssen sie derselben Wortart angehören und in einem gemeinsamen Wortfeld angesiedelt sein – d.h., Horn-Skalen kann man naturgemäß nicht mit Ausdrücken wie <hässlich, schnell> bilden, denn sie gehören zwar derselben Wortart der Adjektive, aber nicht demselben Wortfeld an (s. hierzu Horn 1989). Die entscheidende Eigenschaft von Horn-Skalen, die sie für pragmatische Anreicherungen unentbehrlich macht, besteht darin, dass man mit der Verwendung des schwächeren Ausdrucks negiert, dass man den stärkeren Ausdruck für zutreffend hält. Kurz gesagt: *einige* implikatiert *nicht alle*. Dies ist mit dem Beispiel (12) veranschaulicht worden: Wenn ich sage, dass *einige Gäste* erschienen waren, dann sage ich damit, dass *nicht alle Gäste* erschienen waren. Dass dies eine Implikatur ist, lässt sich wiederum an ihrer Tilgbarkeit zeigen: *Es waren einige, nein vielmehr schon alle Gäste erschienen.* Das heißt wiederum, dass die Horn-Skalen kein Element der konventionellen Bedeutung sind, sondern als (generalisierte konversationelle) Implikaturen aufzufassen sind (s. hierzu Levinson ebd.).

Für die Anwendung von Horn-Skalen ist nach Levinson ein anderes Prinzip verantwortlich, dass sich zwar auch aus der Quantitätsmaxime ableiten lässt, allerdings aus deren erstem Teil („Sei so informativ wie nötig"). Die für Horn-Skalen einschlägige Passage des Quantitäts- oder Q-Prinzips lautet:

„… if the speaker asserted *A(W),* where *A* is a sentence frame and *W* an informationally weaker expression than *S*, and the contrastive expressions <*S, W*> form a Horn scale … then one can infer that the speaker knows that the stronger statement *A(S)* … would be false.“ (Levinson 2000: 76)

Hier geht es um die Ausdrücke *W* (für *weak*) und *S* (für *strong*). Die Kernaussage ist, dass bei Verwendung des schwächeren Ausdrucks *W* die Aussage, die den stärkeren Ausdruck *S* enthalten würde, als falsch gilt. Horn-Skalen können für eine Reihe von Ausdruckspaaren angenommen werden, überdies müssen sie nicht nur aus zwei Gliedern bestehen. So sind Skalen mit Temperaturadjektiven möglich wie <heiß, warm, lauwarm, kühl>, die sich ebenso verhalten wie zweigliedrige Skalen: Mit der Verwendung eines schwächeren Ausdrucks wie *warm* wird implikatiert, dass eine Aussage, die das Adjektiv *heiß* enthält, falsch ist. Horn-Skalen sind also ein verbreitetes pragmatisches Phänomen, das in vielen Bereichen den Wortschatz einer Sprache sowie seine Verwendung strukturiert.

Abschließend soll ein grundsätzlicher Aspekt der Theorie der Anreicherung thematisiert werden, der unabhängig vom jeweils vertretenen Teil-Paradigma der neueren Pragmatik diskutiert werden kann. Die Frage ist, ob es einen stichhaltigen Nachweis dafür gibt, dass die Prozesse der pragmatischen Anreicherung des propositionalen Gehalts tatsächlich die Rolle spielen, die ihnen zugesprochen wird. Warum belässt man nicht alles beim Alten und beschränkt die Rolle der Pragmatik auf die Ebene der PKI, also auf einen Aspekt des kommunikativen Gehalts?

Es gibt eine Reihe von starken Argumenten dafür, dass pragmatische Prozesse für die Ermittlung des propositionalen Gehalts (über das „propositionale Skelett“ hinaus) entscheidend sind und es andernfalls zu seiner Unterdeterminierung kommt. Überzeugend ist hier vor allem der „Einbettungstest“, der zeigt, dass angereicherte Bedeutungsbestandteile eine konstitutive Rolle spielen bei der Ermittlung des Wahrheitswerts eines geäußerten Satzes. Man kann ihn an folgendem, von R. Carston übernommenen Beispiel gut demonstrieren (s. Carston 2002: 192):

(13) Der alte König starb an einem Herzinfarkt und die Republik wurde ausgerufen.
(13a) Die Republik wurde ausgerufen und der alte König starb an einem Herzinfarkt.

Es ist offenkundig, dass die Verknüpfung zu *und dann* und schließlich zu *infolgedessen* oder *deshalb* angereichert wird. Intuitiv verstehen wir in (13) das erste Konjunkt als Voraussetzung für das zweite („infolgedessen“) und in (13a) ebenfalls („deshalb“). Dieser Fall, den wir an einem anderen Beispiel schon behandelt haben (s. Beispiel 6) lässt sich durch den Einbettungstest als pragmatische Anreicherung des propositionalen Gehalts nachweisen, indem (13) oder (13a) als Vorderglied eines Konditionals eingesetzt wird:

(14) Wenn der alte König an einem Herzinfarkt stirbt und die Republik ausgerufen wird, dann ist Hans glücklich.
(14a) Wenn die Republik ausgerufen wird und der alte König an einem Herzinfarkt stirbt, dann ist Hans glücklich.

Wenn wir nicht unterstellen wollen, dass es sich bei Hans um einen gefühllosen Republikaner handelt, dann ist (14) wahr und (14a) falsch. In jedem Fall gibt es einen Bedeutungsunterschied. Wenn die Anreicherung zu *und dann*, und darauf aufbauend in einem zweiten Schritt zu *infolgedessen* und *deshalb* nicht relevant sein sollte für die Zuweisung eines Wahrheitswerts, dann dürfte dieser Effekt nicht auftreten. Damit, dass der Effekt nachweislich auftritt, ist gezeigt, dass offenkundig pragmatische Anreicherungen im propositionalen Gehalt angenommen werden müssen, weil sonst kontraintuitive Ergebnisse entstehen – (14) und (14a) hätten den gleichen Wahrheitswert, die gleiche propositionale Bedeutung, was nicht der Fall ist.

Zusammenfassend lässt sich sagen, dass die Theorie der pragmatischen Anreicherung Grices Unterteilung in das, was mit einer Äußerung gesagt wurde – die konventionelle Bedeutung der Ausdrücke einschließlich der Auflösung indexikalischer und ambiger Elemente und der Zuweisung von Referenten zu Ausdrücken – und in dasjenige, was mit ihm implikatiert wurde – indirekte Lesarten, Andeutungen, Metaphern etc. – hinter sich gelassen hat. Während in traditionell Griceschem Stil das Gesagte als Aufgabengebiet der Semantik, das Implikatierte als Gegenstand der Pragmatik ausgewiesen wurde, erwies sich diese Arbeitsteilung zunehmend als problematisch. Neben Searle (1982), der als einer der ersten auf den kontextbestimmten Charakter der wörtlichen Bedeutung eines Sprechakts hingewiesen hatte, entwickelten sich in schneller Folge Ansätze, die sich in größerem oder geringerem Abstand zu Grices Ansatz verstanden.

Während die post-griceschen Theorien sich teilweise als alternative Entwürfe zu Grices Implikaturentheorie verstanden (hier vor allem D. Sperber/D. Wilson, D. Blakemore, R. Carston und – in größerer Eigenständigkeit – F. Récanati), arbeiteten die neo-griceschen Ansätze (hier vor allem L. Horn und S. Levinson) mit den Kategorien von Grice selbst. Dies führte dazu, dass die gesuchte „dritte" Ebene zwischen logischer Form und konversationeller Implikatur terminologisch und kategorial unterschiedlich konzipiert wurde. Die Konkurrenz zwischen Entwürfen, die auf der einen Seite generalisierte konversationelle Implikaturen zur Charakterisierung dieser Ebene ansetzten (u.a. Horn, Levinson) und solchen Konzeptionen, die diese Terminologie vermieden und an ihre Stelle andere Begriffe setzten wie Explikaturen (Sperber/Wilson), Implizituren (Bach) oder pragmatische Sättigung als freie und Anreicherung als assoziative Prozesse (Récanati), ist nicht eindeutig entschieden. Berücksichtigt man experimentelle Studien, dann scheint sich eine stärkere Plausibilität zugunsten des Explikaturen-Ansatzes zu ergeben (s. Noveck/ Sperber 2007), allerdings gehen Studien mit einem anderen experimentellen Design durchaus auch in die Richtung des neo-griceschen Teilparadigmas (Garrett/Harnish 2007). Dies weist darauf hin, dass wenigstens zurzeit eine „Entscheidung" nicht möglich ist, sofern sie überhaupt angestrebt werden soll. Unabhängig von einer Entscheidung über das Für und Wider der Annahme von generalisierten Implikaturen ist klar geworden, dass pragmatische Prozesse zur Determinierung des propositionalen Gehalts unverzichtbar sind, so dass die vor mehr als zehn Jahren postulierte Annahme einer präsemantischen Pragmatik, die Levinson aufgestellt hatte, als bestätigt gelten kann.

Literatur:

Atlas, Jay/Levinson, Stephen: *It-clefts, informativeness, and logical form: radical pragmatics (revised standard version),* in: *Radical pragmatics*, ed. by P. Cole, New York (1981), p. 1-61.

Bach, Kent: *Conversational Impliciture*, in: *Mind and Language* 9 (1994), p. 124-162.

Bach, Kent: *Quantification, qualification, and context: A reply to Stanley and Szabo*, in: *Mind and Language* 15 (2000), p. 262-283.

Ballweg, Joachim: *Eine einheitliche Interpretation des attributiven Genitivs*, in: *Die Kasus im Deutschen: Form und Inhalt,* hg. von M. Vuillaume, Tübingen (1998), S. 153-167.

Blakemore, Diane: *Understanding Utterances*. Oxford 1995.

Carston, Robin: *Thoughts and Utterances. The Pragmatics of Explicit Communication*. Oxford 2002.

Clark, Herbert H.: *Bridging. Thinking: Readings in Cognitve Science,* ed. by P. Johnson-Laird/P. Wason, Cambridge 1977, p. 411-420.

Diewald, Gabriele: *Konstruktionen in der diachronen Sprachwissenschaft*, in: *Konstruktionsgrammatik, Bd. 1: Von der Anwendung zur Theorie*. Tübingen 2006, S. 79-103.

Geis, Michael/Zwicky, Arnold: *On invited inferences*, in: *Linguistic Inquiry* 2 (1971), p. 561-565.

Grice, Herbert Paul: *Logik und Konversation*, in: *Handlung, Kommunikation, Bedeutung*, hg. von G. Meggle, Frankfurt a. M. 1979, S. 243-265.

Garrett, Merill/Harnish, Robert M.: *Experimental pragmatics. Testing for implicatures*, in: *Pragmatics and Cognition,* 15 (2007) 1, p. 65-90.

Harnish, Robert M.: *Logical form and implicature*, in: *Pragmatics: A reader*, ed. by Steven Davis, Oxford 1991, p. 316-364.

Horn, Laurence R.: *A natural history of negation*, Chicago 1989.

Karttunen, Lauri/Peters, Stanley: *Conventional Implicature,* in: *Syntax and Semantics, Vol. 11: Presuppositions*, ed. by Oh, C./Dineen, D., New York 1979, p. 1-56.

Levinson, Stephen: *Presumptive Meanings. The Theory of Generalized Conversational Implicature*. Cambridge/Mass. 2000.

Liedtke, Frank: *Das Gesagte und das Nicht-Gesagte: Zur Definition von Implikaturen*, in: *Implikaturen. Grammatische und pragmatische Analysen*, hg. von F. Liedtke, Tübingen 1995, S. 19-46.

Michaelis, Laura A.: *Type shifting in construction grammar: an integrated approach to aspectual coercion*, in: *Cognitive Linguistics* 15 (2004), p. 1-67.

Neale, Stephen: *On being explicit: Comments on Stanley and Szabo, and on Bach. Mind and Language* 15 (2000), p. 284-294.

Noveck, Ira/Sperber, Dan: *The why and how of experimental pragmatics: the case of 'scalar inferences'*, in: *Pragmatics*, ed. by N. Burton-Roberts, Basingstoke 2007, p. 184-212.

Peirce, Charles S.: *Collected Papers of C.S.Peirce*. Vol. 2, Cambridge/Mass. 1932.

Perry, John: *Indexicals, contexts, and unarticulated constituents*, in: *Computing Natural Language*, ed. by Atocha Aliseda-Llera/Rob van Glabbeek/Dag Westerstahl, Stanford 1998, p. 1-11.

Potts, Christopher: *The logic of conventional implicatures*, Oxford 2005.

Récanati, François: *Unarticulated constituents*, in: *Linguistics and Philosophy* 25 (2002), p. 299-345.

Récanati, François: *Literal Meaning*. Cambridge 2004.

Searle, John R.: *Wörtliche Bedeutung*, in: Ders.: *Ausdruck und Bedeutung. Untersuchungen zur Sprechakttheorie*. Frankfurt 1982, S. 139-159.

Sperber, Dan/Wilson, Deirdre.: *Relevance. Communication and Cognition*. Oxford 1986.

Stanley, Jason/Szabo, Zoltan G., *On Quantifier Domain Restriction*, in: *Mind and Language* 15 (2000), p. 219-261.

ULLA FIX

Was macht eine kulturwissenschaftlich orientierte Textlinguistik aus? Überlegungen und Beispiele

Im Konzept der Tagung wurden neben anderen auch die folgenden Fragen gestellt:

1. Welche Besonderheiten hat die Kommunikation in unterschiedlichen Kulturkreisen und Kulturen?
2. Welche Schwierigkeiten können bei Sprechern aus unterschiedlichem kulturellem Milieu auftauchen?

Zur Beantwortung dieser Fragen der Veranstalter gehört es aus meiner Sicht auch, über einen kulturwissenschaftlichen Ansatz der Sprachwissenschaft nachzudenken und in diesem Kontext Texten – genauer gesagt: Textsorten – besondere Aufmerksamkeit zu schenken. Darauf will ich in folgenden Schritten eingehen. Erstens werde ich etwas zu meiner Vorstellung von Kultur und einer kulturwissenschaftlich orientierten Sprachwissenschaft sagen. Zweitens werde ich meine Auffassung von Texten als kulturellen Phänomenen darstellen. Drittens will ich wenigstens andeutungsweise zeigen, dass Texte, indem sie ein kulturelles Phänomen sind, zugleich auch interkulturell geprägt sind. Verstehensschwierigkeiten, die sich bei Sprechern aus verschiedenen kulturellen Milieus zeigen, kann es gerade im Bereich der Textsorten geben. Viertens soll es um das gehen, was, bezogen auf Texte, kulturwissenschaftlich noch zu tun ist.

1 Anmerkungen zu einer kulturwissenschaftlich orientierten Sprachwissenschaft

Ich vertrete nachdrücklich die Auffassung, dass wir eine kulturwissenschaftlich orientierte Sprachwissenschaft brauchen. Damit will ich nicht sagen, dass dies das einzige Verständnis von Sprachwissenschaft sein solle oder sein könne. Das wäre eine Reduktion und läge nicht in meinem Sinne. Ich meine aber, dass die Kulturperspektive in der Sprachwissenschaft ihren anerkannten Stellenwert – wieder – eingeräumt bekommen soll. Einen Stellenwert nämlich, den sie in der Vergangenheit fraglos gehabt hat, weil man sich dessen bewusst war, dass Sprache und ihr Gebrauch immer Hervorbringungen einer soziokulturell bestimmten Gemeinschaft sind. Die Spanne der kulturorientierten Betrachtung von Sprache in der Vergangenheit reicht von Wilhelm von Humboldts Vorstellung von Sprache als Ausdruck der Individualität einer Sprachgemeinschaft bis zu Hermann Pauls Auffassung von Sprachwissenschaft als Kulturwissenschaft. Heute hat sich eine kulturwissenschaftliche Sprachwissenschaft als Teildisziplin in Anfängen etabliert. Stellvertretend nenne ich Angelika Linke. Für sie besteht die Leistung von Sprache darin, „Medium symbolischer Schöpfung und Setzung“ (Linke 2003: 44) zu sein – „***ein***, vielleicht […] ***das*** zentrale Symbolisierungsmedium“, mit dem Menschen „in Symbolisierungsakten ihre Lebenswelt und ihr Verhalten zu dieser Welt“ (ebd.: 44; Hervorh. im Original) gestalten. „Die symbolisierende Kraft von Sprache“ wird dabei „sowohl auf der sprachsystematischen Ebene [...] als auch in den Formen und Mustern des Sprachgebrauchs“ verortet (ebd.: 44f.). In das sehr weite Spektrum der „Formen und Muster“ gehören selbst-verständlich die Textsorten. Sie sind Muster, die es Menschen ermöglichen, ihre Welt und ihr Verhältnis zu dieser Welt zu gestalten. Bausinger (1980a: 56) hat dies aus der Sicht der Volkskunde griffig die „ordnende Auseinandersetzung mit der Welt“ genannt. Die gegenseitige Bedingtheit von Sprache und Kultur ist bei allen genannten Entwürfen eine Grundannahme – natürlich unter jeweils ganz verschiedenen Umständen und Gesichtspunkten.

Diese Art von kulturwissenschaftlich orientierter Sprachwissenschaft reiht sich in kulturanalytische Ansätze ein, von denen es im 20. Jahrhundert bis zur Gegenwart viele gibt. Sie reichen von außerlinguistischen wie Kulturphilosophie, Kultursemiotik, Ethnographie, Wissenssoziologie, Systemtheorie und Konstruktivismus bis hin zu linguistischen wie Ethnographie der Kommunikation (Hymes, Gumberz), Ethnomethodologie (Garfinkel), Ethnomethodologische Konversationsanalyse (Sacks), Interaktionsanalyse (Goffman) etc. Vor allem die Auffassungen des Ethnologen Cliffort Geertz waren für die Sprachwissenschaft in der zweiten Hälfte des 20. Jahrhunderts von Bedeutung. Er betrachtet Kultur als „Bedeutungsgewebe“ und findet sie in allen symbolischen Handlungen des Menschen, natürlich auch in dessen sprachlichen.[1] Hier lässt sich eine Brücke zwischen den Disziplinen schlagen.

Was verstehe ich nun unter ‚Kultur'? Wir wissen, dass es *den* Kulturbegriff nicht gibt. Wie man ‚Kultur' definiert, ist u. a. durch die historische Situation, die jeweilige Sprachgemeinschaft, das aktuelle Erkenntnisinteresse bedingt. Auch für die Sprachwissenschaft ist Entscheidendes geschehen, als in der zweiten Hälfte des 20. Jahrhunderts in einem kulturgeschichtlich fälligen Schritt Kultur nicht mehr nur als Hochkultur akzeptiert wurde, sondern auch all das, was wir als Routinen der Alltagskultur kennen, in das Spektrum von Kultur aufgenommen wurde. Sobald Kultur nicht mehr nur als das Erhabene und Schöne gilt, sondern auch einbezogen wird, „was die Menschen in Konfrontation mit ihren Alltagsanforderungen geschaffen haben“ (Korff 1989: 18), wird der Sprachgebrauch insgesamt, wird vor allem der Umgang mit Texten, und zwar mit Texten aller Art, ein relevanter Untersuchungsgegenstand.

Wie wir wissen, gibt es über die angesprochene Trennung von Hoch- und Alltagskultur hinaus fast unübersehbar viele Kulturspezifikationen. Es ist tatsächlich unmöglich, aber meiner Meinung nach auch gar nicht nötig, auf einer einzigen, grundsätzlich gültigen Definition zu bestehen. Man muss sich vielmehr im konkreten Fall auf die Bestimmung einigen, die geeignet ist, die eigene Fragestellung gewinnbringend zu beantworten. Eine solche gegenstands-, d.h. sprachgebrauchsbezogene Kulturbestimmung will ich als erstes zu geben versuchen.

Ich vertrete mit meiner Vorstellung von Kultur einen lebensweltlichen Ansatz, unter dem all das gefasst wird, was Menschen in einer Gemeinschaft gemeinsam handelnd hervorbringen, um ihr Miteinander bewältigen zu können, gleich, ob es sich um Hervorbringungen der Hochkultur oder solche der Alltagskultur handelt. Das heißt: Zur Kultur gehö-

[1] Vgl. Linke 2009: 1132f.

ren alle die Prozesse und Artefakte,[2] die die Existenz einer Gemeinschaft erst ermöglichen,[3] „all jene Selbstverständlichkeiten des Denkens und des Sich-verhaltens (sic!) [...] die [...] das Leben ganz wesentlich konstituieren" (Bausinger 1980a: 65f.).[4] Einen solchen Fundus von Selbstverständlichkeiten bilden natürlich und an vorderster Stelle Sprache und Sprachgebrauch mitsamt dem kulturellen Wissen und den kulturellen Traditionen, die durch sie transportiert werden. Wörter, Wendungen und Textsorten sind ein Teil davon. Textsorten wie der Leitartikel einer Zeitung, die Predigt im Gottesdienst, der Witz am Stammtisch sind jeweils andere ordnende Zugriffe für jeweils andere Lebenssituationen mit jeweils anderen sprachlichen Bedingtheiten.

Damit bin ich von einem übersprachlichen Kulturbegriff zu einem sprachlich orientierten gekommen. Dessen Kern ist, dass Sprache nicht starr ist und nicht unabhängig von uns existiert, sondern dass die Mitglieder einer Gemeinschaft ihre Sprache im Gebrauch gemeinsam hervorbringen und nach Bedarf, immer in Bezug auf ihre Lebenspraxis, fortlaufend ändern.[5]

Was ist es nun, was die Mitglieder einer Kommunikationsgemeinschaft sprachlich hervorbringen? Es sind Angebote von Symbolisierungssystemen und von Formen, die eine Gemeinschaft entwickelt, um sich über ihre Probleme und Bedürfnisse verständigen zu können. Auf der einen Seite handelt es sich um Kognitives, nämlich um Wissens- und Bedeutungssysteme, d.h. an vorderster Stelle um das Sprachsystem.[6] Auf der anderen Seite geht es um Handlungsorientiertes, nämlich Muster: Formen, Routinen und Verfahren, die eine Gemeinschaft hervorgebracht hat, damit sie miteinander handeln und sich verständigen kann. Man kann kaum besser als an Textsorten mit ihren „ordnenden Zugriffen" und ihren Funktionen für die Lebenspraxis sehen, was Kultur als Prozess sozialen Handelns ausmacht. All dies macht deutlich, dass wir eine spezielle kulturwissenschaftlich orientierte Sprachwissenschaft tatsächlich brauchen.

2 Texte und Textsorten als kulturelle Phänomene[7]

Die Entscheidung für einen kulturwissenschaftlichen Ansatz fällt im Fall ‚Text' genau genommen schon mit der Wahl des Gegenstandes. Texte sind soziokulturelle Artefakte an sich, von der jeweiligen Kultur hervorgebracht und von ihr geprägt. Man kann sie nicht ohne Blick auf ihren kulturellen Zusammenhang herstellen und verstehen.

Selbst wenn man sich nur mit anscheinend rein innertextlichen Phänomenen wie Kohärenz und Kohäsion befasste, käme man am Kulturellen nicht vorbei. Das beginnt, auch wenn man es dort vielleicht am wenigsten erwartet, bei der Syntax. Ein Beispiel ist die

2 „Im Verhältnis von Kultur und Alltag ist Kultur nämlich nicht nur Bestimmungsfaktor des Alltags, sondern auch dessen Produkt. Kultur ist danach ein Prozess, den der Mensch ebenso vermittelt, wie der Mensch dadurch vermittelt wird" (Korff 1989: 18).

3 Antos und Pogner sprechen von Kultur als Prozess sozialer Konstruktion (2003: 396).

4 Bausinger vollständig: als „all jene Selbstverständlichkeiten des Denkens und des Sich-verhaltens (sic!) [...], die sich weder durch besondere Feierlichkeit noch durch Exklusivität auszeichnen, die aber das Leben ganz wesentlich konstituieren" (1980a: 66).

5 Vgl. Feilke 1996, 1998.

6 Vgl. Linke 2003.

7 Ich folge hier in Teilen meinem Aufsatz „Was ist kulturspezifisch an Texten? Argumente für eine kulturwissenschaftlich orientierte Textsortenforschung." Moskau. Im Druck.

Kategorie der Klammer des deutschen Satzes. Die Satzklammer wirkt, wann immer sie verwendet wird, wie eine visuelle Metapher (Agel 1999), hat also Mustercharakter. Die Untersuchung des Gebrauchs syntaktischer Mittel kann auf Präferenzen für bestimmte Textsorten hinweisen (Weinrich 1965). Weinrich zeigt an den Tempusregistern des Besprechens und Erzählens, dass sie textsortendominierend wirken können. Der Kulturbezug zeigt sich auch bei der Kohärenzherstellung. Wie man Zusammenhänge herstellt, ist, ob produktiv oder rezeptiv, immer an Welt-, d.h. Kulturwissen gebunden. Noch viel mehr liegt das auf der Hand bei der Betrachtung von Situationen und Intentionen von Texten, die sich im Wissen über Textsorten verfestigt haben. Dieses Wissen macht deutlich, welche Möglichkeiten der praktischen wie reflexiven Auseinandersetzung mit der Wirklichkeit im kommunikativen Bereich zur Verfügung stehen. Wer einen Text im Gebrauch verstehen will, muss den spezifischen ordnenden Zugriff kennen, der seiner Textsorte eigen ist. Genau genommen ist jeder Text in zweierlei Hinsicht kulturell.

Nicht nur, dass Texte kulturspezifisch verschieden geprägt sein können, sondern schon allein die Tatsache, dass Textsorten überhaupt existieren, ist ein kulturelles Phänomen. Es ist kulturell bedeutsam, dass Kulturgemeinschaften mit ihren Texten über Handlungsmuster verfügen, mit deren Hilfe sie auf die Wirklichkeit zugreifen, mit ihr zurecht kommen und sie gestalten können. Diese Muster existieren, wie schon beschrieben, gleichsam unhinterfragt – als Selbstverständlichkeit des Alltags mit ihrer typischen Form, mit ihrem vereinbarten Weltbezug und ihrer Funktion – immer gebunden an eine Gemeinschaft, so dass sich ihre Spezifik auch immer nur aus der Zugehörigkeit zu dieser Gemeinschaft mit ihrer bestimmten Kultur erschließen lässt.[8] Befasst man sich mit Textsorten theoretisch wie praktisch, ist das Wissen um deren grundsätzlich kulturellen Status die Voraussetzung.

Denkt man sich nämlich versuchsweise die Existenz von Textsorten einmal weg, wird klar, dass wir Gefahr liefen, handlungsunfähig zu sein, hätten wir diese meist unhinterfragt hingenommenen Muster nicht. Die folgenden drei Beispiele können das veranschaulichen:

1. Wie gingen wir mit Emotionen um, wenn es nicht verschiedene Arten von Texten gäbe, die seelische Entlastung und soziale Kontakte ermöglichen? Wie z.B. die Glückwunschkarte und die Kondolenzkarte, den Liebes- und den Abschiedsbrief. Solche Texte dienen der mental-reflexiven emotiven Bewältigung von Lebenssituationen. Auf eine andere Weise und zum Ausdruck vieler verschiedenartiger Gefühle leisten dies z.B. auch literarische und religiöse Texte.
2. Wie lösten wir praktische Probleme wie z.B. das der Information ohne Textsorten? Die Möglichkeiten, die uns qua Text zur Verfügung stehen, reichen vom Zeitungsbericht über Fernsehnachrichten hin zu allen Möglichkeiten der elektronischen Medien. Ohne sie kämen wir nicht aus.
3. Wie gelangten wir zu wissenschaftlichen Erkenntnissen und dem Austausch darüber, wenn wir nicht Textmuster mit ihren Gestaltungs- und Verbreitungsformen hätten wie z.B. den wissenschaftlichen Zeitschriftenaufsatz, die The-

[8] Hermanns (1999: 353) erörtert das: Jegliche Identität ist kulturell, d.h. kulturell konstituiert. Anders geht es gar nicht. Aus dieser Tautologie kommt man heraus, wenn man sich klar macht, dass uns am Kulturellen in der Regel die Zugehörigkeit zu einer bestimmten Kultur interessiert, dass wir das Kulturelle danach bestimmen.

sen zu einer wissenschaftlichen Arbeit, das Abstract, die Monographie, die von Adamzik (2001) so genannte „Basisliteratur“: Übersichtsdarstellungen, Einführungen, Lehrbücher. Alle diese Beispiele sind Textsorten, die der mental-reflexiven rationalen Auseinandersetzung mit der Wirklichkeit dienen und unentbehrlich sind.

In allen drei Fällen – reflexiv-emotive, praktisch ordnende und reflexiv-rationale – Auseinandersetzung mit der Welt – geht es um die kulturelle Formung der Lebensbewältigung mithilfe von Texten. Alle Textsorten/Gattungen, die eine Gesellschaft hervorgebracht hat, haben ihren Sinn und ihre Berechtigung in ihrer Form von Lebensbewältigung. Sobald es einen Bedarf nicht mehr gibt, verschwindet die Textsorte. Soweit zum kulturellen Charakter von Texten überhaupt.

3 Texte und Textsorten im interkulturellen Vergleich

Über die Tatsache hinaus, dass Textsorten überhaupt existieren, ist natürlich von Belang, dass sie kulturspezifisch geprägt sind. Sie sind wie andere Routinen des Handelns auch als Übereinkünfte innerhalb ihrer Kulturgemeinschaft anzusehen. Was in der einen richtig und angemessen ist, muss es nicht auch in der anderen sein.[9] Welche Textsorten einer Gemeinschaft zur Verfügung stehen und welche nicht und wie die vorhandenen beschaffen sind, ist Ausdruck ihrer speziellen Kultur.

Wir kennen den Fall, dass es eine Textsorte zwar in der einen, nicht aber in der anderen Kultur gibt. Nehmen wir als Beispiel die scheinbar banale Textsorte *Leserbrief*. Sie hat ihre Heimat in der bürgerlichen Presse als Mittel des „kleinen Mannes“, des „Nichtentscheidungsträgers“, sich an der Herausbildung und Artikulation der öffentlichen Meinung zu beteiligen. Mit Bezug auf Kleins (2000) vorgestellte Typologie politischer Textsorten kann man die Textsorte *Leserbrief* in der folgenden Weise charakterisieren:

Textart: schriftlich
Emittent: nichtorganisierte Bürger
Adressat: primär Öffentlichkeit, andere Leserbriefschreiber, Zeitung
Thema: meist ein von den Emittenten als negativ erachteter Sachverhalt
Funktion: appellativ-konfrontativ, kritisch, anklagend, selbst vergewissernd, seltener zustimmend
Geltungsmodus: Emittent nimmt Wahrheit und Richtigkeit seiner Aussage in Anspruch, Adressat ist nicht zur Reaktion, nicht einmal zur Kenntnisnahme verpflichtet
Texthandlungsmuster: „Die Emittenten protestieren gegenüber den Adressaten, indem sie einen Sachverhalt, insbesondere eine Entscheidung als in der Verantwortung des [...] Adressaten liegend kennzeichnen, sich gegen ihn empören, seine Abschaffung oder Änderung durch den [...] Adressaten [...] fordern und dafür Gründe anführen.“ (Klein 2000: 752)[10]
Themenentfaltung: vorwiegend argumentativ-erörternd, auch deskriptiv, partiell narrativ

9 Kulturen unterscheiden sich neben anderem auch „durch die in ihnen gängigen Textsorten“ und durch deren „(kulturübliche) Gestaltungsformen“ (Hermanns 2003: 369).

10 Vorschlag: unter dem Stichwort *räsonieren* zusammenfassen (Fix 2007).

Bauform: meist zwei- oder dreigliedrige Texte mit den Teilen Sich-Vorstellen, Problemdarstellung und daraus abgeleitete Forderung
Personenbezug: vorwiegend Ich-Darstellung, meist kein direkter Adressat, eher allgemein gerichtete Adressierung: *man, die da oben*

In Kulturen, in denen Zensur stattfindet, wird es Leserbriefe in diesem Sinne – als Mittel der kritischen Anklage, des Protestes, der „aufklärerischen" Argumentation – folgerichtig entweder gar nicht geben oder nur in regulierter, „entschärfter" Form, ohne öffentliche Kritik. Damit verlieren die Texte den Textsortencharakter *Leserbrief* und werden zu agitatorischen Texten.

Soviel zur Existenz oder Nichtexistenz von Textsorten in verschiedenen Kulturen.

Darüber hinaus: Eine Textsorte kann in verschiedenen Kulturen existieren, allerdings in unterschiedlicher Ausprägung, ohne dass dabei der gemeinsame Textsortencharakter verloren gegangen ist. Das gilt auch für Leserbriefe: Dort, wo es Leserbriefe gibt, wo die „kleinen Leute" sich also öffentlich in der Presse kritisch äußern können, sind je nach Kultur Unterschiede in der Ausprägung der Textsorte zu beobachten. Man findet unstrittige Exemplare derselben Textsorte, die aber doch nicht deckungsgleich sind.

Als Beispiel für Leserbriefe, die ihren Textsortencharakter verloren haben, kann man die Leserbriefe in der Presse der „Ostblockstaaten" (Bálint 1971: SU, Ungarn, DDR) anführen. Sie weichen von dem ab, was in der bürgerlichen Presse unter ‚Leserbrief' verstanden wird, auch wenn sie so genannt werden. Ihre Funktion leitet sich aus der Rolle der Massenmedien in diesen Systemen ab, nämlich Propaganda und Agitation zu betreiben.[11] Die traditionelle Aufgabe in der freien Presse – öffentliche Artikulation der Meinungsvielfalt – wird ersetzt durch die Vermittlung von vorgegebenen ideologischen Werten und Verhaltensvorschriften. Diese Leserbriefe, v. a. die politischen Inhalts, fungieren im Rahmen eines asymmetrischen Adressatenverhältnisses, in dem die Befindlichkeiten von denen da „unten" keine Rolle spielen. Leserbriefe sind hier also nicht die unzensierte Stimme der „kleinen Leute", sondern das Ergebnis gelenkter Kampagnen, keine spontanen Äußerungen, sondern zu großen Teilen organisiert, angeordnet, erkauft, auch fingiert. Sie dienen nicht mehr der Artikulation der – freilich partikularen – öffentlichen Meinung von „unten" nach „oben" und sind keine allgemein verfügbare Textsorte. Nicht jeder kann einen Leserbrief zu der von ihm bestimmten Thematik und in der von ihm gewählten Form schreiben. Es wird nach akzeptierten und missliebigen Themen ausgewählt, es wird gelenkt (von oben organisierte Kampagnen) und redigiert. Auf diese Weise wird die Möglichkeit des „kleinen Mannes", um dessen ureigene Textsorte es sich eigentlich handelt, an der öffentlichen Diskussion teilzunehmen, beschränkt. Er muss – schon vor dem Abdruck – Sanktionen befürchten, wenn er Kritisches geschrieben hat.

[11] Vgl. Bálint (1971).

Beispiele für Leserbriefe in der DDR (1976, 1989)

(1) LVZ 23.11.1976

Mit Empörung las ich vom feindseligen Verhalten des Herrn Biermann gegen unseren Staat und seine Erbauer. Statt Kritik - boshafte Verleumdung gegen uns; auch das Mäntelchen von Beteuerungen vermag das nicht mehr zu beschönigen. Ich verurteile diese Position, denn sie dient dem Klassenfeind. Ich stimme den Maßnahmen unseres Staates zu.

Klaus Schwabe, Bildhauer

(2) LVZ 9.10.1989

Wie oft noch sollen sich diese Störungen der Ordnung und Sicherheit wiederholen? Weshalb bringt man diese Handlanger, die von der BRD aufgefordert werden, die innere Ruhe zu stören, nicht hinter Gitter, denn dort gehören sie hin?
Unsere 40jährige stolze Republik hat diese Machenschaften nicht verdient. Wenn diese Elemente, denn anders kann man diese Leute nicht bezeichnen, nicht begreifen wollen, wessen Brot sie essen, dann muß man es ihnen beibringen.

Ursula Marschner, 7010 Leipzig

Diese Texte stehen exemplarisch für Leserbriefkampagnen in der Zeit der Debatte um die Ausbürgerung von Wolf Biermann 1976 und für die Zeit der Montagsdemonstrationen in Leipzig im Herbst 1989. Alle in diesen Kampagnen verfassten Briefe drücken Zustimmung zur Politik der SED aus, haben also ihren eigentlichen Leserbriefcharakter verloren.

Beispiele für Leserbriefe in den neuen Bundesländern (90er Jahre)

Herr Stoiber hat offenkundig die Wahlschlappe nicht verdaut und kann nunmehr eine Frau als Kanzlerkandidatin, die zudem aus dem verhassten Osten stammt, nicht ertragen. Wen würde es daher wundern, wenn ihm ein Wahlverlust von Angela Merkel gerade recht käme, um dann bei dem endgültigen Scheitern von Rot-(Rot)-Grün sich selbst oder seinen Kandidaten durchzusetzen? Angela Merkel wäre gut beraten, Herrn Stoiber in die bayerische Provinz zurückzuschicken.

Carsten Wind, 04105 Leipzig

Stoiber kämpft erklärtermaßen gegen die Lafontaine-Gysi-Partei, mit Hinweis auf ihre Vergangenheit, speziell auf die dort eingebaute Konkursmasse der SED, und beileibe nicht gegen die ostdeutsche Bevölkerung, die er mit seiner Person und Partei geistig und materiell nachdrücklich unterstützt. Wer ihm anderes unterstellt, verfälscht die Tatsachen.

Jakob Schwager, 93049 Regensburg

Diese in den neunziger Jahren in den neuen Bundesländern gedruckten Texte sind deutlich Umsetzungen des Leserbrief-Musters der bürgerlichen Presse. Die klassischen Funktionen des Leserbriefes werden realisiert, nämlich: Kritik, Appell sowie politische Selbstbestätigung und -vergewisserung, Suche nach Zustimmung, emotionale Entlastung durch Klagen und Herstellung eines Integrationsgefühls. Konträre Meinungen werden geäußert.

Drewnowska-Vargáné (2001) hat die Umsetzung der Textsorte *Leserbrief* in einem Vergleich polnischer, ungarischer und deutscher Leserbriefe (ca. 120) an einem Korpus aus dem Jahr 1999 untersucht. Politisch bedingte Unterschiede, z.B. im Grad der Freiheit der

Meinungsäußerung, gab es nicht. Wohl aber kulturell bedingte. Das zeigt sich deutlich in den Anredeformen.

> „Die höchste Anzahl der Anredeformen weisen die polnischen Briefe auf, allerdings ist ihre Zahl in den ungarischen Briefen nicht viel kleiner. Die wenigsten Belege sind in deutschen Briefen vorhanden (vgl. Anhang Punkt 23). Die vielen Anredeformen in polnischen und in ungarischen Briefen verleihen den Emittent-Rezipient-Konstellationen einen persönlichen, direkten und vor allem einen dialogischen Charakter. Besonders markant tritt das Dialogische in vokativischen Anredeformen in Erscheinung." (Drewnowska-Vargáné 2001: 101)

Sie veranschaulicht diese Feststellung in tabellarischer Form, indem sie einen Überblick über die Art und Zahl der Anredeformen in den Leserbriefen der jeweiligen Länder gibt (ebd. 108).

Deutsch:	**Polnisch:**	**Ungarisch:**
	vertraute Anrede	
du, ihr	ty, wy	te, ti
	distanzierte Anrede	
Sie	pan/pani	ön/maga[40]
Sie provozieren mich!	Pan/pani mnie prowokuje!	Ön/maga provokál engem!
Herr Schmidt, Sie provozieren mich!	Panie Kowalski, pan mnie prowokuje!	Kovács úr, ön/maga provokál engem!

2.3. Anredeformen

	Deutsch:	**Polnisch:**	**Ungarisch:**
Anzahl der Belege:	**8**	**28**	**24**
distanziert:	8	13	19
vertraut:	-	15	5
Attribute vor der Anrede:	1: „lieb"	3: „kochany" (dt.: lieb), 1: „chwalebny" (dt.: lobenswert)	3: „kedves" (dt.: lieb) 3: „tisztelt" (dt.:geehrt)
vokativische Formen:	1	8	7

dt.: **Mit Leib und Seele**
Die Artikel von Herrn Józef Lipiec lese ich immer gerne, aber die Aussage am Ende seines Beitrags in ‚P' 2798 hat mir nicht gefallen. [...].

„Duchem i ciałem
Zawsze z przyjemnością czytam artykuły pana Józefa Lipca, ale nie spodobało mi się to, co napisał pod koniec swojej wypowiedzi w ‚P' 2798. [...]."[31]

Drewnowska-Vargáné geht auch auf die metakommunikativen Passagen der Leserbriefe ein.

> „[...] die ungarischen Briefautoren [formulieren] die längsten metakommunikativen Einstiegssequenzen, während die deutschen Briefemittenten dies komprimiert tun. Die polnischen Leserbriefe weisen schon in diesem Punkt einen hohen Grad an Emotionalität auf (Frage- und Aussagesätze in MK[metakommunikativen]-Äußerungen). Darüber hinaus treten in polnischen MK-Äußerungen Sprechakte auf, die in ungarischen MK-Äußerungen lediglich sporadisch und in deutschen MK-Äußerungen überhaupt nicht erscheinen – nämlich die Danksagungen." (Drewnowska-Vargáné 2001: 104)

Die Emittent-Rezipient-Konstellationen haben nach Drewnowska-Vargáné in polnischen und in ungarischen Briefen einen direkten, persönlichen und dialogischen Charakter. In polnischen Briefen tritt dieser Charakter, so die Verfasserin, durch alle Anredeformen in Erscheinung, im ungarischen Korpus geschieht dies teils durch die Formen der *Salutatio* und der *Subskriptio*, teils durch andere Anredeformen.

> „In einem Kontrast dazu stellen sich die Emittent-Rezipient/Adressat-Konstellationen in deutschen Briefen viel distanzierter und indirekter dar. Ferner heben sich die polnischen Briefe durch ihren emotionalen, freundschaftlichen und familiären Charakter des Bezugs der Briefemittenten zu den Rezipienten/Adressaten von den deutschen und den ungarischen Briefen ab." (ebd. 104)

Wie das Beispiel des Leserbriefs zeigt, gibt es in der Realität des Sprechens nicht ‚Textsorten an sich', auch nicht den Leserbrief an sich, ebenso wenig wie den Geschäftsbrief und den Essay an sich, sondern wir finden spezifische, von einer Kultur (oder auch von mehreren Kulturen gemeinsam) geprägte Varianten. Diese Prägung kann verschiedene Aspekte betreffen: sowohl inhaltliche als auch funktionale und formale. Unter den geschilderten Umständen liegt es in der Natur der Sache, dass die Eigenschaft eines Textes, Produkt einer Kultur zu sein, den Kulturvergleich mit sich bringt.

Aus Erfahrung wissen wir und auch die einschlägige Literatur, z.B. das Handbuch „Interkulturelle Germanistik", macht es deutlich, dass der interkulturelle Vergleich ein zwar äußerst vielfältig, aber viel zu wenig systematisch bearbeitetes Feld ist. Die verglichenen Kulturen sind oft eher zufällig als begründet gewählt worden, was es schwer macht, die Forschungslage zu überblicken und die einzelnen Beiträge aufeinander zu beziehen. Daher sehe ich als ein zukünftiges Forschungsfeld die systematische interkulturelle Untersuchung von Textsortennetzen, wozu Adamzik (2001) mit der Darstellungen einer kontrastiven Textologie am Beispiel von Wissenschaftstexten den Grundstein gelegt hat.[12]

Nicht zuletzt unter dem diskurslinguistischen Einfluss haben sich Vertreter der Textlinguistik darauf geeinigt, dass die Untersuchung isolierter Textsorten nicht mehr ausreicht, sondern dass vielmehr ganze Netze von Textsorten zu betrachten sind, wie sie innerhalb von Lebensbereichen auftreten, z.B. Texte der Presse, der Wirtschaft, des familiären Alltags, der Schule, des Gesundheitswesens, der Wissenschaftskommunikation. Das Vorgehen wäre, z.B.: Textsorten der Presse (von Journalisten bereits beschrieben) zu erfassen,

[12] Vgl. auch Eckkramer, Eva Martha / Hödl, Nicola / Pöckl, Wolfgang (1999).

in ihren Bezügen untereinander zu beschreiben, sie historisch zu betrachten und dabei interkulturell, interdisziplinär und intermedial vorzugehen.

Indem man die Texte in ihren Lebensbereichen und im Bezug aufeinander untersucht, bekommt man von ihren Inhalten, Funktionen und Formmerkmalen ein klareres Bild. Man kann die Vergleiche zwischen Textsorten verschiedener Kulturen schärfer konturieren als bisher und wird so zu fundierteren Verallgemeinerungen gelangen. Und schließlich: Man kann bei einem solchen Ansatz und Vorgehen die Vergleiche kultur- und mentalitätsgeschichtlich, historisch und soziologisch „unterfüttern". Auf diese Weise verfolgt man ein transtextuelles, über die Einzeltexte hinausgehendes Projekt, zugleich ein interkulturelles, die Einzelkulturen übergreifendes und ein interdisziplinäres, Nachbardisziplinen verbindendes. Das sehe ich als die Zukunft einer interkulturell orientierten Textsortenlinguistik an.

Zum Abschluss nenne ich Grundsätze und Aufgaben für ein solches transtextuelles, interkulturelles Vorgehen:

1 Alle Textsorten/Gattungen, die eine Gesellschaft hervorgebracht hat, haben denselben Status, sind gleichermaßen kulturell relevant als Instrument einer Kultur. Daher sind alle als gleichberechtigte Untersuchungsgegenstände anzusehen.
2 Zugleich sind Textsorten aber auch im Kulturenvergleich nach ihrer möglichen interkulturellen Verschiedenheit zu betrachten.
3 Wer den Text im kulturellen Gebrauch verstehen will, braucht Textsortenwissen verschiedener Art. Dazu gehören folgende Wissensbereiche:

- Wissen über die in einer Kultur existierenden Gattungen/Textsorten
- Kenntnis der spezifischen Aufgabe, die man mit einer Textsorte in einer Kultur lösen kann (Textsortenfunktion)
- Wissen über Traditionen einer Textsorte: das kulturelle Prestige von Texten und dessen Wandel; z.B. Wissen darüber, dass literarische Texte mehr galten (und noch gelten?) als Alltagstexte
- Stile: Textsortenstile, Gattungsstile, Epochenstile als kulturelle und damit auch veränderliche Phänomene wahrnehmen
- Kenntnis von Stilmustern, Stilnormen, Stilverfahren
- Kenntnis des rhetorischen Repertoires
- Kenntnis typischer literaler Routinen, die auf Textsorten hinweisen: *Es war einmal .../Im Namen des Volkes .../Gehet hin in Frieden ...*
- Kenntnis der Zeichensysteme, die für bestimmte Textsorten von Bedeutung sind – das können neben den sprachlichen Mitteln für das Schriftliche z.B. Typographie und Bildlichkeit und für das Mündliche u. a. Proxemik und Kinesik sein
- Wissen über den Wert des Mediums: z.B. über die Auffassung von Mündlichkeit als „Defekt": „unvollständig, elliptisch, mangelhaft" (ebd. 85)

Literatur

Adamzik, Kirsten: *Kontrastive Textologie,* Tübingen 2001.

Agel, Vilmos: *Grammatik und Kulturgeschichte*, in: *Sprachgeschichte als Kulturgeschichte*, hg. von A. Gardt, U. Haß-Zumkehr, T. Roelcke, Berlin/New York 1999, S. 171-223.

Antos, Gerd/Pogner, Karl-Heinz: *Kultur- und domänengeprägtes Schreiben*, in: *Handbuch interkulturelle Germanistik*, hg. von A. Wierlacher, A. Bogner, Stuttgart, Weimar 2003, S. 396-400.

Bálint, Bella: *Funktionswandel der Massenkommunikation in totalitären Systemen. Leserbriefe in der Parteipresse Ungarns*, in: *Sozialisation in Massenkommunikation. Der Mensch als soziales und personales Wesen,* Band IV, hg. von F. Ronneberger, Stuttgart 1971, S. 319-355.

Bausinger, Hermann: *Formen der Volkspoesie*, Berlin 1980a.

Drewnowska-Vargáné, Ewa: *Kohärenzmanagement und Emittent-Rezioient-Konstellationen in deutsch-, polnisch- und ungarischsprachigen Leserbriefen*, in: *Kulturspezifik von Textsorten,* hg. von U. Fix, S. Habscheid, J. Klein, Tübingen 2001, S. 89-108.

Eckkrammer, Eva Martha/Hödl, Nicola/Pöckl, Wolfgang: *Kontrastive Textologie*, Wien 1999.

Feilke, Helmuth: *Sprache als soziale Gestalt*, Frankfurt am Main 1996.

Feilke, Helmuth: *Kulturelle Ordnung, Sprachwahrnehmung und idiomatische Prägung,* in: Köhnen, Ralph: *Wege zur Kultur. Perspektiven für einen integrativen Deutschunterricht,* Frankfurt am Main, Berlin, Bern 1998, S. 171-183.

Fix, Ulla: *Leserbriefe. Öffentliche politische Debatte „im Kleinen"*, in: *Sprachhandeln und Medienstrukturen in der politischen Kommunikation,* hg. von Habscheid, Stephan; Klemm, Michael, Tübingen 2007, S. 213-238.

Fix, Ulla: *Was ist kulturspezifisch an Texten? Argumente für eine kulturwissenschaftlich orientierte Textsortenforschung*, Moskau. Im Druck
Handbuch interkulturelle Germanistik, hg. von A. Wierlacher und A. Bogner, Stuttgart, Weimar 2003.

Hermanns, Fritz: *Interkulturelle Linguistik*, in: *Handbuch interkulturelle Germanistik*, hg. von A. Wierlacher, A. Bogner, Stuttgart, Weimar 2003, S. 363-373.

Hermanns, Fritz: *Sprache, Kultur und Identität*, in: *Sprachgeschichte als Kulturgeschichte,* hg. von A. Gardt u. a., Berlin, New York 1999, S. 351-391.

Klein, Josef: *Textsorten im Bereich politischer Institutionen*, in: *Text- und Gesprächslinguistik. Ein internationales Handbuch zeitgenössischer Forschung*, hg. von K. Brinker u. a. Band 1, Berlin, New York 2000, S. 732-755.

Korff, Gottfried: *Kultur*, in: *Grundzüge der Volkskunde*, hg. von H. Bausinger, U. Jeggle u. a., Darmstadt 1989, S. 17-80.

Linke, Angelika: *Sprachgeschichte – Gesellschaftsgeschichte – Kulturanalyse*, in: *Germanistische Konturen eines Faches*, hg. von H. Henne, H. Sitta, H. E. Wiegand, Tübingen 2003, S. 25-65.

Linke, Angelika: *Stil und Kultur*, in: *Rhetorik und Stilistik. Ein internationales Handbuch historischer und systematischer Forschung,* hg. von U. Fix, A. Gardt, J. Knape, Band 2, Berlin, New York 2009, S. 1131-1144.

Weinrich, Harald: *Textgrammatik der deutschen Sprache,* Mannheim, Leipzig, Wien, Zürich 1965.

Olga Kostrova

Diskurstypen und -erscheinungsformen

1 Problemstellung

Der Diskurs steht in den letzten Jahrzehnten im Mittelpunkt der linguistischen und soziolinguistischen Forschung, und das Interesse an diesem Problem lässt nicht nach. Den Grund dafür sehe ich darin, dass viele theoretische Fragen, die mit dem Diskurswesen und der Diskurstypologie verbunden sind, bei weitem nicht gelöst sind. Das wichtigste Problem besteht aus meiner Sicht darin, dass noch nicht genügend linguistische Kriterien für die Diskursbestimmung gefunden wurden. Einerseits wird nach einer Diskursanalyse aus textlinguistischer Sicht gesucht (vgl. Heinemann 2010: 103; Bongo 2010: 101). Andererseits wird über die sozialwissenschaftliche Perspektivierung von Texten und Textsorten als Teileinheiten des Diskurses diskutiert (vgl. Gansel 2010: 102). Diese zweite Tendenz ist in der Soziolinguistik stark ausgeprägt, deren Gegenstand oft Diskursanalyse ist (vgl. Karasik 2002). Deswegen lässt sich mit Kotin (2007) sagen, dass

> „der Wunsch, den Gegenstand der Sprachwissenschaft durch seine Erweiterung um eine kommunikativ-pragmatisch orientierte Diskursforschung zu „ontologisieren“, im Endergebnis zu einer De-Ontologisierung der Sprache und mittelbar zur De-Ontologisierung des Diskurses geführt hat“. (Kotin 2007: 236)

In meinem Beitrag versuche ich, den Diskurs wieder zu „ontologisieren“, und zwar in zweierlei Hinsicht: erstens dadurch, dass die Weltontologie mit Diskurstypen in Verbindung gesetzt wird und zweitens dadurch, dass die Erscheinungsformen dieser Diskurstypen auf Grund der sprachlichen Kategorien systematisiert werden. Es geht also einerseits um einen Kategorisierungsversuch von bestimmten denotativen Bereichen und den auf sie bezogenen Kommunikationsbereichen und andererseits um sprachlich untermauerte textuelle Realisierungsformen innerhalb dieser Kommunikationsbereiche. Auf diese Weise soll für den Begriff *Diskurs* seine sprachliche Relevanz bestätigt und die Beziehung *Diskurs – Text* verdeutlicht werden.

2 Forschungsstand

Das Problem der Relevanz der kommunikativen Bereiche für eine bestimmte Weltspezifik ist tief philosophisch verwurzelt. Bereits *Aristoteles* ging es darum, das Seiende in Kategorien zu erfassen und die sprachlichen Einheiten – die Satzglieder – im Sein zu fundieren. Für *Kant* sind die Kategorien nicht mehr mit dem Sein, sondern mit der Welt der Erfahrung verbunden und dienen als Instrument der Erkenntnis. Bei *Hegel* verbindet das Denken die

Gegenstandsbeziehung mit dem Gegenstand selbst. *Husserl* verschiebt das Kategorienproblem auf die Ontologie (vgl. Husslik: http://home.ccc.at/hhusslik/kategor.htm, abgerufen am 02. Februar 2011). Diese kurz gefassten allgemeinphilosophischen Ansätze bilden die Grundlage für die weitere Methodologie der Diskursanalyse, die jedoch thematisch gebundene Kommunikationsbereiche in den Vordergrund rückt, wobei die ontologischen Begriffe, auf die diese Kommunikationsbereiche referieren, im Schatten bleiben und somit auch der Erkenntniswert des Diskurses selbst.

Die Anfänge der Diskursanalyse sind in der französischen Soziolinguistik beheimatet, welche auf Foucault zurückgeht. Foucault berücksichtigt vor allem die Themazität eines propositionalen Gehalts, die philosophische Idee, die dieser Themazität zu Grunde liegt, und den Zusammenhalt der Texte untereinander. Nach Foucault (1996: 39 ff.) ist der Diskurs ein Hilfsbegriff, der uns die Welt zu verstehen erlaubt. Auf solche Weise ist in seiner Theorie der ontologische Ansatz impliziert, der verschiedene Kommunikationsbereiche erkennen lässt. Da aber Foucaults Diskursbegriff nur noch auf die politische Kommunikationssphäre referiert, werden globalere Zusammenhänge, die die Spezifik von anderen Diskursen erkennen lassen, nicht in Betracht gezogen. Der Schwerpunkt des foucaultschen Ansatzes liegt in der Charakteristik des internen Zusammenhalts der Texte im Rahmen eines Diskurstypus. Dabei wird vorausgesetzt, dass die Position des Subjekts überindividuell und gespalten ist. Das Subjekt ist kein Individuum, sondern eine Rolle mit bestimmten Regeln des Benehmens und bestimmter bewertender Modalität. Demzufolge soll der Diskurs diachronisch und nicht linear sein, denn verschiedene Texte können gleichzeitig von verschiedenen Autoren produziert werden. Für Foucault ist nicht der sprachliche Ausdruck, sondern die Beziehung der Texte unter einander vorrangig, denn eben diese Beziehungen erlauben, die Texte, die einen Diskurs bilden, in Gruppen zusammenzufassen (mehr dazu vgl. Pentzold 2006: 10).

Dieser Ansatz findet auch heutzutage seine Anhänger, vor allem in Frankreich (vgl. Mainqueneau 2000: 49), aber auch in Deutschland. Im Sinne Foucaults wird der Diskurs als die Art und Weise über einen Gegenstand zu reden definiert (Karg 2010: 223). Die Themazität kommt beispielsweise in Krisendiskursen zum Ausdruck, die Krisen öffentlich konstruieren und organisieren (Wengeler 2010: 225). Auch der Mediendiskurs wird in den Termini der diskursiven Formationen analysiert (Pentzold 2006). Ein umfangreiches Untersuchungsfeld ist der Mediendiskurs vor und nach der Wende (Fix 2011: 253 ff.). In all diesen Fällen handelt es sich um *einen* Diskurstyp – entweder den politischen oder den literarischen.

Ein neuer Schritt in der Diskursanalyse – wenn auch aus der Sicht der benachbarten Textlinguistik – wird m.E. von Adamzik (2004) gemacht. Sie wendet sich nämlich der globalen ontologischen Problematik zu und erarbeitet im Anschluss an frühere philosophische Traditionen die Bereiche der Weltspezifik, die durch verschiedene Texte thematisiert werden. Sie unterscheidet fünf Welten, die die Spezifik entsprechender auf sie bezogener Texte prägen. Das sind: die Standardwelt, unter der Adamzik den Funktionsbereich versteht, in dem nach erlernten Schemata kommuniziert wird; die Welten des Spiels und der Phantasie; die der Wissenschaft, die des Übernatürlichen und die der subjektiven Sinnfindung (Adamzik 2004: 64). Wenn wir die beiden Ansätze – den von Foucault und den von Adamzik – vereinigen, so können wir den resultierenden Ansatz ontologisch-thematisch nennen und ihn als Basis für eine Diskurstypologisierung verwenden. Denn die Bezogenheit der Texte auf eine bestimmte Weltspezifik profiliert – wie wir weiter sehen werden – ihre sprachlichen Eigenschaften.

Dieser ontologisch-thematische Ansatz überschneidet sich teilweise mit dem zweiten Herangehen, das primär funktional-pragmatisch ausgerichtet ist, wobei nicht das Thema, sondern die Kommunikationssphäre für die Diskursdefinition entscheidend ist (vgl. Redder 2000: 10). Der funktional-pragmatische Ansatz überwiegt auch in der russischen Linguistik. Der Diskurs wird als mentale Sprechtätigkeit im kommunikativen Prozess verstanden, welche auch das Ergebnis dieser Tätigkeit mit einschließt (Krasnych 2003: 84). Demzufolge ist der Diskurs eine Voraussetzung und zugleich das Fortleben des Textes; das ist Rede, die „ins Leben getaucht ist" (Arutjunova 1990). Der interdisziplinäre Charakter des Diskurses ist unumstritten (vgl. beispielsweise Karasik 2002: 276). Doch werden diskursive Kategorien fast ausschließlich als Textkategorien interpretiert. So zählt Karasik (ebd.: 288) zu diskursiven Kategorien konstitutive, stilistische, inhaltliche und formal-strukturelle, von welchen jede eigentlich nicht den Diskurs, sondern den Text charakterisiert. Aus meiner Sicht muss die diskursive Spezifik auch in entsprechenden Kategorien ihren Ausdruck finden, und zwar solchen, die den Text überlagern (vgl. Kotin 2007: 269).

Der Diskurs bildet – so Pêcheux (1999: 331) – im Unterschied zum Text keine organische Einheit. Jede diskursive Einzelform weist auf eine Reihe von möglichen Formen hin. Die Zerstreutheit von diskursiven Formen ist also eines der wichtigsten Unterscheidungskriterien des Diskurses, in dem durch Vielfalt der Subjekte das gemeinsame Thema, gemeinsame Strategien und gemeinsame Konzepte realisiert werden (Foucault 1996: 72 ff.).

Die genannten Ansätze, die auch historisch untermauert sind (vgl. Kotin 2007: 307), unterscheiden sich nicht nur in der Referenzsubstanz (ob auf die Weltspezifik oder auf die Kommunikationssphäre referiert wird), sondern auch in der Richtung der Analyse. Foucault und seine Anhänger gehen archäologisch/retrospektiv vor, das heißt, sie interpretieren fertige Texte, für sie ist das Textverstehen wichtig (Maingueneau 2000, Schwarz 2000). Andere Diskursforscher gehen dagegen vom Autor aus, der die Texte produziert, für sie ist das Problem der Wahl der sprachlichen Mittel ausschlaggebend (van Dijk 1980, 1985; Solganik 2010). Die Textproduktion wird als Organisationsprinzip des komplexen Wissens angesehen (Gansel/Jürgens 2002).

Für meine Überlegungen ist die genealogische Diskursanalyse von besonderer Bedeutung, in der das Entstehen und Ineinanderfließen von diskursiven Formen und ihre ursprünglichen Funktionen verfolgt werden. Kotin (2007: 341) schreibt:

> „An der Wiege der menschlichen Sprache hat somit wahrscheinlich die weit verstandene Erkenntnisfunktion gestanden, welche auch Expressivität, Axiologie und kommunikative Potenz (als „dialogische Erkenntnisform") einbezieht."

Die Ontologie des Diskurses sieht Kotin (2007: 310) mit Recht in seiner Unabhängigkeit vom denotativen Thema in dem Sinne, dass über ein Thema erzählt, berichtet, diskutiert etc. werden kann. Diese Eigenschaft schließt aber m.E. nicht aus, dass die denotative Gebundenheit, wie wir weiter sehen werden, einen prototypischen Darstellungsmodus geradezu voraussetzt.

Aus dem Gesagten folgt, dass die Diskurstypen zum einen ontologisch-thematisch, zum anderen aber kommunikativ-pragmatisch bestimmt werden. Offen bleibt dabei, was Diskurstyp und was Diskursform ist. Kotin verbindet beides mit der interpretativen Dominante, indem er die Form als eine typologische Charakteristik versteht (Kotin 2007: 307). Doch im systemhaften Herangehen sollte dem denotativen Diskurstyp Vorrang gewährt werden, denn eben dieser Typ prädeterminiert die diskursive Erkenntnisfunktion. Aus diesem Grunde sollte die primäre Einteilung in Diskurstypen vorwiegend nach dem Referenzkriterium erfolgen. In meiner Typologie gehe ich davon aus, dass jeder Diskurstyp auf eine bestimmte Weltspezifik nach Adamzik referiert. Kognitiv-pragmatisch gesehen wird dadurch unser Wissen über diesen Bereich systematisiert. Aus der Textsortenperspektive ist Fix (2011: 83 ff.) der Ansicht, dass die Textsorten einen ordnenden Zugriff auf die Welt darstellen. Man muss dabei natürlich in Kauf nehmen, dass es keine reinen Diskurstypen geben kann, was einerseits ihre Entwicklungsgeschichte (Kotin 2007), andererseits neuerlich ausgearbeitete diskursive Interferenztheorie bezeugt (Schevčenko 2010). Es handelt sich eher um eine prototypisch-feldartige Diskursorganisation, wobei in jedem Diskurstyp ein prototypisches Zentrum und eine mehr oder weniger abweichende Peripherie unterschieden werden können. Hier nur einige Beispiele:

Auf die Standardwelt bezieht sich vorwiegend der institutionelle Diskurs, aber auch teilweise der Alltagsdiskurs, da im Alltag in der Regel auch nach erlernten Schemata kommuniziert wird. Der Bezug auf die Welt des Spiels, der Phantasie ergibt prototypisch einen fiktionalen Diskurs, der Bezug auf die Welt der Wissenschaft den wissenschaftlichen, der Bezug auf die Welt des Übernatürlichen den religiösen Diskurs. Der Bezug auf die subjektive Sinnfindung lässt im prototypischen Falle den publizistischen Diskurs zustande kommen.

Darüber hinaus prägt die Weltspezifik auch den sprachlichen Ausdruck. Einprägsame Beispiele liefern hier die Untersuchungen des Sprachgebrauchs in autoritären Staaten wie in der DDR (vgl. Fix 2011: 253 ff.). Verallgemeinernd zeigt Kotin (2007: 310) diesen Zusammenhang durch den Vergleich des Diskurs-Prädikats, das er als Diskursthema versteht, mit dem Satzprädikat: beide eröffnen Leerstellen, die von bestimmten Aktanten bzw. Cirkonstanten besetzt werden müssen. In beiden Fällen entsteht eine gewisse Framestruktur, die jedoch interpretiert werden muss. Aus meiner Sicht muss an dieser Stelle ein Diskursproduzent eingeführt werden, der zwingend – je nach dem denotativen Bezug – den prototypischen Darstellungsmodus wählt. Die Standardwelt profiliert die standardisierte Ausdrucksweise, die wissenschaftliche Welt die vorwiegend argumentative. Die Welt des Spiels und der Phantasie wird im weit verstandenen Sprachspiel des fiktionalen Diskurses realisiert. Die Welt des Übernatürlichen findet in der sakralen Ausdrucksweise ihre Entsprechung. Die Welt der subjektiven Sinnfindung wird in erster Linie in einer hypothetisch-zweifelnden Ausdrucksweise realisiert, die prototypisch in bestimmten Redearten – so in der erlebten Rede oder im inneren Monolog – vorkommt.

Das primäre Einteilungskriterium von Diskurstypen ist also die Referenz auf die Weltspezifik, wobei letztere in einem bestimmten Darstellungsmodus thematisiert wird. Die Diskurstypen entsprechen in diesem Falle unseren Vorstellungen von der Systematisierung der Welt. Die Grundidee dieser Einteilung koordiniert mit der These von Gansel/Jürgens (2002), die die Textproduktion als Organisationsprinzip des komplexen Wissens betrachten.

Periphere Diskurstypen im Bereich der Weltspezifik erweisen sich als Überschneidungen zu anderen prototypischen Diskurstypen.[1] So referiert der wissenschaftliche Diskurs zum Teil auch auf die Standardwelt, weil darin beispielsweise logische Operationen standardisiert sind. Andererseits referiert der institutionelle Diskurs, in dem beispielsweise medizinische oder pädagogische Prinzipien wissenschaftlich erarbeitet werden müssen, zum Teil auf die Welt der Wissenschaft. Auf die Welt des Spiels kann zum Teil der Alltagsdiskurs bezogen werden, da auch im Alltag oft mit Worten gespielt wird. Ein sehr weiter peripherer Raum ergibt sich bei dem Bezug auf die Welt der subjektiven Sinnfindung. Da treffen sich der alltägliche Argumentativdiskurs, die Abweichungen vom institutionellen und religiösen Diskurs sowie subjektive Interpretation der Kunst oder der Wissenschaft im Rahmen des kritischen Diskurses etc.

Die Diskurstypen, die sehr umfangreiche Welten und entsprechende Kommunikationssphären umfassen, können unterteilt werden. Subdiskurse entstehen in zwei Fällen: wenn es um „partielle“ thematische Gebundenheit oder um die intentionale Subjektposition geht. Die „partielle“ thematische Gebundenheit subklassifiziert den institutionellen Diskurs. Je nach Themenbereich entstehen der pädagogische, der medizinische, der juristische Diskurs. Die intentionale Subjektposition kann als reine Intention im Alltagsdiskurs, als ideologisch bewertende Intention im politischen oder publizistischen Diskurs und als stilbildende Intention im fiktionalen Diskurs auftreten.

Die genannten Abarten der Subjektintention können wiederum unterteilt werden: So kann die Intention des Alltagsdiskurses „*alle* Formen, die wir für unsere Lebensbewältigung entwickelt haben“ (Fix 2011: 112) umfassen und dem zufolge auf Small Talk, auf Streit, auf Erzählung oder auf etwas anderes gerichtet sein, wobei entsprechende alltägliche Subdiskurse entstehen. Im fiktionalen Diskurs unterscheidet die stilbildende Intention literarische Strömungen. Diese können als fiktionale Subdiskurse betrachtet werden: die Romantik, der Realismus, der Sentimentalismus, die Postmoderne. Die Subjektintention variiert auch im sakralen Diskurs, und ihre Abarten bestimmen seine Subdiskurse. Die Belehrungsintention liegt der Predigt, die Zuwendungsintention dem Gebet zugrunde, die Verherrlichungsintention kennzeichnet die Liturgie.

4 Erscheinungsformen des Diskurses

Texttypen, die keine Textsorten darstellen, wie Brief oder Telefongespräch, nennt Brinker *Kommunikationsformen* (Brinker 2001: 180). Da diese Formen in den diskursiven Prozess eingebettet sind, betrachte ich sie als diskursive Erscheinungsformen. Aus demselben Grunde zähle ich zu diesen Erscheinungsformen auch literarische Gattungen.

Diskursive Erscheinungsformen lassen sich in meinem Beschreibungssystem nach folgenden Parametern unterscheiden: 1) nach der Kommunikationsart; 2) nach dem Rollenstatus der Kommunizierenden; 3) nach der Teilnahmeform des redenden Subjekts.

[1] Aus historischer Perspektive handelt es sich fast ausschließlich um gemischte Typen (vgl. Kotin 2007: 333 ff.).

4.1 Kommunikationsart als Unterscheidungsparameter

Die Kommunikationsart unterscheidet den schriftlichen, mündlichen und jetzt auch den medialen Diskurs. Die prototypisch schriftliche oder mündliche Kommunikationsart motiviert in der deutschen Germanistik zwei verschiedene Forschungsrichtungen: Text- vs. Gesprächslinguistik (Adamzik 2004: 75). Ich vertrete die Ansicht, dass die Diskursanalyse beides umfassen kann. Bei der schriftlichen Kommunikation ist das Feedback distanziert, virtuell, wenn überhaupt möglich. Bei der mündlichen Kommunikation bleiben die Sprechenden im prototypischen Fall unmittelbar im Kontakt. Der mediale Diskurs, über den bereits umfangreiche Literatur vorliegt (siehe dazu Schmitz 2004), steht dazwischen: Der Kontakt ist zwar distanziert, kann aber fast unmittelbar eintreten. Die Erscheinungsformen eines und desselben Diskurstyps sind deswegen verschieden.

So wird beispielsweise der wissenschaftliche Diskurs sowohl schriftlich als auch mündlich realisiert. Wissenschaftliche Bücher und Artikel finden eine distanzierte Antwort in Form von kritischen Rezensionen oder Zitaten, was auch eine distanzierte Resonanz hervorrufen kann, wenn beispielsweise ein Artikel neue Forschungsperspektiven eröffnet. Unmittelbare wissenschaftliche Kommunikation findet während der Symposien in Form von wissenschaftlichen Diskussionen statt.

Die prototypische Form des fiktionalen Diskurses ist schriftlich; die Kommunikation Autor – Leser findet distanziert statt und erreicht nicht unbedingt den Autor. Die wichtigsten Erscheinungsformen sind Roman, Vers, Erzählung. Literarische Werke können in Theateraufführungen oder in Drehbüchern zu Verfilmungen fortbestehen, die dann eine mündliche Form annehmen, aber keinen unmittelbaren Kontakt mit dem Autor voraussetzen. In Dramen oder in der Figurensprache wird der unmittelbare Kontakt modelliert. Ein realer Kontakt findet während der Lesungen statt, die eine periphere Form dieses Diskurses darstellen.

Der institutionelle Diskurs kann ebenfalls sowohl schriftlich als auch mündlich sein. So gibt es in jedem Subdiskurs dieser Art mehrere schriftliche Anordnungen, die von den Teilnehmern berücksichtigt werden müssen, doch gibt es auch eine reale unmittelbare Kommunikation zwischen Lehrer und Schüler, zwischen Arzt und Patient, zwischen Advokat und Klient etc.

Der Alltagsdiskurs vertritt die typische Form der mündlichen Kommunikation. In schriftlicher Form erscheint er wohl nur noch in Briefen und Tagebüchern, jetzt auch in Chats und Blogs.

4.2 Rollenstatus als Unterscheidungsparameter

Die Erscheinungsform des Diskurses hängt auch davon ab, ob die Kommunikationspartner in ihrem Status gleichberechtigt sind oder nicht. Der gleichberechtigte Status ermöglicht kollegiale Beziehungen und eine entsprechende Kommunikation, beispielsweise unter Wissenschaftlern oder Berufskollegen. Gleichberechtigt sind die Partner auch in einem Freundeskreis. In diesen Fällen benutzen beide Seiten in der Regel kooperative Strategien.

Es gibt auch quasi gleichberechtigte Erscheinungsformen, wenn beispielsweise Lehrer nicht als Mentoren, sondern als Partner auftreten. Die Hierarchie der Beziehungen tritt zurück, verschwindet aber nicht ganz.

Die Hierarchie der Beziehungen tritt in vielen Erscheinungsformen der Diskurse zutage. Hier ist vor allem der institutionelle Diskurs zu nennen, der in der Regel eine mehrstufige Hierarchie der Kommunikationspartner aufweist. So unterscheidet man in einem Juradiskurs mindestens 4 solcher Stufen. Auf der höchsten Stufe befinden sich diejenigen Kommunikationspartner, die die gesetzgebenden Texte ausarbeiten. Die nächst niedrigere Stufe besetzen diejenigen, die auf Grund dieser Texte handeln. Auf der nächsten Stufe befinden sich diejenigen, die sekundäre Texte verfassen, und auf der untersten Stufe befinden sich die Partner, die nach den Verordnungen der sekundären Texte handeln (vgl. Anochina 2009: 102 ff.).

Zu der hierarchischen Kommunikation zähle ich auch solche Diskurstypen wie den politischen, religiösen und fiktionalen Diskurs, wenn auch jeder von ihnen die Statusrollen auf spezielle Weise realisiert. Der Politiker empfindet sich als „Leader" und erlaubt sich Manipulierungsstrategien. Der Priester spürt eine höhere Segnung und fühlt sich berechtigt zu predigen. Der Schriftsteller hat eine künstlerische Begabung und kann zu ästhetischen Mitteln greifen, die ein durchschnittlicher Textemittent nicht bilden oder entsprechend verwenden kann.

4.3 Teilnahmeform des redenden Subjekts

Die Teilnahmeform unterscheidet Redearten. Ihre Varietät hängt davon ab, ob das Redesubjekt und der Sprechende/Schreibende zusammenfallen oder nicht. Die Selbstidentität des Redesubjekts ist bei der unmittelbaren Kommunikation vorhanden, so in der Alltagsrede, in der die Sprechenden sich selbst vertreten. Bei der distanzierten Kommunikation ist diese Identität in Briefen und Tagebüchern zu finden (Solganik 2010: 84 ff.).

Im Allgemeinen heißt es jedoch, dass das Subjekt des Diskurses und der Sprechende nicht identisch sind. Der Sprechende ist ein realer Mensch, der spricht. Das Subjekt des Diskurses etabliert sich erst im diskursiven Prozess, es stellt die Realität des Diskurses dar (Sériot 1999: 15 ff.).

In der schöngeistigen Prosa wird der Autor, der die Rede produziert, zum Subjekt des Diskurses. Solganik (2010: 91) meint mit Recht, dass er niemals mit dem Subjekt der Rede (dem Sprechenden) gleichgesetzt werden kann. Dies betrifft nicht nur die Erzählung in der 3. Person, sondern auch die Ich-Erzählung, in der der Autor selbst zu berichten scheint, oder die Lyrik, in der das lyrische Ich und der Autor auch nicht immer identisch sind (Solganik 2010: 87). Das Identitätskriterium erlaubt es, die Redearten nach ihrer Modalität zu unterscheiden. Dabei ist die grammatische Kategorie der Person entscheidend.

Für die modale Gestaltung der Rede ist der Unterschied zwischen der 1. und 2. Person einerseits und der 3. Person andererseits grundlegend. Benveniste (1974: 261 f.) ist der Auffassung, dass die 3. Person keine ‚Person', sondern eine verbale Form ist. Der Unterschied zwischen den Personen besteht auch darin, dass die erste und die zweite Person deiktisch sind, während die dritte stellvertretend ist (Thieroff / Vogel 2009: 82). Die 3. Person ist dabei die komplizierteste, weil sie das Ergebnis intersubjektiver Verhandlungstätigkeit und dadurch eine objektivierende Einschätzung der Realität vorstellt (Leiss 2009: 20 ff.). Die semantische Darstellung der 3. Person enthält das Pronomen *ich*, und die lokutive Komponente *ich sage, dass...* ist im Bestand jeder Äußerung impliziert (Padučeva 2002: 144, 136). In diesem Sinne wird das Satzsubjekt als Kontaminierung von Informationsquelle und dem impliziten Redesubjekt/Autor betrachtet (Anochina 2009: 146).

Aus der kurzen Übersicht können wir schlussfolgern, dass der Redeproduzent immer die 1. Person ist, sei es der reale Sprechende, der Romanautor oder Publizist. Der Roman ist dabei wohl die komplizierteste diskursive Erscheinungsform, weil dieses Genre die gezielte Hybridisierung von verschiedenen Informationsquellen und somit verschiedenen Personenperspektiven darstellt: des Autors, des Erzählers, der Figuren (vgl. Autier-Revuz 1999: 73). Jeder Personenperspektive kann man dabei einen bestimmten Objektivierungsgrad zuschreiben, wenn auch bei der Verwendung der 1. Person der Autor in der Regel implizit bleibt und nur mittelbar erkannt werden kann.

Auch andere diskursive Erscheinungsformen unterscheiden sich nach dem Grad der Objektivierung. Der Bericht scheint objektiv zu wirken; er wird grammatisch in der 3. Person gehalten; es wird von Ereignissen berichtet, wobei die 1. Person des Autors implizit bleibt. Der Kommentar lässt die Bewertung durchblicken; hier kommen Generalisierungen vor, so das Pronomen *man*, der generalisierende Artikel, Sentenzen oder Sprichwörter etc. Wenn der Autor zur indirekten Rede greift, will er sich mehr distanzieren und die Objektivität dadurch in Frage stellen. Er expliziert die 3. Person, indem er die Rede in ihrem Namen führt.

In der personalen Erzählsituation, die in der direkten Rede oder im inneren Monolog vorkommt, modelliert der Autor die unmittelbare Kommunikation und personalisiert die Beschreibung durch Figuren. Die wichtigsten Marker dieser Situation sind die 1. und die 2. Person, die die Sprechenden identifizieren. Bachtin nennt die direkte Rede autoritär (Bachtin 1975: 154); die 1. Person des Redeproduzenten tritt zurück, ist also neutralisiert.

In der Narration gibt es neutrale Erzählsituationen, in denen Fakten und Vorgänge sachlich wiedergegeben werden (Duden 2005: 125). Analysen zeigen, dass diese Erzählsituationen, die weniger häufig auftreten, durch eine objektivierende Modalität gekennzeichnet sind (Kostrova 1992). Der Autor lässt seine Präsenz nur durch die Wahl von Fakten und Vorgängen durchschimmern. Er identifiziert sich mit dem Sprechenden, die 1. Person des Autors und die des Sprechenden fließen in einander und bleiben implizit.

In der schönen Literatur ist also die Teilnahmeform des redenden Subjekts implizit. In der Publizistik ist sie offen oder mittelbar, wenn die Position des Journalisten von der Zeitungsredaktion oder einer anderen Instanz kontrolliert wird. Im religiösen Diskurs ist die Persönlichkeit des Priesters von Gott berufen; in diesem Sinne ist das Sprechen des Priesters in der 1. Person mittelbar. Im wissenschaftlichen Diskurs hat der Wissenschaftler das Privileg, von sich selbst zu sprechen, wie auch der Sprechende im Alltagsdiskurs.

5 Zusammenfassung

Die Diskurstypen referieren auf die Weltspezifik, die sie zusammenhält und den Darstellungsmodus mitbestimmt. Die wichtigsten Diskurstypen sind: der institutionelle, der fiktionale, der wissenschaftliche, der publizistische, der religiöse Diskurs sowie der Alltagsdiskurs. Die einzelnen Diskurstypen lassen sich je nach dem Themenbereich in weitere Subtypen unterteilen.

Jeder Diskurstyp oder Subtyp wird in verschiedenen Erscheinungsformen realisiert. Diese Formen variieren je nach dem Kommunikationsmedium, nach dem Rollenstatus der Kommunizierenden und der Teilnahmeform des redenden Subjekts.

Literatur

Adamzik, Kirsten: *Textlinguistik. Eine einführende Darstellung*, Tübingen 2004.

Anochina, Svetlana P.: *Kategorija subjektnosti v germanskih jazykah*, Sankt-Peterburg 2009.

Arutjunova, Nina D.: *Diskurs,* in: *Lingvističeski énciklopedičeski slovar'*, Moskva 1990, s. 136-137.

Autier-Revuz, Jacqueline: *Hétérogénéité montrée et hétérogénéité constitutive: elements pour une approche de l'autre dans le discours,* perevod s francuzskogo I. L. Mikaeljan, I. B. Itkina, in: *Kvadratura smysla. Francuzskaja škola analiza diskursa*, Moskva 1999, s. 54-94.

Bachtin, Michail M.: *Voprosy literatury i éstetiki. Issledovanija raznych let,* Moskva 1975.

Benveniste, Émile: *Obščaja lingvistika,* Moskva 1974.

Bongo, Giancarmine: *Der Diskursbegriff von Foucault in der Textlinguistik*, in: *Vielheit und Einheit der Germanistik weltweit. Abstracts.* Internationale Vereinigung für Germanistik. XII. Kongress (2010), S. 101.

Brinker, Klaus: *Linguistische Textanalyse: Einführung in Grundbegriffe und Methoden*, Berlin 2001.

Dijk, Teun A., van: *Textwissenschaft: Eine interdisziplinäre Einführung*, Tübingen 1980.

Dijk, Teun A., van: *Introduction: Discourse Analysis as a New Cross-Discipline*, in: *Handbook of Discourse Analysis.*V.1: *Disciplines of Discourse*, ed. by Teun van Dijk, London, Orlando, San Diego, New York, Toronto, Montreal, Sydney, Tokio 1985, p. 1-10.

Duden: *AbiDeutsch: Schnell-Merk-System,* Mannheim 2005.

Foucault, Michel: *L'Archéologie du savoir*, perevod s francuzskogo S. Mitina, D. Stasova, Kiev 1996.

Fix, Ulla: *Texte und Textsorten – sprachliche, kommunikative und kulturelle Phänomene*, Berlin 2011.

Gansel, Christina: *Systemtheoretische Aspekte von Textsorten – Textsorten und strukturelle Kopplung,* in: *Vielheit und Einheit der Germanistik weltweit. Abstracts.* Internationale Vereinigung für Germanistik. XII. Kongress (2010), S. 102.

Gansel, Christina/Jürgens, Frank: *Textlinguistik und Textgrammatik: Eine Einführung,* Wiesbaden 2002.

Heinemann, Wolfgang: *Diskursanalyse in der Kontroverse,* in: *Vielheit und Einheit der Germanistik weltweit. Abstracts.* Internationale Vereinigung für Germanistik. XII. Kongress (2010), S. 103.

Husslik, Heinz: *Lexikalische Begriffsbestimmung: KATEGORIEN*: http://home.ccc.at/hhusslik/kategor.htm, abgerufen am 02. Februar 2011.

Karasik, Vladimir I.: *Jazykovoi krug: ličnost', koncepty, diskurs,* Volgograd 2002.

Karg, Ina: *Der Diskurs über Bildung. Analyse – Komponenten – Wirkungsmächtigkeit*, in: *Vielheit und Einheit der Germanistik weltweit. Abstracts.* Internationale Vereinigung für Germanistik. XII. Kongress (2010), S. 223.

Kostrova, Olga A.: *Prodolžennaja sintaksičeskaja forma kak promežutočnoje zveno meždu prostym predloženijem i sverchfrazovym jedinstvom*, Diss., Moskva 1992 (kurz gefasst: *Prolongierte syntaktische Form als Mediostruktur zwischen dem einfachen Satz und dem Text*, in: *Estudios Filologicos Alemanes,*V. 20, Sevilla 2010).

Kotin, Michail L.: *Sprache in statu movendi. Sprachentwicklung zwischen Kontinuität und Wandel.* 2. Bd., Heidelberg 2007.

Krasnych, Viktorija V.: *'Svoi' sredi 'čužich': mif ili real'nost'?*, Moskva 2003.

Leiss, Elisabeth: *Drei Spielarten der Epistemizität, drei Spielarten der Evidentialität und drei Spielarten des Wissens*, in: *Modalität. Epistemik und Evidentialität bei Modalverb, Adverb, Modalpartikel und Modus* (=Studien zur deutschen Grammatik 77), hg. von W. Abraham, E. Leiss, Tübingen 2009, S. 3-24.

Maingueneau, Dominique: *Linguistische Grundbegriffe zur Analyse literarischer Texte*, Tübingen 2000.

Padučeva, Jelena V.: *Vyskasyvanije I jego sootnesjonnost' s deistvitel'nostju (Referencial'nyje aspekty semantiki mestoimeni)*, Moskva 2002.

Pêcheux, Michel: *Analyse automatique du discours,* perevod s francuzskogo I.B. Itkina, in: *Kvadratura smysla. Francuzskaja škola analiza diskursa*, Moskva 1999, s. 302-337.

Pentzold, Christian: *Dispositiv, Diskurs, Diskursfragment: Zum Vorschlag eines diskurstheoretischen, Foucault-inspirierten Analyserahmens für die Online-Enzyklopädie Wikipedia,* in: *Linguistik-Server Essen:* http://www.linse.uni-due.de/linse/publikationen/pdf/Pentzold_-_Dispositiv_Diskurs_Diskursfragment.pdf 2006, abgerufen am 02. Februar 2011.

Redder, Angelika: *Sprachliche Formen und literarische Texte – eine interdisziplinäre Aufgabe*, in: *Sprachliche Formen und literarische Texte* (Osnabrücker Beiträge zur Sprachtheorie 61), Duisburg 2000, S. 5-17.

Schevčenko, Vjačeslav D.: *Theorija interferencii diskursov*, Samara 2010.

Schmitz, Ulrich: *Sprache in modernen Medien: Einführung in Tatsachen und Theorien, Themen und Thesen*, Berlin 2004.

Schwarz, Monika: *Indirekte Anaphern in Texten: Studien zur domänengebundenen Referenz und Kohärenz im Deutschen*, Tübingen 2000.

Sériot, Patrick: *Comment on lit les texts en France,* perevod s francuzskogo I. N. Kuznecovoj, in: *Kvadratura smysla. Francuzskaja škola analiza diskursa*, Moskva 1999, s. 12-53.

Solganik, Grigori: *Očerki modal'nogo sintaksisa,* Moskva 2010.

Thieroff, Rolf / Vogel, Petra M.: *Flexion,* Heidelberg 2009.

Wengeler, Martin: *„Unsere Zukunft und die unserer Kinder steht auf dem Spiel". Krisendiskurse in der Bundesrepublik Deutschland,* in: *Vielheit und Einheit der Germanistik weltweit. Abstracts.* Internationale Vereinigung für Germanistik. XII. Kongress (2010), S. 225.

Pavel N. Donec

Über die „Grenzdiskurse“

Das Thema der „Grenze“ gewinnt in den letzten Jahrzehnten im wissenschaftlichen und sozialen Diskurs immer mehr an Bedeutung.

Die Gründe für diese Aktualität des Grenzbegriffs lassen sich in mehrere Klassen unterteilen:

- *politische*: allmähliches Verschwinden von herkömmlichen Staatsgrenzen in West- und Mitteleuropa (EU-Gründung und -erweiterung, Schengener Abkommen) einerseits, Aufkommen neuer Grenzen z.B. im Zusammenhang mit dem Zerfall der Sowjetunion, der Tschechoslowakei und Jugoslawiens andererseits;
- *ökonomische:* Globalisierung und die sich immer mehr abzeichnende Erschöpfung von Ressourcen sowie Erreichung von demographischen und wirtschaftlichen Wachstumsgrenzen in der Entwicklung der Menschheit;
- *soziologische*: Reflexion über „Abgrenzungsprozesse“ und kulturelle Grenzziehungen im Zusammenhang mit intensiver Debatte über kulturelle Identitäten, interkulturelles Lernen und multikulturelle Gesellschaften (vgl. Gestrich/Krauss 1998: 9);
- *kulturelle*: postmodernistische Verwischung aller Genre-Grenzen in der Kunst und die Sprengung von althergebrachten Gegenstandsrahmen in der Wissenschaft einerseits, „Atomisierung“ der Fächer, von denen es nach Angaben mancher Forscher mehr als 4000 gibt (vgl. Mittelstraß 1989: 68) andererseits;
- *heuristisch-konzeptuelle*: referentielle Multivalenz und Flexibilität des Begriffes, welche seine Anwendung auf unterschiedlichste Phänomene ermöglicht.

Wie aus dieser Aufzählung hervorgeht, gibt es unterschiedliche Grenzarten, mit denen entsprechend unterschiedliche Grenzdiskurstypen zusammenhängen.

Mit Hilfe von Mitteln der linguistischen Konzeptologie haben wir seinerzeit versucht, das umfangreiche und komplexe Konzept GRENZE zu strukturieren und mehrere Subkonzepte bzw. Unterarten hervorgehoben (z.B. Donec 2005, Donec 2006).

Die erste und wichtigste Unterart der Grenze wäre zu beschreiben als: *1. Linie, die zwei unterschiedliche Entitäten voneinander trennt.*

Die Logik (und die politische Praxis, vgl. zahlreiche Beispiele der geteilten Länder) lehrt uns des Weiteren, dass man mit einer Linie auch eine und dieselbe Entität — oft ziemlich willkürlich — in zwei (oder mehr) Teile trennen kann — erst im Laufe der Zeit zeigt sich, ob sich aus diesen Teilen zwei selbständige Phänomene entwickeln oder ob sie wieder zu einer Einheit zusammenschmilzt. Demgemäß wäre die „Grenze“ auch als *2. Linie, die eine und dieselbe Entität in zwei (oder mehr) Teile trennt*, zu beschreiben.

Ein weiteres „Subkonzept“ der Grenze wäre als *Abschluss*, *äußeres Ende* einer Entität zu definieren (apropos „definieren“ – das lat. „finis“ bedeutet ja gerade: *Grenze, Ende*).

Diese Bedeutung wird realisiert z.B. in den Wendungen *bis an die Grenzen seiner Möglichkeiten, die Grenzen des Wachstums, begrenzte Ressourcen* usw. Es gibt in diesem Fall keine Trennung von Entitäten oder, genauer gesagt, die eine Entität wird als nicht vorhanden, als „leer" gedacht. Demgemäß wäre die „Grenze" außerdem als: *3.1 Linie, die Rand, äußeres Ende einer Entität darstellt*, zu bestimmen:

Hinzuzufügen wäre, dass kraft der natürlichen Inversion der Gegensätze die „Grenze" auch den *Anfang* bedeuten kann (vgl. die Belege *an der Grenze zu neuen Zeiten, Kochkunst an der Grenze zur Magie, an der Grenze zum Jenseits* usw.). In dieser Hinsicht kann sie auch als: *3.2 Linie, die Rand, äußeren Beginn einer Entität darstellt*, beschrieben werden.

Die Trennung beinhaltet – ebenfalls inversiv – die *Verbindung von zwei Entitäten* (vgl. die Beispiele *eine gemeinsame Grenze*, das Verb *angrenzen*). Diese Verbindung von zwei Entitäten kann – durch eine Art „Brownsche Molekularbewegung" (bzw. Interferenz) zur gegenseitigen Übernahme von Eigenschaften und dadurch zur Herausbildung ihrer Übergangsformen führen (eine andere Ursache wäre die früher bestandene Einheitlichkeit einer geteilten Entität). Dieses Subkonzept der „Grenze" – *4. Übergangs-, Mischform von zwei Entitäten* oder auch *Hybrides* – wird sehr oft aktualisiert und lässt sich mit vielen sprachlichen Beispielen belegen: *Grenzzone, Grenzbegriff, Grenzbereich, Grenzfall.*

Das nächste „Subkonzept" der GRENZE, das noch weniger mit Trennung zu tun hätte, wäre: *5. der höchste Grad in der Entwicklung einer Entität, welcher entweder zu ihrem qualitativen Sprung oder ihrer Zerstörung führt.*

Es ließe sich als *Schwelle* auffassen und zerfiele entsprechend in 2 Varianten: *5.1 Schwelle nach oben* für den ersten Fall (diese Semantik überwog im Verständnis der Grenze bei K. Jaspers (*Grenzsituation, Grenzerfahrung*)) und *5.2 Schwelle nach unten* für den zweiten. Den letzteren könnte man auch *Extrem* oder auch *Aufhebung* nennen, vgl. solche Belege wie *Grenzspannung, Grenzbelastung, Grenzgeschwindigkeit, Grenzpreis, Grenzalter* usw.

Für die Aussonderung anderer wichtiger Sememe der GRENZE aus der Sicht der linguistischen Konzeptologie wäre die Frame-Modellierung von Relevanz. Dabei müssten wir die „Linie" als solche verlassen und den breiteren Kontext des Funktionierens von Grenzen in Betracht ziehen, unter anderem die an der Grenze handelnden Subjekte und die zu behandelnden Objekte. Der einfachste Frame wäre wohl der *gnoseologische*: die erkennende Person und die abzugrenzenden Entitäten.

Der kompliziertere Frame einer *territorialen* Grenze würde die Elemente *Raum, Transgressans* (ein Lebewesen, das die Grenze überquert) bzw. *Transgressat* (Sachen, Gegenstände, die über die Grenze befördert werden), einschließen.

Die Grenze wird hier zur *Barriere*, zur *Schranke* oder – in modernerer Terminologie – zum *Filter* oder zur *Membran*. Diese Deutung der Grenze: *6. symbolische oder speziell eingerichtete Linie, die das Eindringen/Entweichen von bestimmten Subjekten oder Objekten verhindern oder erschweren soll*, – wäre wohl eines der wichtigsten „Subkonzepte" der GRENZE.

Den Prototyp der Klasse „Barriere-Grenze" stellt zweifellos eine Staatsgrenze dar – aus der Analyse des lexikographischen Materials geht hervor, dass ungefähr 66 % der in den Wörterbüchern erfassten Lexik Bezug zur politischen Grenze hat.

Auf die Frage der „Grenzdiskurse" zurückkommend kann man sagen, dass viele der erwähnten Grenztypen Gegenstand einer öffentlichen Diskussion oder privater Überlegungen werden können.

In diesem Beitrag beschränken wir uns auf die Erörterung der Diskurse, die mit (fremd)-staatlichen Grenzen zu tun haben.

Bekanntlich stellt der Diskurs ein vieldimensionales Phänomen dar, welches sich nach unterschiedlichen Merkmalen typologisieren lässt (s. z.B. Karasik 2010: 279), ohne dass man bei zahlreichen Versuchen einer solchen Typologisierung allerdings irgendein System erkennen kann. Wie es erscheint, wären für die untere Ebene der in Frage kommenden Typologisierungsmerkmale – also eine Art „discourse primitives" (in Anlehnung an die bekannten „semantic primitives") – die so genannten „kommunkativen Faktoren", d.h. Konstituenten des Kommunikationsaktes: *Kommunikanten (Adressant/-en, Adressat/-en), Motivation, Intention, Situation, Thema, Kode* u.a. (ausführlicher dazu s. Donec, 2002) anzusetzten.

Auf dieser Basis kann man mehrere Grenzdiskursgenres aussondern. Nach den Merkmalen „Intention", „Thema" und „Adressant/Adressat" etwa lässt sich der *wissenschaftliche Grenzdiskurs* hervorheben: gemeint sind zahlreiche Publikationen in der politischen Geographie, Politologie, Geschichte usw. zum Thema „Grenze", die von Fachleuten geschrieben und für Fachleute bestimmt sind.

Relativ umfangreich wäre der *publizistische Grenzdiskurs* – dazu kann man vielzählige Artikel und Sendungen in den Massenmedien rechnen, die die Lage an den „schwierigen" politischen Grenzen behandeln (die Grenzen Israels mit arabischen Staaten, nord/südkoreanische Grenze, die Grenzen zwischen dem Schengener Raum und den Anrainerstaaten usw.). Das öffentliche Interesse für solche Grenzen resultiert daraus, dass sie als Rand-, Übergangs- und Hybriditätszonen über hohes perturbatives Potential (u.a. Konfliktquellen, erhöhte kriminelle Aktivitäten u.ä.) verfügen.

Ausschlaggebend für die Differenzierung dieses Grenzdiskurstypus sind die Merkmale *Thema* (Lage) sowie *Adressant* (Journalisten) und *Adressat* (Massenrezipienten).

Die Texte dieser Art lassen sich sehr leicht bei der Maskensuche in den größeren Datenbanken herausfinden – etwa in den CD- bzw. DVD-ROMs, die alle elektronisch zugänglichen Jahrgänge von Zeitungen und Zeitschriften erfassen, und zwar an der Rekurrenz des betreffenden Wortes („Grenze"). In dem von uns untersuchten Korpus der Wochenzeitung „Die ZEIT" (1994-2009) beziehen sich unter den insgesamt 8 Texten mit der höchsten Trefferzahl von 10 bis 18 fünf auf die Situation an der deutschen-polnisch, österreichisch-tschechischen Grenze (vor dem Beitritt der letzteren Länder zum Schengener Raum) und an der nord/südkoreanischen Grenze; ein Text behandelt allgemeine Menschenschmuggelproblematik; in einem weiteren Text („Festung Schweiz", Die ZEIT 34/08) geht es um geschichtlichen Stoff – die Politik schweizerischer Behörden in Bezug auf die jüdischen Flüchtlinge aus Deutschland im Jahre 1938. In all diesen Texten wird das Subkonzept „Staatsgrenze" aktualisiert.

Vor diesem Hintergrund hebt sich der Artikel von Ulrich Alemann „Grenzen schaffen Frieden. Gegen die Ungebundenheit in der Politik. Ein Versuch über das wohltätig Trennende" (Die ZEIT, 6/1999), in dem es 12 Treffer der „Grenze" vorkommen, ab. Darin wird eher essayistisch allgemeine Grenzproblematik erörtert, womit er an den wissenschaftlichen Grenzdiskurs nahe tritt.

Manchmal erscheint die „Grenze" als Subthema im Diskurs, der eigentlich einem anderen Gegenstand gewidmet ist. Kürzlich erschien in der „ZEIT" ein Interview mit der RTL-Chefin Anke Schäferkordt („Die Quotenfrau". Die ZEIT, 20/2011), in dem es um die Programmpolitik dieses Senders ging. Dennoch lassen sich in diesem Interview sechs „Grenze"-Treffer nachweisen, und zwar:

> „ZEIT: Wie gehen Sie mit Ihrer Verantwortung um? Wo verläuft die *Grenze* dessen, was Sie nicht mehr zeigen, obwohl es eine gute Quote verspricht? (...)
> Schäferkordt: (...) Wir müssen schauen, welche *Grenzen* wir uns setzen: was zeigen wir, was zeigen wir nicht? (...)
> ZEIT: Aber wo ist für Sie persönlich die *Grenze*? Würden Sie Hartz-IV-Empfänger im Rhein um einen Arbeitsplatz um die Wette schwimmen lassen? (...)
> Schäferkordt: Nein, das würden wir natürlich nicht tun. Das ist auch zynisch. Wenn Sie mich fragen: Würden wir alles tun für die Quote? Dann ist unsere Antwort: Nein. Es gibt sehr viele *Grenzen*, die wir ziehen. (...)
> Schäferkordt: (...) Aber wenn Ihre Frage dahin zielt, ob ein Format wie DSDS *Grenzen* bewusst überschreitet, dann antworte ich: Nein, das ist nicht so. (...)
> ZEIT: Für eine Folge der Super Nanny hat RTL gerade einen Bußgeldbescheid über 30.000 Euro erhalten. Die Kommission für Jugendmedienschutz findet, einige Szenen verstießen gegen die Menschenwürde. Da haben Sie *Grenzen* überschritten".

Wie wir sehen können, wird in diesem Diskurs vor allem das Subkonzept „Limit" aktualisiert („Was darf letzten Endes im Fernsehen gezeigt werden"?).

Aus der Sicht der traditionellen Diskursanalyse stellt ein besonderes Interesse der „lebendige" Diskurs bei der Überquerung einer staatlichen Grenze dar. Die wichtigsten Unterscheidungsmerkmale dieses Diskurstyps sind *Situation* (face to face communication), *Interaktionalität* sowie spezifisches *Rollenrepertoir* der Beziehungen zwischen den Diskursanten.

Dieses Diskursgenre lässt sich in drei Phasen gliedern: *Vor-der-Grenze–Diskurs, Auf-der-Grenze–Diskurs* und *Nach-der-Grenze–Diskurs.*

Teilnehmer des Vor-der-Grenze–Diskurses sind die die-Grenze-Überquerenden (Transgressanten): Passagiere, Fußgänger, PKW- und LKW-Fahrer, Dienstpersonal (Schaffner, Busfahrer).

Die räumliche Lage des Vor-der-Grenze–Diskurses kann man als Zone unmittelbar vor dem Grenzübergang beschreiben. Die Unterhaltungsthemen berühren oft die Lösung der Zollprobleme (Vorhandensein der erforderlichen Währungssumme, Verteilung der zollpflichtigen Waren (z.B. der Zigaretten) oder des Übergepäcks unter Mitreisenden; formelle oder informelle Tricks zur Erleichterung der Grenzüberschreitung, Beschwerden über die Verzögerungen bei dem Procedere usw).

Die Notwendigkeit, gemeinsam die Strapazen der Grenzübertretung zu überwinden, führt häufig zur Entstehung einer spezifischen Solidarität unter den Transgressanten, vgl. folgendes Diskursfragment:

> „Einer der einfachsten Wege nach Polen beginnt für einen Ukrainer auf dem Busbahnhof des wolhynischen Kowel, von wo Richtung Lublin ständig Linienbusse abfahren.
> An den Kassen tritt an uns eine Frau mittleren Alters heran:
> – Fährt die Jugend nicht nach Polen?
> – Nach Polen, – stimmen wir zu und hören uns ihre Ratschläge an, auf welchem Wege es am besten sei, nach Warschau zu gelangen, und an welcher Kasse man am schnellsten Fahrkarten besorgen könne.

– Und führen Sie Zigaretten mit, oder? fragt vorsichtig unsere Wohltäterin.
– Vorerst keine, zwinkern wir ihr zu und versprechen, bei der Beförderung der Tabakwaren zu helfen. (...)
Der Bus fährt ab, auf dem Bahnsteig bleibt eine Schar von Frauen mit Taschen. Nein, sie haben es sich nicht anders überlegt – der Fahrer nimmt sie alle um die Ecke mit (von den Augen der Vorgesetzten weiter weg).
– Und wann kommen wir in Warschau an? fragt eine Kiewer Studentin.
– Bis zur Grenze brauchen wir ungefähr anderthalb Stunden, von dort aus nach Warschau viereinhalb Stunden. Und wie lange wir an der Grenze stehen müssen, weiß niemand, antwortet der Fahrer".[1] (http://glavred.info/archive/2007/12/05/170012-6.html, abgerufen am 28. April 2011)

Im Falle des Auf-der-Grenze–Diskurses schließen sich an die Diskursteilnehmer *Grenzbeamte* an (Grenzpolizisten, Zöllner, Verkehrspolizisten, Mitarbeiter der phytosanitären, veterinärmedizinischen und manchmal der medizinischen Aufsicht, Versicherer, Geldwechsler usw).

Die verbale Konstituente dieses Diskurses trägt einen sehr spärlichen und stereotypen Charakter und beschränkt sich auf eine Reihe von Fragen der Grenzbeamten und entsprechenden Antworten seitens der Transgressanten: *„Passkontrolle"! „Was ist das Ziel Ihrer Reise"? „Wie viele Zigarettenschachteln haben Sie bei sich"? „Sind Sie versichert?"* usw.

Dabei ist der pragmatische Wert der Antworten auf diese Fragen sehr groß, denn dem Transgressanten kann die Einreise in das Land/Ausreise aus dem Land verweigert werden; ihm können Devisen, die ihm gehörenden (bzw. die von ihm beförderten) Kunstgegenstände, Sachen, Nahrungsmittel usw. beschlagnahmt werden; die von ihm mitgeführten Waren können mit einem hohen Zoll belegt werden; er kann diversen anderen unangenehmen Prozeduren ausgesetzt werden von der Leibesvisitation bis hin zur Verhaftung – mit anderen Worten, der Auf-der-Grenze–Diskurs ist äußerst asymmetrisch vom Standpunkt der Statusbeziehungen.

Die Absurdität der Situation, bei der sich der Befragte quasi selber denunzieren (wahrlich einen „performativen Selbstmord" begehen) soll, wird relativ oft im Auf-der-Grenze–Diskurs verbalisiert, vgl. ein Fragment aus der Erzählung vom bekannten russischen Humoristen M. Sadornow:

„Der Zöllner hat mich nicht erkannt. So etwas passiert ziemlich oft. Er begann mich mit geübten Fragen zu quälen:
– Haben Sie Drogen mit? Juwelen? Antiquitäten? Führen Sie verbotene Waren mit? Welche?
Die letzte Frage ließ mich sogar lächeln. Ich hatte das Recht, mir's zu erlauben, denn erstens führte ich nichts Verbotenes mit. Und zweitens, auch wenn ich so was mitführte, würde ich denn das freiwillig eingestehen?
– Sagen Sie bitte, antwortet Ihnen denn jemand überhaupt, dass er etwas Verbotenes mitführe? fragte ich den Zöllner nicht ohne Verschmitztheit.
Eine solche Frage erschien ihm als viel zu frech. Er sah mich aufmerksam mit seinen Röntgen-Augen an. Es schien, dass mein Gesicht ihm verdächtig bekannt vorkam. Er kniff die Augen für eine Weile zu.

[1] Hier und weiter übersetzt von mir – P.D.

– Treiben Sie keine Späßchen an der Grenze, sondern machen Sie lieber ihren Diplomatenkoffer auf!" (http://www.zadornov.net/books/yanikogdanedumal/2-2-soshlos/, abgerufen am 28. April 2011).

Die Versuche, die Absurdität von Interrogativen dieser Art seitens des Transgressanten an die Oberfläche zu bringen, wird von Zöllnern und Grenzern gewöhnlich als Sakrileg empfunden, welches sofortige Bestrafung verlangt, vgl. das Fragment eines Internet-Chats, der der Überquerung der kasachisch-russischen Grenze gewidmet ist:

„Und Hauptsache ist, auf der Grenze darf man keine Späße treiben...
Ich habe einmal einen Scherz gemacht: Auf die Frage, ob ich im Wagen stechende oder schneidende Gegenstände hätte, habe ich geantwortet: Ja!!! Da gibt es in der Autotasche ein Messer, und da einen Spaten – damit kann man eine Leiche begraben...
Der Zöllner hat mich schweigend angesehen, ohne dass sich ein Muskel auf seinem Gesicht zuckte, und sagte trocken: Holen wir das ganze Gepäck zur Sichtprüfung heraus!!!
Und das dabei, dass alle Sachen im Kofferraum bis auf das „geht's nicht mehr" eingestampft waren (...). Und man muss in Rücksicht ziehen, ich fuhr von Borowoe in der RF im Januar 2008, es hat klirrenden Frost gegeben.
Und ich habe da wie ein Idiot gestanden und meine Sachen entladen!!! Also, solche Späße treibe ich nicht mehr, und euch würde ich das auch empfehlen!"
(http://borovoe.kz/forum/viewtopic.php?f=2&t=1589, abgerufen am 28. April 2011).

Eine Erscheinungsformen des Protestes gegen die Irrationalität des Auf-der-Grenze–Diskurses seitens der Transgressanten wäre die Umqualifzierung des Interrogativ-Sprechaktes in einen Direktiv, was wiederum Widerstand der Zöllner auslöst, vgl. noch ein Fragment aus dem eben zitierten Internet-Chat:

„...Pfff, und das soll ein Scherz sein, ich war gerade 14, als ich auf die Frage 'Haben Sie Waffen und Drogen mit?' antwortete: 'Soll dies als eine Frage oder als ein Angebot verstanden werden?' ... Danach ging es erst richtig lustig zu"
(http://borovoe.kz/forum/viewtopic.php?f=2&t=1589, abgerufen am 28. April 2011).

Relativ oft wird diese Technik in Witzen angewendet:

„Ein unerfahrener Passagier kommt aus Istanbul an. Der Zöllner stellt Fragen:
– Haschisch? Heroin? Opium?
Der von den Flugerlebnissen noch nicht ganz wieder zu sich gekommene Fluggast antwortet zerstreut:
– Nein, danke, von dem Zeug platzen meine eigenen Koffer".
(http://forum.rastamozhka.ru/showthread.php?t=439, abgerufen am 28. April 2011).

„Grenze. Nacht. Eisenbahnstation. Zollkontrolle in einem Personenzug. Mit einem Schwung wird die Tür zum Abteil geöffnet, und der Zollbeamte beginnt die verschlafenen Passagiere zu befragen:
– Waffen, Drogen, Alkohol, Zigaretten...
Ein noch nicht ganz wach gewordener Fahrgast von der oberen Bank murmelt mit leiser Stimme:
– Nein, danke! Eine Tasse Tee bitte!"
(http://www.puchkov.net/publications/person/humor.html, abgerufen am 28. April 2011).

„– Haben Sie Drogen, Waffen, Munition, Pornographie?
– Nein. Und könnte man welche bei Ihnen kaufen"?
(http://aleksandr-l.ucoz.ru/news/5-0-2, abgerufen am 28. April 2011).

Im Auf-der-Grenze–Diskurs setzt man auch nichtverbale Kodes ein, z.B. aus dem Grund, dass die Kommunikanten nicht über dieselbe Sprache verfügen, werden verschiedene *Gesten* für die Verständigung angewendet. Ein wahres Topos bei den Beschreibungen von Grenzüberquerungen wäre die steife, unfreundliche *Mimik* der Grenzbeamten.

Eine gewisse Rolle können dabei die *Statussymbole* spielen, in deren Funktion in diesem Fall die Reisepässe der Transgressanten auftreten. Eine klassische Illustration hierfür lieferte seinerzeit der große sowjetische Dichter W. Majakowski mit seinen "Versen vom Sowjetpass" (1928), die früher jeder Sowjetschüler auswendig lernen sollte:

"Im langen Laufgang
der Abteile
und Kajüten
bewegt sich
gemessen
der Kontrollor.
Man reicht ihm den Paß;
auch ich –
den gehüteten
purpurnen Ausweis
hol ich hervor.
Der eine Paß
wird süß angefeixt.
Dem andern
begegnet man schnoddrig und dreist.
So berührt man mit
fürchtigem Scheuen
den britischen
Doppel-Leuen.
Mit einem Blick,
der in Himmeln schwimmt,
mit der Demut

Vor dem polnischen
steht man
als der Ochs vorm neuen Tor,
die Augäpfel
kugeln aus den Höhlen hervor.
Erzpolizeiliche Sturheit:
ja wieso denn?
was sind das
(wie kommen Sie mir vor?)
für neue
geographische Moden?
Und bar jeder Regung
von Liebe
und Haß,
von Wallungen,
inneren Fehden,
nimmt man
kaum blinzelnd

des frommen Ahners,

nimmt man,

wie man ein Trinkgeld nimmt,

den Reisepaß

des Amerikaners.

den däni-

schen Paß.

und die

aller sonstigen

Schweden".

Der Nach-der-Grenze–Diskurs ist linguistisch weniger interessant und beläuft sich meistens auf den Meinungsaustausch der Transgressanten in Bezug auf die überstandenen Strapazen.

Überqueren die Reisenden die Grenze zum fremden Land zum ersten Mal, so kommen in ihren Gesprächen relativ oft die Motive der sichtbaren kulturellen Unterschiede sowie die Verschiedenheit/Ähnlichkeit der Natur in der sich vor ihnen nun eröffnenden neuen Wirklichkeit vor.

Ein selbständiger Untersuchungsgegenstand wären die Reflexionen über die Grenzüberquerungen, die man häufig in den Reiseberichten, Auslandsartikeln, Memoiren etc. antrifft und die man eventuell *sekundären Grenzdiskurs* nennen könnte, aber er verdiente einer gesonderten Erörterung.

Zusammenfassend lässt es sich feststellen, dass es mehrere Typen des Grenzdiskurses gibt, die nach unterschiedlichen Parametern unterschieden werden können. Die wichtigsten davon wären das *Thema* (wissenschaftlicher und publizistischer Grenzdiskurse) sowie die *Situation* (interaktionaler Grenzdiskurs). All dessen Unterarten wären einer Aufmerksamkeit seitens der Diskursforschung wert, aus pragmalinguistischer Sicht dürfte vor allem der Auf-der-Grenze–Diskurs Interesse darstellen.

Literatur

Donec, Pavel: *Grundzüge einer allgemeinen Theorie der interkulturellen Kommunikation*, Aachen 2002.

Donec, Pavel: *Koncept GRENZE v nemeckom jazyke: semasiologičeskij ugol zrenija*, in: *Izvestija Volgogradskogo gosudarstvennogo pedagogičeskogo universiteta.* Serija Filologičeskije Nauki. 12 (2005) 3, s. 18-22.

Donec, Pavel: *Koncept GRENZE v nemeckom jazyke: onomasiologičeskij ugol zrenija*, in: *Vestnik Har'kovskogo universiteta.* Vyp. 726, 2006, s. 3-5.

Gestrich, Andreas/Krauss, Marita: *Einleitung*, in: *Migration und Grenze*, hg. von Gestrich, Andreas; Krauss, Marita (Stuttgarter Beiträge zur Historischen Migrationsforschung. Bd. 4.), Stuttgart 1998, S. 9-14

Karasik, Vladimir: *Jazykovaja kristallizacija smysla,* Volgograd 2010.

Mittelstraß, Jürgen: *Der Flug der Eule. Von der Vernunft der Wissenschaft und der Aufgabe der Philosophie,* Frankfurt 1989.

BEATA MIKOŁAJCZYK

Zur Kulturbedingtheit des wissenschaftlichen Diskurses am Beispiel der Verfasserreferenz in der Textsorte *autographes Vorwort einer wissenschaftlichen Abhandlung*, ein deutsch-polnischer Vergleich

Das Ziel dieses Beitrags besteht darin, das Vorwort einer wissenschaftlichen Abhandlung anhand deutscher und polnischer Belege kontrastiv zu analysieren und somit zum interlingualen Vergleich dieser Textsorte beizutragen. Es soll untersucht werden, welchen Konventionen ein ausgewählter Aspekt, nämlich die Selbstnennung des Verfassers in dieser Textsorte im jeweiligen Sprachraum in einer ausgewählten wissenschaftlichen Disziplin, hier der Linguistik, folgt und worin in dem genannten Bereich Gemeinsamkeiten und Unterschiede liegen.

Zur interkulturellen Erforschung der Wissenschaftssprache sind seit den ersten Arbeiten von Michael Clyne (z.B. 1991) zahlreiche Einzel- sowie vergleichende Untersuchungen erschienen. Sie befassen sich entweder mit den Schreibkonventionen einer bestimmten Kultur oder mit den Konventionen zweier Kulturen im Kontrast. Die vorliegende Studie versteht sich als Beitrag zur zweiten Forschungsrichtung am Beispiel des Sprachpaares Deutsch und Polnisch.

Mein Augenmerk richtet sich auf einen Aspekt wissenschaftlicher Texte, genauer gesagt auf eine Textsorte aus dem Bereich der Wissenschaftskommunikation. In diesem Beitrag wird gefragt, ob sich bei der Art und Weise, wie die Autoren wissenschaftlicher Abhandlungen im Vorwort auf sich selbst Bezug nehmen und welche sozialen Rollen sie sich in diesen Texten selbst zuschreiben, kulturelle bzw. schreibkonventionelle Unterschiede feststellen lassen. Bevor auf die Verfasserreferenz eingegangen wird, soll kurz die Textsorte umrissen werden.

1 Zur Textsorte *autographes Vorwort einer wissenschaftlichen Abhandlung*

Pötschke (1982: 25) bezeichnet das Vorwort als eine metakommunikative Textsorte, die vor dem Haupttext steht, „Hinweise zum Umgang mit dem Text“ (ebd.: 28) gibt und dadurch die Rezeption des gesamten Textes steuert. Es ist zwar mit dem Haupttext verbunden, aber relativ selbständig, da sowohl das Vorwort als auch der Haupttext unterschiedliche Intentionen realisieren. In seinem Aufsatz wird auch „ein beachtlicher Grad an Konventionalisierung“ (ebd.) der Vorworte unterstrichen. Für Timm (1996) stellt das Vorwort eine Textsorte-in-Relation dar. „Das Vorwort – so Timm (ebd.: 459) – expliziert die Komponenten der Kommunikationssituation und nimmt einen speziellen Platz im Rezeptionsprozeß ein. Der Rezipient kann durch die Angaben im Vorwort (...) feststellen, inwieweit ein

Textexemplar die Erfüllung seiner Rezeptionsaufgabe entspricht." Sternkopf (1996) schreibt über verwandte Textsorten der wissenschaftlichen Kommunikation, nämlich das Vorwort und die Rezension, als „nahe Textsorten für eine ferne Interaktion" (ebd.: 468). Zu den Gemeinsamkeiten der beiden gehört z.B., dass sie das Ziel verfolgen, kurz den Inhalt der gesamten Publikation zu schildern und den (potentiellen) Leser zum Lesen der Abhandlung anzuregen. Genette (1989) spricht vom Vorwort als einem Paratext, indem er auch seine paratextuellen Eigenschaften betont, nämlich seine Unterordnung dem Haupttext gegenüber und seine Funktionen, d.h. die Gewährleistung „einer besseren Rezeption des Textes und einer relevanten Lektüre" (ebd.: 10).

Das Vorwort einer wissenschaftlichen Abhandlung fungiert als keine selbständige Textsorte, sondern als Element einer Monographie, die der fachinternen Wissenschaftskommunikation angehört. Dies ist nicht obligatorisch, aber bei umfangreicheren Arbeiten üblich. Wie gesagt wird es ein Paratext genannt, weil dank ihm aus einem Text ein Buch wird. Die Vorworte unterscheiden sich voneinander durch ihre Funktionen, die von unterschiedlichen Parametern wie Epoche, Kultur, Autor, Art der Veröffentlichung, Adressatenkreis usw. abhängen. Eine grobe Unterteilung der Vorworte kann nach dem Kriterium des Textproduzenten vorgenommen werden. Je nach der Art der Abhandlung werden Vorworte entweder vom Verfasser der Monographie selbst geschrieben, es handelt sich dabei um sog. autographe Vorworte (vgl. Cho 2000: 187) oder sie begleiten den Haupttext eines anderen Autors. Solche Vorworte werden als allograph (vgl. Cho 2000: 187) bezeichnet.

Im Folgenden konzentriere ich mich ausschließlich auf autographe Vorworte. Zusammenfassend kann festgehalten werden: Bei Vorworten in einer wissenschaftlichen Abhandlung handelt es sich um paratextuelle, metakommunikative Elemente, die dem Haupttext vorangestellt und von ihm auch graphisch getrennt sind. Zu ihren Funktionen gehören in erster Linie:

- Die Herstellung des Kontakts zwischen dem Autor und dem Leser;
- Die Anregung zur Lektüre durch bestimmte Informationen;
- Die Steuerung des Rezeptionsvorgangs.

Zentral scheint also für das Vorwort die Verfasser-Leser-Beziehung zu sein. In diesem Beitrag wird ein Element dieser Konstellation genauer untersucht, nämlich die Bezeichnung des Autors im Vorwort.

2 Zur Verfasserreferenz

Verfolgt man die fachsprachentheoretische Diskussion über wissenschaftliche Texte bzw. die Wissenschaftssprache während der letzten 30-40 Jahre, so fällt ein seit langem verfestigtes Konzept auf, nämlich, dass wissenschaftliche Texte unpersönlich verfasst werden (sollen), d.h., es soll auf die direkte Markierung des Autors im Text verzichtet werden. Es wurde viel über das Ich-Verbot (Weinrich 2006) oder das Ich-Tabu (Kretzenbacher 1995) geschrieben und diskutiert. Diese Vorstellung gehört allerdings immer mehr der Vergangenheit an. Viele neuere Studien weisen darauf hin, dass Verfasser wissenschaftlicher Texte oft direkt auf sich selbst Bezug nehmen und dadurch ihre soziale Rolle im Text markieren, aus der heraus sie mit den Rezipienten interagieren. Aus diesem Grunde rückt die Markierung des Autors in der Wissenschaftskommunikation zunehmend immer mehr in das Zentrum des Forschungsinteresses.

Piituilainen (2001: 160) vertritt die Meinung, dass die sprachliche Markierung des Emittenten direkt, indirekt, ausweichend sein oder völlig ausbleiben kann. Die direkte Markierung erfolgt durch den Gebrauch von Personal- und Possessivpronomina der 1. Person oder durch den Eigennamen des Produzenten. Unter indirekter Markierung versteht sie den Gebrauch substantivischer Bezeichnungen, wie *der Verfasser, der Leser.* Als ausweichende Markierung wird der Versuch bezeichnet, den direkten Bezug zu meiden, indem generische Ausdrücke verwendet werden. Sie behauptet auch, dass es möglich ist, dass die Produzentenmarkierung völlig fehlt, und zwar in den Fällen, wo eine Äußerung rein hörer- oder sachbezogen formuliert wird.

Bei der direkten Markierung des Autors sondert Steinhoff (2007a, 2007b) von den wissenschaftlichen Aufsätzen aus dem Bereich der Linguistik, Literatur- und Geisteswissenschaft drei sog. Ich-Typen aus. Als erster Typ wird das sog. Verfasser-Ich angesetzt, das „im Rahmen von textkommentierenden, stark adressatenbezogenen Prozeduren verwendet [wird], die zusammen genommen eine Art Anleitung zum Text bilden" (ebd.). Im Rahmen des Verfasser-Ichs werden spezifische Prozeduren genannt:

- katadeiktische Textprozedur,
- anadeiktische Textprozedur,
- auf andere Texte verweisende Prozeduren,
- Danksagungsprozeduren.

Zweitens spricht Steinhoff vom Forscher-Ich, das in argumentativen Textteilen erscheint und gegenstandsbezogen ist. Auch dieses Ich setzt sich aus mehreren Prozeduren zusammen:

- Begriffsbildende Prozeduren,
- Hypothesen explizierende Prozeduren,
- Textkritische Prozeduren.

Den letzten Ich-Typ stellt nach Steinhoff das Erzähler-Ich dar, das „in autographischen, narrativen Textpassagen" (ebd.: 21) zu erwarten ist. Dabei wird bemerkt, dass dieser Ich-Typ in wissenschaftlichen Texten eher selten anzutreffen ist und als nicht wissenschaftlich eingestuft wird. Diese Unterscheidung bedarf meiner Meinung nach einer Präzisierung und möglicherweise einer Erweiterung, aber für diese Vergleichsstudie übernehme ich die von Steinhoff vorgeschlagenen Autorenrollen, wobei das Ich in Danksagungen, das in dem angeführten Vorschlag dem Verfasser-Ich zugeschrieben wurde, von mir separat behandelt wird.

Wichtig für die in diesem Beitrag behandelte Problematik sind zwei weitere Feststellungen von Piitiulainen (2001). Zum einen nennt sie die Faktoren, die die Selbstbenennung des Produzenten determinieren, und zwar textsortenspezifische, interlinguale bzw. interkulturelle, diachronale und idiolektale Faktoren. Die beiden Ersteren spielen in meiner Untersuchung die wichtigste Rolle. Zum anderen stellt sie folgendes fest:

> „Bei identischer Textfunktion und gleichbleibenden externen Faktoren der Kommunikationssituation ergeben sich interkulturelle und interlinguale Unterschiede daraus, dass die Kommunikationssituation je nach der Kultur unterschiedliche Perspektivierung (von Sprecher, Hörer oder Sachverhalt) und unterschiedliches Sprecher- und Hörerverhalten voraussetzt. In vielen Dichotomien und Parametern kultureller Orientierung, die in der interkulturellen Text- und Diskursforschung aufgestellt worden sind, haben die Perspektivierung und die (unterschiedli-

che) Versprachlichung von Sprecher und Hörerrollen (direkt oder indirekt) eine zentrale Rolle gespielt." (Piitulainen 2001: 161)

3 Zur Analyse

Das Korpus setzt sich aus 140 Vorworten, je 70 deutsch- und polnischsprachigen, zusammen. Alle Texte wurden von Muttersprachlern verfasst. Die analysierten Vorworte erschienen in den deutschen und polnischen wissenschaftlichen Verlagen nach dem Jahr 1990. Sie wurden nach dem Zufallsprinzip ausgewählt. Im Folgenden beziehe ich mich nur auf Monographien aus dem Bereich der Linguistik, weil – wie einige Studien gezeigt haben, z.B. Hyland 2001 – in geistes- und sozialwissenschaftlichen Texten die direkte Verfassermarkierung viel häufiger auftritt als in Texten aus anderen wissenschaftlichen Disziplinen. Hyland (2001: 213) erklärt diese Tatsache folgendermaßen: „Die Gegenstände der Geistes- und Sozialwissenschaften (...) seien im Allgemeinen weniger deutlich messbar und die Ergebnisse unterliegen weit mehr der Interpretationsfähigkeit des jeweiligen Wissenschaftlers. Die Fähigkeit, ein glaubwürdiges und angemessen autoritatives Bild von sich selbst zu entwerfen, ist für einen Autor in diesen Disziplinen von herausragender Bedeutung" (zitiert nach Schmidt 2009: 223). Im Rahmen einer größeren Studie werden von mir auch Texte aus anderen Disziplinen, z.B. Chemie, Informatik, Jura, Mathematik, Soziologie untersucht, damit auch mögliche domänenspezifische Phänomene in beiden Sprachen in Rechnung gestellt werden.

In diesem Beitrag wird der Frage nachgegangen, wie die Verfasser der Vorworte sich und ihre sozialen Rollen anhand der Pronomen der 1. Person Singular in den deutschsprachigen Texten und mit Hilfe der Pronomen der 1. Person Singular und des Verbums finitum in der 1. Person Singular in den polnischsprachigen Texten darstellen. Beim Problem der Realisierung der Subjekte stoßen wir in beiden zu behandelnden Sprachen auf den bekannten strukturellen Unterschied, dass der Gebrauch des Subjekts auf der Satzoberfläche im Deutschen in der Regel zwingend ist, wobei das Subjekt der polnischen Sätze oft ausgelassen wird, insbesondere, wenn es sich um die 1. oder 2. Person handelt, die „in allgemeiner Weise bezeichnet und nicht hervorgehoben werden soll" (Engel et al. 2000: 226). Das Subjekt wird in einem solchen Fall „durch die Verb-Endung mit ausgedrückt" (ebd.: 227).

Ziel der Untersuchung war zunächst festzustellen, ob es statistische Unterschiede im Gebrauch des direkten Verfasserbezugs durch die 1. Ps. Sg. in den deutschen und polnischen Vorworten gibt. Dabei ließen sich ziemlich große Unterschiede feststellen, nur in sechs von allen untersuchten polnischen Texten fehlte die direkte Verfassermarkierung durch die 1. Ps. Sg., wobei dies in 28 deutschsprachigen Vorworten beobachtet wurde. Die Unterschiede sind noch gravierender, wenn man Danksagungen, die als fester Bestandteil von Vorworten gelten, aus der Analyse ausklammert. In einem solchen Fall bedienen sich nur 40% der deutschen Autoren des Ichs im übrigen Teil des Vorworts, wobei dies 90% der polnischen Wissenschaftler tun. In dem Teil, der der Danksagung gewidmet ist, markierten alle polnischen und deutschen Autoren sich selbst mit dem Personalpronomen *ich/ja* und/ oder dem Possessivpronomen *mein/mój*.

Polnische Vorworte		*Deutsche Vorworte*	
Verfasser-Ich	70%	Verfasser-Ich	40%
Forscher-Ich	60%	Forscher-Ich	8%
Erzähler-Ich	20%	Erzähler-Ich	50%
Ich in Danksagungen	100%	Ich in Danksagungen	100%

Im zweiten Schritt ging es darum zu eruieren, welche sozialen Rollen von den Autoren in den Vorworten ihrer Monographien sich selbst zugewiesen wurden. Zu diesem Zweck wurden alle Pronomina der 1. Ps. Sg. bzw. finite Verben in der 1. Ps. Sg. lokalisiert und durch die die Pronomen begleitenden oder im Polnischen sie repräsentierenden Prädikate einer Rollen-Kategorie (einem Ich-Typ) zugeordnet.

Die qualitative Auswertung ergab einige ziemlich gravierende Unterschiede in der Verteilung der Rollen: sowohl in den deutschen als auch in den polnischen Texten stoßen wir auf das Verfasser-Ich, in den polnischenTexten wird sehr oft die Forscher-Rolle realisiert, die sich in den deutschen Texten kaum beobachten ließ. Das Erzähler-Ich ist eher für die deutschen Vorworte typisch.

Aus Platzgründen konzentriere ich mich jetzt nur auf die zwei von Steinhoff als wissenschaftlich eingestuften Autorenrollen, nämlich auf das Verfasser-Ich und das Forscher-Ich.

Verfasser-Ich

Das Verfasser-Ich umfasst Sprechhandlungen, die einen direkten Bezug auf die Abhandlung und ihre einzelnen Aspekte darstellen. Dabei lassen sich viele Parallelen im Agieren der Autoren der deutschen und der polnischen Texte beobachten:

- Sie schildern die Thematik der Abhandlung

In diesem Zusammenhang möchte ich auf einen statistischen Unterschied aufmerksam machen. Die meisten polnischen Autoren (über 80%) benennen sich dabei direkt, die deutschen Autoren vermeiden hier die Selbstmarkierung und bedienen sich unterschiedlicher generischer Ausdrücke (ausweichende Markierung), wie z.B. *das Buch versteht sich ..., die Abhandlung stellt einen Versuch dar...*

W centrum zainteresowania stawiam ogłoszenie, które opisuję jako akt mowy i gatunek tekstu. Jednak, o ile na poziomie analizy tekstologicznej interesuje mnie wyłącznie ogłoszenie, o tyle na poziomie opisu wyrażenie denotującego akty mowy i jego wytwory interesują mnie również jednostki bliskie semantycznie ogłoszeniu[1]

Im Rahmen der vorliegenden Arbeit beschäftige ich mich mit der sprachhistorisch relevanten Frage nach der Entstehung der neuhochdeutschen Schriftsprache. Dabei werden die zahlreichen zu diesem Thema aufgelisteten Forschungsthesen auf ihre Validität hin überprüft. Gemeinsamkeiten und kontrastierende Unterschiedlichkeiten in der Literatur herausgestellt und Lücken in der Forschung aufgezeigt.

- Sie erklären, wie sich im Laufe der Zeit das Konzept entwickelt hat.

Hier neigen deutsche Verfasser eher dazu, im Vorwort mit Hilfe der direkten Selbstmarkierung die Arbeit an der Abhandlung darzustellen, möglicherweise hängt das damit zusammen, dass die deutschen Autoren insgesamt im Vorwort dem Erzähler-Ich den Vorzug geben, was die polnischen Autoren in der Regel nicht tun.

[1] Alle Belege werden in der Originalsprache (Originalfassung) angeführt.

To miała być zupełnie inna książka. Gdy jechałem do Stanów Zjednoczonych jesienią 2002 roku, miałem ambitny zamiar napisania historii amerykańskiej filozofii polityki po roku 1945. Zamieszkałem wraz z rodziną w mieście Union City (...) .Nie była to moja pierwsza wizyta w Kalifornii. (...) Nie było wątpliwości: znalazłem się w środowisku wielokulturowym. (...) Postanowiłem więc tym razem rozpocząć swoje badania amerykańskiej filozofii polityki od sprawy wielokulturowości. (...) Książka ta powstała więc w wyniku fascynacji światem, którego nie znamy.

Rückblick und Vorwort: Unbescheiden genug, habe ich, in einer Zeit, die längst vergangen ist, gehofft, das Thema Sprache und Denken klären zu können. Daß dafür auch eine realistischere Theorie des Schreibens zu entwickeln sei, war mir klar – auch bei meinem ersten Versuch (Ortner 1992a, geschrieben 1988) noch reichlich weit vom Ziel war. Das war ein bisschen viel Vorsatz. Darauf werde ich später zurückkommen müssen. Vorerst habe ich das Thema reduziert, doch das Gebiet ist immer noch riesengroß: Schreiben und Denken.
Das Schreibverhalten und die Schreibverhaltensformen und -typen waren relativ kleine Teilkapitel des ursprünglichen Buchvorhabens mit dem Titel „Sprache und Denken". Jetzt ist aus den Teilkapiteln ein ganzes und noch dazu ein umfangreiches Buch geworden. Ich hoffe, dass die thematische Abmagerung meinem Vorhaben gutgetan hat.

- Sie schildern die Motivation, aus der heraus die Abhandlung entstanden ist.

Auch hier sind deutsche Autoren eher dazu geneigt, die Motivation zu nennen und sich dabei direkt auf sich selbst zu beziehen. Es erfolgt oft mit Hilfe längeren autobiographischer, narrativer Passagen, in denen das Erzähler-Ich benutzt wird.

Pisząc książkę pt. *Akty deprecjonizujące siebie i innych. Studium pragmalingwistyczne* szukałam odpowiedzi na pytanie, na czym polega mechanizm deprecjacji z punktu widzenia analizy lingwistycznej oraz co warunkuje jego skuteczność.

Die Wahl dieses Themas ist aber keinesfalls einer tief in mir verborgenen makabren Gesinnung zuzuschreiben. Abgesehen davon, dass mich alles Sprachliche seit meiner Kindheit fasziniert, erhielt ich einen ersten entscheidenden Impuls durch eine Danksagung in den Luzerner Neusten Nachrichten, in der die Angehörigen in Übergrösse: Für die stillose Gestaltung der Trauerfeierlichkeiten des Pfarrers" um Entschuldigung baten (LNN, 10.06.1988), und dies in Briefform notabene. (...) In der vorliegenden Arbeit habe ich nun versucht, die zu Beginn noch unbeschreibbare, wilde Begeisterung über Form, Inhalt und Sprache von Anzeigentexten in fundierte wissenschaftliche Begriffe zu fassen.

- Damit hängt auch die Tendenz der deutschen Autoren zusammen, die Entstehungsgeschichte der Abhandlung zu erzählen – polnische Autoren tun das in den untersuchten Vorworten nie. Auch hier haben wir oft mit narrativen Textabschnitten mit dem Erzähler-Ich zu tun.

Dieses Buch hat eine lange Entstehungsgeschichte, eine vielleicht zu lange; denn beim Bearbeiten der älteren Manuskripte musste ich feststellen, daß Bücher über Sprachnormen, die in der Zeit, als ich mit dem Schreiben an diesem Buch begann, gerade erschienen waren, nämlich Gloy (1975), inzwischen 10 Jahre alt sind.

- Polnische und deutsche Verfasser geben manuskripttechnische Informationen. Hier bedienen sich polnische Wissenschaftler fast doppelt so oft der direkten Selbstmarkierung als deutsche Autoren.

W książce wykorzystałem fragmenty swoich wcześniej opublikowanych artykułów: *Ideologia wielo-kulturowośći: kontekst filozoficzny i polityczny*, Ergo: 2003, nr. 6;

Ich habe mich bemüht, die neue Rechtschreibung zu nutzen, das gilt auch für Zitate aus der Sekundärliteratur, nicht aber für die Beispieltexte. Die linguistischen Auffassungen, die für die Beschreibungen genutzt werden, sind jeweils knapp dargestellt, weil das Wissen darum in der Regel nicht gleichmäßig verteil ist.

- Mit Hilfe der direkten Selbstreferenz erfolgt auch die Benennung des Ziels der Arbeit. Auch in diesem Zusammenhang wird die 1. Ps. Sg. von den polnischen Wissenschaftlern viel häufiger verwendet als von den deutschen Verfassern.

Podstawowym zadaniem, jakie sobie stawiam, jest przedstawienie zbiorów wariantów wzorca gatunkowego ..., co umożliwia, jak wspomniałam, charakter-rystykę pola gatunkowego....

In meiner Arbeit geht es um nicht geglückte und um geglückte Schreibprozesse und die dabei zu Grunde liegenden kognitiven Prozesse. Unter anderem will ich zeigen, dass Schreiben zu den Tätigkeiten gehört, die schon von der Sache her gesehen schwer sind, und worin diese Schwierigkeiten im Einzelnen bestehen.

- In den meisten (ca. 87%) von mir analysierten Texten schildern die polnischen Wissenschaftler die Aufbaustruktur ihrer Arbeit, ihre Gliederung, den Inhalt der einzelnen Kapitel, indem sie sich konsequent für die direkte Selbstmarkierung entscheiden. Deutsche Wissenschaftler machen es in den Texten, die der Analyse unterzogen wurden, nie. Auch hier wird die ausweichende Markierung im Sinne Piituilainens verwendet.

W rozdziale 4 zajmę się analizą pojęcia ogłaszania na tle pojęć obwieszczania i zawiadamiania, co sprowadzi się do charakte-

rystyki syntaktycznej i semantycznej predykatów nazywających interesujące mnie akty mowy ….
W rozdziale 5 przejdę do opisu wyrażenia ogłoszenie…. Analizy, które zostaną przedstawione poniżej, sytuują się w obszarach należących do trzech dziedzin językoznawstwa: semantyki, składni i teorii tekstu. Kolejność, w jakiej je wymieniłam, nie jest przypadkowa.

- In den deutschen Vorworten findet man dagegen Äußerungen, in denen vereinzelt auch die Selbstbenennung des Autors auftritt, über die „politisch korrekte“ Frage des Genus der Substantive, mit denen er/sie sich in der Abhandlung auf die im Text erwähnten Personen bezieht. Die polnischen Autoren äußern sich zu dieser Thematik nicht.

Ich verwende in meinem Text Ausdrücke wie „Sprecher“, „Hörer“, „Fahrer“ und „Beifahrer“ in ihrer generischen Form, in der ihnen im Deutschen das grammatische Geschlecht des Maskulinum zugeordnet ist; das natürliche Geschlecht der Referenten und Referentinnen dieser Ausdrücke bleibt unspezifiziert und ist auch nicht in einer der beiden möglichen Ausprägungen präsupponiert. Ich bitte auch die Leser und Leserinnen, von solchen Präsuppositionen abzusehen.

Forscher-Ich

Das Forscher-Ich umfasst diejenigen Sprechhandlungen, in denen der Autor sich selbst als denjenigen darstellt, der eine Tätigkeit im Forschungsprozess ausführt, z.B., indem er eine Methode beschreibt oder anwendet oder Daten interpretiert.

Vom Forscher-Ich machen in den untersuchten Vorworten eigentlich nur polnische Autoren Gebrauch. Sie verweisen in ihren Vorworten sehr oft mit der direkten Selbstmarkierung auf ihre eigenen wissenschaftlichen Aktivitäten:

- indem sie die Schwerpunkte ihrer Arbeit thematisieren,

Przez samą *deprecjację* rozumiem takie zachowanie językowe i niejęzykowe, świadome bądź mimowolne, które ma na celu zagrożenie pozytywnemu aspektowi twarzy interlokutora, a szczególnie stanowi atak na jego pozytywnie zintegrowany obraz samego siebie. Należy więc *deprecjacja* do klasy aktów mowy określanych mianem „Aktów Zagrażania Twarzy" (*Face Threatening Acts*)

- indem sie sich zu den in der Abhandlung aufgestellten Hypothesen äußern.

System adresatywny i system rodzajowy są w polszczyźnie skomplikowane i skrajnie niesymetryczne. Niełatwo je opisać teoretycznie, jeszcze trudniej przewidywać kierunki ich rozwoju w przyszłości. Jeżeli poważyłem się na takie przewidywania, to z pełną świadomością, że mogę się mylić i w proroctwach, i w ustaleniu przyczyn stanu dzisiejszego.

- indem sie die angewandten methodologischen und analytischen Vorgehen erklären und begründen

Z tego powodu pomijam w opisie formacje na …., nie omawiam oddzielnie iteratiwów na…. Pozostawiam bez rozstrzygnięcia, czy takie czasowniki (….) kontynuują ide. (…) czy też należą do …. Podobnie nie rozważam hipotezy, zgodnie z którą ……

Die einzige Gemeinsamkeit, die zwischen den deutschen und polnischen Texten besteht, betrifft die Darstellung der Materialwahl. Dieses Thema kommt sowohl in den deutschen als auch in den polnischen Vorworten vor, gelegentlich (selten, etwa 8%) wird dabei das Autoren-Ich verwendet.

Analizą zostały objęte teksty publikowane w ostatnich latach XX wieku i pierwszych obecnego. Jedynie w przypadku felietonu uwzględniam teksty wcześniejsze, aby lepiej pokazać zakresy wariantywności wzorca gatunkowego.

Ich werde ganz überwiegend Schrifttexte zum Thema machen, habe auch versucht, von gesprächsstilistischer Forschung dafür zu profitieren.

4 Fazit

Schon diese wenigen Bespiele dürfen gezeigt haben, dass die direkte Markierung des Verfassers in den deutschen und polnischen Vorworten einer linguistischen Abhandlung deutliche Unterschiede aufweist – Unterschiede sowohl quantitativer als auch qualitativer Dimension. Es gibt den sprachstrukturellen Unterschied, nämlich, dass das Polnische in allen Textsorten das Pronomen der 1. Ps. Sg. in der Subjektsposition auf der Satzoberfläche meidet. Aber es gibt sicherlich auch schreibkonventionelle Unterschiede. Es wird weiter zu fragen sein, ob sie eher textsortenspezifischer oder kultureller Natur sind. Aber die beiden Faktoren lassen sich sicherlich doch nicht voneinander trennen – Textsorten (ihre Schreibkonventionen) als konventionelle Muster sind ohne Zweifel als Produkte einer Kultur aufzufassen.

In der Textsorte *autographes Vorwort einer wissenschaftlichen Abhandlung* im Bereich der Linguistik schreiben sich die deutschen und die polnischen Wissenschaftler durch die Verwendung der direkten Selbstmarkierung zum Teil unterschiedliche soziale Rollen im Forschungsprozess zu. Deutsche Autoren vermeiden in der Regel die 1. Ps. Sg. dort, wo polnische Wissenschaftler sie verwenden, das betrifft in erster Linie das Forscher-Ich. Man kann diese Tatsache auf die Art und Weise interpretieren, dass die deutschen Verfasser in der Forscher-Rolle eher im Hintergrund bleiben (wollen), um ihre Sachbezogenheit hervorzuheben (man vergleiche das Ich-Verbot), während die polnischen Verfasser sich selbst als bewusst handelnde Wissenschaftler, als Agierende darstellen.

Literatur

Clyne, Michael: *The Sociocultural Dimension. The Dilemma oft the Germansspeaking Scolars*. In: *Subjectoriented Text. Languages for Special Purposes and Text Theorie,* hg. von Hartmut Schröder. Berlin/New York, 1991, S. 49-67.

Cho, Kuk-Hyun: *Kommunikation und Textherstellung: Studien zum sprechakttheoretischen und funktional-kommunikativen Handlungskonzept; mit einer handlungsfundierten Untersuchung der Textsorte Vorwort in wissenschaftlichen Abhandlungen*. Münster 2000.

Engel, Ulrich et al.: *Deutsch-polnische kontrastive Grammatik*. Warszawa 2000.

Genette, Gérard: *Paratexte. Das Buch vom Beiwerk des Buches*. Frankfurt a. M./New York.1989.

Hyland, Ken: *Humble servants of the discipline? Self-mention in research articles*, in: *English for Specific Purposes* 20 (2001), S. 207-226.

Kretzenbacher, Heinz L: *Wie durchsichtig ist die Sprache der Wissenschaften*?, in: *Linguistik der Wissenschaftssprache*, hg. von Heinz L. Kretzenbacher und Harald Weinrich. Berlin/New York 1995, S. 15-40.

Piitulainen, Marja-Leena: *Zur Selbstbezeichnung in deutschen und finnischen Textsorten*, in: *Zur Kulturspezifik von Textsorten*, hg. von: Ulla Fix, Stephan Habscheid und Josef Klein. Tübingen 2001, S.159-173.

Pötschke, Hansjürgen: *Zum Problem der Texttypologie. Das Vorwort – eine metakommunikative Textsorte?* in: *Acta Universitatis Nicolai Copernici* 247 (1982), S. 21-36.

Schmidt, Julia: *Die Autorenrolle in wissenschaftlichen und studentischen Texten aus dem deutsch- und englischsprachigen Raum*, in: *Hochschulkommunikation in der Diskussion*, hg. von Magdalene Levy-Todte. Frankurt a. M./New York 2009, S. 211-240.

Steinhoff, Torsten: *Wissenschaftliche Textkompetenz. Sprachgebrauch und Schreib-entwicklung in wissenschaftlichen Texten von Studenten und Experten*. Tübingen 2007a.

Steinhoff, Torsten: *Zum ich-Gebrauch in Wissenschaftstexten*, in: *Zeitschrift für germanistische Linguistik* 35 (2007b) 1/2, S. 1-26.

Sternkopf, Jochen: *Vorwort und Rezension: nahe Textsorten für eine ferne Interaktion,* in: *Fachliche Textsorten: Komponenten, Relationen, Strategien*, hg. von Hartwig Kalverkämper und Klaus-Dieter Baumann, Tübingen 1996, S. 468-477.

Timm, Christan: *Das Vorwort – eine Textsorte-in Relation*, in: *Fachliche Textsorten: Komponenten, Relationen, Strategien*, hg. von Hartwig Kalverkämper und Klaus-Dieter Baumann. Tübingen 1996. S. 458-467.

Weinrich, Harald: *Sprache, das heißt Sprachen*. Tübingen 2006.

JAROCHNA DĄBROWSKA-BURKHARDT

Die *Kerneuropametapher* und ihre Argumentationsmuster im deutschen und polnischen Diskurs über die EU-Verfassung

1 Einleitung

Der folgende Beitrag untersucht einen Ausschnitt des transnationalen Diskurses über eine gesamteuropäische Angelegenheit, welche ursprünglich als „Vertrag über eine Verfassung für Europa", später als „EU-Grundlagenvertrag" bzw. „EU-Reformvertrag" und letztendlich als „Vertrag von Lissabon" bezeichnet wird. Alle genannten Texte repräsentieren verschiedene historische Entwicklungsstadien eines juristischen Textes. Die folgende Untersuchung ist in den Bereichen Diskursanalyse und Politolinguistik angesiedelt und hat zum Ziel festzustellen, mit welchen sprachlichen Mitteln und Strategien die Debatte über die gesamteuropäischen Verfassungsprojekte geführt wird und welche Schwerpunkte transnational fokussiert werden.

Den Schwerpunkt dieses Beitrags bildet die *Kerneuropametapher* in der deutschen und polnischen EU-Verfassungsdebatte des Sommers 2007. Es wird untersucht, wie sie sich in dem analysierten Diskurs entwickelt, wie sie sprachlich realisiert wird und welche Argumentationsmuster ihre Kontextualisierung hervorbringt.

2 Zum Korpus

Das Untersuchungskorpus besteht aus Zeitungstexten der deutschen und polnischen Presse, welche zwischen dem 1. und 30. Juni 2007 erschienen sind und sich anlässlich des Brüsseler Gipfeltreffens mit dem Thema *Kerneuropa* im EU-Verfassungsdiskurs auseinandersetzen. Die deutsche Berichterstattung repräsentiert die *Frankfurter Allgemeine Zeitung* (FAZ) mit ihrer *Sonntagszeitung* (FAS). Auf der polnischen Seite wird die *Rzeczpospolita* (RZ), vom Profil her der FAZ ähnlich, der Untersuchung unterzogen. Beide Zeitungen gehören zu den wichtigsten überregionalen Tagesblättern in Deutschland und Polen und repräsentieren eine vergleichbare politische Linie. Insgesamt werden über 300 Artikel in beiden Zeitungen zum Thema „EU-Gipfeltreffen" analysiert, wobei ihre Anzahl pro Zeitung jeweils etwa 150 Texte beträgt. Der Untersuchungszeitraum fällt auf die Zeit, in der Deutschland die EU-Ratspräsidentschaft innehatte und sich für den EU-Vertrag einsetzte, um damit die Präsidentschaftsperiode am 30.06.2007 abzuschließen. Polen vertritt in dieser Frage einen gegensätzlichen Standpunkt und fordert, *„sich ‚etwa ein Jahr' Zeit für die Verhandlungen über den EU-Verfassungsvertrag zu nehmen*" (FAZ, 12.06.2007, S. 1). Diese Formulierung wird von der FAZ als *„Dämpfen von Hoffnungen*" *„auf eine schnelle Einigung auf dem EU-Gipfel unter deutschem Vorsitz*" bezeichnet. (FAZ, 12.06.2007, S. 1)

Widersprüchliche Interessen beider Länder erschweren wesentlich die Konsensfindung auf dem Gipfel. In der Berichterstattung konzentriert man sich nicht auf den Vertragsinhalt, sondern hauptsächlich auf den Standpunkt einzelner Länder zu dieser Frage. Da Polen als einziger Staat von 27 EU-Mitgliedern mit dem von der Bundesrepublik vorgeschlagenen Abstimmungsmodus nicht einverstanden ist und als eine andere Lösung das sog. *Quadratwurzelverfahren*, vorschlägt, berichtet man in Deutschland hauptsächlich über Polens Haltung. In den polnischen Medien konzentriert man sich wiederum auf die deutsche Position. Die transnationale Debatte gestaltet sich nervenaufreibend, weil viele schwierige Inhalte die gegenseitigen Empfindlichkeiten besonders berühren.

3 Das Untersuchungsziel

Das Ziel dieses Beitrags besteht darin darzustellen, auf welche Weise die *Kerneuropametapher* in den beiden überregionalen Tageszeitungen Deutschlands und Polens im Juni 2007 eingesetzt wird und welche Argumentationsmuster ihre Kontextualisierung nach sich zieht. Es soll gezeigt werden, wie es im konkreten Fall der transnationalen Interaktion eines Themengeflechts zu einer Annäherung bzw. Entfremdung auf der übernationalen Ebene kommen kann.

4 Zur Vorgeschichte des Begriffs *Kerneuropa*

Der Begriff *Kerneuropa* hat eine lange Vorgeschichte, die bereits auf Winston Churchill und seine Einigungspolitik zurückgeht. 1946 plädiert Churchill in Zürich dafür, eine „regionale Struktur“ zu schaffen, „die vielleicht die Vereinigten Staaten von Europa heißen wird“ und deren „erster Schritt bei der Neugründung der europäischen Familie“ „eine Partnerschaft zwischen Frankreich und Deutschland“ sein müsse. Churchill setzt fort: „Es gibt kein Wiederaufleben Europas ohne ein geistig großes Frankreich und ein geistig großes Deutschland“ (Churchill 1946, S. 85). Für Churchill bilden diese beiden Länder sozusagen den „Kern“ des Einigungswerkes, wobei er die Rolle Großbritanniens, ähnlich wie die Amerikas und der Sowjetunion, auf die Freundschaft und Förderung des neuen Europas begrenzt sieht (vgl. Schneider 2004: 11).

Der erste große Einigungsschritt wird im April 1951 mit der Gründung der „Europäischen Gemeinschaft für Kohle und Stahl“ vollzogen, an der sich sechs Staaten, d.h. nur eine Minderheit des damaligen Teils der Mitgliedsländer des Europa-Rates beteiligen (vgl. Wesel 2010: 657). Diese Gemeinschaftsgründung wird von einem Teil der Staaten kritisch wahrgenommen, was jedoch die zur engeren Integration entschlossenen Staaten von ihrem Projekt nicht abhält (vgl. Schneider 2004: 17).

1973 plädiert Ralf Dahrendorf mit dem aus dem kulinarischen Bereich entlehnten Syntagma „à la carte“ für ein solches Europa, das beliebig „nach der Tageskarte zusammengestellt“ werden soll und sich im europäischen Kontext auf die flexible Integration der Staaten bezieht. Diese Flexibilität betrifft jedoch nicht alle Bereiche des politischen Lebens, sondern nur bestimmte, von den Staaten als „integrationstauglich“ eingestufte Themen.

Nachdem die Gemeinschaft auf neun Staaten angewachsen ist, erklärt Willy Brandt 1974: „Die Gemeinschaft braucht eine Politik der Abstufung der Integration“ (Rede v. W. Brandt am 19.11.1974 in Paris, zit. n. Schneider 2004: 20). Die „abgestufte Integration“ wird somit zum Gegensatz der ursprünglichen Integrationsmethode, nach der alle Staaten die Integration mit derselben Geschwindigkeit vorantreiben sollen. Mit der Zeit erscheinen auch andere Konzepte, die auf das Gleiche, d.h. *die Integrationsabstufung*, hinauslaufen und ihre Widerspiegelung ebenfalls im Untersuchungskorpus finden. Neben *Kerneuropa* berichtet man auch über ein „*Europa der zwei Geschwindigkeiten*“ (FAZ 25.06.07, S. 2) oder „*verschiedener Geschwindigkeiten*“ (FAZ 15.06.07, S. 8), über ein Europa von „*variabler Geometrie*“ (FAZ 28.06.07, S. 10), über das „*alte und neue Europa*“ (FAZ 22.06.07, S. 1, FAZ 28.06.07, S. 10), die „*deutsch-französische Achse*“ (FAZ 20.06.07, S. 6) oder auch die „*Gruppe von Pionieren*“, die in der Union eine Vorreiterrolle spielt (FAZ 17.06.07, S. 14).

5 Das *Kerneuropa* im EU-Verfassungsdiskurs

Im Deutschen Wörterbuch von Jacob und Wilhelm Grimm findet man unter dem Lemma „Kern“ unter anderem den folgenden Eintrag: „[...] *concret, von dingen und menschen*, kern *das beste, wichtigste, wertvollste aus einer menge.* [...] *von dingen z.b. von waaren, kernwaare, die auswahl, der ausbund, auszug* [...] *bei einem schlechten holzschlage wird aus den gehauenen stämmen* der kern ausgesucht, *das beste.* [...] (Grimm/ Grimm 1873, Bd. 5, Spalte 601). In Bezug auf Menschen und Gemeinwesen verweist das Deutsche Wörterbuch auf Stieler, der als „kern der stadt“, „*optimates*“ und „*honestiores*“ bezeichnet (Stieler nach Grimm/Grimm 1873, Bd. 5, Spalte 601). Die mit „Kern“ assoziierte Wertung kann als positiv ausgelegt werden, was Adjektive wie: *kernhaft* oder *kerngesund* (Grimm/Grimm 1873, Bd. 5, Spalte 607f.) oder Substantive wie „Kernbaum“ und „Kernbuch“ (Grimm/Grimm 1873, Bd. 5, Spalte 603f.) suggerieren. (DUDEN 1996: 829). Das Neologismenwörterbuch des Instituts für deutsche Sprache verzeichnet das Neulexem *Kerneuropa* in der deutschen Sprache seit dem Anfang der 90er Jahre des 20. Jh.s. Es sei umstritten und stehe „für ein politisches Konzept, nach dem einer kleineren Zahl von EU-Mitgliedsländern eine Vorreiterrolle für die Weiterentwicklung und Integration der gesamten EU zugedacht wird“ (Herberg et al. 2004: 185).

Die *Kerneuropametapher* bezieht sich auf das System, in dem die integrationswilligen Länder an allen Projekten der Union mitarbeiten und demnach ein Gravitationszentrum, d.h. den Kern des Kerns bilden. Diese Staaten übernehmen in der Union die Führungsrolle und üben wesentlichen Einfluss auf die Entwicklung der Gesamtheit aus. Gleichzeitig besteht jedoch die Gefahr, dass die „Kernstaaten“ ihre Projekte außerhalb des Gemeinschaftsrechts ins Leben rufen, um damit jegliche Einflussnahme anderer Mitgliedsstaaten auf ihre Politik auszuschließen. Die Einteilung der Staaten in „Kern“ und „Nichtkern“ führt dazu, dass gewisse Länder als „Zentrum“ und andere als „Peripherie“ („Rand“) wahrgenommen werden, was eine klare Abgrenzung zwischen ihnen impliziert. „Eine politische oder soziale Handlungseinheit konstituiert sich erst durch Begriffe, kraft derer sie sich abgrenzt und damit andere ausgrenzt, und d.h. kraft derer sie sich selbst bestimmt“ (Koselleck 1975: 65f.). Diese Asymmetrie besteht darin, dass die Eigengruppe (Wir-Gruppe) sich zuerst definieren bzw. ein Verständnis von sich selbst entwickeln muss. Die „konträren Zuordnungen“ erscheinen dann als das beste Mittel zur Konstruktion des Selbst- und Fremdbildes, indem man dem ersten das zweite gegenüberstellt und moralisch bewertet. Im Falle des „Kerns“ wird er wie bereits oben angeführt, positiv gewertet. Als weitere Folgerung kann man somit wagen, „den Nichtkern“, „den Rand“ oder „die Peripherie“, als „zweitklassige Erscheinung“ einzustufen.

6 Linguistische Diskursanalyse und Argumentationsmuster

Diskurslinguistisch lassen sich unterschiedliche sprachliche Einheiten untersuchen, zu denen beispielsweise die sog. Schlüsselwörter, Zeitwörter, Schlagwörter, die Diskursmetaphorik oder auch die Argumentationsanalyse gehören. Den Schwerpunkt des folgenden Beitrags bildet die Argumentationsanalyse, die sich „auf eine Vielzahl von Texten und die sich dort wiederholenden Argumentationsmuster inhaltlicher und im Sinne der Topik formaler Art" richtet (vgl. Wengeler 2003: 235).

Unter Argumentationsmustern werden in Anlehnung an Wengeler wiederkehrende Aussagen in einem großen Textkorpus zu einem öffentlichen Themenbereich verstanden, in dem „für und gegen jeweilige Einstellungen, Vorhaben und Handlungen argumentiert wird" (Wengeler 2003: 175). Im Folgenden wird die *Kerneuropametapher* dargestellt, die asymmetrische Argumentationsmuster in beiden Ländern evoziert und den EU-Verfassungsdiskurs im Juni 2007 bestimmt.

6.1 Das deutsche Argumentationsmuster: „Zum *Kerneuropa* gehören die besseren Europäer"

Diese Lesart, die *Kerneuropametapher* 2007 nach sich zieht, lässt sich in der deutschen Presse bereits 2003 beobachten (stellvertretend hierfür Kończal 2004 oder Janosz et al. 2009). Maßgeblichen Einfluss auf die Gestaltung dieser Lesart des Argumentationsmusters im gesamteuropäischen EU-Verfassungsdiskurs hat ein Artikel von Jacques Derrida und Jürgen Habermas, der in der deutschen „Frankfurter Allgemeinen Zeitung" und gleichzeitig in der französischen „Libération" am 31. Mai 2003 erscheint. Der Artikel: „Unsere Erneuerung. Nach dem Krieg: Die Wiedergeburt Europas" erscheint ins Polnische übersetzt in der „Gazeta Wyborcza" („Europa jaka śni się filozofom" am 10.06.2003). Habermas bittet ebenfalls andere europäische Intellektuelle, sich an der Diskussion zu beteiligen, so dass am 31. Mai Beiträge von Umberto Eco in „La Repubblica", Adolf Muschg in der „Neuen Zürcher Zeitung", Fernando Savater in „El Pais", Gianni Vattimo in „La Stampa" und Richard Rorty in der „Süddeutschen Zeitung" veröffentlicht werden. Der Artikel von Habermas stellt eine Art Protest gegen den Irakkrieg dar und ist ein alternatives Angebot gegenüber dem Brief von acht europäischen Staaten unter dem Vorsitz Großbritanniens, Spaniens und Polens, die zu diesem Zeitpunkt die Politik der USA unterstützen. Das Manifest von Habermas und Derrida entfesselt eine Debatte über die Identität Europas und gilt als Ansporn zum gemeinsamen europäischen Denken (vgl. Trenker 2003: 8).

In diesem Zusammenhang fällt auf, dass unter den von Habermas eingeladenen europäischen Intellektuellen keine Ostmitteleuropäer, Briten oder Iren sind, was auf eine spezifisch national begrenzte Diskursgemeinschaft schließen lässt, die ein bestimmtes Ziel zu verfolgen scheint (vgl. Janosz et al. 2009: 111). Jan Ross kritisiert das Habermas'sche Vorgehen in der „Zeit" vom 5. Juni 2003 mit den Worten, „dass die Polen oder Balten vielleicht etwas zu sagen haben, mit dem sich auseinander zu setzen lohnend wäre – das scheint Habermas überhaupt nicht in den Sinn zu kommen" (Ross 2003: 35).

Dem Artikel von Habermas und Derrida folgend weiß man, dass *Kerneuropa*, d.h. vor allem Deutschland und Frankreich, eng in den Bereichen der Außen-, Sicherheits-, und Verteidigungspolitik zusammenarbeitet, um die Entwicklung Europas voranzubringen. Die

Kooperation der „Kernstaaten" führt zu europäischem Denken und setzt gemeinsame Interessen voraus, was eine Grundlage für das einheitliche Europa bildet. Der harte „EU-Kern" schließt niemanden aus dem Integrationsprozess aus, sondern zieht alle anderen Länder als eine Art Lokomotive mit. Der Mechanismus des „Europas unterschiedlicher Geschwindigkeiten" ist nämlich erforderlich, um ein vereinigtes Europa zu erreichen (vgl. Habermas/Derrida 2003).

Im Juni 2007 kommt diese Argumentation, ähnlich wie 2003, wieder deutlich zum Ausdruck, indem man sich in der deutschen Presse immer häufiger der *Kerneuropametapher* bedient, um zu zeigen, dass zum *Kerneuropa* die „richtigen", d.h. die „besseren" Europäer gehören. Um diesen „Kern" herum befinden sich die Nichtkernstaaten der Union, die sich schlecht, verquer und unpassend verhalten. Im Juni 2007 wird hauptsächlich Polen als Kandidat für ein Nichtkernland thematisiert, wie dem folgenden Beleg zu entnehmen ist:

> Warschau will viel von der Union. Es bekommt von Brüssel so viel Geld wie kein anderes Land und möchte weiter viel bekommen. Es wünscht sich Solidarität bei der Energieversorgung, es hofft auf offene Grenzen und offene Märkte. Vor allem aber will Polen Beistand gegen Russland [...] All diese Wünsche verlieren an Gewicht, wenn Warschau aus lauter Angst vor Deutschland die Solidargemeinschaft beschädigt, in der es bisher Gehör fand, oder wenn weiter im Westen eine Kerngruppe entsteht, zu der Polen nicht gehört. Das vereinte Europa, die „immer engere Union", die Berlin einbindet, Moskau eindämmt und Warschau eine Stimme gibt, ist die beste Chance, die das oft misshandelte Land seit Jahrhunderten hatte (FAZ 17.06.07, S. 14).

Das obige Textfragment kann im Sinne der sprechakttheoretischen Analyse der illokutionären Akte sowohl als Appell an Polen, sich nicht aus der Solidargemeinschaft zu entfernen, als auch als implizite Drohung verstanden werden. Polen wird als ein Land dargestellt, das alle Vorteile der EU in Anspruch nimmt, sich jedoch nicht dafür erkenntlich zeigt. Die Einladung an Polen, weiter konstruktiv in der EU mitzuarbeiten, ist so dringend, dass im Artikel drohende Elemente enthalten sind, die aufzeigen, welche Konsequenzen dem Land drohen, wenn es der Einladung der EU nicht folgt. Der Satz „All diese Wünsche verlieren an Gewicht" kündigt Polen an, was geschehen wird, wenn das Land sein Verhalten nicht ändert und kann somit durchaus als Drohung verstanden werden. Dieser Ton der FAZ-Texte ist im Untersuchungskorpus häufig präsent, wobei der Aspekt der finanziellen Unterstützung Polens durch die EU besonders fokussiert wird (FAZ 24.06.2007, S. 12), (FAZ 21.06.2007, S. 8). Die *Kerneuropametapher* wird in diesem Fall mit dem Lexem *Kerngruppe* und den Syntagmen *das vereinte Europa* und *immer engere Union* realisiert. Diese Metapher wird als eine Art Chance der Entwicklung und des Aufstiegs Polens gewertet, die das Land weiterbringen kann. Die Frage, ob Polen zu der im Westen entstehenden Gruppe gehören dürfe, wird jedoch von der FAZ nicht explizit beantwortet. Zugleich wird aber erwähnt, dass diese Chance für Polen die beste seit Jahrhunderten wäre. Die *Kerneuropametapher* wird jedoch nicht ausschließlich in der Funktion „Drohung" in der FAZ eingesetzt. Es lassen sich auch Texte finden, in denen sie als „Gefahr für die europäische Entwicklung" funktionalisiert wird:

> Töricht ist es [...] für den Fall des Scheiterns mit „Kerneuropa" zu drohen; dass diese Drohung auch jene ausstoßen, die sich für den EU-Beitritt der Türkei starkmachen, ist besonders verquer.

> „Kerneuropa" führt nicht aus der Verfassungskrise, es ist der Versuch, den Dissens über die Zukunft der Einigung durch Spaltung wegzubekommen (FAZ 20.06.2007, S. 1).

Die dritte Funktion der *Kerneuropametapher* wird im Untersuchungskorpus als „Notwendigkeit, um Europa handlungsfähig zu halten" bezeichnet. Mehrere FAZ-Texte sehen in *Kerneuropa* den einzigen Weg, den Europa beschreiten darf.

> Das übrige Europa müsste im Fall der Krise schnell handeln. Wenn der Versuch misslingt, die EU unter Einschluss aller Mitglieder handlungsfähig zu machen, muss das Notwendige eben im kleineren Kreis geschehen. „Kerneuropa" muss dann in Angriff genommen werden, um vor allem in der Außen-, Sicherheits- und Verteidigungspolitik Strukturen zu schaffen. (FAZ 17.06.2007, S. 14)

Kerneuropa wird im obigen Beleg als zwingende Voraussetzung beschrieben und mit militärischem Wortschatz unterstrichen. Die FAZ berichtet vom *zähen Ringen, Hauen und Stechen* (FAZ, 24.06.2007, S. 2) sowie vom *beinharten Kampf um die künftige Machtverteilung* (FAZ 20.06.2007, S. 1). Da im Untersuchungskorpus die Kampfrhetorik mannigfaltig in Bezug auf Polen verwendet wird (vgl. Dąbrowska–Burkhardt 2009), gelangt man in der FAZ schnell zu stereotypen Aussagen über „aufständische" und „rebellische" Polen, die 2007 als *widerspenstig* und *völlig unkalkulierbar* (FAZ 19.06.07, S. 1) attribuiert werden. Schlachtrufe wie *„Quadratwurzel oder Tod"* zeigen deutlich, wer der Schuldige an der ganzen Situation ist, auf keinen Fall den Namen „guter Europäer" verdient und über dessen *Rauswurf* aus der EU spekuliert wird (FAZ, 26.06.2007, S. 2). Dass Polen heutzutage in der EU eine periphere Rolle spielt, setzt die FAZ voraus, wie der folgende Beleg zeigt:

> Wenn Polen dann eines Tages bereit wäre, die Vergangenheit ruhen zu lassen, sollte es nicht zurückgewiesen werden. Wenn es aber lieber aus Angst vor den Gespenstern des Gestern den Tod für die Wurzel sucht, wird es die Chance verpassen vom Spielball der Großen zum Spieler zu werden. (FAZ 17.06.2007, S. 14)

Dem angeführten Fragment liegt die *Kerneuropametapher* zugrunde, die als Möglichkeit Polens, „zum Spieler [in Europa] zu werden" interpretiert werden kann. Die Bedingung hierfür ist jedoch, dass Polen die nötige Reife zeigen soll. Im Moment der Berichterstattung ist es aber nur *der Spielball der Großen*, was explizit ausdrückt, dass Polen in Europa nicht das Sagen hat.

Alles in allem sind gerade die Nichtkern-Europäer, zu denen Polen gezählt wird, diejenigen, die nach der FAZ die europäische Entwicklung *blockieren* und *bremsen* sowie den Weg zur Konsensfindung mit allen Mitteln versperren.

6.2 Das polnische Argumentationsmuster: „*Kerneuropa* macht aus Polen zweitklassige Europäer"

Die europäische Diskussion über *Kerneuropa* wird in Polen seit Habermas' Artikel mit Argusaugen verfolgt. Im Jahre 2003 äußert sich der damalige polnische Staatspräsident Aleksander Kwaśniewski: „Integrieren durch Desintegrieren ist ohne Sinn. Die Verbindung Europas, die Erweiterung Europas mit dem Ziel, den Kontinent sofort zu teilen, ist schlicht sinnlos" (Interview mit Präsident Kwaśniewski im TVP-3, 16.12.2003, nach Lang 2006: 32). Darüber, dass Polen Bedenken hat an den Rand Europas gedrängt zu werden, berichtet die „Rzeczpospolita" im Juni 2007 folgendermaßen:

> Die Europäische Union wurde schon immer von einigen Staaten als Maschine zur Durchsetzung ihrer eigenen Interessen instrumentalisiert und dazu, einen Vorteil gegenüber anderen Ländern, die für Rivalen gehalten werden, zu erzielen. [...] das betrifft alle Länder. Im Falle von Deutschland und Frankreich lässt es sich tatsächlich besonders deutlich beobachten (RZ 28.06.2007, S. A8).

> Als mittelgroßes Land wird Polen von Berlin und Paris nicht als ein Partner, auf dessen Meinung man Rücksicht nehmen muss, behandelt (RZ 25.06.2007, S. A9).

> Da alle „alten" EU-Mitglieder sich um die Wahrung ihrer nationalen Interessen zuweilen einer außergewöhnlich ostentativen und aggressiven Art und Weise bedienen, bedeutet der Verzicht auf dieses Recht, was Polen angeht, eine bewusste Einnahme einer untergeordneten Rolle im europäischen Klub (RZ 21.06.2007, S. 9).

Die Belege der untersuchten Korpora zeigen, dass die „Rzeczpospolita" im Vergleich zu FAZ äußerst sparsam mit der *Kerneuropametapher* umgeht. Im untersuchten einmonatigen Zeitraum gibt es nur einen einzigen Beleg, der sich des Syntagmas *Kerneuropa* bedient, und selbst dieser ist eine Direktübernahme aus dem deutschen FAZ-Artikel (RZ 18.06.07, S. 2). Häufiger wird dafür von der existierenden Gefahr eines *Europas der zwei Geschwindigkeiten* berichtet, das als „Lieblingsdrohung" von Euroenthusiasten in Bezug auf Polen verwendet wird. Andere Formulierungen in diesem Kontext sind *die Kleinen und Großen*, *Teilung* bzw. *Spaltung Europas* und *die Union der Stärksten*.

Das Argumentationsmuster „Polen als zweitklassige Europäer" wird ferner in der „Rzeczpospolita" wie folgt eingesetzt:

> Als das EU-Verfassungsprojekt erschien, wurden wir [...] überzeugt, dass seine Ablehnung Polen kompromittieren wird. Seine diskussionslose Akzeptanz gibt uns die Chance, zu fast so guten Europäern wie die Franzosen zu avancieren (RZ 21.06.07, S. A9).

Mit völligem Unverständnis begegnet man in der „Rzeczpospolita" der Kritik an Polen seitens *Kerneuropas*:

> Ich verstehe die Schar der Kommentatoren nicht, die die Haltung unserer Regierung kritisieren, welche eine Verbesserung unserer Position im vereinigten Europa wünscht. Warum sollten wir uns für schlechter als andere halten? Warum sollten wir uns geringere Rechte als den anderen zusprechen? (RZ 20.06.07, S. A11).

7 Zusammenfassung

Zusammenfassend kann festgestellt werden, dass die *Kerneuropametapher* in der deutschen und der polnischen Berichterstattung unterschiedlich funktionalisiert wird. Die deutsche FAZ verwendet sie in den Funktionen „Drohung in Richtung Polen", „Gefahr für die europäische Entwicklung" und „Notwendigkeit, um Europa handlungsfähig zu halten". Die polnische „Rzeczpospolita“ konzentriert sich dagegen darauf, die Metapher als ein „Risiko für das Gewicht Polens in der Union“ zu thematisieren. Die transnationale Wirkung der *Kerneuropametapher* ist deutlich: sie zieht in beiden Ländern unterschiedliche Argumentationsmuster nach sich. Die polnischen Medien reagieren auf die deutsche mediale Drohung in Form von mehreren direkten und indirekten Wortübernahmen aus der deutschen Presse. Quantitativ lassen sich an dieser Stelle wesentliche Unterschiede beobachten. In der „Rzeczpospolita“ wird die *Kerneuropametapher* im Vergleich zur FAZ relativ selten, d.h. ca. 25 Mal sprachlich realisiert, wobei sie in der FAZ in demselben Zeitraum ca. 70 Mal verwendet wird.

Die Diskrepanz in der Frequenz resultiert höchstwahrscheinlich daraus, dass sich Deutschland in der moralisch besseren Position sieht, weil es auf den ersten Blick uneigennützig für die „europäische Sache“ kämpft und Polen dagegen sich nur für die „polnische Sache“, d.h. für das Gewicht Polens in Europa interessiert. Mittels der *Kerneuropametapher* werden in der FAZ im Jahre 2007 dem EU-Neuling ungefragt mehrere Ratschläge erteilt. Ähnlich wie im Jahre 2003 wird *Kerneuropa* als „Drohkulisse“ verwendet, um damals die „Widerständler“ und „Aufwiegler“ zum Einlenken zu veranlassen (vgl. Ersil 2004: 343). In der Zeit des Brüsseler Gipfeltreffens 2007 nimmt diese Einstellung besonders zu, so dass die deutsche Presse andeutet, dass die finanzielle Unterstützung Polens reduziert werden könnte und gleichzeitig die Polen als „schlechte“ Europäer darstellt. Die Argumentationsmuster, die das *Kerneuropa* nach sich zieht, sind auf beiden Seiten der Oder unterschiedlich, die transnationale Kommunikation findet zwar statt, erfolgt jedoch nicht auf gleicher Augenhöhe, so dass bei der *Kerneuropametapher* die Entfremdung auf transnationaler Ebene prognostiziert werden kann und de facto erfolgt.

Literatur

Churchill, Winston: *Rede Churchills am 19. September 1946 in Zürich*, in: *Europa–Dokumente zur Frage der europäischen Einigung* hg. vom Auswärtigen Amt, Bonn 1953, S. 84-85.

Dąbrowska-Burkhardt, Jarochna: *Todesmetaphorik in der interkulturellen politischen Kommunikation. Eine linguistische Untersuchung am Beispiel der deutsch-polnischen Debatte im Sommer 2007*, in: *Germanistische Linguistik extra muros – Aufgaben* hg. von Bartoszewicz, Iwona/Dalmas, Martine/Szczęk, Joanna/Tworek, Artur (=Linguistische Treffen in Wrocław vol. 4), Wrocław/Dresden 2009, S. 171-178.

Derrida, Jacques/Habermas, Jürgen: *Unsere Erneuerung. Nach dem Krieg: Die Wiedergeburt Europas*, in: *FAZ* vom 31.05.2003, 2003, S. 33-34.

Derrida, Jacques/Habermas, Jürgen: *„Europa jaka śni się filozofom“*, in: *Gazeta Wyborcza* vom 10.06.2003, S. 16.

Ersil, Wilhelm: *Kerneuropa: Drohungen und Tendenzen*, in: *UTOPIE kreativ*, Heft 162, April 2004, S. 343-354.

Grimm, Jacob/Grimm, Wilhelm: *Deutsches Wörterbuch*. Fünfter Band K. Nachdruck 1999. Band 11, München 1873.

Herberg, Dieter/Kinne, Michael/Steffens, Doris: *Neuer Wortschatz. Neologismen der 90er Jahre im Deutschen*, Berlin/New York 2004.

Janosz, Beate/Hessberger, Wolfgang/Tatur, Melanie: *Diskursive Generierung „europäischer Identität“? Resonanzen auf die Habermas/Derrida Initiative in Deutschland und*

Polen, in: *Nationales oder kosmopolitisches Europa? Fallstudien zur Medienöffentlichkeit in Europa,* hg. von Tatur, Melanie, Wiesbaden 2009, S. 97-118.

Kończal, Kornelia: *Ausgrenzungsstrategien der „schlechten Europäer". Zur Analyse des deutschen Kerneuropadiskurses seit dem Habermas-Papier,* in: *Orbis Linguarum,* Wrocław 27 (2004), S. 113-143.

Koselleck, Reinhart: *Zur historisch-politischen Semantik asymmetrischer Gegenbegriffe,* in: *Positionen der Negativität,* hg. von H. Weinrich, München 1975, S. 65-104.

Lang, Kai-Olaf: *Polen und Kerneuropa,* in: *WeltTrends 50.* 14 (2006), S. 27-39.

Ross, Jan: *Die Geister des Pralinengipfels,* in: *Die Zeit* vom 5. Juni 2003, S. 35.

Schneider, Heinrich: *„Kerneuropa". Ein aktuelles Schlagwort und seine Bedeutung.* Working Papers. EI Working Paper Nr. 54. Published online by ePub 2004.

Wengeler, Martin: *Topos und Diskurs: Begründung einer argumentationsanalytischen Methode und ihre Anwendung auf den Migrationsdiskurs (1960 – 1985),* Tübingen 2003.

Wesel, Uwe: *Geschichte des Rechts in Europa. Von den Griechen bis zum Vertrag von Lissabon,* München 2010.

Piotr Krycki

Systemtheoretische Textsortenbeschreibung am Beispiel der Regierungserklärungen

> Regierungserklärungen sind Regierungserklärungen und nicht frei gehaltene Reden. Sie tun alles, um wieder in den Zustand zu kommen, solche Regierungserklärungen abgeben zu müssen. Und wir tun alles, damit das nicht eintritt, und Sie können davon ausgehen, wir werden dabei erfolgreich sein.
>
> (Josef Fischer, Regierungserklärung vom 11.11.2004)

1 Einführung

Das Ziel des Beitrags ist es, die Textsorte Regierungserklärung in ihrem Kommunikationsbereich zu untersuchen und zu beschreiben. Die Luhmannsche Theorie der sozialen Systeme erscheint in dieser Hinsicht produktiv, weil sich damit auch sprachliche Phänomene erklären lassen. Als Beschreibungskategorien werden die in der Textlinguistik üblichen Kategorien der Situationalität, der Thematizität, der Funktionalität und der Formulierungsadäquatheit angewandt. Dabei wird insbesondere der Aspekt der Funktionalität der Texte und ihrer Leistung für das System beleuchtet, die durch die systemtheoretische Perspektive in einem erweiterten Umfang analysiert werden können.

2 Begriffliche Grundlagen

2.1 Soziales System und Kommunikationsbereich

Die Systemtheorie gilt gemeinhin als eine Supertheorie. Sie hat keinen eigenen Gegenstand, sondern stellt Begriffe bereit, die in der Lage sind, theoretische Zugänge zu Gegenständen beliebiger Art neu zu ordnen. (vgl. Luhmann 1984: 18). Die Erkenntnisse der Systemtheorie nutzt die Textlinguistik unter anderem zur Erklärung textinterner Merkmale und darüber hinaus ermöglichen sie die Einordnung der Textsorten in Kommunikationsbereiche.

Als soziale Systeme werden dabei Interaktionen, Organisationen und Gesellschaften unterschieden. Das soziale System der Gesellschaft schließt die ihm untergeordneten bzw. zugeordneten Systeme (Teilsysteme) und soziale und kommunikative Wirklichkeiten mit ein. Die funktional ausdifferenzierten gesellschaftlichen Teilsysteme unterscheiden sich von anderen sozialen Systemen dadurch, dass sie für die Gesellschaft je spezifische Funktionen übernehmen. (vgl. Krause 2005: 34 ff.) Darüber hinaus charakterisieren sich die Funktionssysteme durch die autopoietische operative Geschlossenheit, die Verwendung eines binären Codes und vollständige Inklusion aller Handelnden (vgl. Luhmann 1997: 748). Eine Ebene tiefer werden die Organisationen angesetzt. Sie bilden sich ausschließlich als Subsysteme anderer sozialer Systeme, grenzen sich von ihnen aber durch formale Mitgliedschaft ab und können auch intern hierarchisch aufgebaut sein. (vgl. Luhmann 1997: 824 f.) Die kleinsten sozialen Systeme sind die Interaktionssysteme, die sich laut Luhmann bilden, wenn Kommunikation zwischen mindestens zwei körperlich anwesenden psychischen Systemen (Menschen) und bei gegenseitiger Wahrnehmung stattfindet (vgl. Luhmann 1997: 814).

Soziale Systeme bestehen ausschließlich aus Kommunikationen, die ständig dynamisch neu erschaffen werden, indem sie neue Anschlusskommunikationen bewirken und auf diese Weise das System reproduzieren (vgl. Luhmann 1987: 192 f., 225 ff). Die Kommunikation wird aber nicht, obwohl sie die Anwesenheit mehrerer psychischer Systeme voraussetzt, als menschliches Handeln verstanden. Es kommunizieren also die sozialen Systeme, die Kommunikationssysteme. Darüber hinaus kann die Kommunikation nur innerhalb ihres eigenen Systems erfolgen und zwar in einem systemeigenen und nur im System verständlichen Code. „Ein [...] Überschreiten von Systemgrenzen durch systemeigene Operationen ist strikt empirisch unmöglich." (Luhmann 1992: 24)

Die Systeme operieren jedoch in einer Umwelt, die aus benachbarten Systemen – auch psychische Systeme gehören zur Umwelt – besteht und mit der die Systeme mittels der Sprache strukturell gekoppelt werden. Unter struktureller Kopplung werden also dauerhafte Beziehungen zwischen sozialen Systemen verstanden (vgl. Luhmann 1996: 117 f.). Sie übersetzt analoge Signale in digitale (vgl. Luhmann 1992: 39), sie macht die in einem System kodierten Leistungen für die gekoppelten Systeme verständlich, indem sie die Irritationen im systemeigenen Code in Informationen umsetzt. In der Textlinguistik hat sich dagegen anstelle des sozialen Systems der Begriff des Kommunikationsbereichs etabliert. Dieser Terminus impliziert

> „bestimmte gesellschaftliche Bereiche, für die jeweils spezifische Handlungs- und Bewertungsnormen konstitutiv sind. Kommunikationsbereiche können somit als situativ und sozial definierte ‚Ensembles' von Textsorten beschrieben werden." (Brinker/Antos/Heinemann/Sager 2000: XX)

Der Kommunikationsbereich kann aber nicht vollständig mit dem Luhmannschen sozialen System gleichgesetzt werden. Kommunikationsbereiche sind jeweils in einem sozialen System verankert. Sie können entweder das ganze System umfassen (Kommunikationsbereich der Wissenschaft umfasst das gesamte System der Wissenschaft) oder aber aus Teilen von Systemen herausgesondert werden (Kommunikationsbereich der Werbung innerhalb des Wirtschaftssystems). Die Grenzen der Kommunikationsbereiche können aber nicht über die Grenzen des eigenen Systems hinausgehen. Ein weiterer Unterschied besteht in den konstitutiven Elementen eines sozialen Systems und eines Kommunikationsbereichs. Wie bereits erwähnt, bestehen soziale Systeme aus Kommunikationen, die sich selbst, ohne menschliches Handeln, reproduzieren und so die Autopoiesis schaffen. Die Kommunikationsbereiche werden dagegen durch Textsorten konstituiert, die menschliches Handeln reflektieren (vgl. Gansel 2007: 69 f.). Der Kommunikationsbereich der Politik deckt sich vollständig mit dem entsprechenden sozialen System, so dass die Begriffe ‚soziales System' und ‚Kommunikationsbereich' im vorliegenden Beitrag synonym verwendet werden.

Die Textsorten erbringen als Träger der Kommunikation für ihre Systeme bestimmte Leistungen. Geht man von der dominanten Leistung einer Textsorte aus, können folgende Leistungsgruppen von Textsorten herausgesondert werden:

Kerntextsorten sind die für ein soziales System konstitutiven Textsorten.

Textsorten der konventionalisierten, institutionell geregelten Anschlusskommunikation erfordern eine Reaktion auf das Kommunikationsangebot des eigenen Systems und andererseits sind sie eine Reaktion darauf.

Schließlich werden Textsorten differenziert, die zur Kommunikation fester Beziehungen zwischen Systemen, von denen mindestens eines ein Organisationssystem oder ein psychisches System ist (denn nur diese kommunizieren mit anderen Systemen), dienen, die *Textsorten der strukturellen Kopplung* genannt werden (vgl. Gansel 2007: 78).

Die Leistungen der Textsorten können aber nicht immer präzise festgestellt werden und nur auf eine Leistung reduziert werden. Es ist denkbar, dass eine Kerntextsorte auch an ein anderes System strukturell koppelt.

Die Kommunikationsbereiche müssen den systemeigenen Code in den Texten sprachlich mitführen. An dieser Stelle kann man eine Parallele zur Funktionalstilistik feststellen, worauf Adamzik (vgl. 2004: 68) aufmerksam macht. Auf bestimmte Situationstypen lassen sich entsprechende Stiltypen beziehen. So ist die Rede vom Stil des Amtsverkehrs, Stil der Wissenschaft, Stil des Journalismus und Stil der Alltagssprache (vgl. Fleischer et al. 1983: 483f). Die Kommunikationsbereiche erfordern also einen besonderen Bereichsstil, sie implizieren bestimmte stilistische Auflagen, die die konstituierenden Textsorten erfüllen müssen, sonst werden sie nicht unbedingt eindeutig als Textsorten aus dem Kommunikationsbereich identifiziert.

2.2 Funktionalität der Textsorten

In der Allgemeinsprache bedeutet Funktion eine Aufgabe, die jemand bzw. etwas in einem größeren Ganzen oder innerhalb eines größeren Zusammenhangs erfüllt (vgl. DUW: 549). In der Textlinguistik bezeichnet die Textfunktion dagegen die im Text mit bestimmten, konventionell geltenden Mitteln ausgedrückte Kommunikationsabsicht des Emittenten. Das heißt, sie drückt die Absicht des Emittenten aus, die der Rezipient erkennen soll (vgl. Brinker 2001: 86). Die Funktion der Texte kann anhand textinterner und/oder textexterner Faktoren bestimmt werden. Gängige Textfunktionsmodelle in der Textlinguistik greifen auf das Kommunikationsmodell von Bühler zurück.

Brinker beruft sich bei der Textfunktion auf die Sprechakttypologie und die Illokutionstypen von Searle. Er verzeichnet dabei fünf textuelle Grundfunktionen (vgl. Brinker 2001: 107-124). Linke/Nussbaumer/Portmann verbinden ebenfalls den Funktionsbegriff mit dem Begriff der Illokution, stellen aber fest, dass sich die kommunikative Funktion der Texte nicht als eine Summe von einzelnen Satzillokutionen bestimmen kann, sondern diese Funktion am Textganzen festgemacht wird. Die einzelnen Elemente des Textes (Sätze oder Wörter) stehen im Dienste der Textfunktion, sie können diese auch signalisieren, aber nicht selbst realisieren. Das Augenmerk wird also zu den textexternen Elementen hin verschoben. Zu den entscheidenden Faktoren gehören demnach der Textadressat, der Situationszusammenhang oder die Beziehung der Kommunikationspartner (vgl. Linke/Nussbaumer/Portmann 2004: 275 f.).

Die Tatsache, dass Textfunktionen bisher als internes und/oder externes Merkmal der Texte gesehen wurden, konstatiert Gansel (2007: 81 ff.) und schlägt die Trennung der Funktionen von Texten vor. Sie unterscheidet die Bereichsfunktion, die Bewirkungsfunktion und die Textfunktion. Als Bereichsfunktion wird die Leistung der Textsorte für das eigene System und dessen Interaktion mit anderen gesellschaftlichen Systemen ausgemacht. Bereichsfunktion ist also Leistung der Textsorte für den Bereich/das System und nicht die Funktion des Bereichs/des Systems, die nicht durch Texte realisiert werden kann. Im Falle zum Beispiel des Systems der Wissenschaft wird also durch die Texte kein neues Wissen erzeugt (Funktion des Systems der Wissenschaft), sondern das bereits erzeugte Wissen fachintern oder -extern bereitgestellt (Leistung des Systems der Wissenschaft für andere Systeme). Je nach Leistungsgruppe der Textsorte kann die Bereichsfunktion variieren. So betrifft die Bereichsfunktion einer Kerntextsorte insbesondere die Leistung für das eigene System. Bei Textsorten der strukturellen Kopplung steht dagegen die Leistung für andere Systeme im Vordergrund. Als eine externe Kategorie wird auch die Bewirkungsfunktion gesehen, die den durch die Textsorte beabsichtigten/erreichten Kommunikationseffekt bezeichnet. Sie ist rezipientenorientiert und durchaus konventionalisiert (vgl. Gansel 2007: 81-82).

Die interne Textfunktion wird anhand von Ziel-Mittel-Relationen und Indikatoren im Text ausgemacht. Ihr liegen die der Sprechakttheorie von Searle/Austin entliehenen Illokutionen zugrunde, die bereits besprochen wurden. Verwiesen sei dabei auf Brinker 2001 und Adamzik 2004.

Das System der Politik ermöglicht kollektiv bindende Entscheidungen (*Funktion*), die durchgesetzt/umgesetzt werden sollen (*Leistung für das eigene System*) und in anderen Systemen eine Entscheidungsgrundlage bilden (*Leistung für andere Systeme*). Die Umsetzung der Systemleistung erfolgt mit Hilfe von Texten, die zu Textsorten zusammengefasst werden können, für die wiederum eine systemimmanente, aber textexterne Bereichsfunktion bestimmt werden kann. Textintern kann, je nach kommunikativer Absicht, eine Textfunktion (Information, Appell, Deklaration, Obligation, Kontakt) ausgemacht werden, die auf der Rezipientenseite als Bewirkungsfunktion (Regenschirm mitnehmen usw.) realisiert wird.

3 Die Regierungserklärung als Kerntextsorte im System der Politik

Das System der Politik agiert nach dem Code Macht haben/keine Macht haben, wobei die Machtüberlegenheit präferiert wird (vgl. Luhmann 2000: 88). Eine Besonderheit dieses Codes besteht aber darin, dass nach der Anwendung von Macht beide Seiten aktualisiert werden. Darüber hinaus gibt es eine Zweitcodierung in Regierung/Opposition. Bei den Kommunikationen im System geht es vorrangig um die Bildung legitimer Macht, Artikulation und Generalisierung von Interessen, Beschaffung von Konsens für Programme und Personen, das Testen der Akzeptanz von Entscheidungsalternativen (vgl. Krause 2005: 236). Ein politisches System kann auch nur dann differenziert werden, wenn innerhalb des Systems Konflikte zugelassen werden (vgl. Luhmann 2000: 94). Das politische System erbringt auch Leistungen für andere soziale Systeme, indem es für diese entsprechende Entscheidungsgrundlagen effektiv bereitstellt.

Das System der Politik ist an zahlreiche andere gesellschaftliche Systeme strukturell gekoppelt. Hier ist an erster Stelle das System der Massenmedien zu nennen. Darüber hinaus bestehen Beziehungen zu dem Wirtschaftssystem, dem Rechtssystem, dem Wissenschaftssystem (vgl. Luhmann 2000: 372 ff.).

Die Regierungserklärung ist eine Unterform der Politikerrede und zeichnet sich durch doppelte Urheberschaft (der Sprecher spricht für sich und die Institution, die er repräsentiert), fehlende Spontaneität (sie werden vorwiegend schriftlich vorbereitet – es liegt also konzeptionelle Schriftlichkeit vor), monologische Realisierung (sie werden von einem Mitglied der Bundesregierung vor dem Bundestag vorgetragen – somit sind sie medial mündlich) sowie Mehrfachadressiertheit (Parlament, Öffentlichkeit usw.) aus.

Die Regierungserklärungen sind Kerntextsorten im System der Politik. Sie sollen über Vorhaben, Position und/oder Verhalten der Regierung informieren sowie um Zustimmung dafür werben (vgl. Klein 2000: 750). Sie dienen der unverbindlichen Vorbereitung kollektiv bindender Entscheidungen und beziehen sich somit direkt auf die Funktion des eigenen Systems. Sie sind also die konstitutiven Textsorten des Kommunikationsbereichs. Als interne Bereichsfunktion kann daher für die Regierungserklärung die systemerhaltende Funktion bestimmt werden. Als eine externe Bereichsfunktion – also Leistung der Textsorte für andere Systeme – können für die Regierungserklärung dagegen die Signalisierung der Macht, Artikulierung der Interessen oder auch Versuche, Konsens für bestimmte Programme, Entscheidungsalternativen zu erreichen, ausgemacht werden. Die Bewirkungsfunktion lässt sich im Falle der Regierungserklärung nur bedingt bestimmen. Als mögliche direkte Reaktionen könnten der Applaus oder etwa negative Zwischenrufe und Ausbuhungen genannt werden. Durch die Rezeption in den Medien wären auch andere Bewirkungsfunktionen denkbar. Diese sind aber eher als Bewirkungsfunktionen der Medientextsorten anzusehen und werden daher an dieser Stelle vernachlässigt.

In den Regierungserklärungen ist sowohl der appellative/persuasive als auch der informative Charakter der Texte zu erkennen, was den folgenden Belegen zu entnehmen ist. Die Argumentationsmuster der Regierungserklärungen untersucht auch Klein in der Analyse der sogenannten *Agenda 2010* (vgl. Klein 2007: 214 ff.). In den Regierungserklärungen werden unterschiedliche Typen von Argumenten gebraucht. Somit macht sich in gewisser Maße eine Doppelfunktion des Textes bemerkbar – Information und Werbung. Dies ist sowohl auf die interne als auch auf die externe Bereichsfunktion zurückzuführen.

[1] Unsere Agenda 2010 enthält weitreichende Strukturreformen. Diese werden Deutschland bis zum Ende des Jahrzehnts bei Wohlstand und Arbeit wieder an die Spitze bringen.

(Gerhard Schröder, 14.03.2003)

[2] Ich habe beschrieben, was wir leisten müssen, um unsere Schwierigkeiten zu überwinden – Schritt für Schritt, gar keine Frage, aber wir müssen das anpacken – und Deutschlands Stärke neu zu entwickeln. Unser Land hat – daran kann doch kein Zweifel bestehen – große Potenziale, Potenziale, die wir durch eine gemeinschaftliche Anstrengung wecken können und wecken müssen.

(Gerhard Schröder, 14.03.2003)

[3] Als Ziel haben die europäischen Staats- und Regierungschefs „die Integration aller Länder in ein gerechtes weltweites System für Sicherheit, geteilten Wohlstand und weitere Entwicklung" genannt. An diesem Ziel gilt es festzuhalten. Jedenfalls für Deutschland kann ich sagen, dass wir uns diesem Ziel in den letzten Wochen und Monaten in besonderer Weise verpflichtet gefühlt haben und davon auch nicht abgewichen sind.

(Gerhard Schröder, 03.04.2003)

[4] Unser Ziel ist, dass alle Menschen in Sicherheit und Freiheit leben können. Terrorismus muss militärisch entschlossen bekämpft werden.

(Josef Fischer, 14.11.2002)

[5] Jeder weiß, ich bin kein Freund der Ausbildungsabgabe. Aber ohne eine nachhaltige Verbesserung der Ausbildungsbereitschaft und ohne die Übernahme der zugesagten Verantwortung für diesen Bereich ist die Bundesregierung zum Handeln verpflichtet und sie wird das auch tun.

(Gerhard Schröder, 14.03.2003)

Die Sprache der politischen Parlamentstexte, somit auch der Regierungserklärungen, weist Elemente der gehobenen Standardsprache auf. Häufig wird auf soziale Grundwerte hingewiesen (vgl. Eroms 2008: 123 ff.). Werte/Moral/Normen ermöglichen dabei keine Systemoperationen. Sie sollen aber gleichzeitig den Mitgliedern des Systems der Politik präferierte Werte markieren, damit diese an der Macht bleiben können. Diese Verbindung der gehobenen Sprache und der sozialen Grundwerte verleiht den Regierungserklärungen teilweise einen pathetischen Ton.

[6] Der Gipfel wird uns nochmals verdeutlichen, dass die NATO weit mehr als ein reines Verteidigungsbündnis ist. Sie ist eine über den Atlantik reichende Wertegemeinschaft, die entscheidend zur *Sicherheit und Stabilität in der Welt* und zur *Stärkung von Demokratie und Rechtsstaatlichkeit* ihrer Mitglieder beiträgt.

(Josef Fischer, 14.11.2002)

[7] In ihrer Verantwortung für Frieden und Sicherheit hat sich die Bundesregierung stets von folgenden Grundsätzen leiten lassen: Wir treten für die Herrschaft und die Durchsetzung des Rechts ein. Wir stehen für Friedenspolitik durch Krisenprävention und kooperative Konfliktlösung.

(Gerhard Schröder, 03.04.2003)

[8] [...] Schaffung eines Raumes der *Freiheit, der Sicherheit und des Rechts* in Europa [...]

(Josef Fischer, 11.11.2004)

[9] *Solidarität, der Schutz der Schwächeren und die Absicherung gegen Lebensrisiken* sind nicht nur ein Verfassungsauftrag. Sie sind nach meiner festen Überzeugung das Fundament unserer Gesellschaftsordnung.

(Gerhard Schröder, 14.03.2003)

Eine direkte Polemik wird zwar vermieden, ist aber nicht völlig ausgeschlossen. Die eigene Position wird dabei relativ sachlich dargestellt. Dies trifft insbesondere für vorbereitete, schriftlich konstituierte Texte zu (vgl. Eroms 2008: 123f.).

[10] *Wir und nicht Sie* haben die kapitalgedeckte private Vorsorge, die die zweite Säule der Rentenversicherung darstellt, auf den Weg gebracht.

(Gerhard Schröder, 14.03.2003)

[11] *Vielleicht sollte man in diesem Zusammenhang in eine bestimmte Richtung des Hauses noch einmal daran erinnern*, dass die weitaus größte Zahl unternehmerischer Misserfolge nicht die Gewerkschaften und nicht die Betriebsräte zu verantworten haben, sondern dass sie auch – das gehört ebenfalls in eine solche Debatte, auch wenn Sie das vielleicht nicht hören mögen – auf krasse kaufmännische und strategische Fehler im Management zurückgehen. Diese Fehler werden dann oft genug noch mit millionenschweren Abfindungen vergütet.

(Gerhard Schröder, 14.03.2003)

[12] Wir haben die Gesellschaft modernisiert: in der Energiepolitik, im Familienbereich und beim Staatsangehörigkeitsrecht ebenso wie durch eine moderne Zuwanderungsregelung, der Sie sich nicht verschließen dürfen, wenn Sie ernsthaft für Reformen in diesem Land eintreten wollen.

(Gerhard Schröder, 14.03.2003)

Die Anhänger der Opposition sollen die Sprache der Regierenden hinterfragen, Verschwiegenes aufdecken und eine konträre Sicht der Dinge darstellen. In vielen Fällen resultiert daraus ein aggressiverer Ton der Rede (vgl. Eroms 2008: 123f.). Der systemeigene Code ‚Macht haben/keine Macht haben' wird dabei ständig aktualisiert. Dies äußert sich insbesondere bei den polemischen Zurufen aus den Oppositionsparteien.

[13] – Ich will Ihnen eines sagen, Kollege Schäuble: Sie können mir sicher viel vorwerfen, aber nicht, dass ausgerechnet ich Defizite hätte, Europa zu vermitteln. Im ganzen Europawahlkampf war ich sehr erfolgreich unterwegs. Ich kann kein solches Defizit feststellen. (Dr. Andreas Schockenhoff [CDU/CSU]: Entschuldigung, Majestät!) Dass Sie davon nicht begeistert sind, ist doch völlig klar; darüber brauchen wir nicht zu streiten.

(Josef Fischer, 11.11.2004)

Reden im Plenum erreichen nicht die breite Öffentlichkeit. Bestenfalls zitieren die Medien einige Sätze und fassen die Texte rigide zusammen (vgl. Klein 2010: 9). Die Medien versuchen die Texte an die sprachlichen Auflagen des eigenen Systems anzupassen. Typisch für diesen Kommunikationsbereich sind die Verwendung weitgehend allgemeinverständlicher, schnell rezitierbarer und massenwirksamer lexikalischer Mittel und syntaktischer Konstruktionen (einschließlich Fremdwörter, Termini, Realienbezeichnungen, Jargonismen, Neologismen, Attribute, Aufzählungen, originelle Wortverbindungen und Wortbildungskonstruktionen usw.) (vgl. Malá 2003: 125) und die Aktualisierung durch originelle Wortgruppen und Wortbildungskonstruktionen, durch Modifizierungen, Phraseologismen, Wortspiele, Metaphern und andere Stilfiguren (vgl. Kalverkämper 1981: 187). Insbesondere die Motor-Metapher (14) wurde in den folgenden Jahren sehr gerne von den Medien bei der Beschreibung der europäischen Fragen gebraucht.

[14] Deutschland und Frankreich – das ist hier ja auch immer wieder betont worden – bleiben *Motor der europäischen Integration.*

(Gerhard Schröder, 3.4.2003)

Nach Luhmann gliedert sich das System der Massenmedien in drei Programmbereiche: Nachrichten und Berichte, Werbung sowie Unterhaltung. Durch diese Bereiche unterhält das System zahlreiche strukturelle Kopplungen zu anderen Funktionssystemen, indem sich die Medien der Themen bedienen, über die sie alle Gesellschaftsbereiche erreichen können. So ist die Werbung eng mit dem Wirtschaftssystem verbunden, die Unterhaltung an das Kunstsystem gekoppelt. Auch andere Themenbereiche begünstigen strukturelle Kopplungen. Es seien an dieser Stelle nur Sport und Wissenschaft genannt. Der Programmbereich Nachrichten und Berichte ist deutlich strukturell an das politische System gekoppelt (vgl. Luhmann 1996: 122 ff.).

Der Bereich der Nachrichten und Berichte ist für die Erarbeitung und Verarbeitung von Informationen verantwortlich. In diesem Bereich „muss mit allen Mitteln einer eigens dafür ausgebildeten journalistischen Schreibweise der Eindruck erweckt werden, als ob das gerade Vergangene noch Gegenwart sei, noch interessiere, noch informiere" (Luhmann 1996: 55). Um dies zu erreichen, werden die Informationen nach systemeigenen Kriterien selegiert: Neuheit der Information, Konflikte, Quantitäten, lokaler Bezug, Normverstöße/Präferenz für Außergewöhnliches, Unterschied von Gutem und Schlechtem, Interesse an Personen, Aktualität und Möglichkeit der Rekursivität, Äußerung von Meinungen (vgl. Luhmann 1996: 58 ff.). Unter anderem darum liegt die Konzentration der Redner darauf, einige markante Sätze einzubauen, welche die Aussicht bieten, von den Medien zitiert zu werden (vgl. Klein 2010: 9). Politiker möchten auf ihre Person oder Partei aufmerksam machen und sich damit von der Konkurrenz abheben.

Auch in diesem Bereich kann es durch die Verbindung des gehobenen Stils dazu kommen, dass die Regierungserklärung stellenweise pathetisch wirkt.

[15] Zwölf Jahre nach dem Ende des Kalten Krieges hat die Welt für uns ein anderes Gesicht bekommen. Wo sich früher zwei Blöcke in militärischer Konfrontation erstarrt gegenüberstanden, sehen wir uns heute mit einer wesentlich komplexeren weltpolitischen Lage konfrontiert.
(Josef Fischer, 14.11.2002)

[16] *In der Verantwortung für die Zukunft unseres Landes* habe ich der Regierungserklärung ein doppeltes Motto vorangestellt. Es beschreibt, worum es heute geht: *Mut zum Frieden und Mut zur Veränderung.* Wir müssen den Mut aufbringen, für den Frieden zu kämpfen, solange noch ein Funken Hoffnung besteht, dass der Krieg vermieden werden kann. Wir müssen den Mut aufbringen, in unserem Land jetzt die Veränderungen vorzunehmen, die notwendig sind, um wieder an die Spitze der wirtschaftlichen und der sozialen Entwicklung in Europa zu kommen.
(Gerhard Schröder, 14.03.2003)

[17] *Wir verlangen der Gesellschaft heute etwas ab, aber wir tun es, damit den Menschen neue Chancen eingeräumt werden*, Chancen, ihre Fähigkeiten zu entwickeln und Höchstleistungen zu erbringen. Diese Chancen wollen wir uns erarbeiten.
(Gerhard Schröder, 14.03.2003)

Zu beobachten ist eine teilweise recht komplizierte Syntax mit mehrfach zusammengesetzten Sätzen. Diese Tatsache ist auf die konzeptionelle Schriftlichkeit zurückzuführen.

[18] Die Schaffung einer stärkeren Kohärenz der unionsweiten Maßnahmen für Jugendliche und die Verbesserung der Vereinbarkeit von Familie und Beruf – in diesem Bereich, in dem andere

Länder wesentlich weiter sind, haben wir in Deutschland aufgrund 16 Jahre langer Versäumnisse und einer ideologiegesteuerten Politik große Defizite –, das sind entscheidende Punkte, die der Initiative von Staatspräsident Chirac, des Bundeskanzlers und der Ministerpräsidenten von Spanien und Schweden zugrunde liegen.

(Josef Fischer, 11.11.2004)

[19] Angesichts der vorgegebenen Einstimmigkeit ist die Aufforderung an mich, ich sollte – bei Landwirtschaftsverhandlungen oder sonst wo – mal eben dafür sorgen, dass dieser Rabatt verschwindet, ein bisschen naiv. Trotzdem hat die Oppositionsführerin der britischen Presse zufolge gemeint, das tun zu sollen. Dann werden Sie, Frau Merkel, sich zum britischen Rabatt – ich entnehme das britischen Zeitungsberichten – äußern müssen. Darin steht nämlich, Tony Blair habe nach einem Gespräch mit Ihnen Hoffnung; denn Sie hätten seinen Rabatt mit dem Hinweis darauf, dass er weniger Agrarsubventionen bekäme als Frankreich, ausdrücklich verteidigt. Wenn das stimmen sollte und die Zeitungen nichts Falsches berichtet haben, dann haben Sie Juncker und Deutschland damit einen Bärendienst erwiesen. Das muss man sehr deutlich sagen, meine Damen und Herren. Es wäre gut, wenn Sie sich in aller Klarheit hier dazu äußern würden, ob Sie mit der Bundesregierung der Auffassung sind, dass ein Ergebnis nur dann zustande kommen kann, wenn sich auch die britische Regierung beim Rabatt bewegt, wie sich auch alle anderen bewegen müssen. Das ist die Erwartung, die ich an Sie habe, wenn Sie sich nicht vorwerfen lassen wollen, die Verhandlungsposition in große Schwierigkeiten gebracht zu haben.

(Gerhard Schröder, 16.06.2005)

Besonderheiten gibt es auch beim Gebrauch der Pronomina. Es werden in Bezug auf die Mitglieder des Parlaments ausschließlich die Pronomina der ersten Person Plural (Regierung) und der Höflichkeitsform (Opposition) gebraucht (siehe unter anderem Belege 10, 11, 12, 17).

4 Fazit

Der Beitrag zeigt, dass Systemtheorie und Textlinguistik einander produktiv ergänzen können. Die Systemtheorie ist laut Luhmann ein Theoriekonzept, das erst im Alltagsbetrieb auf ein forschungsfähiges Format zugeschnitten werden muss. Die Textlinguistik füllt dieses Konzept mit Leben. Für die Textlinguistik liefert die Systemtheorie wiederum ein Beobachtungsinstrumentarium für textlinguistische Untersuchungen. Sie ermöglicht nämlich unter anderem eine genauere Bestimmung der Funktionen der Texte (innere und äußere Bereichsfunktion, interne Textfunktion, Bewirkungsfunktion).

Die Textsorten können in den Systemen verortet werden, was wiederum die sprachliche Umsetzung des systemeigenen Codes – den Bereichsstil – und somit auch die sprachliche Realisierung der im System hervorgebrachten Textsorten aufzwingt. Die Textsorte Regierungserklärung konnte dabei als eine Kerntextsorte bestimmt werden. Sie führt dabei den System-Code in der Sprache mit. Die Regierungserklärungen sind vorwiegend monologisch aufgebaut. Die Sprache ist eher sachlich und in den Texten dominieren die Argumentation und die Information als Vertextungsmuster. Als Argumente werden häufig soziale Grundwerte gebraucht. Aggressiv wird die Sprache vorzugsweise bei direkter Polemik mit der Opposition. Die Texte kennzeichnet auch eine Vermischung von Elementen sprachlicher und mündlicher Sprache.

Literatur:

Adamzik, Kirsten: *Textlinguistik. Eine einführende Darstellung*, Tübingen 2004.

Brinker, Klaus: *Linguistische Textanalyse. Eine Einführung in Grundbegriffe und Methoden*, Berlin 2001.

DUW: DUDEN. *Deutsches Universalwörterbuch A-Z*, hg. unter Leitung von Günther Drosdowski, Mannheim, Leipzig, Wien, Zürich 1996.

Eroms, Hans-Werner: *Stil und Stilistik. Eine Einführung*, Berlin 2008.

Fleischer, Wolfgang/Hartung, Wolfdietrich/Schildt, Joachim/Suchsland, Peter (Hg.): *Kleine Enzyklopädie Deutsche Sprache*, Leipzig 1983.

Gansel, Christina: *Textsorten und Textsortenbeschreibung*, in: *Textlinguistik und Textgrammatik. Eine Einführung*, hg. von Gansel, Christina/Jürgens, Frank, Wiesbaden 2007, S. 53-112.

Klein, Josef: *Sprache und Macht*, in: *Aus Politik und Zeitgeschichte*, Nr. 8/2010 vom 22. Februar 2010, S. 7-13.

Klein, Josef: *Textsorten im Bereich der politischen Institutionen*, in: *Handbücher zur Sprach- und Kommunikationswissenschaft, Band 16.1, Text- und Gesprächslinguistik*, hg. von Brinker, Klaus/Antos, Gerd/Heinemann, Wolfgang/Sager, Sven F., Berlin, New York 2000, S. 732-755.

Klein, Josef: *Linguistische Hermeneutik politischer Rede. Eine Modellanalyse am Beispiel von Kanzler Schröder Verkündung der „Agenda 2010"*, in: Hermanns, Fritz/Holly, Werner (Hg.): *Linguistische Hermeneutik*, Tübingen 2007, S. 201-238.

Krause, Detlef: *Luhmann-Lexikon*. Bremen 2005.

Linke, Angelika/Nussbaumer, Markus/Portmann, Paul R.: *Studienbuch Linguistik*, Tübingen 2004.

Luhmann, Niklas: *Soziale Systeme: Grundriß einer allgemeinen Theorie*, Frankfurt am Main 1984.

Luhmann, Niklas: *Soziale Systeme. Grundriß einer allgemeinen Theorie*, Frankfurt am Main 1987.

Luhmann, Niklas: *Die Wissenschaft der Gesellschaft*. Frankfurt am Main 1992.

Luhmann, Niklas: *Die Realität der Massenmedien*. Wiesbaden 1996.

Luhmann, Niklas: *Die Gesellschaft der Gesellschaft*. 2 Bände. Frankfurt am Main 1997.

Luhmann, Niklas: *Die Politik der Gesellschaft*. Frankfurt am Main 2000.

Tatiana Dubrovskaya

Cultural Specifics in Russian and English Judicial Discourse

1 Introduction

The present article examines the national and cultural specifics in Russian and English courtroom communication. Although we focus particularly on judges' verbal behaviour, the contribution of other participants in the trial to courtroom interaction cannot be completely ignored, because the trial presents a coherent sequence of exchanges interconnected logically and verbally. The article is aimed at revealing differences in discursive behaviour of Russian and English judges and accounting for them in terms of the historical development of the two legal systems, present social reality as it affects the administration of justice, as well as Russian and English national mentalities.

The Polish scholar B. Kryk-Kastovsky (Kryk-Kastovsky 2006: 14) argues:

> "...The language of law shares most of the pragmatic properties of colloquial language. These are presupposition, deixis, implicature, speech acts, and power vs. solidarity."

We assume that this list of pragmatic properties can be extended and should accommodate at least two more concepts: those of genre and national mentality, whose influence on discursive processes in court is significant. Both genre and specifics of national mentality predetermine certain linguistic features of courtroom discourse and are therefore crucial for defining the specifics of legal communication.

The data explored in this study are comprehensive and include trial transcripts and handwritten notes taken by the author in Russian and English courts (1999-2009). Judicial discourse is represented by a number of different genres: courtroom examination, summing-up, and judgment. The data contain approximately three million words in total.

The approach to the data practiced in this study can be defined as functional: textual analysis, i.e. the analysis of lexical, grammatical, syntactic and stylistic means, is combined with the examination of text-external factors, such as the communicative goals of the speakers, their social status, the immediate situational and wider social context, and the peculiarities of national mentalities. Discursive and linguistic features receive explanation in terms of extra-linguistic factors, which affect judicial discourse as a means of administering justice and maintaining power in court.

The research has revealed a few important aspects of judicial discourse where cultural specifics are made especially manifest. These aspects will be presented consecutively in sections 2, 3 and 4 of the present article; the concluding section will sum up the results.

2 Degree of activity by the judges in the adversarial system

The first, probably, most apparent, difference in discursive behaviour of Russian and English judiciary pertains to the degree of activity by the judges during the trial. Both Russian and English systems are adversarial, where the judges' active role in court is discouraged and the advocates for the parties are supposed to perform the duty of collecting factual information. Characterizing a trial in the adversarial system, the English lawyer and author of the guide for young advocates K. Evans (Evans 1995: 89-90) writes:

> "…The judge acts as an impartial umpire watching over a kind of forensic tennis match played by advocates. If those advocates know their job then ideally the judge ought to be able to sit there throughout the trial saying virtually nothing. Back in the mist of time the advice given to a new judge in England was that he should take a sip of holy water at the beginning of the day and hold it in his mouth until the end."

According to our observations, the speech behaviour of Russian judges does not always meet these requirements. Russian judges take a very active part in the trial, courtroom examination being no exception; they often take over the initiative of prosecutors and barristers, thus performing inquisitorial functions. The following list of numerous questions, addressed by the judge to a witness (example (1)), explicitly illustrates the inquisitorial character of the judge's participation in a trial against a prostitution agency:

(1)

Сколько работали?	*For how long have you been working?*
Что в феврале случилось?	*What happened in February?*
Кому идея принадлежала?	*Who did the idea belong to?*
Каким образом заказы распределялись?	*How were the orders distributed?*
У кого телефоны были?	*Who had telephones?*
Она знала, что Вы несовершеннолетняя?	*Did she know you were underage?*
Кто хозяин конторы?	*Who is the owner of the firm?*
Давайте поподробнее про распорядок дня.	*Expand on the daily schedule.*
Кто разговор ведет?	*Who was negotiating?*
Деньги когда отдаются?	*When is money passed?*
Квартира кем оплачивалась?	*Who paid the rent?*
Водителя кто оплачивал?	*Who paid the driver?*
(Ручные записи 2009)	*(Handwritten notes 2009)*

In some instances of the trials that we observed the judges conducted such an in-depth examination of witnesses or defendants that the barristers did not need to ask any further questions.

Unlike Russian judges, English judges, whenever they need more information and details on the issue, tend to refrain from asking questions and urge advocates to ask specifying questions. In the following instance the witness mentions a specific smell of body filler for cars, and the judge wants to make clear what this smell was like. Indirectly, but quite persistently, he makes the barrister ask a required question:

(2)
JUDGE: Is anybody going to ask what body filler smells like?
WITNESS: Obviously you all repair your own cars so you all know.
DEFENCE: All the time.
JUDGE: Probably get somebody to do it. Anybody want to ask or is it assumed we all know.
DEFENCE: Mr Butler can you describe in any other way the sort of smell, I know smells are difficult to describe, what body filler smells like?
WITNESS: Like a sweet smell, it gets in the back of your throat, a strong smell. (Huntley 2003)

We assume that English judges are more aware of their speech behaviour and interference in examination. In example (3), before making inquiries about evidence, the judge asks for permission to interfere and promises not to abuse his position in future:

(3)
JUDGE: Can I just ask one question and then I will stop? How do you date this photograph as February '43? (Irving 2000)

This noticeable contrast in the behaviour of Russian and English judges can be explained, in our assumption, by the differing historical development of the judicial systems in Russia and England. Until very recently Russia's judicial system was inquisitorial, with the judge performing the function of examining evidence and discovering the truth. In 2001 a new Criminal Procedure Code introduced principal changes in Russian judicial system and transformed it from inquisitorial into adversarial. Technically, Russian judges lost their right to interfere with the examination of witnesses and defendants, unless the procedural rules were broken, and they are now allowed to examine witnesses and defendants only after parties have completed their examination. However, in practice, Russian judges are eager to retain their control over the trial. This may lead to the supposition that institutional transformations involve more than adopting new laws: they also presuppose changes in social actors' mentality, which may take a longer time than was realized.

3 Verbal realization of the neutrality principle in judicial practice

Another difference discovered when comparing Russian and English judicial behavior pertains to the principle of neutrality. As K. Evans notes, along with keeping comparative silence, judges are expected to be 'scrupulously impartial' (Evans 1995: 90).

The American scholar J. Gibbons (Gibbons 2005: 76) explains the principles of the Anglo-American judicial system in the following way:

> "...The workings of the legal system, while wielding power, also purport to be impersonal. In principle the decisions reached by the law are unaffected by the personalities or personal feelings of those involved. Metaphors frequently used to characterize the law are a machine, or a disembodied system."

A similar idea is found in (O' Barr 1982: 11), where the author points out:

> "Our sense of justice, and the cultural values on which it is based, demand that all persons be treated equally by the law, that it be blind to race, class, age, and sex."

The Russian scholar T. Moiseeva, discussing the issue of impartiality in Russian courts, reminds the reader that judicial impartiality consists in the requirement from the judge of a fair attitude to any participant in the trial (Moiseeva 2003: 46).

To sum up, impartiality and impersonality are the qualities that are considered necessary for fair administration of justice and that are overwhelmingly expected from Russian and English judges. Therefore, it is not surprising that the norm of impartiality is required in Russian and English normative documents. Both the Russian Code of Judicial Ethics (Kodeks Sudejskoj Etiki 2004) and the English Guide to Judicial Conduct (Guide to Judicial Conduct 2008) contain the imperative for impartial behaviour in court.

In our analysis of the degree of impartiality we do not aim at determining how fair judgments are; this is not a task for a linguist. However, we can present some observations on judicial behaviour demonstrating certain attitudes towards trial participants. According to these observations, Russian judges demonstrate more evaluative discursive behaviour as compared to English judges, who prove to be more neutral.

Negative evaluation of witnesses and defendants is very typical of Russian judicial discourse. Moreover, Russian judges evaluate trial participants not only in terms of law, but also in terms of moral values and categories. We assume that this kind of speech behaviour can be viewed as the expression of the Russian national characteristic defined in Russian studies as 'the judging complex' (Kas'janova 1994). The word 'complex', as it is used by K. Kas'janova and in psychology in general, has the meaning of an emotional problem.

K. Kas'janova, who has investigated Russian national characteristics, connects the judging complex with the prevalence of moral values over other aspects of life. In order to restore justice and moral norms, authors of evaluative utterances on the basis of the judging complex tend to judge people and involve themselves in other people's matters, even though these matters may not concern them personally. A related term to define Russian mentality was introduced in Western scholarship by R. Rathmayr, who characterizes Russian culture as *Einmischungskultur*, i.e. the culture of interference, intrusion (Rathmayr 1996: 213).

In the following excerpt from a courtroom examination, the judge points to the defendant's dysfunctional behavior, which is incompatible with her status as a mother:

(4)

СУДЬЯ: Ребенок Ваш где и с кем находился, пока Вы в Саранск ездили?	*JUDGE: Where and with who was your child while you were going to Saransk?*
ПОДСУДИМАЯ: С З.	*DEFENDANT: With Z.*
СУДЬЯ: С З.? То есть пока Вы пили, гуляли, ребенок там находился? (Ручные записи 2008)	*JUDGE: With Z.? You mean, while you were drinking and having fun, your child stayed there? (Handwritten notes 2008)*

It is noteworthy, what is disapproved of by the judge are not illegal actions, but actions that cause the human condemnation by the judge. Such episodes in Russian trials can be analyzed in terms of psychology, namely the transactional analysis of Eric Berne (Berne 2008).

Interaction between the judge and the defendants is construed according to the scheme "grown up → child", and not "grown up → grown up", as it should be. In example (5) the deprecatory stimulus of the judge and the prosecutor causes an expected reaction from the defendant, who starts crying. Let us consider this situation more closely. Deciding on the defendant's future, the judge and the prosecutor are trying to clarify some details of her personal life:

(5)

СУДЬЯ: А мама куда у Вас делась?
ПОДСУДИМАЯ: Она больная. Ее сестра забрала в Тамбов.
ПРОКУРОР: Что с Вами делать-то? Не плачьте. (Ручные записи 2009)

JUDGE: Where has your mom gone?
DEFENDANT: She is ill. Sister took her to Tambov.
PROSECUTION: What shall we do with you? Stop crying. (Handwritten notes 2009)

It is apparent that in the present exchange institutional communicative norms are being violated. The border has been crossed between neutral institutional communication and personally-oriented, emotionally-biased interaction. The qualities of Russian national mentality prevail over the institutional communication norms declared in normative documents.

Other examples of emotionally-biased attitude of judges towards witnesses and defendants involve irony, poignant sarcasm and even articulating disbelief in their evidence. The following ironic remark by the judge expresses his personal disapproval of the witness, who refuses to accept in court her own earlier evidence. The judge asks whether the witness read the evidence before signing it and then notes poignantly:

(6)

СУДЬЯ: Вы неграмотная? Я так понимаю, грамотности вести учет клиентов у Вас хватало. (Ручные записи 2009)

JUDGE: Are you illiterate? As I understand, you were literate enough to register your clients. (Handwritten notes 2009)

Another example illustrates the judge's distrust of the defendant's evidence. One of the two defendants denies having taken a drug before committing the crime, which causes the judge's doubts:

(7)

СУДЬЯ: На самом деле приняли дозу?
ПОДСУДИМЫЙ: Нет.
СУДЬЯ (иронично): Х. принял, а Вы не принимали. (Ручные записи 2008)

JUDGE: Did you actually take a drug?
DEFENDANT: No.
JUDGE (ironically): Kh. took, and you did not. (Handwritten notes 2008)

After a while the judge summarizes his unfavourable opinion on the evidence in question:

(8)

СУДЬЯ: Более правдоподобно звучит версия Х. (Ручные записи 2008)

JUDGE: Kh.'s version sounds more plausible. (Handwritten notes 2008)

It should be noted, however, that in certain situations acts of disapproval in the speech of judges are provoked by the inadequate behaviour of other trial participants that has to be corrected. In example (9) the witness is about to give evidence but is chewing gum. The judge notices this procedural violation and, referring to his own authority and power, gives explicit directions to the witness:

(9)

СУДЬЯ: Смирнов, перестаньте жевать. Это общественное место. И это – суд, одна из ветвей власти. Представьте, что перед Вами президент Российской Федерации. Вы же не будете перед ним жевать. Суд тоже власть. Чтоб не проглотить, выплюньте. (Ручные записи 2009)	*JUDGE: Smirnov, stop chewing. This is a public place. And it is the Court – one of the branches of power. Imagine there is the President of the Russian Federation in front of you. You would not chew in front of him, would you? The Court is power too. In order not to swallow, spit out. (Handwritten notes 2009)*

As has been claimed earlier, the English judges' behaviour is, in general, characterized by greater neutrality and lack of emotionality. This feature can be explained not only by the procedural requirements for the judge to remain neutral and unbiased – these requirements are universal for both Russian and English judicial systems – but also by specifics of the English national character and typical communicative behaviour. According to K. Fox, the defining characteristics of Englishness include the famous English reserve, emotional constipation, moderation and avoidance of extremes, excess and intensity of any kind (Fox 2005: 400-403). Considering that these typically English characteristics are reinforced in court by institutional regulations, which impose particular behaviour patterns on English judges, impartiality and neutrality of their discursive behaviour seem natural and expected.

At the same time, in any institutional context a very special role in determining the linguistic form of an utterance is played by genre. Emphasizing the importance of genre for legal language, J. Gibbons (2005: 11) defines this concept in the following way:

> "A genre is an overall plan for a discourse type, which consists of an ordered sequence of steps or stages through which people move when engaged in certain social activities."

It should be added here that genre predetermines not only the structure of discourse, but also some rhetorical patterns, including a particular degree of emotionality.

We claim that the rhetoric of a genre may come into conflict with national mentality and traditional communicative norms. In the genre of judgment, which offers the judge's vision of the case and imposes punishment, the contradiction is discovered between national mentalities and the linguistic form of Russian and English judgments. Russian judges, being representatives of the culture with emotional mentality (Gachev 1998; Wierzbicka 1997; etc.), produce judgments that are absolutely deprived of emotionality. These texts have distinct features of written documents: many clichés, formal vocabulary, sentences with independent clauses and participial constructions. Example (10) illustrates this type of discourse:

(10)

Наряду с этим, в качестве обстоятельств, характеризующих личность подсудимого, суд учитывает, что А. привлекался к административной ответственности (л.д.47), ранее неоднократно судим, в том числе за совершение аналогичных преступлений (л.д.37-42, 99-104), однако, освободившись из мест лишения свободы 29 июня 2008 года (л.д.43), должных выводов для себя не сделал, на путь исправления не встал и спустя небольшой промежуток времени вновь в состоянии алкогольного опьянения совершил преступление средней тяжести. (Приговор 2008)

Along with this, the court considers the circumstances characterizing the personality of the defendant, such as being brought to administrative justice (p.47), being repeatedly tried in court, also for analogous crimes (pp.37-42, 99-104); however, having being released from prison on June 29, 2008 (p.43), he did not draw due conclusions, did not reform his behaviour and shortly thereafter, being in the state of alcohol intoxication, again committed an offence of medium gravity. (Sentence 2008)

The length of the Russian sentence is 66 words. The sentence is compound, contains homogeneous sentence members and a participial construction; some clichés typical of formal speech are employed. Lack of emotionality in Russian judgments is also achieved by the impersonal and monologic character of the document, which states the judge's decision but shows no signs of being addressed to a particular recipient.

Unlike Russian judgments, English judgments are deeply emotional, which can hardly be expected from a representative of English culture, and have the style of spoken English. Short and very clearly constructed sentences, parallel constructions, repetitions, references to emotions of those involved in the case create an emotional speech, which emphasizes the wickedness of the committed crime, while direct forms of address to the accused predetermine the dialogic character of the judgment:

(11)

Ian Kevin Huntley, on the 4th August 2002, you enticed two ten year old girls, Holly Wells and Jessica Chapman, into your house. They were happy, intelligent and loyal. They were much loved by their families and all who knew them. You murdered them both. You are the one person who knows how you murdered them. You are the one person who knows why. You destroyed the evidence, but you showed no mercy and you showed no regret. (Huntley 2003);

(12)

Your tears have never been for them, only for yourself. (Huntley 2003)

Emotionality and evaluation in English judgments is also attained, as in example (13), by abundant epithets, stylistic devices which cannot be called the hallmark of legal language but, nevertheless, are widely used in the genre in question:

(13)

*The time has now come for me to pass sentence upon you for these **wicked, wicked** crimes <...> The sheer wickedness of what you have done defies description and is **shocking*** *beyond belief. You have not shown the slightest remorse or contrition for any of your* ***evil*** *deeds and you have subjected the family and friends of each of your victims to the agony of having to relive in this Court in public the tragedy and grief which you visited upon them. (Shipman 2000)*

The explanation for the emotionality of English judicial opinions cannot be found in the sphere of national mentality. It lies rather in the legal sphere and is closely connected with the historical development of the genre in the Anglo-American legal system. Traditionally judicial opinions existed in England in the oral form, and, as P. Tiersma (Tiersma 2007: 1188) points out:

> "a remarkable amount of orality has survived in the English common law. Even today, English judicial opinions need not necessarily be written down by the judge or by a reporter to have precedential force."

In our opinion, the power given to oral speech has influenced both the way of administering justice and the linguistic form of judgments. Having existed through centuries in the oral form, judgments have retained major characteristics of oral discourse, including recipient-orientedness and emotional slant, which are still salient and expressed verbally in present time judgments.

4 Politeness and impoliteness in judicial behaviour

The third dissimilarity which is made manifest in Russian and English judicial discourse pertains to the pragmatic category of politeness. Politeness is a phenomenon which accompanies any type of social interaction, courtroom communication being no exception. Any trial is a confrontational process by definition: parties attack each other, engaging themselves in face-threatening activity. However, for the trial to go smoothly, without breakdowns, a certain level of social harmony is essential. It is achieved by various politeness tactics actualized in specific linguistic means. Some aspects of applying politeness in Russian and English courts by trial participants were discussed in (Dubrovskaya 2009). In this article we shall focus on the specifics of judicial behaviour in particular.

Politeness and impoliteness of judicial behaviour is closely intertwined with the functions performed by judges in court. As has already been noted, judges are supposed to be silent observers of the legal show played before them. However, this is too ideal a picture. The data study shows that all judges make efforts to keep trials under control and perform a regulating function, which presupposes pronouncing face-threatening utterances. Challenging opinions of the addressee, interrupting another person's turn, raising a topic that is unwelcome to the addressee, ending the interaction are found both on the list of face-threatening acts (Bloor/Bloor 2007: 102) and in the speech of judges. In our view, these face-threatening acts can be covered by the term 'institutionally sanctioned impoliteness' (Mills 2005) and should not be viewed as intentional attacks by judges on the addressee's face. They are rather a necessary means of performing judicial duties and maintaining control in court.

Discussing the issue of courtroom control, S.U. Philips (1998: 92) states:

> "Loss of control can destroy the legal validity of a procedure. Words can be uttered that are inconsistent with the legal reality being constructed<…> Loss of control can affect the ability of judges to achieve what at least some judges desire in the way of giving the public a sense of satisfaction, involvement in, and comfortable use of the legal system, which these judges view as belonging not just to them but to all of us."

The passage quoted above provides enough reasons to justify the usage of face-threatening acts by the judge during the trial. Controlling witnesses' speech by limiting its quantity (e.g., Eng.: *You need not read the whole of it*; Russ.: *Все, достаточно. – That's enough.*), in order to keep the trial on track without deviations and repetitions, presents only one type of face-threatening acts in judicial behaviour. There are many more, but discussing them is not the aim of the present article.

We would like, however, to note some cross-cultural differences with respect to face-threatening acts. English judges tend to exploit various means of politeness to mitigate the negative effect of face-threatening acts and make them sound more tactful. Verbal means of mitigation employed by English judges include disjunctive questions, various metacommunicative constructions, etiquette words and phrases. Unlike English judges, Russian judges tend not to resort to linguistic means of politeness; they choose a direct and unequivocal style of practising power in court through non-mitigated instructions, often expressed by imperative structures.

In example (14) the English judge expresses his discontent at the barrister's failure to prepare necessary documents on time. The judge's reference to the topic which is unwelcome to the addressee has been mitigated by a metacommunicative construction *'I am bound to say it is regrettable'*:

(14)
JUDGE: I am bound to say it is regrettable that it was not addressed this time round because I made it perfectly clear where I was coming from, to coin a phrase. (Weddell 2007)

In a very similar situation a Russian judge expresses displeasure at the prosecutor's request to adjourn pleadings very directly and forcefully, if not rudely:

(15)

ПРОКУРОР: ...Прошу объявить перерыв до 23 февраля, соответственно до пятницы. В пятницу я буду готова приступить к прениям и дать заключение.	*PROSECUTION: ...I am asking for an adjournment till February 23, that is till Friday. On Friday I will be ready to start pleadings and provide the statement.*
СУДЬЯ: О чем вы думали, когда я задавала вопрос, можем ли мы перейти к прениям? (Свидетели Иеговы 2001)	*JUDGE: What were you thinking about when I was asking whether we could proceed to the pleadings? (Jehovah's Witnesses 2001)*

In fact, the cross-cultural differences discovered in speech of Russian and English judges do not pertain to the types of speech acts – fulfilling judicial duties presupposes performing face-threatening acts by judges in both Russian and English judicial systems. It rather pertains to the linguistic form of these speech acts.

In addition to a wider usage of mitigation devices in English courts, we can identify one very specific communicative tactic typical of English judicial behaviour. It is the tactic of self-deprecation. Contrary to any aggrandizement of self, which implies a relative belittling of the hearer (Cruse 2004: 377), self-deprecation is aimed at diminishing one's own status and enhancing the addressee's status. Pertaining to the politeness phenomenon, self-deprecation should, nevertheless, be treated with caution, because the other side of self-deprecation in English culture is irony. K. Fox (Fox 2005: 68) points to pervasiveness of irony in English communication and characterizes self-deprecation as a form of irony:

> "...English self-deprecation can be seen as a form or irony. It usually involves not genuine modesty but saying the opposite of what we really mean – or at least the opposite of what we intend people to understand <...> We have strict rules about the *appearance* of modesty. These include both 'negative' rules, such as prohibitions on boasting and any form of self-importance, and 'positive' rules, actively prescribing self-deprecation and self-mockery."

Bearing in mind the quoted comments of K. Fox on the pretence of self-deprecation, we shall consider one example of a self-deprecatory remark in English judicial behaviour. In the following situation the judge, being not able to understand the barrister's explanation on the evidence, characterizes himself as 'dull':

(16)
JUDGE: I am being very dull, but I do not understand the combination of handwriting evidence and of computer use. (Weddell 2007)

Taken verbatim, the remark sounds like belittling the speaker's status and enhancing the addressee's status. However, the hidden ironic layer of the utterance allows for a different interpretation, which presupposes the addressee's failure to make himself clear. Whether interpreted in this or that way, the self-deprecatory remark preserves its main function: it assists the judge in keeping the trial and its participants under control.

Conclusion

This article has attempted to discover national specifics in Russian and English judicial behaviour and explain specific features in terms of social context and national mentality. From what has been said, we can conclude that judicial discourse is a complex construct which results from the constant interaction between the historical development of a judicial system, present institutional norms, a concrete situational context, the genre of the utterance, generally accepted communicative norms and national mentality. Because all of these factors are culture-embedded, judicial discourse acquires nationally specific features that draw on these factors.

We do not want to simplify the general picture of judicial behaviour by claiming that English judges always follow traditional norms of the adversarial trial and display typical English reserve and neutrality, while Russian judges always perform inquisitorial functions, demonstrate emotional and evaluative behaviour, and introduce their opinions forcefully. Although the above-mentioned tendencies are socially and mentally predetermined and, hence, predominate, they are liable to alterations. The point is that in courtroom communication various and contradicting factors interact and clash, which makes judicial discourse a complex and elaborate phenomenon, sometimes very different from the picture of it which is presented in normative descriptions.

References

Berne, Eric: *L'udi, Kotoryje Igrajut v Igry: Psikhologija Chelovecheskoj Sud'by,* Moskva 2008.

Bloor, Meriel/Bloor, Thomas: *The Practice of Critical Discourse Analysis: an Introduction,* London 2007.

Cruse, Alan: *Meaning in Language: an Introduction to Semantics and Pragmatics,* Oxford 2004.

Dubrovskaya, Tatiana: *Politeness and impoliteness in Russian and English courtroom dialogue,* in *Dialogue Analysis XI: Proceedings of the 11th IADA Conference on Dialogue Analysis and Rhetoric, University of Münster, March 26-30, 2007*, ed. by Edda Weigand, vol. 1, Münster 2009, p. 57-68.

Evans, Keith: *Advocacy in Court: a Beginner's Guide*, London 1995.

Fox, Kate: *Watching the English: The Hidden Rules of English Behaviour*, London 2004.

Gachev, Georgij: *Nacional'nyje Obrazy Mira: Kurs Lekcij*, Moskva 1998.

Gibbons, John: *Forensic Linguistics: An Introduction to Language in the Justice System,* Oxford 2005.

Guide to Judicial Conduct (2008): http://www.judiciary.gov.uk/docs/judges_council/judicialconduct_update0408.pdf, abgerufen am 28. April 2011.

Kas'janova, Ksenija: *O Russkom Nacional'nom Kharaktere*, Moskva 1994.

Kodeks Sudejskoj Etiki (2004): http://www.supcourt.ru/print_page.php?id=2423, abgerufen am 28. April 2011.

Kryk-Kastovsky, Barbara: *Legal pragmatics*, in *Encyclopedia of Language and Linguistics*, London/Amsterdam 2006, p. 13-20.

Mills, Sara: *Gender and impoliteness,* in *Journal of Politeness Research: Language, Behaviour, Culture,* 1 (2005) 2, p. 263-280.

Moiseeva, Tatiana: *Obespechenije bespristrastnosti i ob'ektivnosti sudej pri rassmotrenii ugolovnykh del*, in *Zhurnal Rossijskogo Prava* 6 (2003), s. 46-53.

O'Barr, William: *Linguistic Evidence. Language, Power and Strategy in the Courtroom*, New York/London/Paris 1982.

Philips, Susan U.: *Ideology in the Language of Judges: How Judges Practice Law, Politics and Courtroom Control*, New York/Oxford 1998.

Rathmayr, Renate: *Pragmatik der Entschuldigungen. Vergleichende Untersuchung am Beispiel der Russischen Sprache und Kultur*, Köln 1996.

Richmond, Yale: *From Nyet to Da: Understanding the Russians*, Yarmouth 1992.

Tiersma, Peter: *The textualization of precedent,* in *Notre Dame Law Review*, 83 (2007) 3, p. 1187-1278.

Wierzbicka, Anna: *Jazyk, Kultura, Poznanije*, Moskva 1997.

Nikolai Vakhtin

Participants of Speech Act as Constructed by Russian-Finnish Conversation Books for Tourists

1 Introduction

The present paper deals with a preliminary description of Russian-Finnish conversation books from the point of view of their structure and content, as data for investigating pragmatics of intercultural communication.[1] The data comes from the collection of Russian National Library in St. Petersburg where 75 such books are kept, from the earliest (1848) to modern ones.[2] Several conversation books that can be found on the Web were also used.

As far as I can judge, conversation books have been subjected to linguistic analysis only from a historical point of view. There are several papers that study early conversation books, for example Sørensen (1954) on Russian conversation books of the 17th c.; Zhovtobrjuch (Жовтобрюх) (1978) on Ukrainian conversation books of the 16th c.; Corrigan (2005) on English text books and conversation books of the 15-16 cc.; Sorokoletova (Сороколетова) (2009) on semantic mismatches in Russian-German conversation books of the 16-17th cc.; and the like.

Strangely enough, I couldn't find any publications that treated conversation books within the framework of *interlanguage pragmatics*, a field that is now developing very fast. Interlanguage pragmatics is defined as "the investigation of nonnative speakers' comprehension and production of speech acts" (Kasper/Dahl 1991). However, methods of data collecting listed in Kasper/Dahl (1991: 217) all refer to *oral* communication: written speech samples are used as stimuli but never analyzed as independent source. In a later book, we can find the following definition: "...interlanguage pragmatics examines how nonnative speakers comprehend and produce action in a target language" (Kasper/Rose 2002: 5). In this context, it is strange that conversation books, seen as *instructions for conversation* that actually produce a model of how nonnative speakers *should* use the target language in various situation has evaded the attention of linguists.

Why are conversation books interesting? First, the composition and structure of conversation books *reflect* the mental picture that exists in the minds of their authors, the expectation of the kind of words and expressions potential users should need. The author of such a

1 This paper is part of a larger project "Functioning of Russian and Finnish as a Lingua Franca" supported, on the Russian side, by an RGNF grant № 09-04-95206a/F and, on the Finnish side, by a grant of the Academy of Finland; the project is being done through the Institute of Linguistic Research in St. Petersburg, Russia and through the University of Helsinki, Finland.

2 I am grateful to Ms. Alla Lapidus for her help in locating the Russian-Finnish and Finnish-Russian conversation books and making a full list of them.

book *forms a mental image* of a set of the communicative situations the users will find themselves in, as well as of the topics they will need and interlocutors they will meet with. It would be interesting to study those mental images.

Secondly, the composition and structure of conversation books not just *reflect*, but also *construct* future communication, construct the users' expectations about what they will need to say — what Russians will need to say in Finland. It would be interesting to study the methods of constructing the communication needs.

Thirdly, the composition and structure of conversation books reflect and construct the *genre* of a conversation book itself: a conversation book is a text in which words from two languages (or sometimes more than two) are presented in two, three, or four columns, with parallel translations, with or without indicated pronunciation for one or both languages. It may be interesting to study the grouping of the words, the composition of such groups and the dynamics of change of grouping, the orientation of a book towards oral or written communication (or both), the subtle ways of evading "cultural lacunae" in translation, the ways of rendering cultural realities that do not exist in the other culture, and so on.

2 Framework for the Present Analysis

Every author of a conversation book is confronted with two challenges. First is to select, out of a set of possibilities, a limited amount of words and phrases that will best hit the target: to establish and maintain the *minimum necessary communication* between users and the local population in a situation when the users don't know the local language at all. The second is to structure the words and phrases in such a way that they are easy-to-use, that is, the classification should be familiar to the users.

The author thus has to make certain choices within the lexicon of the target language. This "choice of lexicon" is, in a way, similar to the choice between language varieties which, as we know from Fishman's work (see Fishman 1965; 1972), can be interpreted through the concept of *domain*. The three parameters that form a domain — situation, topic, and participants — have been shown to be closely interconnected. If two of them are fixed, then the third isn't independent either: official place + high status of the speaker predict, in a statistically valid way, a formal topic of the conversation; an everyday topic + low status of the participants predict, in a statistically valid way, the place where such conversation can happen, etc.

The authors of conversation book find themselves in a situation when, in order to choose a word or expression, they have to predict the whole set of domains in which this expression will be used, a variety of places the users can find themselves in, a variety of topics they can need in those situations, and a variety of potential participants they can encounter. Since we are dealing with domains, one fixed parameter (take, for example, the *topic* "Shopping") limits to a certain extent the choice of the other two parameters (*place* can be a shop or a market — less likely a street; *participants* will be a salesperson — less likely a friend). In a less fixed situation (take, for example, the *topic* "Greetings") the other two parameters are less limited, and the author is free to imagine the *participants* as strangers or friends, as equal or not in age, gender, education or social status, and, consequently, to determine the *place* where this encounter can happen.

In this paper, I concentrate on one aspect of the analysis: how the conversation books *imagine* (or better *construct*) the *participants of communication*; and how the images of the participants have changed in the course of time. I will illustrate this using three sets of conversation books: (1) from 1900—1910s; (2) from 1960s; and (3) from 2000s — and look at the texts from the perspective outlined above.

3 Conversation Books from Three Periods

The period from 1890s till 1910s was the time when Finland was "in fashion", mostly for political reasons. I will not go into that here; I only mention this because it can explain why five Russian-Finnish conversation books were published in the 1890s, six in the 1900s, and again five in the 1910s — compared with one in the 1880s and none in the 1870s. Unlike early conversation books (1840s) that were addressed to merchants who would come to Finland for a short time on business, the conversation books from the 1900 to the 1910s are clearly addressed to idle tourists: the 1910 books, for example, structure the lexicon according to the sequence of events that a tourist would have to go through: the section headings, if presented as a sequence, show events that are "unfolding" from the tourists perspective: [3]

> The Border; Departure; Railway; Steamer; Arrival; Coachman; Hotel; Restaurant; Colonial shop; Shoe shop; Ready-made clothes shop; Tobacconist; Walking in the city; Laundry; Barber's shop; Doctor and Pharmacy; Money change; Post and Telegraph; Fashion shop.

Under each heading, cues are given that constitute a conversation. Here are, as an example, expressions from the *Fashion shop* section:

> I would like to buy a hat; Show me the best hats but not the most expensive; Would you like to try this one on? Does it suit me? How much is it? Here are straw hats… summer hats; Change the lining… the lace… the veil… the front… the gloves…

A specific, concrete communicative situation is modeled here; both participants are clearly visible and take turns in the modeled conversation.

If we now take the 1880 conversation book and look at pp. 73-84, where we find a large section called *Conversations*. What are people expected to talk about, and who are these people?

[3] Examples from conversation books are given in my English translation. The following conversation books are quoted from in this paper: *Собрание фраз для разговоров с финнами*. СПб. 1844. Фриман И.: *Собрание финских слов и разговоров*. СПб.: тип. Ф.Х. Иордана, 1880. *Финские и русские разговоры*. 6-е изд. Выборг: Клуберг и К, 1890. *Собрание финских слов и разговоров*. СПб.: А. Линдеберг, 1892. *Сборник финских слов и разговоров*. СПб.: бр. Пальмгрен, 1903. Ненашев А.П.: *Русский в Финляндии: самый легкий и скорый способ научиться говорить по-фински и познакомиться с страной*. Москва 1910. Скорынина А.И.: *Краткий русско-финский разговорник*. Москва: Воениздат, 1960. *Русско-финский разговорник* = Vensws –suomalainen keskusteluopas. СПб.: КАРО, 1999. *Финский разговорник и словарь*. 2-е изд., испр. Москва: Живой яз., 2006.

Here are several quotes from this section:

> Good day; God bless you; how are you; I am all right thank you; not too well; I am feeling unhealthy; I am sick; how are you feeling; how is your mother; is she very unwell; she is better now; she is much worse; please give her my greetings; good-bye; fare the well; see you later.
>
> There is a knock on the door; who is it; does Mr. A live here? yes, come in; no he doesn't live here; I hope am not disturbing you; please take a seat; I am happy to see you; what can I do for you; tell me please what the weather is like today; I don't remember; is it raining; there is thunderstorm; I am all wet through; where have you come from; where are you going; I am going home; I am going from the church; who gave the sermon today; where do you live; are you married; I have a large family…

A concrete communicative situation is modeled here: a specific person comes to see another person, and they both talk, trying to learn more about each other and establishing a relationship. This is a talk between social equals. Note that the participants who use these expressions get little practical information: most expressions are simply etiquette formulas, a polite conversation of two equals.

In the next section, the roles are different:

> Give me a horse to ride; harness the horse; saddle the horse; bring my suitcase; put it into the carriage; feed the horses; go faster; when does the train depart; here is the steamer; here is the C. hotel; what do I owe you for the meal; give me a room; how much is a pound of this butter; this is very expensive; can you find some less expensive; I need ten cubits [= 4,5 meters] of linen;…

These are conversations with social inferiors: with servants, cabmen, salesmen. With the change of-social status the style and the topics of the talk also change: this isn't social conversation any more, but a practical business-like talk aiming at specific results.

The participants of the conversation modeled by the books of the time are then real people, with clear social characteristics; the choice of words and expressions for their conversation is regulated by their specific social positions; the communication between equals is foreseen as long-term relationships; the conversation with socially inferior is pragmatically oriented.

The next period that we will take are the conversation books of the Soviet era. Here, we see excellent examples of what can be called "social realism in human communication": conversation books of the 1960s and 1970s are designed not for real users but for users the Soviet people abroad must look like. A good example here is a 1960 conversation book for Navy officers. The book makes provisions for two types of situations when a Soviet sailor can meet with foreigners: ashore and on board. To help them ashore, besides the usual *Greetings and Questions*, there is a section *Signs and Warning Notices*: I am listing it here in full — it doesn't seem to require comments:

> Attention! Stop! No smoking! Toilet. Telegraph. Post Office. Barber's Shop. Hair Dresser's Shop. Pharmacy. Café. Restaurant. Theatre. Cinema. Circus. Telephone. Shop. Stockman Department Store. Book Shop. Embassy of the Soviet Union. Hotel. Museum. University. President's Palace. Palace of the State Council. Bank.

The part "On Board the Ship" is more interesting. It includes *Welcoming the guests, introductions*; *a tour of the ship*; *conversation with children* (including three sentences: *How old are you? What is your name? Where do you study?*); at table in the mess-room (small talk with the lady sitting next to the officer). These are followed by: *Friendship*; *Our Country*; *Education*; *Literature and the Arts* (*Do you know Soviet music? Do you know Soviet painting? Have you heard about the Soviet ballet?* etc.; besides, a Soviet Navy officer must know how to say at dinner: *Real art knows no borders*). He must also know how to toast (*To the health of the President of Finland! To the health of the President of the Supreme Soviet! To your health! To friendship between the Soviet and Finnish people!* etc. — and the inevitable: *To world peace!* (a toast that must have sounded especially convincing on board a man-or-war).

This conversation book is the only one to include a section that begins with *Let's play chess*, with words like *White; Black; It's your move*; and names of chess pieces.

The image of the Soviet Navy officer that rises from the pages of the conversation book is as splendid as it is far from reality: impeccably polite and a man of the world, he knows how to behave at table, he shows studied civility towards women, is friendly with friends and unflinching with ill-wishers who he is able to firmly repulse; he is a connoisseur of arts who can talk about painting, music and ballet — and, of course, a chess-player. When ashore in a capitalist country, he goes only to theaters and museums, or, as a last resort, to the circus, but prefers to play host on board his ship. This image is skillfully constructed by the conversation book whose main mission, it seems, is not to help a real Navy officer find his way in a foreign country but to create a "politically correct" image of a Soviet person.

Other conversation books of the time (for long-distance drivers, 1977; for *Inturist* personnel, 1979; for tourists, 1971, etc.) are similar in content and structure. Interestingly, these conversation books do not expect responses: the communication is one-sided. The officer asks a child three necessary questions *How old are you? What is your name? Where do you study?* receives three answers that he does not understand, and turns away forgetting the child forever. Communication that these books help to establish is thus short-living and one-sided, and there seems to be only one participant, a totally imaginary figure: the other participant is abstract and, more or less, irrelevant.

Let us now look at *modern conversation books* from the same perspective. The shortest conversation book I know [4] can be found in the Internet: it is actually a short word list, with no subject headings, but it has everything "a real conversation book" is supposed to have. I give here a complete list of words from this word list:

> Good morning, Good day, Hello, Good bye, Thank you, You are welcome, Yes, No;
> Bank, Money, Discount, Price, How much is it?
> Hotel, Room, Restaurant, Café, Menu, Ice-cream, Lemonade, Milk, Toilet, Post Office, Post stamp;
> Gas station; Railway station; Airport; Taxi;
> How can I get to…? Where is…?
> One, two, three, four, five;
> Telephone, Doctor, Hospital, Polyclinic, Pharmacy, Police, policeman;
> Child, Baby food, Pumpers, Adult, Family;

4 See http://www.labirint.com.ru/fi/phrase-book.php, abgerufen am 13. Januar 2011.

And two mysterious words: *Aqua Park, swimming pool.*

What kind of communication situation does this list imagine? Or, to put it differently, what is a Russian tourist in Finland supposed to do and, consequently, what expressions will s/he need there? S/he well have to make basic greetings; will go shopping; will eat, sleep; travel and move; s/he may get into emergency situations; and will have to take care of the same basic needs of his children. Besides, s/he will probably go to an Aqua Park and swim in a pool. The user of the word list is thus expected to have only physical, even physiological needs.

The user of this "conversation book" is an abstract person, a person with no trace of individuality, no age, gender, or any other social characteristics. While we can say that the visitor to the Fashion Shop in 1910 conversation book is clearly a woman, not terribly rich but of certain means, probably young, who thinks a lot about her good taste for clothes, we can say nothing about the persons who are supposed to visit Aqua Park in 2010 except perhaps that they may have small children — but this doesn't necessarily mean they are in their thirties... Their interlocutors, "local population", are also abstract human beings who possess knowledge that our tourist is in need of, but lack any individuality.

It is rather hard to expect in a modern conversation book personalized sentences like those we find in the 1910 one. Of course, etiquette phrases are present here, too, but they are quite different: they are *universal*, not *specific*:

> Hello, Good morning, Good day, Good evening, Welcome, Good to see you,... Dear colleagues, Dear friends, Madam, Miss, Mister, Young girl, Boy, Girl, Sorry can you tell me... how can I get to... where is... what time is it... etc.

Here, not a specific communicative situation is modeled, but *any* situation, with various potential participants of any age and gender. The domain is less clear: the participant can be anybody, the situation can also be of any kind, the choice of words is regulated only by the topic which is also quite general.

4 Conclusion

In conclusion, let me repeat that this paper, being, to the best of my knowledge, one of the first attempts to approach conversation books from the perspective of pragmatics of intercultural communication, can give only a very preliminary outline of the problem "conversation books as a sociolinguistics phenomenon". Fishman's domain theory is of course just one of a variety of possible theoretical approaches to this data. (It can be productive, for example, to apply to the conversation books the methods developed within the framework of conversational analysis, as if the texts were real speech, and to see if it works). Still, Fishman's approach is a powerful instrument that helps one to study the balance between the participants of the conversation, its topic, and the settings in which it is happening.

It seems that the modeling of communicative situations in Russian-Finnish conversation books has, over the last hundred years, undergone considerable evolution. This evolution seems to progress from modeling inter-personal, individualized communication, a conversation between two specific individuals with salient social characteristics, through modeling of what a Soviet person abroad must be and what (s)he must think and talk about, with little or no attention to the other side of the communication; and further to modeling rather simple communicative needs of "a Russian tourist", purely physical, even physiological needs of "an abstract person" in their contact with similar "abstract persons" in Finland.

This evolution can be also traced in the length of the expected communication: while modern (and Soviet-time) conversation books are designed to support short-term contacts that were not expected to develop into anything, the older ones sometimes foresaw longer and less hasty contacts.

This paper, let me repeat, only briefly touches upon the topic; it is a small part of a larger project. I think that conversation books deserve more attention than they have received until now: analysis of conversation books from the perspective of communication pragmatics can provide valuable data on how "normal communication" was seen in different periods, and on different cultural and language borders.

References

Жовтобрюх, Михайло А.: *Украинский разговорник XVI в.*, in: *Восточнославянское и общее языкознание*. Москва 1978.

Сороколетова, Ольга С.: *Нарушения семантической корреляции в русско-немецких разговорниках XVI-XVII вв. и их причины*, in: *Актуальные проблемы гуманитарных и естественных наук*. Ежемесячный научный журнал, №5, Москва 2009. http://www.publikacia.net/arhiv/052009.pdf, abgerufen am 13. Januar 2011.

Corrigan, Alan J.: *Manuals for Teaching English as a Foreign Language in the 15th and 16th Centuries*. 2005: http://homes.chass.utoronto.ca/~cpercy/courses/6361corrigan.htm, abgerufen am 13. Januar 2011.

Kasper, Gabriele/Dahl, Merete: *Research Methods in Interlanguage Pragmatics*, in: *Studies in Second Language Acquisition*, 13 (1991) 2, p. 215 - 247.

Kasper, Gabriele/Rose, Kenneth R.: *Pragmatic Development in a Second Language*. Oxford 2002

Fishman, Joshua: *Who Speaks What Language to Whom and When*, in: *Linguistics*, 2 (1965), p. 67-88.

Fishman, Joshua: *Domains and the Relationship between Micro- and Macro-Sociolinguistics*, in: *Directions in Sociolinguistics: the Ethnography of Communication*, ed. by J.J. Gumperz and D. Hymes. Oxford 1972, p. 435-453.

Sørensen, Hans Chr.: *Ein russisches Gesprächsbuch aus dem 17. Jahrhundert*, in: *Scando-Slavica*. Bd. 1, 1954, S. 54-63.

Hitoshi Yamashita

Höflichkeitsformen beim Verkaufen

1 Einleitung

Im Rahmen einer umfangreichen Untersuchung „Kontrastive Soziolinguistik Deutsch und Japanisch“ wurden von mir zwei empirische Erhebungen in Deutschland und Japan durchgeführt:[1] eine Fragebogenerhebung und eine Analyse von Verkaufsgesprächen (vgl. Yamashita 2002, 2009). In diesem Beitrag beschränke ich mich auf die Gesprächsanalyse, die zeigt, welches sprachliche und nicht-sprachliche Verhalten als höflich oder weniger höflich, freundlich oder weniger freundlich usw. bewertet wird.

2 Theoretische Vorüberlegungen

In der wissenschaftlichen Diskussion ist eine dichotomische Einteilung von Höflichkeit vorherrschend, wie zum Beispiel in *Ehrerbietung* und *Benehmen* (Goffman 1975), *negative* und *positive Höflichkeit* (Brown/Levinson 1987), *first order politeness* und *second order politeness* (Watts/Ide/Ehlich 2005), *universale* und *kulturspezifische Höflichkeit*, *sprecherspezifische* und *hörerspezifische Höflichkeit*, *Höflichkeit* und *Unhöflichkeit*, wie sie von Eelen expliziert wurden (Eelen 2001).

Solche Dichotomien haben jedoch eine Diskussion um die Relevanz der einzelnen Kategorien für die menschliche Kommunikation dahingehend ausgelöst, dass beispielsweise *Ehrerbietung* von größerer Bedeutung sei als *Benehmen*, oder dass die *first order politeness* relevanter sei als die *second order politeness,* obwohl jeweils auch Gründe für das Gegenteil anzuführen wären. Mir erscheint sowohl eine solche Diskussion unfruchtbar als auch die dichotomische Methode generell für die Höflichkeitsforschung unzureichend. Da Kommunikation nicht nur von dem Gesichtspunkt der Höflichkeit aus betrachtet werden sollte (Marui et. al. 1996), berücksichtige ich auch andere Merkmale wie *Freundlichkeit* und *Distanz* (vgl. Yamashita 2009).

Analog zu den *vier Propositionen* des Zen-Buddhismus, die Suzuki sehr prägnant beschreibt als „(1) affirmative, (2) negative, (3) neither affirmative nor negative, and (4) both affirmative and negative” (Suzuki 1972: 22), nehme ich in Bezug auf Höflichkeit die folgenden vier Kategorien an: (1) *höflich*, (2) *unhöflich*, (3) *weder höflich noch unhöflich* und (4) *sowohl höflich als auch unhöflich*.

[1] Diese Untersuchung wird von Prof. Ulrich Ammon (Universität Duisburg) sowohl wissenschaftlich betreut wie auch finanziell unterstützt. Sie wurde vom japanischen Kagaku Kenkyuuhi Hojokin (Nr. 10610496 und Nr. 18520310) finanziell unterstützt. Zwischenberichte dieser Untersuchung sind in Yamashita (2001, 2002, 2009, 2011) veröffentlicht. In diesem Beitrag werden aus Platzgründen nur Teilergebnisse der Untersuchung dargestellt.

Ich möchte an dieser Stelle darauf hinweisen, dass die Negation der Höflichkeit nicht unbedingt Unhöflichkeit bedeutet. Watts und Ide et. al. unterscheiden daher auch *politeness*, *impoliteness* und *non-politeness* (Watts 2005, Ide et. al. 2005).

Die ersten beiden Kategorien (1) *höflich* und (2) *unhöflich* beziehen sich auf Äußerungen, die eindeutig entweder als höflich oder als unhöflich klassifiziert werden. Die dritte Kategorie (3) *weder höflich noch unhöflich* bezieht sich auf Äußerungen, die nicht unbedingt höflich, aber auch nicht unbedingt unhöflich sind. Es handelt sich sozusagen um neutrale Äußerungen, welche in der Diskussion oft unberücksichtigt bleiben. Die vierte Kategorie (4) *sowohl höflich als auch unhöflich* bezieht sich auf Äußerungen wie sie beispielsweise in der wissenschaftlichen Diskussion bezüglich der Anredeformen bereits von Braun und Schubert als die „unhöflichen Höflichkeitsformen" und „höflichen Nicht-Höflichkeitsformen" thematisiert wurden (Braun/Schubert 1986). Auch ein äußerlich höfliches Verhalten wird nicht immer als höflich bewertet und auch ein weniger höfliches Verhalten kann als höflich und freundlich angesehen werden. Es lassen sich also für die vierte Kategorie zwei Varianten konstatieren: einerseits ein *äußerlich höfliches, aber innerlich unhöfliches*, und andererseits ein *äußerlich unhöfliches, aber innerlich höfliches* Verhalten.

In dieser Arbeit plädiere ich daher für eine graduelle Abstufung zwischen Höflichkeit und Unhöflichkeit.

3 Überblick über die Untersuchung

Für die Untersuchung wurde die Methode der teilnehmenden Beobachtung mit Minidiskaufnahmen gewählt. Die Erhebungen wurden in Deutschland vom 2. Juli 1996 bis zum 23. Januar 1997 und in Japan vom 6. März bis zum 17. März 1999 durchgeführt. Als vergleichbare Interaktionen wurden Kommunikationssituationen in Parfümerien, Kosmetikgeschäften, Lederwarengeschäften, Kaufhäusern, auf der Post, in Buchhandlungen, bei Optikern usw. aufgenommen. Muttersprachliche Exploratorinnen führten ein Verkaufsgespräch. In den Geschäften fragten sie beispielsweise: „Ich brauche ein Geschenk. Was würden Sie empfehlen?" Auf diese Weise entstand in der jeweiligen Situation eine natürliche Interaktion.

Bei den Exploratorinnen handelte es sich um 3 deutsche und 2 japanische Akademikerinnen im Alter von etwa 30 Jahren. Die deutschen Exploratorinnen waren studentische Hilfskräfte an der damaligen Universität Duisburg. Eine der japanischen Mitarbeiterinnen war seinerzeit Doktorandin an der Universität Osaka, die andere war als Japanischlehrerin tätig.

Die jeweilige Einschätzung der Gesprächssituation wurde direkt nach der Beobachtung in einem Protokollbogen mit Anmerkungen bzw. Begründungen für die jeweilige Bewertung festgehalten. Zudem wurde jedes Gespräch von den Exploratorinnen den Kategorien *höflich*, *freundlich* und *distanziert* zugeordnet.

Die gewonnenen Daten wurden unter Berücksichtigung der Bewertungen analysiert und Zusammenhänge zwischen dem kommunikativen Verhalten und den Bewertungen expliziert. Die Ergebnisse wurden hinsichtlich der deutschen und japanischen Interaktionen kontrastiv verglichen (vgl. Yamashita 2001). Im vorliegenden Beitrag werden jedoch nur ausgewählte Ergebnisse der deutschen Daten gezeigt.

4 Ergebnisse

Die erhobenen Daten umfassen 72 Gespräche mit deutschen und 71 mit japanischen Beobachterinnen. Tabelle 1 zeigt die Distribution der Bewertungen zu der Auswahl von Gesprächen, deren Transkriptionen im Folgenden erläutert werden.

Nr. ´	Höflichkeit	Freundlichkeit	Distanz
Nr. 2	sehr höflich	sehr freundlich	weniger distanziert
Nr. 2‘	höflich	sehr freundlich	weniger distanziert
Nr. 38	höflich	weniger freundlich	sehr distanziert
Nr. 23	gar nicht höflich	gar nicht freundlich	weniger distanziert
Nr. 71	gar nicht höflich	gar nicht freundlich	distanziert
Nr. 30	neutral	neutral	neutral
Nr. 46	neutral	neutral	neutral
Nr. 12	weniger höflich	sehr freundlich	weniger distanziert
Nr. 12‘	weniger höflich	sehr freundlich	gar nichtdistanziert

Tabelle 1: Distribution der Bewertungen zu den Gesprächen

Gespräch Nr. 2‘ und Nr. 12‘ geben divergierende Bewertungen seitens der Exploratorinnen wieder. Die Gespräche wurden von den Exploratorinnen in Bezug auf *Höflichkeit*, *Freundlichkeit* und *Distanz* bewertet.

Betrachtet man in Tabelle 1 die Kombination der Bewertungen eines als „sehr höflich“ eingeschätzten Gesprächs wie Nr. 2, so fällt auf, dass diese „sehr höfliche“ (Nr. 2) bzw. „höfliche“ (Nr. 2‘) Situation zugleich als „sehr freundlich“ und „weniger distanziert“ bewertet wurde. Das Gespräch Nr. 38 dagegen wurde zwar als „höflich“, aber gleichzeitig „weniger freundlich“ und „sehr distanziert“ bewertet. Nr. 23 und Nr. 71 sind als „gar nicht höflich“, Nr. 30 und Nr. 46 in allen Merkmalen als „neutral“ bewertet und Nr. 12 ist ein als „weniger höflich“, aber „sehr freundlich“ bewertetes Gespräch.

Betrachten wir zwei konkrete Ausschnitte des als „sehr höflich“ bewerteten Gesprächs Nr. 2 (Zeile 37-48 und 106-111). Die Mitarbeiterinnen (Bgit/Bte) notieren zu diesem Gespräch: „Die Verkäuferin hat durchgehend gelächelt, sehr bemüht, hat ein sehr persönliches Gespräch geführt“ (Nr. 2), „Lächelt sehr freundlich, V. ist engagiert, sie schreibt sofort die Produktnamen auf“ (Nr. 2‘).

In meinen bisherigen Untersuchungen hat sich gezeigt, dass im Deutschen längere Gespräche als höflicher bewertet werden im Vergleich zu kürzeren, und dass nicht-sprachliches Verhalten wie Lächeln für die positive Bewertung eine wichtige Rolle spielt (Yamashita 2011). Dementsprechend wird die Dauer des Gesprächs Nr. 2 als ausreichend empfunden. Die Verkäuferin (V) ist bemüht, ein persönliches, engagiertes und freundliches Gespräch zu führen. Sie äußert während der sachgemäßen Beratung auch ihre eigene Meinung (Zeile 39 und 42), ohne dabei überheblich zu sein. Die Verkäuferin verwendet nicht nur höfliche sprachliche Elemente, sondern macht auch humorvolle Bemerkungen (Zeile 48, 108 und 111), wodurch sie eine harmonische Atmosphäre erzeugt und den Kundinnen Lust und Freude am Einkaufen vermittelt, was ebenfalls zu den Merkmalen „höflicher Gespräche“ im Deutschen zählt.

Transkription Nr. 2: Höfliches Gespräch

37 Bgit: mhm*3*
38 Bte: |stimmt|
39 V: ich denke einfach man trägt das was gefällt und so alters |eh | unterschiede oder -abschnitte

40 Bgit: mir gefällt das besser
41 Bte: mhm*3*also mir persönlich gefällt das besser LACHT
42 V: kann man ja gar nicht mehr machen ne

43 Bgit: LACHT alternative LACHEND
44 Bte: ja LACHT haben Sie vielleicht noch eine dritte möglichkeit LACHT
45 V: noch eine dritte

46 Bgit: ja LACHT
47 Bte: vielleicht können wir uns da noch einigen LACHT LACHT
48 V: ich glaube ich gebe Ihnen den mittelweg *10*......

106 Bgit:
107 Bte: aha: ja
108 V: lange nur was Sie machen müssen↑jedes in eine andere tasche damit es sich nicht vermischen

109 Bgit: OK LACHT
110 Bte: LACHT alles klar
111 V: kann↓sonst müssen Sie nämlich alle drei kaufen und dann zu hause mischen

Bei Beispiel Nr. 38 handelt es sich um ein Gespräch, das zwar als „höflich", dabei aber als „weniger freundlich" bewertet wurde. Die Exploratorin (Bi) kommentiert: „nicht sehr kommunikativ, lächelte nur, wenn man sie anlächelte, wirkte überheblich arrogant und gelangweilt." Im Vergleich zu Gespräch Nr. 2 ist die Verkäuferin (V) deutlich distanzierter. Als die Kundin auf die Frage der Verkäuferin nach dem bisher benutzen Duft antwortet, „von Givenchy "Isettis" und das möchte sie jetzt nicht mehr" (Zeile 003), erwidert die Verkäuferin, „ne, deshalb frage ich nicht ich frag nur so als anhaltspunkt für die duftrichtung" (Zeile 6-8). Diese Bemerkung ist vielleicht inhaltlich angemessen und logisch, sie klingt jedoch, als ob die Verkäuferin sagen möchte, „Das ist mir klar. Ich weiß, dass Sie das nicht mehr haben möchten" oder etwas ähnliches, was die Exploratorin als „arrogant" empfindet. Man kann dieses Gespräch als *äußerlich höflich, innerlich jedoch unhöflich* bewerten. Der Verkäuferin fehlt es hier an *Freundlichkeit* – ein Merkmal, das offenbar auch als ein Indikator für Höflichkeit angesehen werden kann.

Transkription Nr. 38: Höfliches aber weniger freundliches Gespräch

001 Bi: ich suche'n duft für meine mutter'n bißchen was eleganteres sie ist mitte fünfzig↓**
002 V: tag*2* mhm

003 Bi: äh von Givenchy "Isettis" und das möchte sie jetzt nicht mehr

004 V: was hat se denn bisher benutzt

005 Bi: mhm mhm*13*
006 V: mhm ne deshalb frage ich nicht ich frag nur so als anhaltspunkt für die duftrichtung

007 Bi: das riecht sehr gut *24* richtung
008 V: sehr schön ist Allure von Chanel*15* oder ist ne würzigere richtung*3* mhm

Die nächsten Beispiele sind die als *unhöflich* bewerteten Gespräche. Zu Gespräch Nr. 23 notiert die Exploratorin (Bi): „Die Verkäuferin lächelte gar nicht! Sie schlürfte langsam von Regal zu Regal und hatte teilweise die Hände in den Taschen. Sehr ernster, fast gelangweilter Gesichtsausdruck!" Auf die Frage der Kundin, ob sie einen neueren Duft empfehlen könnte, zeigt die Verkäuferin (V) lediglich auf die Schilder der Produkte. Auf die zweite Frage der Kundin, was sich für eine Dame Mitte fünfzig eignen würde, lehnt sie es ab, einen Vorschlag zu machen („da kann man schlecht raten", Zeile 010). Die Verkäuferin unterhält sich sogar während der Beratung mit ihrer Kollegin, ohne auf die Kundin einzugehen und scheint nicht sehr motiviert zu sein etwas zu verkaufen.

Transkription Nr. 23: Unhöfliches Gespräch

003 Bi:für meine mutter↓vielleicht könnten Sie mir so einen von den neueren düften* empfehlen*9*
004 V :

005 Bi: ja
006 V: wir haben da überall schilder dran neue da oben das ist das neue von Laura Biagiotti↑*2* das ist das neue

007 Bi: ja was würde sich denn so für eine* dame so mitte fünfzig so** eignen
008 V: von Kenzo↑*3.5* das Davidoff↑ hier vorne das

009 Bi:
010 V: Havannah↑das kommt darauf an was sie für einen geschmack hat da kann man schlecht raten

011 Bi: mhm mhm vielleicht so
012 V: nichts süßes lieber'n bißchen* he"rber frischer…*2.5*

025 Bi: wieviel pfhh... was hat sie äh das weiß ich jetzt gar nicht so
026 V: was nehmen Sie denn sonst/*2.5*

027 Bi: genau*6* und* da ist sind 30 ml drin das ist dieses hier ne haben Sie vielleicht
028 V: ja*17*

029 Bi: so ein duftkärtchen daß ich mir das mal aufspülen könnte
030 V: UNTERHAELT SICH MIT IHRER

031 Bi: und was Sie mir eben auf die hand gegeben hatten das war dieses
032 V: KOLLEGIN*29*))

Das folgende Gespräch (Nr. 71) wurde ebenfalls als *unhöflich* bewertet. Auf die Frage der Exploratorin (Il), ob es eine grüne Handtasche gäbe, schüttelt die Verkäuferin (V) nur den Kopf und verneint („ne", Zeile 004). Die Exploratorin kommentiert dazu: „Die V. ist sehr abweisend. Nachdem ich gesagt habe, dass ich eine grüne Handtasche für meine Mutter suche, sagt sie nur, dass sie keine grüne Handtasche da habe. Sie versucht auch nicht, mir eine andere Farbe zu zeigen, sondern macht den Eindruck, als wollte sie mich umgehend rausschmeißen." Die Verkäuferin verhält sich nicht entgegenkommend, zeigt keine Alternativen auf und beendet das Verkaufsgespräch.

Transkription Nr. 71: Unhöfliches Gespräch

001 Il:guten tag↓ich suche'ngeschenk für meine mutter↓ 'ne handtascheich dachte an eine grüne
002 V:guten tag**

003 Il: sie hat ein grünes kostüm haben Sie gar keine↑*2*ach so** ich hatte da* schon welche
004 V: KOPFSCHÜTTELN ne:mhm*2*

005 Il: gesehen aber* mhm keine einzige* in grün äh sonst* ähm* mhm* ja OK** danke schön
006 V: keine einzige* keine einzige*1.5* bitte

Die beiden folgenden Gespräche (Nr. 30 und 46) wurden als „neutral" bewertet. Die Exploratorin (Bi) äußert sich zu Gespräch Nr. 30 wie folgt: „Kein Lächeln, Beratungssituation war für sie ungewohnt, (die Verkäuferin) war nicht so sehr am Verkauf interessiert." Die Verkäuferin (V) beschränkt sich auf Materialangaben und das Zeigen von Produkten.

Transkription Nr. 30: Neutrales Gespräch

001 Bi: für herren↑←und zwar→ muß nicht unbedingt leder sein nicht wahr gibt ja auch dieses äh
002 V:

003 Bi: was so'n bißchen aussieht wie kunststoff äh kunststoff* schwarz
004 V : rucksäcke hier Eastpack-

005 Bi: ja↓ mhm*2*
006 V: bag drin* kommt darauf an was Sie da suchen da müssen Sie hier durchschauen so↓

007 Bi: ja-*1.5* und so mit'n bißchen leder
008 V: *für'n herrn sowas dann hier oder was ganz einfaches

009 Bi: wo finde ich die* ja
010 V: leder haben wir wenn dann nur alle die hier sind ne sind auch mehr

011 Bi:ja mhm

012 V: für damen dann mitgedacht haben wir jetzt nicht sagen wir mal was ausgesprochenes

013 Bi:
014 V: für'n herrn dabei ne wir haben dann eben die von Eastpack hier*die werden auch ganz gerne

015 Bi: mhm
016 V: genommen oder Hittgren* da vorne sind Jorn↓ das ist aber jetzt kein synthetik sondern –

Auch im folgenden Gespräch (Nr. 46) wird eine sachliche, längere Beratung durchgeführt. Dem Wunsch der Kundin (Bi) entsprechend, demonstriert und beschreibt die Verkäuferin (V) den Duft des Parfums und stellt weitere Produkte der Linie vor.

Transkription Nr. 46: Neutrales Gespräch

001 Bi: "I"nnocence" könnten Sie mir den mal zeigen
002 V: ja soll ich Ihnen den* mal zeigen mhm↑soll ich

003 Bi: ja auf die haut↓
004 V : Ihnen das* mal* direkt auf die haut sprühen oder auf ein kärtchen** 'n ganz

005 Bi: mhm frisch↓
006 V: zarter frischer blütenduft und hier gibt es schon eine komplette linie mit reinen

007 Bi:
008 V: parfum Eau de Toilette** dann gibt es auch ein bade und duschgel und auch eine badlotion↓

009 Bi: mhm↑und in welchen größen gibt es das* äh*parfüm ne: äh Eau de
010 V: das reine parfum

011 Bi: Toilette*1.5* mhm
012 V: das beginnt bei 30 ml 48,95 dann die nächste größe das sind 50 ml** zu: 76

Obwohl sich Nr. 30 und Nr. 46 dahingehend unterscheiden, dass die Verkäuferin in Gespräch Nr. 30 nicht daran gewöhnt zu sein scheint, die Produkte ausführlicher zu erklären, während die Verkäuferin in Gespräch Nr. 46 gut beraten kann, beschränken sich beide auf sachliche und unpersönliche Äußerungen, weshalb beide Verkaufsgespräche als *neutral* bewertet wurden.

Zum Schluss soll ein Beispiel für ein als „weniger höflich", aber „sehr freundlich" bewertetes Gespräch betrachtet werden, und zwar ein *äußerlich unhöfliches, innerlich jedoch höfliches* Gespräch auf einem Postamt mit einer jüngeren Postbeamtin (P). Zu diesem Gespräch notieren die Exploratorinnen (Bgit/Bte): „Beamtin sehr jung, sehr persönliches Gespräch, zwanglos" (12), „die Beamtin war noch sehr jung. Sie wirkte sehr freundlich, aufgeschlossen und hilfsbereit, sehr lockere Umgangsformen! Unbefangen, zwanglos" (12'). Das Gespräch ist gekennzeichnet durch persönliche Äußerungen wie beispielsweise die monologische, sehr spontane Äußerung „verstehe ich gar nicht>scheiße……<" (Zeile 27). Aufgrund der Verwendung solcher spontanen und offenen Äußerungen sowie eines in dieser öffentlichen Situation nicht angemessenen, vulgären Ausdrucks wurde das Gespräch als „weniger höflich" eingestuft. Die Postbeamtin ist jedoch freundlich und verhält sich engagiert und hilfsbereit. Nach der Äußerung „alles klar" (Zeile 78) holt sie sofort ein Formular für die Zollinhaltsangabe für die Kundinnen hervor und erklärt humorvoll, wie das Formular auszufüllen sei: „schreiben Sie „kleidung" nicht ein socken und eine unterhose" (Zeile 93).

Transkription Nr. 12: Unhöfliches aber sehr freundliches Gespräch

22 Bgit: das andere achtundsechzig ne
23 Bte: mhm
24 P: jetzt gucken wir mal hier Vereinigten Staaten doch gibt's es auch

25 Bgit: LACHT
26 Bte: LACHT
27 P: seefahrt LIEST SIE ETWAS VOR verstehe ich gar nicht>scheiße......< also auf dem seeweg

76 Bgit:LACHT ja genau das stimmt
77 Bte: LACHT und ne zollinhaltsangabe muß man dann sicher noch machen
78 P: alles klar↑ an wieviel haben Sie↑

79 Bgit: zwei pakete sind das
80 Bte: zwei
81 P: >oh da habe ich nur eine<*2* diese sachen auszufüllen da ist alles direkt zusammen

82 Bgit: ja ja
83 Bte:
84 P:weil die zollinhaltserklärung ist hier hinten* ne↑** das kräftig durchdrücken↑* absender und

85 Bgit: mhm und es sollte also möglichst doch genau schreiben was drin ist ne?
86 Bte: mhm
87 P: so das steht ja eigentlich alles darauf* das wäre besser ne

88 Bgit:
89 Bte:
90 P: wenn Sie aber jetzt aber geschirr haben dann brauchen Sie nicht jede einzelne tasse schreiben

91 Bgit:
92 Bte: LACHEN
93 P: Sie geschirr oder kleidung schreiben Sie „kleidung" nicht ein socken und eine unterhose dann

94 Bgit: ja OK LACHTja↓ vielen dank ne tschüß
95 Bte: ja↓ vielen dank tschüß
96 P: und das nicht haben Sie zwei habe ich Ihnen gegeben alles klar↓*2* das war's↑ OK bitte

5 Zusammenfassung

In diesem Beitrag habe ich anhand von Gesprächstranskriptionen konkrete Beispiele für *höfliche*, *unhöfliche*, *weder höfliche noch unhöfliche* und *sowohl höfliche als auch unhöfliche* Verkaufsgespräche gezeigt. Zusammenfassend lassen sich für Verkaufsgespräche folgende Merkmale konstatieren:

Merkmale für *höfliche* Verkaufsgespräche sind nicht nur die Verwendung angemessener Ausdrücke und eine ausführliche sachgemäße Beratung, sondern auch die Schaffung einer angenehmen Verkaufsatmosphäre durch entgegenkommendes, engagiertes und hilfsbereites Verhalten, das beispielsweise von Lächeln oder humorvollen Äußerungen begleitet wird.

Merkmale für *unhöfliche* Verkaufsgespräche sind die Vernachlässigung der Verkaufstätigkeit, ungenügendes Bemühen um eine angenehme Kommunikation und die Missachtung oder Geringschätzung der Kundenwünsche, wobei das Verhalten eine größere Rolle zu spielen scheint als sprachliche Äußerungen.

Merkmale für *neutrale* Verkaufsgespräche sind ausführliche Erklärungen, sachgemäße Beratung und dem Wunsch der Kunden entsprechende Bemühungen, allerdings ohne persönliche, freundliche, nette oder humorvolle Äußerungen.

Bei *äußerlich höflichen und innerlich unhöflichen* sowie bei *äußerlich unhöflichen, innerlich höflichen* Verkaufsgesprächen spielt freundliches, zuvorkommendes und aufrichtiges Verhalten eine wichtige Rolle.

Bereits die Analyse dieser wenigen Beispiele von Verkaufsgesprächen hat also gezeigt, dass sich für *Höflichkeit* in Verkaufsgesprächen differente Kriterien ergeben, die nicht in dichotomischen Kategorien wie „Höflichkeit" vs. „Unhöflichkeit" erfasst werden können.

Literatur

Braun, Friederike/Schubert, Klaus: *Von unhöflichen Höflichkeitsformen, und was Höflichkeit eigentlich ist*, in: *SAIS Arbeitsberichte aus dem Seminar für Allgemeine und Indogermanische Sprachwissenschaft*, hg. von Pieper, Ursula/Winter, Werner. Kiel 1986, S. 1-29.

Brown, Penelope/Levinson, Stephen C.: *Politeness. Some Universals in Language Usage*. Cambridge 1987.

Eelen, Gino: *A Critique of Politeness Theories*. Manchester 2001.

Goffman, Erving: *Interaktionsrituale*. Frankfurt a. M 1975.

Ide, Sachiko/Hill, Beverly/Carnes, Zukiko M./Ogino, Tsunao/Kawasaki, Akiko: *An empirical study of American English and Japanese*, in: Watts/Ide/Ehlich (eds.) 2005, S. 281-297.

Marui, Ichiro/Nishijima, Yoshinori/Noro, Kayoko/Reinelt, Rudolf/Yamashita, Hitoshi: *Concepts of communicative virtues (CCV) in Japanese and German*, in: *Contrastive sociolinguistics,* ed. by Hellinger, Marlis/Ammon, Ulrich. Berlin/New York 1996, S. 385-409.

Suzuki, Daisetz: *Living by Zen*. London 1972.

Watts, Richard J./Ide, Sachiko/Ehlich, Konrad (eds.): *Politeness in Language. Studies in its History, Theory and Practice.* 2nd rev. and expanded ed. Berlin/New York 2005.

Watts, Richard J./Ide, Sachiko/Ehlich, Konrad: *Introduction*, in: Watts/Ide/Ehlich (eds.) 2005, S. 1-21.

Watts, Richard J.: *Linguistic politeness research. Quo vadis?*, in: Watts/Ide/Ehlich (eds.) 2005, S. xi-xlvii.

Yamashita, Hitoshi: *Höflichkeitsstile im Deutschen und Japanischen*, in: *Höflichkeitsstile*, CCC-Sammelband, hg. von Lüger, Heinz-Helmut. Frankfurt am Main, et. al. 2001, S. 315-334.

Yamashita, Hitoshi: *Verkaufsgespräche im Deutschen und Japanischen*, in: *Doitsu Bungaku.* Vol. 108 (2002), S. 82-92.

Yamashita, Hitoshi: *Höflichkeit, Freundlichkeit und Distanz – Gedanken über die Beziehung zwischen Höflichkeitsforschung und Daf-Unterricht anhand einer empirischen Fragebogenerhebung*, in: *Sprachliche Höflichkeit in interkultureller Kommunikation und im DaF-Unterricht,* hg. von Ehrhardt, Claus/Neuland, Eva: Frankfurt am Main 2009, S. 115-130.

Yamashita, Hitoshi: *Höflichkeit beim Verkaufen: eine kontrastive soziolinguistische Analyse Deutsch und Japanisch*, in: *Sprachliche Höflichkeit zwischen Etikette und kommunikativer Kompetenz,* hg. von Ehrhardt, Claus/Neuland, Eva/Yamashita, Hitoshi: Frankfurt am Main 2011, S. 147-160.

Verzeichnis der Transkriptionszeichen

Zeichen	Bedeutung
*	kurze Pause (bis max.1/2 Sekunde)
**	etwas längere Pause (bis max.1 Sekunde)
3,5	längere Pause mit Zeitangabe in Sekunden
4:50	längere Pause mit Zeitangabe in Minuten und Sekunden
(... ...)	unverständliche Sequenz(drei Punkte = Silbe)
↑	steigende Intonation (z.B. kommst du mit↑)
↓	fallende Intonation (z.B. jetzt stimmt es↓)
>vielleicht<	leiser (relativ zum Kontext)
<manchmal>	lauter (relativ zum Kontext)
LACHT	Wiedergabe nicht-morphemisierter Äußerung auf der Sprecherzeile in Großbuchstaben
IRONISCH	Kommentar zur Äußerung (auf der Kommentarzeile)
[...]	Auslassung in Transkripten (ggf. mit näheren Angaben zum Umfang o.ä., Erläuterung auf der Kommentarzeile)

MICHAIL L. KOTIN

Zu den Quellen der ästhetischen Sprachfunktion

I'd rather live in a real desert than an imaginary paradise.
Roger Lass, *Historical Linguistics and Language Change* (1997)

Sie sagten mir, all das [...] sei doch bloß Käse. Ja, erwiderte ich, das stimmt, aber es gibt gewiss etwas, was nicht Käse ist. Was ist denn das? – fragten sie mich. Ich weiß nicht... Aber das gibt es!
Wenedikt Jerofejew, *Moskau – Petuschki* (1970)

Von allen Funktionen der menschlichen Sprache ist die ästhetische Funktion die rätselhafteste. Alle sonstigen Funktionen der Sprache entspringen unmittelbar ihrer Zeichennatur. Karl Bühler[1] will daher den gesamten Kommunikationsbereich schlechthin mit dem Zeichenbegriff abdecken, da nach seiner Auffassung die Kommunikation lediglich über das Zeichen erfolgen kann. In seinem Organonmodell sind sämtliche Relationen innerhalb des Zeichendreiecks für die jeweilige Sprachfunktion zuständig. Er unterscheidet zwischen der Symbolfunktion als Relation kraft der Zuordnung des Zeichenkörpers zu Gegenständen und Sachverhalten, der Symptomfunktion kraft seiner Relation zum Sender sowie der Appellfunktion kraft seiner Relation zum Empfänger.[2] In anderen Arbeiten werden z.T. andere

1 Bühler, Karl: *Sprachtheorie. Die Darstellungsfunktion der Sprache*, Berlin 1978. Die Rolle des Zeichenhaften an der Sprache für das Verständnis ihrer Ontologie wurde übrigens in der Geschichte der Sprachwissenschaft unterschiedlich gewichtet. Die „prätheoretische" Semiotik, welche seit der Antike bekannt ist, hatte die Sprachbehandlung paradoxerweise genau bis zu dem Moment beherrscht, wo sich die Sprachwissenschaft von anderen Wissensbereichen emanzipiert hat und zu einer selbständigen Disziplin geworden ist. Die Etablierung der Sprachwissenschaft war nicht der Akzentuierung des Semiotischen zu verdanken, sondern vielmehr völlig anderen Erkenntnissen, vor allem der grundlegenden Entdeckung der Sprachverwandtschaft. Wilhelm von Humboldt, der wohl berühmteste Wegbereiter und Begründer der Sprachwissenschaft, gilt heute zu Recht als Vertreter eines eher a-, trans- oder sogar antisemiotischen Herangehens an die Sprache (vgl. Trabant, Jürgen: *Wilhelm von Humboldt – Jenseits der Gränzlinie*, in: Gessinger, Joachim, Rahden von, Wolfert (Hg.): *Theorien vom Ursprung der Sprache*, 2 Bde., Bd. 1, Berlin 1989, S. 498-522, hier S. 508 ff.; 518). Im Weiteren haben sich wiederum ausgerechnet diejenigen Bereiche des Sprachsystems besonders rasch entwickelt, die die Einheiten untersuchten, welche unterhalb der Zeichenebene liegen, vor allem die Laute. Erst vorstrukturalistische und strukturalistische Ansätze haben wieder das Interesse am Zeichenhaften der menschlichen Sprache geweckt.

2 Ebd., S. 28.

Termini vorgeschlagen, vgl. Kundgabe, Auslösung und Darstellung (Coseriu),[3] Ausdruck, Appell und Darstellung (Rolf),[4] informative, valuative, inzitive und systematische Funktion (Morris)[5] etc. Die Erweiterung des Bühlerschen Organonmodells durch Roman Jakobson[6] hat weitere Funktionen eingebracht, nämlich die phatische, die metasprachliche und die uns hier interessierende poetische Funktion, die für Jakobson mit der ästhetischen Funktion wohl weitgehend deckungsgleich ist. Nun lassen weder die Natur des Sprachzeichens noch die paradigmatischen und syntagmatischen Relationen zwischen den Zeichen unmittelbar auf die ästhetische Wirkung derselben schließen.

In meinem Beitrag möchte ich den Versuch unternehmen, die der Sprache inhärente ästhetische Wirkungskraft sprachhistorisch zu begründen. Meine Hauptthese lautet: Die ästhetische Sprachfunktion ist ein historisches Phänomen, sie ist sekundär entstanden aus der kognitiven Funktion der Sprache, und zwar durch Exaptation (Terminus für die Bezeichnung einer besonderen Art des Funktionswandels, der in der evolutionistischen Biologieforschung geprägt[7] und von Roger Lass zum ersten Mal auf den Sprachwandel angewandt wurde[8]). Allerdings bin ich mir weitreichender Folgen bewusst, welche sich aus dieser Betrachtungsweise ergeben, insbesondere gerade in Bezug auf die hier behandelte ästhetische Sprachfunktion, welche in dieser Hinsicht aus evidenten Gründen als besonders sensitiv erscheint. Wie aus dem Weiteren ersichtlich ist, bin ich daher nicht bereit, so weit wie Lass zu gehen und die nachweisbare empirische Gegebenheit bzw. die – zugegeben starke – Erklärungskraft des evolutionistischen Ansatzes endgültig zu verabsolutieren. Deswegen schließe ich meinen Überlegungen eine Art Nachwort an, in dem ich gewisse Bedenken zum Ausdruck bringen möchte, welche im Großen und Ganzen die Suffizienz rein oder vorwiegend naturwissenschaftlich begründeter Erklärungsansätze im Falle der Phänomene wie die Sprache betreffen.

Ich möchte zunächst zur ästhetischen Wirkungskraft aus panchroner Perspektive Stellung nehmen, d.h. diese möglichst getrennt von dem Zeitfaktor zu definieren versuchen. Zugegeben ist dies kein zweifelloser Anspruch, da gerade in der Neuzeit massiv versucht wird, die ästhetische Funktion schlechthin von dem historischen Diskurs herzuleiten. Hier muss ich aber gestehen, dass ich mich wohl kaum der Aufgabe stellen kann, beide Begriffe, nämlich die ästhetische Wirkung schlechthin und die ästhetische Sprachwirkung, als historische Variablen zu behandeln. Ich glaube, einer solchen Aufgabe noch nicht gewachsen zu sein und lasse die Ästhetik aus pragmatischen – aber, wie ich weiter zeige, weitaus nicht *nur* aus pragmatischen – Gründen „zeitlos“ sein. Ontologisch ist die Frage strittig, aber ich kann mich hier zum Glück auf die Autorität Immanuel Kants stützen, der die ästhetische Wirkung der a priori gegebenen allgemeingültigen Urteilskraft zugeschrieben hat, welche ja

3 Vgl. Coseriu, Eugenio: *Textlinguistik. Eine Einführung*, Tübingen 1980, S. 65.

4 Vgl. Rolf, Eckard: *Textuelle Grundfunktionen*, in: Brinker, Klaus/Antos, Gerd/Heinemann, Wolfgang/Sager, Sven F. (Hg.): *Text- und Gesprächslinguistik. Ein internationales Handbuch zeitgenössischer Forschung*. Berlin-New York 2000, S. 422-435, hier S. 425.

5 Vgl. Morris, Charles: *Zeichen, Sprache und Verhalten*. Berlin 1981, S. 182 ff.

6 Jakobson, Roman: *Linguistik und Poetik*, in: Jakobson, Roman: *Poetik*. Ausgewählte Aufsätze 1921-1971. Frankfurt a. M. 1979, S. 83-121.

7 Vgl. Gould, Stephen J./Vrba, Elisabeth S.: *Exaptation – a Missing Term in the Science of Form*, in: *Paleobiology* 8 (1), pp. 4-15.

8 Lass, Roger: *Historical Linguistics and Language Change*. Cambridge: University Press 1997, pp. 316-324.

bekanntlich keiner logischen Erklärung bedarf und auf einer interessenlosen Bewunderung eines Kunstwerks durch den Betrachter beruht, wobei der Letztere die Fähigkeit besitzt, zwischen „schön“ und „unschön“ zu unterscheiden“, d.h. ein ästhetisches Urteil zu fällen, welches sich von den wissenschaftlichen und moralischen Urteilen dadurch unterscheidet, dass es keine objektive Allgemeinheit, sondern eine subjektive Allgemeinheit besitzt.[9] Das Schöne ist für Kant ein „interessenloses Wohlgefallen“, das zugleich subjektiv und allgemein ist und – was im Kontext dieses Vortrags besonders wichtig ist – keine begriffliche Aneignung des Gegenstands voraussetzt.[10] Die Sprache, wenn sie primär als Zeichensystem definiert wird, schließt aber die begriffliche Aneignung des zu bezeichnenden Gegenstandes weitestgehend ein. Dies betrifft sowohl die Mikroebene der Einzellexeme als auch die Makroebenen der grammatischen Kategorisierungen und der Textualität.

Nun kann selbst bei einer oberflächlichen Betrachtung der ästhetischen Wirkung der menschlichen Sprache beobachtet werden, dass hier nicht unbedingt zeichenhafte Mechanismen wirken. Die reine Lautform von Syntagmen kann zunächst ohne einen direkten Bezug auf die Inhaltsebene ästhetisch wertvoll sein (Reime verschiedener Art, Rhythmus, Alliterationen, Assonanzen etc. in poetischen, aber auch in prosaischen Werken). Freilich können auch die zeichenhaften Elemente der Sprachsysteme ästhetisch wirken, vor allem dank der potentiellen Bildhaftigkeit des Sprachzeichens, welche dank seiner Eigenschaft existiert, die Sergej Karcevskij treffend als „asymmetrischen Dualismus der Sprachzeichens“ bezeichnet hat.[11] Das metaphorisch-metonymische Potential einer gegebenen Sprache ist nahezu unerschöpflich, sodass neue, originelle Bilder immer wieder entstehen und eine ästhetische Wirkung sichern, welche ja gerade dank der Neuheit und Originalität bewerkstelligt werden kann. Durch eine Kumulation bei der Verwendung nichtzeichenhafter und zeichenhafter Elemente des Sprachsystems werden die ästhetischen Effekte multipliziert, insbesondere dann, wenn z.B. Rhythmus und Reim die künstlerisch gestalteten Inhalte durch auffällige oder versteckte Affinitäten stützen, wie z.B. in dem Fall, wo die Sprachbilder herunterfallender Regentropfen durch lautliche Imitationen des Regens begleitet werden etc. Die lautlichen Kombinationen können in einem Kunstwerk mannigfaltige Ikonen für Naturlaute, Affekte, Schnelligkeit vs. Verlangsamung der Handlung u. dgl. mehr sein, wobei die Grenze zwischen Zeichenhaftem und Nichtzeichenhaftem nicht selten fließend ist. So kann der End- bzw. Stabreim in einem Gedicht zeichenhaft sein, indem er die Inhalte verbindet, welche der Dichter bewusst aufeinander beziehen will. Aber auch ein Reim als solcher kann durchaus ohne Bezug auf die „zu reimende Wirklichkeit“ ästhetisch wirksam sein, es genügt, dass er originell und wohlgeformt ist.

Laut Jakobson entspringt die poetische Funktion der Sprache der Sprach*form*, die nun in den Mittelpunkt rückt und somit die poetische Funktion von allen anderen Funktionen abhebt, welche primär auf dem *Inhalt* der Aussagen beruhen.[12] Diese Feststellung ist, auch wenn man sie nicht unbedingt mit Jakobsons Stringenz beurteilen muss, im Grunde genommen nicht falsch. Die Form hat in der Tat die entscheidende Bedeutung, wenn man über einen sprachlich verfassten Text ein ästhetisches Urteil fällen will. Die Frage, welche sich nun ein Sprachforscher stellen muss, ist: Wieso konnte sich die Form der sprachlichen Zeichen und ihrer Sequenzen bei der Realisierung der ästhetischen Funktion von deren Inhalt

[9] Kant, Immanuel: *Kritik der Urteilskraft*, hg. von Höffe, Otfried. Berlin 2008.

[10] Ebd., §§ 1-9.

[11] Karcevskij, Sergej: *Du dualisme asymétrique du signe linguistique*, in: *Travaux du Cercle Linguistique de Prague* 1 (1929), S. 88-93.

[12] Vgl. Jakobson, op. cit., S. 83 ff.

dermaßen emanzipieren, ist ja die Sprache vor allem ein Zeichensystem mit deutlich inhaltbezogener Symbolik. Zu erwarten wäre eigentlich genau das Gegenteil: Wenn die inhaltbezogenen Elemente und Strukturen der Sprachsysteme deren Kern ausmachen, müsste sich der Perfektionismus einer sprachlichen Äußerung, welcher ja gerade in einem sprachlichen Kunstwerk präsent sein soll, primär auf den Inhalt beziehen. In diesem Fall könnte behauptet werden, dass die Realisierung der Grundfunktion des Sprachzeichens und somit der Sprache im Ganzen einen bestimmten Grad an Vollkommenheit erreicht, was uns das Recht gibt, dieser Vollkommenheit eine ästhetische Geltung zuzusprechen. Wir haben also mit einem schwer erklärlichen Paradoxon zu tun, welches nur historisch interpretiert werden kann.

Ich komme nun zurück zum Begriff der Exaptation. Bei der Erforschung der Evolution natürlicher Organismen haben die Wissenschaftler festgestellt, dass sich bestimmte Funktionen nicht nur dank deren Adaptation an die sich verändernden Umweltbedingungen wandeln, sondern auch durch sog. Exaptation entstehen oder aber aufgegeben werden. Verschwinden gewisse ökologische Faktoren, die für die Ausbildung von Organen mit bestimmter Funktion fördernd gewesen sind, kann sich die Funktion dieser Organe gemäß neuen Bedingungen verändern oder aber völlig verschwinden, sodass ein Organ weitgehend funktionslos bleibt. Ein Beispiel für die erstere Entwicklung ist die Umfunktionierung der Vogelfedern, welche ursprünglich als Mittel der Wärmehaltung dienten und später mit Klimawechsel diese Funktion zunehmend verloren oder zumindest abgeschwächt haben und stattdessen allmählich zum Instrument des Fliegens geworden sind. Beispiele für die letztere Entwicklung sind u. a. das Steißbein oder das Wurmfortsatz bei dem Menschen.[13] Für derartige Organe gibt es den allgemeinen Begriff „Rudimente", der aus der Sicht der Exaptation genau für ersatzlosen Verlust der ursprünglichen Funktion steht.

Derartige Erscheinungen vergleichen Lass und andere Vertreter seiner Schule[14] mit verschiedenen Phänomenen des Sprachwandels. Hier zwei Beispiele für jeweils Funktionswandel und Funktionsverlust durch Exaptation: (i) palataler Umlaut in den westgermanischen Sprachen, welcher aus dem rein phonetischen, artikulatorisch bedingten Phänomen zum morphologischen Mittel der Formenbildung geworden ist, vgl. ahd. *gast : gesti* (*e* entsteht aus *a* durch die partielle Assimilation an das unbetonte *i* bzw. *j* der Folgesilbe). Durch die Reduktion der unbetonten Endsilbenvokale zum *ə* (Schwa) oder deren Apokope bzw. Synkope ist der Grund für Umlaut verschwunden. Die umgelauteten Vokale werden nun nicht rück-umgelautet, sie bleiben im phonologischen System der Westgermania erhalten, ändern aber grundsätzlich ihre Funktion, indem sie u.a. zum (z.T. redundanten) Mittel der Pluralbildung werden, auch dort, wo der Umlaut rein artikulatorisch nicht entstehen konnte, vgl. *Gast : Gäste* (ahd. *gast : gesti*) neben *Wolf : Wölfe* (ahd. *wolf : wolfa*), *Buch : Bücher* (ahd. *buoch : buoch*) etc.;[15] (ii) Alternation stimmhafter und stimmloser Konsonanten nach Verners Gesetz, die in der gemeingermanischen Epoche mit dem Wortakzent verbunden und somit artikulatorisch bedingt war und heutzutage außer zusätzlicher Schwierigkeiten beim Spracherwerb durch Nichtmuttersprachler keine weitere Funktionsleistung aufweist, vgl. *ziehen – zog – gezogen, erkiesen – erkor – erkoren, verlieren – Verlust* etc. Die einzige Erinnerung an die genuine Motiviertheit dieses Wechsels, welche sonst wegen der Akzent-

[13] Vgl. Lass, a. a. O., S. 316 f.

[14] Vgl. z.B. De Cuypere, Ludovic: *Exploring exaptation in language change*, in: *Folia Linguistica Historica. Acta Societatis Linguisticae Europaeae* XXVI (2005) 1-2, p. 13-26.

[15] Ibid., S. 19.

verlagerung auf die Anfangssilbe verloren ging, bleibt das Paar *Hannóver : Hannoveráner*, wo die Alternation *f : v* übrigens auch nicht immer tatsächlich realisiert wird.

Nun wird die Erklärung mittels Exaptation in der Literatur beim Funktionswandel oder Funktionsverlust von diversen Elementen des Sprachsystems, also bei den Phänomenen der *Sprachsubstanz*, angewandt. Frage ist aber, ob dieser Erklärungsansatz ebenso gut für den Funktionswandel und die Funktionserweiterung des *gesamten Sprachsystems* geeignet wäre. Die Ausbildung der ästhetischen Funktion der menschlichen Sprache scheint hier gerade ein Paradebeispiel zu sein.

In der Ontogenese kann das Phänomen der Einprägung neuer Wörter und deren Speicherung im mentalen Lexikon eines Kindes durch verschiedenartige formale Assoziationen beobachtet werden: Reime, Rhythmisierungen, Assonanzen, Alliterationen etc. Bekanntlich lassen sich auch Gedichte viel besser auswendig lernen als Prosatexte. Zugleich kann eine besondere Freude eines Kindes am Entdecken der Eigenschaft der Wörter, miteinander gereimt zu werden, nicht übersehen werden. Wir sehen hier sowohl die ursprüngliche Funktion des Reims etc. (bessere Speicherung im Gedächtnis) als auch deren Ausbaufähigkeit zur ästhetischen Wirkung.

In der Phylogenese kann nun eine auffällige Parallelität festgestellt werden. In der vorschriftlichen Zeit sind gerade auf verschiedene Art und Weise gereimte und rhythmisierte mythologische und sakrale, darunter narrative (Heldenlied, Reimsage), aber auch normative (Gesetz) und appellative (Zauberspruch) Texte zu rekonstruieren. Da diese Texte später niedergeschrieben wurden, sind die Rekonstruktionen der vorschriftlichen Zeit recht sicher. Weitere Beweise für rhythmisierte und gereimte Sprachformen vorschriftlicher Zeit sind die erhalten gebliebenen stab- und endreimenden Zwillingsformeln, Redensarten und Sprichwörter. Offenkundig ging es unseren Vorfahren bei der Produktion derartiger mündlicher Texte nicht oder jedenfalls nicht primär um die ästhetische Wirkung, sondern um die optimale Form der kognitiven Erfassung und Speicherung der Texte im Gedächtnis. Dadurch musste die Realisierung der wichtigsten Aufgabe gesichert werden, nämlich die *Gewährleistung der Kontinuität der Überlieferung*. Die Weitergabe diverser Informationen und sonstiger Inhalte an die nachfolgenden Generationen einer Sprachgemeinschaft in den Zeiten, in welchen die Menschen nur die mündlichen Formen der Sprache besaßen, unterscheidet sich nämlich grundsätzlich von derselben in den Zeiten der Schriftlichkeit. Die wichtigsten Probleme waren die kognitive Bewältigung des umfangreichen mündlichen Textkorpus und dessen Speicherung im mentalen Lexikon der Individuen und somit der gesamten Sprachgemeinschaft. Zur Realisierung dieser Ziele bedurften die mündlichen Texte einer besonderen, spezifischen Sprachform, u. a. mehrfacher Wiederholungen (auch in variierender Gestalt, wie u.a. in den Psalmen), gereimter und rhythmisierter Verse (vgl. die altgermanische, genuin mündlich konzipierte Heldendichtung, die ebenfalls stabreimenden und rhythmisierten Zaubersprüche oder auch Rechtssprüche, die laut J. Grimm mit der Poesiesprache affin gewesen sind – eine Eigenschaft, welche in heutiger Zeit undenkbar wäre). Auch z.B. die ältesten Stadtchroniken sind in Versform verfasst worden, erst später geht man hier zur Prosa über.

Betont werden muss dabei ausdrücklich die Tatsache, dass diese Sprachformen die kognitive und kommunikative, jedoch zunächst keine ästhetische Funktion erfüllten. Sie dienten – wie beim ebenfalls zunächst rein mündlichen Spracherwerb eines Kindes – lediglich dem Zweck, die kodierten Inhalte auf eine Art und Weise zu speichern und zu übermitteln, welche deren dauerhaftes Fortleben im mentalen Lexikon des Individuums und der Sprachgemeinschaft zu gewährleisten. Versteht man die Sprache mit Coseriu als interindividuelles

Wissen,[16] muss man feststellen, dass deren Aufrechterhaltung und Fortbestehen in vorschriftlicher Epoche nur auf diese Art und Weise gesichert werden konnten.

Erst mit der Entstehung und Verbreitung der Schriftlichkeit lässt diese Funktion der erwähnten Sprachformen schrittweise nach. Verschriftlichte Inhalte verlagern nämlich den Speicher aus den Köpfen der Menschen weitgehend in die dauerhaft existierenden materiellen Träger, von den Schreibtafeln und beschriebenen Rollen aus Leder, Birkenrinde oder Papyrus bis hin zu geschriebenen und gedruckten Büchern und schließlich elektronischen Datenträgern. Durch diese Entfremdung und Verselbständigung des Wissens wird der organische mentale Speicher der Kommunikationsteilhaber entschieden entlastet. Die Wiedergabe von überlieferungsbedürftigen Texten kann nunmehr in einer Form geschehen, die der Alltagssprache nahe ist. Durch die schriftliche Fixierung erübrigt sich die archaische formale Strukturierung der als dauerhafte Informationsquelle konzipierten Texte. Das, was jederzeit nachgeschlagen werden kann, bedarf keiner speziellen Merkhilfen in Form von Reim, Rhythmus etc.

Doch diese Formen sind dadurch nicht verschwunden. Sie leben weiter, und auch neue Texte, die unter deren Nutzung emittiert werden, werden u. a. in Schriftform verfasst. Was sich aber radikal verändert, ist die Funktionsgeltung dieser archaischen Formen. Rhythmus, Reim, Assonanz, Alliteration etc. werden nunmehr als Instrumente eines Sprachspiels entdeckt, welche dadurch ästhetischen Eigenwert erhalten. Diesmal betrifft dies aber nicht automatisch *alle* beliebigen Formen. Als poetische Formen müssen sie einer umfassenden Selektion unterzogen werden, bei der Trivialitäten, banale, schon bekannte, nicht originelle, nicht wohlgeformte und ähnliche Texte automatisch wegselegiert werden. Der Existenzkampf verläuft hierbei auf individueller und interindividueller Ebene. Das natürliche Genie des Dichters produziert diese Formen und die ästhetische Urteilskraft der Rezipienten sorgt für deren ästhetische Wertschätzung.

Allmählich erweitert sich nun die exaptierte ästhetische Wirkungskraft auf das Zeichenhafte an der Sprache. Metaphern und Metonymien, welche ja ursprünglich die natürlichen Mechanismen der sprachlichen Nomination gewesen sind, die auf der unumstrittenen kognitiven Geltung des assoziativen Denkens beruhen, exaptieren zu ästhetisch wirksamen sprachlichen Bildern und somit zu individuell gestaltbaren Stilfiguren. Auch hier sind Originalität und Kühnheit in Verbindung mit Transparenz und begründeter Motiviertheit der Bedeutungsübertragung notwendige Voraussetzungen für eine Akzeptanz des betreffenden Textes als eines Kunstwerks seitens des Lesers – wohlgemerkt muss dabei nicht nur der Dichter bzw. Schriftsteller, sondern auch der Leser, um mit Nabokov zu reden, „gut“ genug sein, um ein ggf. kompliziertes und verdecktes Sprachspiel zu entdecken.

Die Profilierung des Zeichenhaften bzw. seine Durchsetzung gegenüber dem rein Formalen in der Poesie ist keine lineare historische Entwicklung, eine derartige Interpretation wäre offenkundig zu primitiv. Man kann hier höchstens grob von einer sehr allgemeinen Tendenz reden. Beide Richtungen haben längere Zeit nebeneinander existiert, und ihre Vertreter sind u.a. die größten Dichter gewesen. Sehr aufschlussreich ist z.B. die Bemerkung des russischen Schriftstellers und Literaturkritikers Andrei Bitow, die Dichtkunst Puschkins sei vor allem „Sinn und Klang“ gewesen, während sein Zeitgenosse Lermontow auf „Melodie und Gefühl“ aufbaut. Aber weiter schreibt Bitow, dass – gegen die allgemeine Annahme – nicht Puschkin, sondern vor allem gerade Lermontow die russische Poesietradition am stärksten geprägt hat, während Puschkin vielmehr ein Alleingänger gewesen ist und lediglich von wenigen russischen Dichtern in seiner künstlerischen Haltung „vererbt“ wurde

[16] Vgl. Coseriu, Eugenio: *Synchronie, Diachronie und Geschichte.* München: Fink, 1974.

(etwa von Ossip Mandelstamm im 20. Jh.).[17] Bitow will darin eine Eigenart der russischen Dichtkunst sehen, aber mir scheint dies eine allgemeine Tendenz in der Poesie – zumindest europaweit – zu sein. Nur dauerte diese Entwicklung in der russischen Literatur etwas länger als in Westeuropa.

Eine zunehmende Gewichtung des Zeichenhaften am sprachlichen Kunstwerk verlagert nun die Aufmerksamkeit auf die Möglichkeiten der Prosa bei der Auslösung ästhetischer Wirkungen. Die Bildhaftigkeit der „uneigentlichen Rede",[18] welche ursprünglich auch der sog. „eigentlichen Rede" eigen war, exaptiert nunmehr zur ästhetischen Sprachfunktion in der Zeit, wo die formalen, vorwiegend nicht-zeichenhaften Mittel der ästhetischen Wirkung – wegen zunehmenden Verlusts an Originalität – nachlassen. Auch die Poesie entwickelt sich in Richtung auf Zeichenhaftigkeit, die Symbolik der poetischen Sprachformen tritt immer stärker in den Vordergrund (Symbolismus, Impressionismus, Expressionismus etc. in der Dichtkunst). Die ästhetische Sprachwirkung in der Prosa entwickelt sich ebenfalls von einer Überbetonung der Form in der Epoche des Barocks zu der Ausgewogenheit von Form und Inhalt in der Klassik, der Akzentverlagerung auf das Zeichenhaft-Symbolische in der Romantik bis hin zur Verwendung lexikalischer und syntaktischer Formen als Ausdrucksmittel „adäquater Inhalte" im Realismus und dem Versuch der Zerstörung der Grenze zwischen Kunst- und Alltagssprache im Naturalismus.

Diese letztere Entwicklung kennzeichnet einen kritischen Punkt, nach dem entweder eine weitere Exaptation der ästhetischen Sprachfunktion oder aber eine komplette Neudefinition derselben notwendig wurde. Die Theoretiker der Literatur sind in deren Mehrheit den letzteren Weg gegangen, die Sprache – als Sprache der Kunst – den ersteren. Die Epoche der Postmoderne und damit vergleichbarer Richtungen hat das Zeichenhafte an der Sprache durch die favorisierte Umkehrung der „positiven Symbolik" des Sprachzeichens in deren Gegenteil auf eine neue Art und Weise spielen lassen: Ästhetisch wirkte nunmehr gerade das Absurde. Den Höhepunkt erreicht hier wohl Franz Kafka, und es ist kein Zufall, dass seine Werke unmittelbar nach resp. parallel zu Emile Zolas und Gerhart Hauptmann erschienen. Die künstlerische Aufwertung der Alltagssprache geschieht somit durch die simulierte Absurdität der nach ihren Mustern aufgebauten Syntagmen. Zugleich versuchen andere Künstler, das nahezu ausgeschöpfte Potential des klassischen Realismus mittels besonderer Perfektion der Sprachform fortzuführen (Nabokov). In der Poesie beginnt der – weit verstandene – Inhalt die Form entscheidend zu dominieren. Das hat nicht zu bedeuten, dass der Form keine so starke Wirkungskraft mehr zugewiesen wird, sondern, dass das Spiel der Sprachformen keinen autonomen, vom Inhalt losgelösten Eigenwert mehr besitzt. Freilich gibt es auch hier Staffelungen und unterschiedliche Gewichtungen – von Bertolt Brecht bis Joseph Brodskij. Aber überall setzt sich das Zeichenhafte zunehmend gegen das Nicht-Zeichenhafte bei der Realisierung der ästhetischen Sprachfunktion durch. Alle Versuche der Futuristen und anderer Vertreter der formalen Richtungen in der Dichtkunst – so interessant sie auch gewesen sind – scheitern letztendlich relativ schnell oder aber fügen sich unbemerkt in den „zeichenhaften" Mainstream ein (Majakovskij). Der Eigenwert der poetischen Sprachform wird bestenfalls dadurch gerechtfertigt, dass diese ein Spiegel von symbolisch ausgedrückten Inhalten des Universums sei (Maximilian Woloschin).

Der Kreis schließt sich, was notgedrungen eine Krise der ästhetischen Funktion der Sprache im Ganzen hervorruft. Die deutlichen Anzeichen dieser Krise sind Versuche vieler

[17] Vgl. Bitow, Andrei: *Poslednij zolotoj. Michail Jurjewič Lermontow*, in: Olga Bogdavova (Hg.): *Literaturnaja matrica. Učebnik, napisannyj pisateljami*. T. 1., St. Petersburg-Moskau 2010, S. 73.

[18] Vgl. Abraham, Werner: *Linguistik der uneigentlichen Rede*. Tübingen: Stauffenburg, 1998.

gegenwärtiger Autoren, „umgangssprachlicher" zu schreiben als die Menschen im Alltag normalerweise reden. Die Ästhetisierung des Hässlichen auf der Ebene des Zeichenhaften ist dabei keine bewusst gewählte Strategie, sondern vielmehr ein gut voraussagbarer Versuch, „anders zu reden" als die Emittenten nichtkünstlerischer Texte. „Höher" als diese hat man in der Kunst lange genug geredet. Niedriger als diese beginnt man nun zu reden, um der Gefahr auszuweichen, genauso wie diese zu reden, denn in diesem Fall kann überhaupt kein ästhetisches Urteil gefällt werden. Bei der Verlagerung der Planke „nach unten" wird mit der Sprache wieder einmal „gespielt", und jedes Spiel ist an sich der erste Schritt in Richtung auf eine ästhetische Urteilsbildung, auch wenn das gefällte ästhetische Urteil negativ ist.

Die ästhetische Sprachfunktion hat somit wahrscheinlich die äußerste Grenze erreicht, hinter der sie nicht mehr als solche realisierbar ist. Das ist wohlgemerkt kein ästhetischer, sondern zunächst ein rein linguistischer Befund. Daher darf er auch keinesfalls in den axiologischen Begriffen wie Degradierung o.ä. beurteilt werden. Vielmehr handelt es sich hierbei um eine neue Etappe in der Entwicklung der Sprachfunktionen, nach der alte Funktionen durch Exaptation (als ökologische Faktoren sind hier vor allem die neuen Formen der Mentalität und Medialität zu berücksichtigen) sich verändern oder aber einfach ersatzlos verschwinden. Nun lässt sich die Exaptation zwar gut retrospektiv erklären, nicht jedoch vorhersagen. Ob die Federn der künstlerischen Sprache zu den Schwan- oder zu den Hühnerflügeln exaptieren, bleibt deshalb offen.

Und nun der eingangs angekündigte Nachtrag. Roger Lass plädiert für eine Sprachwandeltheorie, welche möglichst weit von den Erklärungsansätzen steht, die eine Zweckmäßigkeit und rationale Funktionalität als Erklärungsmodi voraussetzen. Das Afunktionale, Chaotische, Unbeabsichtigte und letztendlich rational Unerklärliche spielt beim Sprachwandel nach seiner Auffassung eine Rolle, die keineswegs unterschätzt werden darf. Rational begründete, hermeneutische, pragmatisch erklärbare Wandelphänomene streitet er zwar nicht gänzlich ab, behandelt sie aber als okkasionell und für den Sprachwandelforscher wenig interessant.[19] Das eigentlich Interessante sei dagegen ein Jahrhunderte lang dauernder Wandel, bei dem der direkte Einfluss der konkreten Sprecher schon wegen einer mit dem Menschenleben nicht zu vergleichenden Zeitspanne eher auszuschließen wäre.[20] In der Tat sind die „pragmatisch-kommunikativen" Erklärungen schon deswegen weniger attraktiv, weil sie in der Regel sozusagen auf der Hand liegen, während die „evolutionistischen" Erklärungen die „verdeckten" Mechanismen des Wandels aufzuschließen scheinen.

Nun bestreitet Lass aber nicht weniger vehement die Auffassungen der Sprachwandelforscher, die den „systemhaft-sprachintern" zu erklärenden Wandel als eine teleologische Entwicklung darzustellen versuchen, etwa die Natürlichkeitstheorie, die Optimalitätstheorie etc.[21] Auch diese Auffassung kann angenommen werden, da sie u.a. durch schwerwiegende Argumente, die die teleologischen Erklärungen falsifizieren, gestützt ist.

19 Vgl. Lass, op. cit., p. 336ff.

20 Völlig anders Coseriu 1974, der jeden Sprachwandel als Ergebnis der individuellen Sprechtätigkeit und der Übernahme von deren Ergebnissen seitens der Sprachgemeinschaft behandelt, sodass sich ein anscheinend lange dauernder Wandel in der Wirklichkeit als eine stufenweise Aneignung einer genuin atomaren Veränderung erweist.

21 Vgl. u. a. Lass, op. cit., p. 341f., insbesondere seine Kritik an Vennemanns These, "[...] one major kind of change is essentially meliorative: after the change the language is in some way „better" than it was before".

Das Einzige, wogegen ich jedoch z.T. grundsätzliche Einwände hätte, ist auf intuitiver Ebene für jedermann verständlich, aber nicht sehr einfach zu formulieren. Ich habe meinem Artikel zwei Mottos vorausgeschickt, von denen das erstere von Lass selbst stammt und ein Gegenmotto dazu von einem der kontroversesten russischen Schriftsteller Wenedikt Jerofejew. Auch ich ziehe es vor, wie Lass in einer realen Wüste zu leben als in einem imaginären Paradies. Daher spricht mich die Theorie von Lass generell an. Am Anfang meiner Beschäftigung mit der Ausbildung der ästhetischen Sprachfunktion wusste ich außerdem nicht, dass ich zu Ergebnissen kommen werde, die mit der Theorie von Lass dermaßen affin sind. Diese Tatsache spricht freilich ebenfalls für die Suffizienz seiner Grundannahmen. Nichtsdestoweniger bleibt eine – zentrale – Frage offen. Diejenigen, die dem Vorhandensein von Noumenen (im Gegensatz zu den empirisch greifbaren Phänomenen) Glauben schenken, leugnen weder den Fakt, in einer „realen Wüste“ zu leben noch beanspruchen sie, ein wie auch immer zu verstehendes Paradies erschließen zu wollen. Allerdings wollen sie sich auch nicht endgültig damit abfinden, dass ihre Intuition, eine „reale Wüste“ hätte eine Alternative, völlig abwegig sei. Dies ist bei weitem nicht (nur) eine „romantische“ Einstellung, sondern eine durchaus empirisch belegbare Evidenz, welche darauf beruht, dass die „reale Wüste“ bei weitem nicht immer als Norm empfunden wird. Aber eine Vorstellung von der davon abweichenden Norm kann allein aus der Erfahrung des Wüstenlebens kaum geschöpft werden. Derartige Exaptationen kennt die Sphäre des menschlichen Geistes nicht, sie sind auch wohl kaum durch entsprechende Prozeduren ableitbar. Das ist einer der Gründe, warum ich zwar die ästhetische Sprachfunktion aus Exaptation erklären will, nicht jedoch das Wesen des ästhetischen Gefühls und somit der ästhetischen Wirkung per se. Vielmehr habe ich mich hier auf Immanuel Kant gestützt, der ja auch für eine saubere Trennung zwischen dem phänomenalen und dem noumenalen Bereich plädiert hat. Freilich ist die Suche nach einer Teleologie im empirisch greifbaren phänomenalen Bereich der Sprachentwicklung in der „realen Wüste“ äußerst problematisch, hier wirken wohl in der Tat andere Gesetze und Mechanismen. Den noumenalen Bereich aber deswegen gänzlich zu leugnen, finde ich allerdings voreilig.